Das gerade zu Ende gegangene 20. Jahrhundert ist verschiedentlich als Jahrhundert des Kindes bezeichnet worden. Zahlreiche Versuche wurden unternommen, der Bedeutung der Kindheit auf die Spur zu kommen. Neuerdings ist eine Art Abschied von der Kindheit zu beobachten, dahingehend, die lebensgeschichtliche Vergangenheit für unwichtig zu erklären und sich lediglich auf die gegenwärtige Lebensbewältigung zu konzentrieren. Entgegen dieser Tendenz betont der Autor die Bedeutsamkeit der Vergangenheit für das Verständnis der Gegenwart und die vielschichtige Art und Weise, in der beide miteinander verwoben sind. Gerade dies war und ist eines der großen Themen der Psychoanalyse. Zwar geben wir heute auf viele Fragen andere Antworten als zu Freuds Zeiten, aber die Psychoanalyse ist nicht deshalb bedeutend, weil ihre Antworten, sondern weil ihre Fragen Bestand haben.

Eine ihrer Erbschaften und eine Frage von Bestand ist die nach den Folgen der Eltern-Kind-Beziehung für die weitere Entwicklung. Unter Einbeziehung neuester Ergebnisse aus verschiedenen wissenschaftlichen Disziplinen wie Bindungstheorie, Gedächtnis- und Neuropsychologie, Forschungen zu den Risiko- und Schutzfaktoren seelischer Erkrankungen sowie zur therapeutischen Beeinflußbarkeit der frühesten Eltern-Kind-Beziehung wird dargestellt, daß Kindheit zwar nicht Schicksal ist, aber doch erheblichen Einfluß auf die spätere Lebensgestaltung und Persönlichkeit des Menschen hat.

Martin Dornes, Dr. phil., geb. 1950, ist Soziologe und Gruppenanalytiker. Nach klinischen Tätigkeiten in Psychiatrie, Psychosomatik und Sexualmedizin arbeitete er mehrere Jahre als Projektmitarbeiter am Sigmund Freud-Institut in Frankfurt am Main. Derzeit ist er stellvertretender Direktor des Instituts für Medizinische Psychologie am Universitätsklinikum in Frankfurt am Main und Privatdozent an der Universität-Gesamthochschule Kassel.

Zwei weitere Bücher des Autors im Fischer Taschenbuch Verlag: ›Der kompetente Säugling‹ (Bd. 11263) und ›Die frühe Kindheit‹ (Bd. 13548).

Unsere Adresse im Internet: www.fischer-tb.de

Martin Dornes

Die emotionale Welt des Kindes

Fischer Taschenbuch Verlag

Geist und Psyche
Begründet von Nina Kindler 1964

Originalausgabe
Veröffentlicht im Fischer Taschenbuch Verlag GmbH,
Frankfurt am Main, August 2000

Satz: Fotosatz Otto Gutfreund GmbH, Darmstadt
Druck und Bindung: Clausen & Bosse, Leck
Printed in Germany
ISBN 3-596-14715-8

»Die Wissenschaft hat nicht *ein* Ziel, sondern viele … Es ist deshalb ein fruchtloses Unterfangen, nach einer einzigen ›wissenschaftlichen Methode‹ für alle Zwecke Ausschau zu halten: Das Wachstum und die Entwicklung wissenschaftlicher Ideen hängen nicht nur von *einer* Methode ab und werden immer eines breiten Spektrums verschiedener Untersuchungsweisen bedürfen.«

Stephen Toulmin, Voraussicht und Verstehen. Ein Versuch über die Ziele der Wissenschaft, 1961, S. 19

Inhalt

Einleitung

Das vorliegende Buch bildet den Abschluß einer »Trilogie« über die frühe Kindheit, die als solche gar nicht geplant war. Aber wie so oft, wenn ein Thema von einem Besitz ergreift, reicht *ein* Buch nicht aus, all die interessanten Fragen zu beantworten, denen man im Laufe der sich vertiefenden Beschäftigung begegnet. An der Verbindung von Psychoanalyse und akademischer Entwicklungspsychologie hat mich von Anfang an die Verbindung von spekulativem und experimentellem Denken fasziniert. Erste Bekanntschaft mit der Psychoanalyse machte ich durch die Lektüre des Buches von René A. Spitz (1965) »Vom Säugling zum Kleinkind«. Das zweite Buch war Erik H. Eriksons (1950) »Kindheit und Gesellschaft«. Beide Bücher atmen einen unterschiedlichen Geist. Während Spitz in Begriffen spricht, malt Erikson eher Bilder. Mein Herz schlug für Spitz. Er war für mich der spekulative Wolf im empirischen Schafspelz, mit dem ich mich identifizierte. Ähnlich erging es mir mit Margaret Mahler; ihre und Spitz' Theorien haben mich deshalb immer besonders interessiert.

Nach einem frühen Versuch (Dornes 1981), die Spitzsche Synthese von Spekulation und Experiment nachzuzeichnen, fand ich in der psychoanalytischen Kleinkindforschung die zeitgemäße Fortsetzung dieser Kombination. Sie beschäftigt mich bis heute, unter anderem deshalb, weil sie den Säugling – ähnlich wie Piaget – nicht nur als empirisches, sondern auch als epistemisches Subjekt betrachtet. Deswegen kann sie auch als eine Art Kryptophilosophie betrachtet werden, die versucht, durch das Studium der frühen Lebensjahre alte philosophische Fragen – wie zum Beispiel die nach dem Verhältnis von Subjekt und Objekt, nach der Konstitution von Intersubjektivität oder nach der Stellung des Menschen in der Welt – mit anderen Methoden als denen des rein philosophischen Denkens zu beantworten. Die Befunde der empirischen Entwicklungspsychologie und die Theorien der Psychoanalyse sind daher wieder Gegenstand dieses Buches. Zur Orientierung des Lesers dient folgende Inhaltsübersicht.

Im ersten Kapitel (das in kondensierter Form einige Thesen aus den beiden vorherigen Büchern enthält; s. Dornes 1993, 1997), gebe ich einen kurzen Überblick über die Veränderungen im Menschenbild, die in der psychoanalytischen Entwicklungspsychologie seit Freud stattgefunden haben. Ich stelle einige ausgewählte Ergebnisse der neueren Kleinkindforschung vor und behandele dann ausführlich einen ihrer zentralen Befunde: die Bedeutung niederer Spannungszustände für die Bildung normaler und pathologischer psychischer Strukturen. Als Resultat der Überlegungen ergibt sich, daß der Einfluß alltäglicher, undramatischer Interaktionserfahrungen auf die Charakterbildung von der Psychoanalyse lange Zeit unterschätzt wurde. Danach wird die Frage diskutiert, ob diese »Rehabilitierung des Alltags« eine Verharmlosung der Freudschen Anthropologie darstellt – oder eine notwendige Korrektur. Schließlich stelle ich, in Anlehnung an den amerikanischen Psychoanalytiker Fred Pine, eine Theorie der *Momente* psychischen Erlebens vor. In ihr wird die Bedeutsamkeit der bisher von den verschiedenen psychoanalytischen Theorien jeweils in den Vordergrund gerückten zentralen Themen der kindlichen Entwicklung anerkannt – z. B. die Bewältigung des Ödipuskomplexes oder der oralen/analen/symbiotischen Phase, oder der paranoid-schizoiden Position –, ohne jedoch Exklusivitätsansprüche zu vertreten. Keines der in diesen Theorien beschriebenen Themen kann ein Primat beanspruchen, und es hängt von der jeweiligen Eltern-Kind-Beziehung ab, welches Thema für das Kind besondere Bedeutung gewinnt. Wenn man Gefallen an modischen Ausdrücken findet, könnte man sagen, daß hier eine Dekonstruktion oder Dezentrierung bzw. Pluralisierung der psychoanalytischen Entwicklungstheorie vorgenommen wird.

Im zweiten Kapitel befasse ich mich mit der Bindungstheorie. Sie wurde von dem englischen Psychoanalytiker und Kinderpsychiater John Bowlby begründet und ist mittlerweile eine der einflußreichsten Richtungen in der Entwicklungspsychologie. Trotz dieser relativ weiten Verbreitung ist sie in psychoanalytischen und psychotherapeutischen Kreisen noch vergleichsweise wenig bekannt und war dort lange Zeit auch nur wenig beliebt. Nach einer biographischen Skizze der beiden Gründungsfiguren der Bindungstheorie – John Bowlby und Mary Ainsworth – gebe ich einen Überblick über den derzeitigen Stand der bindungstheoretischen Forschung. Danach stelle ich einige Arbeiten von Psychoanalytikern vor, welche die Bindungstheorie als Grundlage ihrer Forschung verwenden (insbesondere die Londoner Gruppe um Peter Fonagy). Schließlich behandle ich ausführlich die Unterschiede und Gemeinsamkeiten von Bindungstheorie und Psychoanalyse hinsichtlich ihrer Grundaussagen zu Themen wie der Bedeutung von Sexualität, der Rolle von Realität und Phantasie in der Neurose, der Frage, ob eher innere oder äußere Einflüsse die Entwicklung bestimmen, und anderen Themen.

In den beiden sich anschließenden Kapiteln geht es um den Stellenwert der biographischen Vergangenheit für die Lebensbewältigung in der Gegenwart. Die Psychoanalyse hat seit ihren Anfängen mit Nachdruck auf die Bedeutung der (frühen) Kindheit für die spätere Entwicklung hingewiesen. Diese »Kindheitslastigkeit« ist ihr von vielen Seiten zum Vorwurf gemacht worden. Es fehlte nicht an Versuchen, diesen wichtigen Aspekt ihrer Theoriebildung zu widerlegen und die Ergebnisse von René Spitz und John Bowlby zu den langfristigen Folgen frühkindlicher (Mutter-)Entbehrung, die auch einer breiteren Öffentlichkeit bekannt geworden waren, zu relativieren.

Im dritten Kapitel gebe ich daher einen Überblick über ausgewählte Ergebnisse der modernen Deprivations- und Protektionsforschung. Mittlerweile vorliegende umfassende retrospektive und prospektive Studien kommen zu einem recht einheitlichen Resultat. Es lautet, knapp zusammengefaßt, daß das Vorhandensein mindestens einer zugewandten Beziehungsperson in der (frühen) Kindheit die Wahrscheinlichkeit, später an seelisch (mit)bedingten Störungen zu erkranken, ganz erheblich vermindert. Umgekehrt steigt die Wahrscheinlichkeit, wenn eine solche Person fehlt. Nur einer Minderheit von Erwachsenen (10 bis 30 %) gelingt es, eine schwierige Kindheit (relativ) problemfrei zu bewältigen. Die möglichen Ursachen hierfür werden dargestellt. Entgegen einigen zunächst anderslautenden Berichten zeichnet sich auch ab, daß die vieldiskutierte mütterliche Berufstätigkeit im ersten Lebensjahr und eine dadurch bedingte Fremdbetreuung von Kindern in der Regel *kein* Risikofaktor für unsichere Bindung oder gar spätere

Psychopathologie ist; diesbezügliche Untersuchungen werden referiert. Abschließend wird das Verhältnis von Psychoanalyse und Deprivations-/Protektionsforschung erläutert und ihre jeweiligen methodischen Besonderheiten werden herausgearbeitet.

Trotz der im dritten Kapitel nachgewiesenen Wirkmächtigkeit der Vergangenheit kann man auch innerhalb der Psychoanalyse eine Art Abschiednehmen von ihr beobachten. Unter dem Eindruck empirischer Untersuchungen des psychoanalytischen Prozesses – aber auch dem Vordringen vielfältiger anderer »konstruktivistischer« zeitgenössischer Denkströmungen in Philosophie, Geschichtswissenschaft und (Neuro-)Biologie – wurde in den letzten 20 Jahren zunehmend die Bedeutung des *Hier und Jetzt* gegenüber dem *Dort und Damals* betont. Diese Betonung konvergiert mit Tendenzen einer kontextualistischen Entwicklungspsychologie, die behauptet, daß gegenwärtige Lebensumstände (der gegenwärtige Kontext) und nicht (früh)kindliche Erfahrungen das aktuelle Verhalten und Fühlen des Menschen bestimmen. Im Durchgang durch die einschlägige entwicklungspsychologische, neuropsychologische und gedächtnispsychologische Forschung zeige ich im vierten Kapitel die Einseitigkeiten dieser Betrachtungsweise auf und diskutiere die möglichen gesellschaftlichen Tendenzen, die zu dieser Relativierung der Bedeutung der Vergangenheit beitragen: Das sich ständig steigernde Modernisierungstempo zeitgenössischer Gesellschaften scheint die Vergangenheit zum Verschwinden zu bringen, weil es zu einer generellen Entwertung von Lebenserfahrung führt und zu einer fast ausschließlichen Konzentration auf das *Hier und Jetzt.* Theorien, die diesen Trend artikulieren, haben deshalb, trotz ihres begrenzten Wahrheitsgehaltes, das Verdienst, eine allgemeine Zeitstimmung einzufangen.

Im fünften Kapitel befasse ich mich mit der Bedeutung des Spiegel(n)s für die kindliche Entwicklung. Dieses Thema hat in der zeitgenössischen Psychoanalyse, wenn auch verschiedentlich unter anderen Bezeichnungen (wie z. B. »affect-containment«), beträchtliche Aufmerksamkeit gefunden. Ich finde, zu Recht, denn es befaßt sich mit der wichtigen Frage, wie ein Kind in der frühen Eltern-Kind-Beziehung lernt, Affekte zu regulieren. Zur Beantwortung dieser Frage gebe ich zunächst einen Überblick über Studien, die das Verhalten kleiner Kinder vor einem Spiegel untersuchen. Das Selbsterkennen im Spiegel wird in der Regel als Indikator für die

Entstehung eines reflexiven Ich-Bewußtseins betrachtet. Dieses beginnt mit etwa eineinhalb Jahren und führt zu einer Reihe bisher unbekannter Gefühle wie Empathie und Scham. Im zweiten Teil des Kapitels wird u. a. die Theorie des ungarischen Psychoanalytikers György Gergely vorgestellt. Seine Mikroanalyse von Affektspiegelungsprozessen bestätigt klinisch-psychoanalytische Einsichten über die Bedeutung des Spiegelns für die Regulierung von Affekten, für die Ausbildung psychischer Strukturen und für die Entwicklung der Symbolbildungsfähigkeit. Überlegungen zu pathologischen Aspekten des Spiegelns und zu Lacans Theorie des Spiegelstadiums beschließen das Kapitel.

Im sechsten und letzten Kapitel wende ich mich den praktischen Implikationen der Säuglings- und Kleinkindforschung zu. Eine davon ist, daß sich inzwischen eine Reihe von Beratungsformen etabliert haben, deren Ziel es ist, möglichst frühzeitig Störungen der Eltern-Kind-Beziehung und deren symptomatische und charakterologische Folgen zu behandeln, um ihre Verfestigung zu verhindern. Ich stelle einige wichtige Formen der Eltern-Kleinkind-Therapie dar. Psychodynamische Ansätze fokussieren auf die (pathogenen) Phantasien von Eltern über sich und ihr Kind. Sie erreichen – über das Durcharbeiten dieser Phantasien – eine Verbesserung der Interaktionsqualität und der dadurch bedingten Symptome des Kindes. Verhaltenstherapeutische Ansätze konzentrieren sich direkt auf die Interaktion. Ihr Prinzip ist es, positive Interaktionssequenzen zu verstärken und so die Sensitivität der Eltern für die Signale ihrer Kinder zu erhöhen. In Deutschland haben u. a. Mechthild Papousek (München) und Renate Barth (Hamburg) integrative Therapiekonzepte entwickelt. Ihre Ergebnisse und Verfahren werden ebenfalls dargestellt. Danach folgt ein Überblick über einige Studien, die sich mit der Frage der Wirksamkeit von Eltern-Kleinkind-Beratung/-Therapie befassen. Sie zeigen, daß diese Behandlungsform ein wirksames Verfahren ist, um in kurzer Zeit beträchtliche Erfolge zu erzielen.

Auch in diesem Buch ist es erneut eines meiner zentralen Anliegen, den interdisziplinären Dialog zwischen der Psychoanalyse und den Nachbarwissenschaften (hier: der Entwicklungspsychologie) zu fördern. Die methodischen Unterschiede zwischen beiden Disziplinen sind zum Teil erheblich. Als Kurzformel zu ihrer Charakterisierung hat es sich eingebürgert, von einem Gegensatz zwischen naturwissenschaftlichem und hermeneutischem Theorietypus zu sprechen. Ersterer sucht mit Hilfe von Experimenten nach Gesetzen, die möglichst *allgemein* gelten, letzterer, mit interpretierenden Verfahren, nach *individuellem* Sinn. Auch wenn sich dieser Gegensatz mittlerweile etwas abgemildert hat – etwa durch die Methode der Einzelfallanalyse, in der messende und sinnverstehende Methoden kombiniert werden können, oder durch Konzepte wie das der *verstehenden Erklärung*, in dem die frühere Polarisierung zwischen »wissenschaftlichem« Erklären und »hermeneutischem« Verstehen aufgehoben ist (s. Dreher 1998, S. 202 f.) –, verbleiben Unterschiede, die nicht ohne Folgen sind, wenn man die mit den verschiedenen Methoden erhobenen Daten vergleicht. Auch psychologische Widerstände stehen der Interdisziplinarität gelegentlich im Weg. »Jede Art von Interdisziplinarität ist davon belastet, daß es sich für alle Beteiligten in gewisser Weise um ein ›Auswärtsspiel‹ handelt. Man muß sich auf ungewohnte Themenstellungen und Methoden einstellen; es müssen Regeln der Kooperation entwickelt werden, die für beide Seiten fremd sind und von beiden Seiten verlangen, ein Stück weit die eigene Perspektive zu relativieren. Interdisziplinarität verlangt die Fähigkeit, Grenzen zu überschreiten und Grenzüberschreitungen zu ertragen: d. h. zu akzeptieren, daß es andere Weltsichten gibt und daß andere mit dem, was für die eigene Perspektive zentral ist, relativierend... umgehen. Dies ist immer ein gewisses Problem« (Schülein 1998, S. 96).

Dennoch lohnt sich der Dialog, auch wenn keine Versöhnung der verschiedenen »Sprachspiele« möglich ist. Eine Metatheorie, die als gemeinsamer begrifflicher Rahmen fungieren könnte, innerhalb dessen die mit verschiedenen Methoden erhobenen Befunde situiert werden, halte ich in den *Wissenschaften vom Menschen* für unwahrscheinlich. Die Zukunft wird zeigen, ob die *grand unified theory,* nach der die moderne Physik seit langem strebt, wenigstens auf jenem Gebiet erreichbar ist. Was in den Geistes- und Sozialwissenschaften möglich ist, ist nicht Vereinheitlichung, sondern »die wechselseitige Durchlässigkeit der verschiedenen Diskurse füreinander« (Wellmer 1985, S. 109). Das vorliegende Buch ist ein weiterer Versuch, die Produktivität dieser angestrebten Durchlässigkeit zu demonstrieren.

Kapitel 1 Von Freud zu Stern: Das Bild des Säuglings im Wandel

Freuds Säugling

Die Psychoanalyse hat, wie kaum eine andere Theorie des 20. Jahrhunderts, der Kindheit eine entscheidende Bedeutung für die spätere Entwicklung zugemessen. Freuds Entdeckung der kindlichen Sexualität, wie sie in den Träumen, Symptomen und unbewußten Wünschen seiner erwachsenen Patienten fortdauerte, markierte einen Wendepunkt im Nachdenken über die Kindheit. Fortan war es um die kindliche Unschuld geschehen. Eine dramatische Sicht des (früh)kindlichen Seelenlebens trat auf den Plan. Freuds Theorie fokussierte auf die kindlichen erogenen Zonen, insbesondere Mund und Anus, die als Quellen von sinnlicher Lust oder Unlust eine herausragende Stellung beanspruchten. Eingebunden in den Kontext der Familie kulminiert die Entwicklung schließlich im Ödipuskomplex, dessen Bewältigung oder Nichtbewältigung fortan als entscheidende Determinante der weiteren Charakterentwicklung galt. In der dritten Auflage der *Drei Abhandlungen zur Sexualtheorie* (Freud 1905/1914) heißt es kurz und bündig: »Jedem menschlichen Neuankömmling ist die Aufgabe gestellt, den Ödipuskomplex zu bewältigen, wer es nicht zustande bringt, ist der Neurose verfallen.« Freuds Entwicklungstheorie war weitgehend rekonstruktiv. Sie gründete sich weniger auf die direkte Beobachtung kleiner Kinder als auf die Berichte Erwachsener über ihre Kindheit und versuchte, einen Zusammenhang zwischen gegenwärtiger Seelenverfassung und vergangenen Erlebnissen oder Ereignissen herzustellen. Sie war eine Entwicklungstheorie in therapeutischer Absicht.

Die Zunahme oder zunehmende Aufmerksamkeit für die sogenannten präödipalen oder »frühen« Störungen führte in den 50er und 60er Jahren dazu, daß die ersten Lebensjahre verstärkt ins Zentrum des (therapeutischen) Interesses rückten und mit ihnen die frühe Mutter-Kind-Beziehung. Beim Nachdenken über dieses Thema wurde manchen Psychoanalytikern klar, daß die ersten Lebensjahre, die auf Grund klinischer Erfahrungen jetzt als zunehmend wichtig betrachtet wurden, nur beschränkt aus den Erinnerungen, Assoziationen und Symptomen erwachsener Patienten rekonstruiert werden können. Die kindliche Amnesie, also die Tatsache, daß kaum ein Erwachsener sich an die Zeit vor dem dritten Lebensjahr erinnern kann, erschwerte die Erforschung gerade dieses nun besonders interessant erscheinenden Lebensabschnitts. Zwar fehlte es nicht an mehr oder weniger gut begründeten Vermutungen über diese Zeit, aber gesichertes Wissen ließ sich nur durch systematische, extraklinische Forschung gewinnen. René Spitz, John Bowlby und Margaret Mahler waren unter den ersten Psychoanalytikern, die die frühe Mutter-Kind- Beziehung aus dieser Perspektive gründlich studierten.

Mahlers Säugling

Mahlers Theorie ist die bekannteste unter ihnen. In ihrer reifen Form (Mahler et al. 1975) ist sie aus der Beobachtung von Mutter-Kind-Paaren in einem quasinaturalistischen Setting hervorgegangen. Mahler betrachtet nicht mehr die psychosexuelle Entwicklung und den Ödipuskomplex als zentral, sondern die Entwicklung von der Symbiose zur Separation/Individuation. Damit ist gemeint, daß sich der menschliche Säugling während der ersten sechs Lebensmonate als mit der Mutter (symbiotisch) verschmolzen erlebt und sich weder als von der Mutter getrennt wahrnimmt noch überhaupt die Außenwelt als etwas, das unabhängig von ihm existiert. Der Säugling lebt in dieser Zeit in einer Zweieinheit mit der Mutter, in der er keine selbständige Existenz hat. Diese gewinnt er erst im Laufe der weiteren Entwicklung, in der er sich allmählich von der Mutter unterscheiden lernt und psychisch ein eigenständiges Individuum zu werden beginnt. Das Grundthema der ersten drei Lebensjahre ist in dieser Sichtweise nicht mehr um erogene Zonen organisierte Lust oder Unlust, sondern die Polarität zwischen

Nähe/Verschmolzenheit und Selbständigkeit/Getrenntheit. Die Fähigkeit zur Intimität ohne Grenzverlust und zur Autonomie ohne Einsamkeit wird in dieser Zeit in ihren Grundzügen erworben – oder auch nicht.

Diese Theorie – die, im Gegensatz zu anderen, etwa der von Melanie Klein, zumindest implizit an der Idee festhält, daß es im Leben eine paradiesische Zeit gibt, in welcher der Mensch noch eins mit sich selbst sein kann (nämlich in der Symbiose, vermittelt über die Einheit mit einem anderen), fähig zu vollem, wenn auch unreflektiertem Glück und zur absoluten, wenn auch passiven Befriedigung – ist in den letzten Jahren in die Kritik geraten. Was daran problematisch ist, wird deutlich, wenn man Mahlers Symbiosebegriff mit dem der Biologie vergleicht. In der Biologie bedeutet Symbiose ein Zusammenleben artverschiedener Organismen zum wechselseitigen Nutzen. Beide Organismen tragen etwa gleichviel zur Symbiose bei. Bei Mahler liegt der Schwerpunkt der Beiträge auf seiten der Mutter. Der Säugling ist eher passiver Adressat von Pflegehandlungen als aktiver Teilnehmer eines Austauschs. Genau diese Vorstellung vom Säugling als einem überwiegend passiven, mit wenigen Wahrnehmungs- und Interaktionsfähigkeiten begabten Wesen wird heute grundlegend revidiert. Nicht mehr der symbiotisch-passive oder von seinen Trieben geplagte und auf orale Befriedigung und Spannungsabfuhr versessene Säugling beherrscht die Diskussion, sondern der »kompetente« Säugling (Dornes 1993). Diese Metapher meint, daß der Säugling *auf der Basis einer funktionierenden Beziehung zu primären Bezugspersonen* Fähigkeiten hat und entfaltet, von denen wir früher noch nichts ahnten.

Der kompetente Säugling

Mit verschiedenen Methoden ist in den letzten 30 Jahren ungeheuer viel über die Fähigkeiten von Säuglingen herausgefunden worden, beispielsweise, daß Neugeborene schon recht gut sehen können, daß ihre Sehschärfe mit vier bis sechs Monaten schon fast so gut ist wie bei Erwachsenen, daß sie schon ziemlich gut hören können, z. B. unmittelbar nach der Geburt die Stimme ihrer Mutter von anderen Stimmen unterscheiden können, und vieles andere mehr.

Sie sind z.B. in der Lage, Wahrnehmungen aus verschiedenen Sinnesbereichen zu koordinieren, was für ein Neugeborenes eine ganz verblüffende Fähigkeit ist. Steckt man einem acht bis 14 Tage alten Säugling einen Schnuller mit Noppen in den Mund, den er nie zuvor gesehen hat, und zeigt ihm anschließend nebeneinander zwei Bilder von Schnullern – einen mit, den anderen ohne Noppen –, dann betrachtet der Säugling bevorzugt das Bild des Schnullers mit Noppen. Er sieht also den Schnuller länger an, den er zuvor im Mund gefühlt hat. Umgekehrt funktioniert das ebenfalls: Hat er zuerst an einem Schnuller ohne Noppen gesaugt, betrachtet er anschließend lieber das Bild des Schnullers ohne Noppen (Meltzoff/Borton 1979; ähnlich Kaye/Bower 1994). Er stellt also eine Verbindung her zwischen dem, was er im Mund gefühlt hat, und dem, was er sieht. Aufgrund dessen, was er gefühlt hat, bildet er eine Erwartung aus, wie das, was er im Mund hatte, aussehen muß. Für ihn sind der gefühlte Schnuller und der gesehene Schnuller nicht zwei verschiedene Dinge, sondern zwei Ausprägungsformen ein und desselben Dinges, ähnlich wie für uns der Tisch, den wir betasten, identisch ist mit dem, den wir gleichzeitig sehen. Solche Untersuchungen sind von großer Bedeutung, weil sie uns eine Ahnung davon vermitteln, wie der Säugling die Welt erlebt. Früher dachte man, daß der Säugling z. B. die mütterliche Stimme hört und das mütterliche Gesicht sieht, aber zunächst keine Verbindung zwischen beiden Sinneseindrücken herstellt. Er würde dann in einer Welt vielfältiger, unzusammenhängender Objekteindrücke leben und hätte gewissermaßen viele Mütter: eine, die er hört, eine andere, die er sieht, und eine dritte, die einen bestimmten Geruch hat. Heute wissen wir, daß der Säugling ziemlich früh diese verschiedenen Sinneseindrücke koordiniert und ein einheitliches Objektkonzept entwickelt, wahrscheinlich schon im ersten Lebenshalbjahr.[1]

Aber nicht nur die Wahrnehmungswelt des Säuglings ist von erheblicher Komplexität und Differenziertheit, sondern auch seine Gefühlswelt. Die Auffassung, daß Säuglinge anfänglich nur Lust und Unlust empfinden, hat sich als übermäßige Vereinfachung

1 Für eine ausführliche Diskussion der neuesten Forschungsergebnisse zur kognitiven Entwicklung im Säuglingsalter siehe Haith/Benson (1998), Krist et al. (1998 a, b), Mandler (1998), Müller/Overton (1998) und Sodian (1998 a, b).

herausgestellt. Genauere Untersuchungen haben gezeigt, daß für mindestens sieben sogenannte Primäraffekte spezifische Gesichtsausdrucksmuster existieren, die in allen Kulturen gleich sind. Es gibt jeweils typische Gesichtsausdrücke für Interesse, Überraschung, Ekel, Freude, Ärger, Traurigkeit und Furcht. Sie alle finden sich schon bei Säuglingen im ersten halben Lebensjahr (Dornes 1993, Kap. 5; Izard et al. 1995). Sie müssen nicht gelernt werden, sondern sind Bestandteil der normalen Verhaltensausstattung eines jeden Mitglieds der Spezies Mensch (Krause 1983; Ekman 1993). Auf Grund neurobiologischer und anderer Überlegungen kann man die auch intuitiv einleuchtende Annahme plausibel machen, daß es eine weitgehende Entsprechung von Gesichtsausdruck und Gefühl gibt, der Säugling also nicht nur freudig, ärgerlich oder traurig blickt, sondern sich auch so fühlt (Ekman 1992; Dornes 1993, Kap. 5). Weiter läßt sich sagen, daß sich sein Gefühlsleben nicht auf die eben genannten Primäraffekte beschränkt, sondern noch vielfältiger ist. Säuglinge verfügen über ziemlich präzise Zeit- und Intensitätswahrnehmungen (Literatur bei Dornes 1993, Kap. 2 und 4). Deshalb erleben sie nicht nur Freude, Ärger, Überraschung etc., sondern auch Eigenschaften wie »rasch«, »plötzlich«, »an- und abschwellend«. Affekte sind also nicht nur stark oder schwach, lust- oder unlustvoll, sondern haben dynamische Eigenschaften, die ihnen eine bestimmte »Textur« verleihen. Plötzlich auftauchender Ärger fühlt sich anders an als langsam anschwellender, und ähnliches gilt für Ereignisse in der Außenwelt. Wir können von Licht überflutet oder auch nur berührt werden. Wir können beobachten, wie eine Mutter oder ein Vater den Säugling entweder langsam und bedächtig oder schnell und ruckartig aus dem Bettchen nimmt. Diese vitale Dimension von Affekten oder Ereignissen wird schon von kleinsten Kindern wahrgenommen und trägt dazu bei, daß sie ein ganzes Spektrum von fein nuancierten Gefühlen und Empfindungen haben (Stern 1985, Kap. 3; neuere Literatur zur emotionalen Entwicklung bei Walker-Andrews/Dickson 1997 und Saarni et al. 1998).

Auch im Bereich der zwischenmenschlichen Interaktion sind Säuglinge kompetente Teilnehmer. Sie verfügen über ein subtiles Repertoire von mimischen, lautlichen und gestischen Verhaltensweisen, mit denen sie den Eltern ihre Befindlichkeit signalisieren und deren Interaktionsangebote beeinflussen. Diese mit dem bloßen Auge kaum sichtbare – aber mit moderner Videotechnologie sichtbar zu machende – wechselseitige Regulation der Beziehung hat den Blick auf die Mutter-Kind-Dyade revolutioniert. Der Säugling erscheint nun als *aktiver* Teilnehmer eines Austauschs und beeinflußt seine Eltern (fast) ebenso, wie er von ihnen beeinflußt wird. Die angemessene Metapher dafür ist die des Tanzes, in dem zwei Partner sich in fein eingespielter Weise miteinander bewegen und Unstimmigkeiten im Synchronisierungsprozeß innerhalb kürzester Zeit nachreguliert werden (Gianino/Tronick 1988; Tronick 1989; Beebe et al. 1997; zusammenfassend Franco 1997 und Braten 1998). Der Säugling erlebt seine Fähigkeit, die Eltern zu beeinflussen, als Wirkmächtigkeit, und dieses Gefühl – von den psychoanalytischen Narzißmustheorien als (gesunde) Omnipotenz bezeichnet – ist eines der bedeutsamsten in der frühen und auch in der späteren Lebenszeit. Es ist (mindestens) genauso wichtig wie Lust und Unlust, Sexualität und Aggression, Rivalität und Eifersucht, denn es entscheidet darüber, ob sich im Menschen die Überzeugung ausbildet, den weiteren Gang der Ereignisse beeinflussen zu können oder nicht. Mit der Betonung der Aktivität im Prozeß der wechselseitigen Beziehungsregulierung wandelt sich die Paradiesvorstellung, die wir mit der frühen Kindheit verknüpfen. Nicht mehr das Bild des satten, selig an der Brust in den Schlaf sinkenden Säuglings, sondern das des reziproken Lächelspiels zwischen Mutter und Kind, das mit drei bis vier Monaten seinen Höhepunkt erreicht, symbolisiert nun den *aktiven* Ursprung der menschlichen Existenz. Dieses Paradies ist kein Ort mehr, an dem Milch und Honig in den Säugling fließen, der nur noch den Mund zu öffnen braucht, sondern einer, an dem zwei Subjekte Milch und Honig *austauschen* und sich über die Art des Austauschs kontinuierlich miteinander verständigen.

Phantasie als Hemmungs- oder als Antriebskraft der Entwicklung

Wenn wir die skizzierten Ergebnisse der Kleinkindforschung aus der Vogelperspektive betrachten und zusammenfassen, so ergibt sich als *ein* beeindruckendes Resultat, daß der Säugling mit vielen

Fähigkeiten ausgerüstet ist, die eine Anpassung an seine natürliche Umwelt gewährleisten. Für dieses Zusammenpassen gibt es viele Belege und ebenso dafür, daß es nicht erlernt ist, sondern auf mitgebrachten biologischen Programmen beruht, die sofort nach der Geburt in Aktion treten. Auch Erwachsene verfügen über solche biologischen Programme im Pflege- und Interaktionsverhalten. Sie sind von Papousek/Papousek (1987, 1990 a, b) unter dem Titel »intuitive Elternschaft« eindrucksvoll beschrieben worden und stellen normalerweise sicher, daß die Interaktionen von Eltern und Säugling zusammenpassen.

Wenn nun aber biologische Programme die wechselseitige Anpassung von Eltern und Kind regulieren, wie kommt es, daß es dennoch so viele mißglückte Interaktionen zwischen Säuglingen und Bezugspersonen gibt? Eine Möglichkeit ist, daß die Programme auf einer oder auf beiden Seiten wegen genetischer oder sonstiger Anomalien gestört sind. Dem will ich hier nicht weiter nachgehen. Eine andere Möglichkeit ist, daß Eltern »zu kopflastig« sind, vielleicht verwirrt von den vielen Erziehungsratgebern, und zu wenig intuitiv handeln. Dies mag sein, aber ich möchte es etwas allgemeiner ausdrücken: Weil der Mensch ein Wesen ist, das phantasiert und Symbole bildet, entsteht die Möglichkeit zur Neurose, und zwar auf zweierlei Art und Weise.

Erstens kann er sich Gefahren und Bedrohungen »einbilden«, gegen die er sich dann mittels Abwehrmechanismen wehrt, was schließlich in Neurosen enden kann. Das allerdings ist keine Möglichkeit für den Säugling, sondern eine spätere Errungenschaft (s. Dornes 1993; 1997). Zweitens können die biologisch auf Anpassung programmierten Interaktionen mit dem Säugling deshalb entgleisen, weil sie durch Phantasien der Eltern überformt werden, die biologische Programme außer Kraft setzen. Dadurch entstehen schon in der Säuglingszeit Leid und Fehlanpassung, die sich, je nach Umständen, später lindern oder verschlimmern können. Im folgenden gebe ich zwei Beispiele dafür, wie der biologisch auf Anpassung ausgelegte Interaktionsdialog zwischen Eltern und Kind durch Überlagerung mit elterlichen Phantasien entgleisen kann.[2]

2 Die Beispiele stammen aus den Arbeiten von Cramer (1987, 1989) und Lebovici (1983).

Normalerweise sind die wechselseitigen Blicke, mit denen sich Säugling und Mutter ansehen, zwischen drei und sechs Monaten ein wesentliches Regulativ der Interaktion und eine Quelle von Freude und Vergnügen. Aber das ist nicht immer so. Die Feinabstimmung der Blickinteraktion kann beispielsweise durch die mütterliche Phantasie gestört werden, ihr Säugling sehe sie stechend an. Kein Beobachter kann diesen Eindruck bestätigen. Die Mutter aber fürchtet sich vor dem Blick ihres Kindes und vermeidet deshalb den Blickkontakt beim Füttern und Spielen, was zu Entwicklungs- und Ernährungsstörungen verschiedener Art führen kann. Eine andere Mutter entwickelt die Phantasie, ihr Säugling könne verhungern. Für diese Befürchtung gibt es zunächst keinen erkennbaren Anlaß. Dennoch veranlaßt sie die Mutter, im ganzen Haus Milchflaschen zu deponieren und den Säugling mit Fütterungsversuchen geradezu zu verfolgen. Auf diese ständigen Zwangsfütterungen reagiert der Säugling – verständlicherweise – aversiv. Er verschluckt sich, erbricht die Nahrung und verliert an Gewicht, kurz, er begibt sich auf den Weg zum Verhungern und ist dabei, die mütterliche Phantasie im Sinne einer sich selbst erfüllenden Prophezeiung wahrzumachen.

Diese Beispiele machen deutlich, wie Phantasien *der Eltern* eine Interaktion, die biologisch auf Anpassung und Regulation vorprogrammiert ist, entgleisen lassen. Die Phantasie setzt die Biologie außer Kraft. Das ist nicht zuletzt deshalb möglich, weil die Biologie des Fütterungs- und Interaktionsverhaltens beim Menschen im Gegensatz zum Tier nur noch als disponierender, nicht mehr als determinierender Faktor vorhanden ist. Es existiert als Neigung, nicht als Instinkt. Da biologische Programme flexibel geworden sind und von Phantasien ergänzt werden, können letztere erstere überformen. Diese Möglichkeit ist ein Privileg des Menschen und hat zwei Seiten. Die eine – pathogene – habe ich eben geschildert.

Die andere ist, daß Phantasien von Eltern über ihre Kinder/Säuglinge auch einen enormen wachstums- und entwicklungsfördernden Effekt haben. Von verschiedenen Autoren (Wygotski 1934; Newson 1977; Bruner 1982; Kaye 1982) wird ausführlich beschrieben, wie Erwachsene generell und Eltern verstärkt den zunächst vergleichsweise unbestimmten Gesten und Vokalisierungen ihrer Säuglinge Bedeutungen zuschreiben, die sie wahrscheinlich vom

Säugling aus betrachtet so explizit noch gar nicht haben. Fuchtelt ein Säugling z. B. mit dem Arm herum und die Mutter sagt: »Oh, er zeigt seinem Vater (der gar nicht da ist) die Faust«, so ist das eine eher neurotische Bedeutungszuschreibung, und es ist zu vermuten, daß die Mutter Konflikte, die sie selbst mit ihrem Mann hat, auf ihren Säugling projiziert – mit Folgen für die weitere Entwicklung. Sie kann diese Geste aber auch auf ein in der Nähe liegendes Spielzeug beziehen und sagen: »Ah, ich sehe, du willst diesen Teddybär haben.« Sie behandelt dann die zunächst relativ unspezifische Geste des Kindes, als ob sie eine intentionale Kommunikations- und Zeigehandlung wäre, und bringt den Teddy herbei. Auf diese Weise fördert sie die Fähigkeit des Kindes, etwas zu intendieren, und es lernt, daß man auf etwas zeigen kann, um es zu bekommen. Psychoanalytisch gesprochen »introjiziert« der Säugling die Bedeutungen, welche die Mutter seinen Äußerungen zuschreibt, und gewinnt so ein Verhältnis zu seinen eigenen Bedürfnissen. Der symbolvermittelte Prozeß der Bedeutungszuschreibung ist also ein zweischneidiges Schwert. Auf der einen Seite kann er als Störfaktor biologisch gut abgestimmter Interaktionen auftreten. Auf der anderen Seite kann er auch einen gutartigen Effekt haben und einen Sog ausüben, in dessen Kielwasser der Säugling etwas Neues lernt, weil er dem Überschuß an Bedeutung, den die Eltern in sein Verhalten hineininterpretieren, gleichsam nachwächst.

Die Bedeutung niederer Spannungszustände für die psychische Strukturbildung

Die Aussagen der Säuglingsforscher über differenzierte Wahrnehmungs-, Gefühls- und Interaktionsfähigkeiten basieren in der Regel auf der Beobachtung relativ spannungsarmer Alltagssituationen oder auf Experimenten im Labor, bei denen der Säugling ruhig und zufrieden ist. Wir wissen heute, daß er rein quantitativ die meiste Zeit des Tages in solchen Zuständen verbringt und daß die Zeiten starker negativer Affektspannungen, etwa heftigen Schreiens, bei normalen Säuglingen in den ersten drei Lebensmonaten nicht mehr als 7–29 Minuten der insgesamt 24 Stunden eines Tages umfassen (also etwa 0,5 bis 2,0 %) – mit abnehmender Tendenz bei zunehmendem Lebensalter (s. Wolff 1987, S. 80 ff.; Räihä et al. 1995, S. 211; Papousek/Papousek 1996, S. 21; Drummond et al. 1999, S. 456).[3] Die psychische Bedeutsamkeit solcher Momente kann jedoch größer sein als ihre rein zeitliche Dauer. Auch ein Orgasmus dauert nur kurz und ist dennoch psychisch signifikant. Die Psychoanalyse ging in einem großen Teil ihrer Theorietradition davon aus, daß intensive Erlebnisse von besonderer Bedeutung für die psychische Strukturbildung sind. Das Bild vom hungrigen Säugling, der gierig an der Brust trinkt und danach mit seligem Lächeln glücklich in den Schlaf sinkt, ist der Prototyp dieser Denkweise. Die Säuglingsforscher meinen jedoch, daß die alltägliche, oft undramatische und relativ spannungsfreie Interaktion von ebenso großer Bedeutung ist, ja vielleicht sogar von größerer als die kurzen Augenblicke hoher Spannung. Dies wird »low-tension-learning« genannt, und ein guter Teil der normalen und auch der pathologischen Interaktion zwischen Eltern und Kind, aber auch ein guter Teil der explorativen Aktivität des Kindes findet in solchen Zuständen niederer Spannung statt.

Köhler (1985, S. 123 f.) hat in Anlehnung an Sander dargestellt, daß es schon in den ersten Lebenswochen im Interaktionszyklus zwischen Mutter und Kind ein besonders wichtiges Segment gibt, den Spielraum. »Das Kind ist gebadet, gewickelt und gestillt. Mutter und Kind haben vielleicht etwas miteinander gespielt. Vielleicht setzt die Mutter es in ein Babystühlchen, so daß es sie in seiner Nähe fühlt, aber sie selbst tut derweilen etwas anderes, sie beschäftigt sich nicht mit ihm. Das Kind ist in einem Gleichgewichtszustand. Weder ist es von inneren Bedürfnissen bedrängt, noch nimmt die Mutter das Kind gefangen. Der Spielraum ist ein ›privater Raum in der Zeit‹ (Sander), in der das Kind eine *Wahlmöglichkeit* hat und nicht von innen oder außen determiniert ist. Es kann seinen Inter-

3 Andere Autoren berichten von gänzlich anderen Befunden. Wolke etwa (1999, S. 352) gibt als durchschnittliche Schreidauer in den ersten sechs Wochen 1,75–2,5 Stunden an, ab dem vierten Monat bis zum Ende des ersten Lebensjahres ca. 1 Stunde. Die Differenzen ergeben sich daraus, daß die niedrigen Zahlen sich in der Regel auf Schreien im engeren Sinn beziehen (crying proper), während die höheren dadurch zustande kommen, daß auch Unruhe (fussiness) zum Schreien gerechnet wird. Unruhe ist aber kein starker, sondern eher ein milder negativer Affektzustand.

essen und seiner Aufmerksamkeit nachgehen. Es kann eigene Handlungen in Gang setzen, Initiativen entwickeln und deren Wirkung beobachten. Es kann die Erfahrung von Kontingenz, von Wechselseitigkeit machen. Wir stehen an der Schwelle des Selbst als Agenten (...) Wir Analytiker sind gewohnt, die Triebbefriedigung durch das Objekt als das Wesentliche für die Entwicklung psychischer Strukturen anzusehen. Hier hören wir, daß die Triebbefriedigung die *Voraussetzung* dafür ist, daß ein Spielraum entsteht, in dem sich das Selbst entwickelt.«

In solchen Spielräumen, aber auch in anderen interaktiven Situationen niederer Spannung wird über das Selbst und die Welt der Objekte viel gelernt.[4] Möglicherweise werden diese Prozesse, weil sie undramatisch sind, später nicht mehr mit der gleichen Deutlichkeit erinnert wie die hohen Spannungszustände. Ihre Auswirkung und Bedeutung für die Entstehung von psychischen Strukturen, kognitiven Stilen, Charaktereigentümlichkeiten und Charakterpathologien ist deshalb nicht genügend beachtet worden. Die Säuglingsforscher plädieren für eine Würdigung der Bedeutung von Interaktion und Aktivität in niederen Spannungszuständen und für die Ausarbeitung ihres Beitrags zur normalen und pathologischen Strukturbildung. Stern (1985, S. 271) meint, »daß vorwiegend die gewöhnlichen Ereignisse des Lebens die repräsentationale Welt konstituieren, nicht die außergewöhnlichen. Außergewöhnliche Momente sind vermutlich nicht mehr als vorzügliche, aber leicht atypische Beispiele des Gewöhnlichen« (ähnlich Lichtenberg 1983, S. 114).

Vor allem in der psychosexuellen Entwicklungslehre stehen die hohen spektakulären Spannungszustände im Mittelpunkt. Orale *Spannungen* etwa und ihre Befriedigung schaffen erste libidinöse Inseln im psychischen Apparat. Anale *Kämpfe* führen zu Charaktereigentümlichkeiten wie Zwang, Kontrolle und Sparsamkeit. Das ödipale *Drama* ist wesentlich an der Überichbildung beteiligt. Spannung, Kampf und Drama sind Begriffe, die die Relevanz hoher Spannungszustände bezeugen. Diese Sichtweise hat nach wie vor ihre Berechtigung, aber sie sollte ergänzt werden durch Untersu-

4 Winnicott (1958) hat solche Spielräume als die Fähigkeit zum Alleinsein beschrieben.

chungen zur psychischen Relevanz niederer Spannungszustände (s. a. Demos 1983, S. 109 f.; Beebe/Lachmann 1994).[5]

Eine mögliche Konsequenz dieser Betrachtungsweise ist, daß das Vorherrschen von Triebbedürfnissen sowohl beim Kind als auch in der analytischen Situation nicht unbedingt eine Bestätigung der Triebtheorie ist, sondern das pathologische Resultat einer Entwicklung sein kann, in welcher der Spielraum für die freie Entfaltung des Selbst zu klein war. Die Labilität des Selbstgefühls und die Heftigkeit der Triebe und Affekte, die so charakteristisch für das klinische Bild von narzißtischen und Borderline-Patienten sind, sind die Folge eines auf mangelhaft regulierenden Objektbeziehungen beruhenden pathologischen Ich-Selbst-Systems und einer daraus resultierenden Unfähigkeit, Triebe und Affekte als dynamisch zu empfinden und dennoch sicher zu integrieren und zu genießen. Triebe und Affekte werden als bedrohlich empfunden, obwohl sie es »von Natur« aus nicht sein müssen. Steht das im Vordergrund, so ist es eher ein Indiz für eine pathologische als für eine normale Entwicklung (Kohut 1977; Köhler 1985, S. 125). Wo die traditionelle Psychoanalyse also Ontologie sieht, sehen diese Autoren eher Pathologie.

Die psychoanalytische Tradition ist reich und hat deshalb auch für diese Sicht der Dinge einige Vorläufer anzubieten. Balints Theorie der Grundstörung und des Neubeginns (1968) enthält eine schöne Ausarbeitung der Bedeutsamkeit von harmonischen, relativ spannungsfreien Elementen in der analytischen Situation und ihren heilsamen Wirkungen. In einem mehr entwicklungspsychologischen Kontext hat Winnicott (1958) zwischen einer ruhigen Ich-Erregung, die ebenfalls für die gesunde Entwicklung wichtig ist, und einer Es-Erregung unterschieden. Ich-Erregung findet sich beim Kind im konzentrierten Spiel und beim Erwachsenen, der hingerissen einem Konzert lauscht oder ein Buch liest. Auch in Kohuts Theorie der strukturbildenden Verinnerlichung (1971) wird betont, daß es alltägliche und geringfügige Empathiemängel der Eltern sind, die einen Anreiz zur Verinnerlichung elterlicher Funktionen darstellen. Grobe Mängel führen zu pathologischen Strukturen

5 Die Dichter haben deren Bedeutung schon lange gekannt. Franz Kafka beispielsweise spricht in seinem Roman »Das Schloß« von der »Gewalt der unmerklichen Einflüsse jedes Augenblicks«.

und/oder Entwicklungsstillständen. *Man könnte also drei Modelle psychischer Strukturbildung unterscheiden.* Eines, in dem alltägliche, befriedigende Interaktionen internalisiert werden, ohne daß Frustrationen eine Rolle spielen; ein zweites, in dem Mikrofrustrationen den Hauptanreiz für Verinnerlichungen abgeben; und ein drittes, das auf die Bedeutung stärkerer Frustrationen bzw. hoher Spannungen für die Strukturbildung abhebt. Alle drei haben ihre Berechtigung. Das erste ist in der Psychoanalyse nicht ausreichend gewürdigt worden. Pointiert formuliert besagt es, daß psychische Strukturen nicht in Anlehnung an die »großen Körperbedürfnisse« entstehen, sondern in Anlehnung an die kleinen alltäglichen Ereignisse.

Die Veränderung im Begriff des Traumas, die im Verlauf der Jahrzehnte in der Psychoanalyse stattgefunden hat, bezeugt ebenfalls die Relevanz niederer Spannungszustände. Das kindliche Trauma wurde zunächst als ein besonders schwerwiegendes Ereignis oder Erlebnis betrachtet (Stichwort: Verführung). Auch andere einschneidende Lebensereignisse wie Geburt und Tod naher Familienangehöriger, Erkrankungen, Entwöhnung und Reinlichkeitserziehung galten als traumaverdächtig. Sie sind und bleiben das zu Recht, aber es wächst die Erkenntnis, daß nicht nur solche dramatischen Ereignisse und ihre Bearbeitung in der Phantasie einen pathogenen Effekt haben können, sondern auch chronische, subtile, auf den ersten Blick kaum wahrnehmbare Verzerrungen der Interaktion. Khans Konzept des kumulativen Traumas (1963) und das kumulative Prinzip von Spitz (1965 a, S. 157) waren wichtige Schritte in diese Richtung, aber noch nicht das letzte Wort. Gaensbauer (1982, S. 59) meint, »daß sogenannte traumatische Ereignisse als solche eine sehr viel geringere Rolle bei der Bildung pathologischer seelischer Strukturen spielen als die Störungsmuster, die aus täglich wiederholten Erfahrungen entstehen, welche ihrer Natur nach weniger dramatisch, aber dafür hartnäckiger sind«. Spiegel (1987) vertritt ebenfalls die Auffassung, daß kontinuierliche Erfahrungs*muster* eher als spezifische Erfahrungen die Vorläufer und Ursachen von Pathologie sind. Deshalb können Rekonstruktionen des möglichen Ursprungs von Pathologien schwierig sein, weil ein solcher Ursprung oft gar nicht existiert, jedenfalls nicht als diskretes Ereignis, das in bestimmten Phasen oder Zeitabschnitten lokalisierbar wäre. Die Muster sind nur noch als Familienatmosphäre,

Familienklima oder affektiver Stil des Umgangs rekonstruier- und erinnerbar – oder sie werden in der Erinnerung »fälschlich« in ein diskretes Ereignis verwandelt.

Das ist nichts Ungewöhnliches. Green (1983) hat in einem großen Aufsatz klinisch-rekonstruktiv die Auswirkungen des »Todes« – d. h. bei ihm des depressiven Rückzugs – der Mutter auf den Säugling und späteren Erwachsenen beschrieben. Seine Patienten schilderten diesen Rückzug als einen Schock, durch den sich *wie mit einem Schlag* ihr Mutterbild verwandelte. Die Ergebnisse der Säuglingsforschung zur Interaktion von depressiven Müttern und ihren Säuglingen (Kurzüberblick bei Dornes 1997, S. 67 ff., S. 79 ff.) ergänzen und modifizieren Greens Rekonstruktionen auf eine interessante Weise. Sie machen deutlich, daß das, was Patienten *jetzt* als ein einmaliges, plötzliches Trauma beschreiben, sich *damals* aus vielen kleinen wiederholten Episoden zusammensetzte, die in ihrer Kumulation die Auswirkungen haben, die der Patient als grundlegendes Lebensgefühl und Mutterbild schildert. Es wird klarer, daß es nicht *ein* dramatischer Augenblick ist, in dem die Mutter ihre Besetzung vom Kind abzieht und der Säugling das depressive Mutterbild verinnerlicht, sondern daß dieser Besetzungsabzug in den täglich wiederholten Interaktionen und Interaktionsbruchstücken stattfindet, die in ihrer Häufung zu dem Effekt beitragen, der in der analytischen Situation als Resultat eines einmaligen Ereignisses erscheint. Dadurch wird das Trauma in den Bereich des Alltäglichen zurückgeholt. Es wird entmystifiziert und in statu nascendi buchstäblich begreif- und sichtbar (s. a. Stern 1995, Kap. 6). Was in der Rekonstruktion und in der Erinnerung des Erwachsenen wie ein Augenblick erscheint, ist in der wirklichen Kindheit eine sich immer wiederholende Folge. Dennoch enthält die »falsche« Rekonstruktion und Erinnerung des plötzlichen Rückzugs die Essenz der Atmosphäre und des emotionalen Aromas der frühen Interaktion und ist insofern durchaus »wahr«. Die spätere Phantasie vom plötzlichen Rückzug schiebt viele Mikroepisoden in einen Augenblick zusammen, und dieser Moment erfaßt die gefühlsmäßige Wahrheit über die frühe oder ständige Interaktion, auch wenn er als *ein diskretes Ereignis* in der Kindheit gar nicht existierte.

Die Konzepte von Fixierung und Regression scheinen für solche Pathologien nur noch begrenzt anwendbar zu sein, und auch für andere psychoanalytische Begriffe ergeben sich interessante Perspektiven. Der Stellenwert von Deutungen, die affektiv intensive Erfahrungen auf den Punkt bringen, würde relativiert zugunsten von Parametern wie »Atmosphäre«, die niedrige Spannungszustände bezeichnen, aber ebenso unerläßlich für den therapeutischen Erfolg sind. Diese sogenannten unspezifischen Wirkfaktoren therapeutischer Settings werden in der Psychotherapie-Prozeßforschung seit langem betont (Thomä/Kächele 1985). Auch der Prozeß des Durcharbeitens, der in der psychoanalytischen Theorie eher unterbelichtet ist (Cremerius 1978, S. 165; Blanck/Blanck 1979, S. 125; Thomä 1981, S. 90; zusammenfassend Mertens 1992, S. 55 ff.), kann entwicklungspsychologisch untermauert werden, wenn man ihn mit dem »low-tension-learning« in Verbindung bringt. Es wird dann klarer, wieso auch und gerade das Durcharbeiten strukturbildend und strukturverändernd wirkt und nicht nur die Deutung. Aus solchen und ähnlichen Überlegungen können Ansätze einer entwicklungspsychologischen Lerntheorie entwickelt werden, die auch klinisch nützlich ist (s. a. Lichtenberg 1983, S. 145 ff.).

Zwei Säuglinge oder einer?

Kernberg (1991, S. 111 ff.) hat aus der unterschiedlichen Sichtweise von Säuglingsforschung und Psychoanalyse – die, wie mittlerweile deutlich geworden sein dürfte, zum Teil darauf zurückzuführen ist, daß beide Disziplinen sich auf jeweils verschiedene »Momente« des Säuglingserlebens konzentrieren – folgenden Schluß gezogen. Es gibt mindestens zwei Säuglinge: den affektiven der Psychoanalyse, die Erlebnisweisen in hohen Spannungszuständen beschreibt, und den kognitiven der Säuglingsforschung, die Erlebnisweisen in niederen Spannungszuständen formuliert. Ich halte diese Dichotomie für problematisch, weil auch niedere Spannungszustände, der unaufgeregte Fluß der alltäglichen Erfahrungen und subtile, aber chronische Interaktionsverzerrungen charakter- und strukturbildende Kraft haben. Die Beobachtungen der Säuglingsforscher beziehen sich nicht nur auf die Ich- bzw. die kognitive Entwicklung, sondern erfassen auch die Mikroverzerrungen der Affektregulation und deren Folgen für die Persönlichkeitsbildung und die Beschaffenheit des dynamischen Unbewußten. Abwehr und Verdrängung finden ja nicht nur in hocherregten Affektzuständen statt.

Abgesehen von diesem Einwand hat die »Theorie« der zwei Säuglinge eine gewisse Plausibilität, weil sie deutlich macht, daß beide Disziplinen häufig auf unterschiedliche Segmente des Säuglingserlebens fokussieren: die eine auf niedere, die andere auf hohe Spannungszustände. Dementsprechend akzentuiert die Psychoanalyse eher Desintegration, Fragmentierung, Symbiose etc., die Säuglingsforschung eher Integration, Ganzheit und Getrenntheit. Eine vollständige Entwicklungstheorie sollte beide Aspekte enthalten. Insofern stehen beide Disziplinen in einem wechselseitigen Ergänzungsverhältnis: Die eine artikuliert, was die andere unterbelichtet. Aber es bleibt eine Frage: Was herrscht in der normalen Entwicklung vor? Hier neigt(e) die Psychoanalyse dazu, ihre Befunde an *erwachsenen Patienten* zu generalisieren und deren Probleme (z. B. sexuelle, symbiotische oder solche der Fragmentierung) auf den *normalen Säugling* zu projizieren.

Ein Integrationsversuch: Die Theorie der Momente

Die Säuglingsforschung hat – so könnte man sagen – den Alltag rehabilitiert. Manche werfen ihr deshalb vor, sie würde Freuds Säugling, der ein triebhaftes, polymorph perverses, lustsuchendes, unter Spannungen leidendes, aber seine Triebe auch genießendes Wesen ist, unzulässigerweise »säubern«. Eine harm- und zahnlose Anthropologie, in der nicht mehr von Konflikten und Dramen, sondern vom alltäglichen kleinen Glück und Unglück die Rede ist, träte an die Stelle der Freudschen Sicht des Menschen, der nie in Frieden leben kann, weder mit sich noch mit seiner Umwelt. Das kann man so sehen, aber man kann diesen Vorwurf auch umkehren. Die Psychoanalyse hat in manchen ihrer Theorien das Affektleben des Säuglings übermäßig dramatisiert. Sie hat aus dramatischen *Momenten* dramatische *Phasen* gemacht. Häufig vermittelte sie den Eindruck, der Säugling sei den ganzen Tag oral, anal, symbiotisch, paranoid-schizoid etc. Das ist er nicht. Eine revidierte Theorie, die diesem Sachverhalt Rechnung tragen würde, könnte etwa so lauten:

Die in den verschiedenen psychoanalytischen Entwicklungstheorien beschriebenen unterschiedlichen Phasen oder Grundthemen sind keine Grundthemen, sondern allenfalls Momente im Erleben des Säuglings. Die psychische Bedeutsamkeit dieser Momente ergibt sich weniger aus den sie begleitenden körperlich-affektiven Empfindungen, sondern mehr aus dem elterlichen Umgang damit. Ein zwangloser Umgang führt dazu, daß solche Momente mehrere unter vielen bleiben. Sie werden erlebt, gespeichert, treten aber nicht als etwas besonders Bedeutungsvolles hervor. Etwas Besonderes werden diese Momente erst dann, wenn sie durch die elterlichen Reaktionen aggraviert werden. Ein Säugling mag z. B. schläfrig an der Mutterbrust liegen und sich in einem Übergangszustand vom Wachen zum Schlafen befinden. Jetzt sind seine Wahrnehmungsfähigkeiten nicht auf der Höhe, und es ist denkbar, daß er sich *in solchen Momenten* nicht als von der Mutter abgegrenzt, sondern mit ihr verschmolzen erlebt. Es ist schwer zu sagen, ob dieser »symbiotische« Moment eine (intrinsische) psychische Bedeutsamkeit hat, die über seine zeitliche Dauer hinausgeht. Auf alle Fälle *gewinnt* er aber an Bedeutung, wenn die Eltern mit solchen Momenten Schwierigkeiten haben. Die Schwierigkeiten können unterschiedlicher Natur sein. Eine Mutter oder ein Vater mag solche Momente selbst stark benötigen und sie deshalb über ihr natürliches Maß hinaus verlängern; er/sie kann sie auch fürchten und deshalb verkürzen oder das Unbehagen daran anders ausdrücken. Das führt dazu, daß der symbiotische Moment »gestört« wird und *dadurch* an Bedeutung gewinnt. Der Säugling merkt, daß da etwas Besonderes ist; er wird gegen eine innere Tendenz in einem Zustand »festgehalten« oder in einen anderen »hineingeschoben«, und dadurch entsteht eine Akzentuierung bzw. Fixierung. Auch eine außergewöhnlich starke Trennungsangst des Säuglings kann die Eltern gegen ihre Neigungen in verlängerte symbiotische Momente hineinziehen (Greenacre 1959, S. 160) und so zu Störungen im harmonischen Wechselspiel führen. In all diesen Fällen sind es individuelle Besonderheiten eines bestimmten Eltern-Kind-Paares, nicht eine universale symbiotische Sehnsucht, welche die Bewältigung symbiotischer Momente zum Problem machen können (ausführlicher dazu Pine 1992 und Dornes 1997, Kap. 5).

Ähnliches könnte für andere dramatische Momente im Leben des Säuglings gelten. So bereitet z. B. das (anale) Spiel mit der Kotsäule vermutlich eine gewisse körperliche Lust, aber das intrinsische Lustpotential ist vergleichsweise gering, wahrscheinlich nicht mehr als ein mäßig angenehmer Schleimhautreiz. Wenn aber die Eltern auf das Erscheinen oder Nichterscheinen des Kots mit übertriebenem Entzücken oder Ekel reagieren, verleihen sie der Analität eine Bedeutung, die den analen »Moment« psychologisch auflädt, vergrößert und *so* bedeutsam macht. Auch die Entwicklungstheorie von Melanie Klein, die jeden Aspekt des Säuglingserlebens unter dem Gesichtspunkt maximaler Dramatisierbarkeit zu betrachten scheint,[6] sollte die von ihr postulierten zwei »Positionen« – die paranoid-schizoide und die depressive – weniger als zentrale Themen und mehr als Momente im Säuglingserleben betrachten. Ihre Wahrheit könnte darin liegen, daß alle Eltern ihren Säugling gelegentlich bedrängen und er sich deshalb manchmal »verfolgt« fühlt. Dadurch (oder auch durch rein endogen entstehende Prozesse) gerät er in einen Zustand hoher Affektspannung und sein primär einheitliches Selbst- und Objekterleben zerfällt.[7] In solchen Momenten können paranoid-schizoide Erlebniszustände auftauchen, die aber verschwinden, wenn die Situation sich ändert. Nur wenn diese Momente entweder durch konstitutionelle Dispositionen des Säuglings oder durch elterliche Unzulänglichkeiten oder durch ein Zusammenwirken beider auf Dauer gestellt werden, können sie zu einem zentralen Thema werden.

Diese integrative Sichtweise betrachtet die oralen, analen, symbiotischen, paranoid-schizoiden und sonstigen Erlebnisse oder Momente einerseits als anthropologische Universalien, weil sie als Momente in jedem (Säuglings-)Leben vorkommen;[8] andererseits postuliert sie, daß solche Momente erst durch interaktionelle Bedeutungsvergrößerung zu einem klinisch und entwicklungspsy-

6 Manche Kleinianer erheben dies sogar zum Prinzip und fügen den bekannten fünf metapsychologischen Gesichtspunkten von Rapaport und Gill (1959) einen sechsten hinzu: den »dramatic point of view« (Tabak de Bianchedi et al. 1984, S. 394 f.).

7 Ich zweifle, ob es in der frühen Zeit aktiv gespalten wird.

8 Sogar die Theorie des primären Narzißmus, die behauptet, der Säugling lebe zunächst in einer Welt ohne Objektbeziehungen, bzw. er würde Objekte als solche nicht wahrnehmen, könnte einen Aspekt des Säuglingserlebens beschreiben, nämlich *die* Momente, in denen er allein, also »objektlos« und insofern narzißtisch ist. Eine intersubjektive Neubetrachtung des Narzißmuskonzepts stammt von Altmeyer (2000). Eine umfassende Rehabilitierung des Symbiosekonzepts unternehmen Metzger (1999) und, aus nicht-

chologisch relevanten Sachverhalt werden. Diese Sichtweise hat zwei Konsequenzen. Zum einen, daß jede allgemeine Aussage vom Typus: »Die Bewältigung der Analität/Symbiose/paranoid-schizoiden Position/des Ödipuskomplexes ist eine zentrale Aufgabe des Menschen« notwendigerweise einseitig und damit unrichtig sein muß, weil unter wechselnden Umständen das eine oder das andere oder alles oder vielleicht sogar gar keines oder etwas ganz anderes der Fall sein kann (ähnlich Chodorow 1996, S. 55 ff. und Orange et al. 1997, S. 68).

Zum zweiten führt sie zu der Frage, ob eine Taxonomie universeller Lebensthemen überhaupt sinnvoll und möglich ist. Auf diese Frage gibt es keine einfache Antwort. Kinder – und auch schon Säuglinge – erhalten von ihren Eltern in der Regel eine Vielfalt von Rollen und Aufgaben zugeschrieben. Sie können z. B. als Partnerersatz gesehen werden oder als bedingungslos verfügbarer Liebhaber; als Ersatz für ein verlorenes Kind oder als Antidepressivum gegen Einsamkeit; als Verbündeter gegen den Partner oder als Kitt für die Beziehung; als Gabe Gottes oder als Geschenk an den Ehegatten; als Konfliktmoderator oder als Störenfried; als Mittel des sozialen Aufstiegs oder der Enkulturation in einem fremden Land etc. Je nachdem was vorherrscht und wieviel Raum es bei den Eltern einnimmt, gewinnt eines oder mehrere dieser Themen für das Kind eine herausragende Bedeutung. Angesichts der nahezu unbegrenzten Vielfalt denkbarer Themen bin ich hinsichtlich einer universalen Taxonomie von Lebensaufgaben eher skeptisch. Wahrscheinlich erfaßt jede solche Ordnung immer nur einige wichtige Aufgaben und vernachlässigt oder vergißt andere.

Resümee

Die Psychoanalyse ist kein einheitliches Theoriegebäude mehr. Im Grunde war sie das noch nie. Seit ihren Anfängen enthält sie mindestens zwei Menschenbilder, ein heroisches und eines, das man

psychoanalytischer Sicht, Bischof (1996) und Sloterdijk (1998). Eine knappe Darstellung einiger Gedanken aus dem großartigen Buch von Bischof findet sich bei Dornes (2000). Zu Sloterdijk siehe Kapitel 5.

eher als romantisch bezeichnen könnte (s. Strenger 1989, 1997b; Frommer/Tress 1998). Während bei Freud und Melanie Klein im Unbewußten eher »abstoßende« Dinge wie Vatermord und Inzestwünsche toben, die man kennen und beherrschen muß, um einigermaßen anständig zu leben, ist bei Ferenczi, Winnicott, Balint und Kohut das Unbewußte (auch) ein Hort von Kreativität, gesunden Wachstumsimpulsen, wahrem Selbst, Ambitionen, Idealen und ähnlichem. Bei Freud und den Vertretern der heroischen Tradition erscheint das Unbewußte eher wie ein Eimer, in dem ziemlich trübes Wasser brodelt; für die psychoanalytische »Romantik« ist es eher eine Quelle, aus der im Falle einer gelungenen Entwicklung oder Therapie vorwiegend klares Wasser sprudelt. Etwas weniger polarisierend könnte man sagen, daß die Romantiker – und die Kleinkindforscher, die mehrheitlich an diese Richtung anschließen (was z. B. Bradley [1989, 1991, 1993] kritisch kommentiert) – versuchen, die dramatischen Aspekte der Kindheit, deren Entdeckung ein zentrales Verdienst der klassischen Psychoanalyse war, in einen normalen Kontext zu integrieren. Sie zeigen, wie das Kind im Rahmen einer entwicklungsfördernden Beziehung lernen kann, mit dem »Dämonischen« adaptiv umzugehen und symptomarme, eher nichtpathologische Formen des Umgangs damit entwickelt (Lichtenberg 1983, S. 130 f.). Ob dies eine unzulässige Verharmlosung ist oder eine notwendige Korrektur, muß jeder selbst entscheiden.

Auf alle Fälle eignen sich die Ergebnisse der Kleinkindforschung nicht dazu, Stimmung gegen die Psychoanalyse zu machen. Viele der führenden Kleinkindforscher sind Psychoanalytiker, und die skizzierten Revisionsvorschläge sind von ihnen selbst in die Diskussion gebracht worden. Dies kann man als eine empirische Widerlegung der oft beklagten, aber nicht ebensooft belegten Lernunfähigkeit der Psychoanalyse bzw. ihrer angeblichen Abschottung gegen die sogenannten empirischen Wissenschaften betrachten. Die Kleinkindforschung und die aus ihr mittlerweile hervorgegangene Eltern-Kleinkind-Therapie (Überblick in Kapitel 6) ist derzeit eine der Disziplinen, in denen Psychoanalytiker und Nichtpsychoanalytiker produktiv zusammenarbeiten, was für beide Seiten lehrreich ist. Vielleicht hängt das mit dem Gegenstand ihres Interesses zusammen, der jedem ernsthaften Forscher und Therapeuten zumindest *eine* Ahnung abnötigt: Kinder sind einfach zu wichtig und auch zu interessant, um sie einer Disziplin alleine zu überlassen.

Kapitel 2 Bindungstheorie und Psychoanalyse

Einleitung

In diesem Kapitel möchte ich die vom englischen Psychoanalytiker John Bowlby und der kanadischen Psychologin Mary Ainsworth begründete Bindungstheorie darstellen und ihr Verhältnis zur Psychoanalyse diskutieren. Dabei konzentriere ich mich auf die post-Bowlbysche und post-Ainsworthsche Weiterentwicklung der Theorie, die in den letzten 20 Jahren einen geradezu explosionsartigen Verlauf genommen hat. Bowlbys Theorie stand (und steht) unter Psychoanalytikern im Verdacht, behavioristisch zu sein. Dies kam lange Zeit einem Todesurteil gleich, und entsprechend wurde Bowlby im Verlauf der Entwicklung seiner Theorien in der britischen psychoanalytischen Gesellschaft immer mehr zu einer randständigen Figur. Die Zeit ist nunmehr reif für eine Neueinschätzung.

Die Aufmerksamkeit, welche die Bindungstheorie neuerdings auch innerhalb der Psychoanalyse gewinnt, läßt sich an einer wachsenden Zahl von Konferenzen zum Thema Bindungstheorie und Psychoanalyse ablesen. Sie hat verschiedene Gründe – außer theoretischen sicher auch soziologische. Einer davon scheint mir, daß das heutige »Unbehagen in der Kultur« sich erheblich von dem vergangener Tage unterscheidet. Der Philosoph Zygmunt Baumann hat in einem Gespräch (1996) argumentiert, daß das derzeitige Unbehagen nicht aus einem Übermaß an Triebunterdrückung herrührt (wie zu Freuds Zeiten), sondern aus einem Gefühl der Desorientierung in einer unübersichtlich gewordenen Welt. Unsicherheit, nicht Unfreiheit sei das zentrale Problem des »postmodernen« Menschen. Die Bindungstheorie, welche die Begriffe der (Bindungs-) Sicherheit und Unsicherheit als Eckpfeiler ihres theoretischen Grundgerüsts verwendet, scheint gerade dadurch einen zentralen

Affekt und eine zentrale Besorgnis des heutigen Menschen zu thematisieren. Vielleicht enthält sie auch ein implizites Heils- oder Heilungsversprechen: Sicherheit ist möglich. Aber das ist nur eine Vermutung, die die »Konjunktur« dieser Forschungsrichtung plausibel machen könnte. Ich wende mich nun den Biographien der beiden Gründungsfiguren und danach den theoretischen Fragen zu.

John Bowlby: Biographisches[1]

John Bowlby wurde am 26. Februar 1907 als viertes von sechs Kindern in London geboren. Sein Vater war ein erfolgreicher, vielbeschäftigter Arzt; die Mutter entstammte einer dem ländlichen Leben verbundenen Pfarrersfamilie. Den damaligen Gepflogenheiten folgend wurden die Kinder überwiegend von Hausangestellten erzogen. Über die Familienatmosphäre im Hause Bowlbys gibt es unterschiedliche Versionen. Bowlby selbst beschrieb sie knapp als »streng, nicht zu streng, aber doch ziemlich streng...« (Holmes 1993, S. 16), die jüngste Schwester Evelyn erinnert sich an eine eher freudlose, etwas zwanghafte Stimmung, während Tony, der Drittälteste, seine Kindheit als glücklich beschreibt. Mit acht Jahren kam Bowlby in ein Internat außerhalb von London. Angeblich sollten er und die anderen Kinder vor den befürchteten Bombenabwürfen auf London während des Ersten Weltkrieges in Sicherheit gebracht werden (Hunter 1991, S. 5 und 8). Bowlby war dort ziemlich unglücklich und hat später einmal gesagt: »Ich würde keinen Hund mit acht ins Internat schicken« (Rayner 1995).

Nach dem Krieg ging er in die Marineschule in Dartmouth, war aber, trotz bester Zeugnisse, mit der dort herrschenden engen intellektuellen Atmosphäre unzufrieden. 1925 schrieb er sich für Medizin in Cambridge ein. Die Liebe zur Medizin war nicht besonders groß. Nach den vorklinischen Semestern unterbrach er das Stu-

1 Der folgende Abschnitt stützt sich im wesentlichen auf das vorzügliche Buch von Holmes (1993, Kap. 2). Für weitere Details siehe das ebenso informative Buch von Karen (1994). Diese beiden Bücher sind auch zugleich die besten Einführungen in die Bindungstheorie. Einen enzyklopädischen Überblick für Fortgeschrittene geben Cassidy/Shaver (1999).

dium, um an einer Schule für verhaltensgestörte Kinder zu hospitieren. Die Erfahrungen, die er dabei sammelte, waren von großer Bedeutung für seinen weiteren Werdegang (Hunter 1991, S. 5). Als einen bleibenden Eindruck aus dieser Zeit beschreibt er einen adoleszenten Jungen, der ihm auf Schritt und Tritt folgte, ohne ihn genauer zu kennen (Bowlby 1981 in: Holmes 1993, S. 18). Der Junge war unehelich geboren, als Kind nie recht umsorgt und wegen wiederholten Diebstahls von einer Schule verwiesen worden. Er war unfähig zu tieferen Bindungen, psychisch erheblich gestört, aber wahrscheinlich der erste, der Bowlby auf den Zusammenhang zwischen (früh)kindlicher Deprivation und (späterer) abweichender Persönlichkeitsentwicklung aufmerksam machte. Dies wurde eines seiner großen Lebensthemen.[2]

1929 wechselte Bowlby nach London, 1933 beendete er dort sein Medizinstudium. Er wollte Kinderpsychiater werden, ließ sich aber zunächst als Erwachsenenpsychiater ausbilden. 1936 ging er an die Londoner Child Guidance Clinic. Seine psychoanalytische Ausbildung absolvierte er zwischen 1933 und 1937, die Lehranalyse bei Joan Riviere, einer Kleinianerin. Über die Gründe für diese Wahl ist nichts bekannt, aber sie stellte sich als nicht besonders glücklich heraus: »Es waren die fünf schlimmsten Jahre meines Lebens«, hat er im Rückblick geäußert (Rayner 1995; ähnlich Kahr 1996, S. 65). Die Supervision bei Ella Sharpe (die später der Middle-Group nahestand) sagte ihm mehr zu; die anschließende Kontrolle seiner kinderanalytischen Ausbildung bei Melanie Klein (ab 1937/38) wieder weniger. Die Unterschiede in ihren Auffassungen traten bei der Behandlung eines dreijährigen hyperaktiven Kindes zutage, dessen Mutter offensichtlich schwer gestört war. Bowlby wollte ihr Hilfe anbieten, Klein lehnte das ab. Kurze Zeit später wurde die Mutter nach einem Zusammenbruch in ein psychiatrisches Krankenhaus

2 Das unterschiedslose »Sich-Hängen« an *irgendeinen* Erwachsenen wird in der neueren Bindungstheorie als promiskuöses oder »indiscriminate« Attachement bezeichnet. Es ist – im Unterschied zu den weiter unten ausführlich beschriebenen verschiedenen Qualitäten von Bindung – ein Zeichen für *das Fehlen* einer persönlichen Beziehung und ein Symptom, das häufig auf Vernachlässigung oder Verwahrlosung zurückzuführen ist (s. Zeanah et al. 1993 a; relativierend Chisholm 1998, S. 1104). Zur Theorie und Therapie von Bindungsstörungen siehe ausführlich Boris/Zeanah (1999) und Brisch (1999).

eingeliefert. Klein wollte nicht sehen, daß der Zustand der Mutter für die Probleme des Kindes mit verantwortlich war, sondern sorgte sich nur wegen der dadurch bedingten Unterbrechung der Analyse des Kindes (Grosskurth 1986, S. 509). Dennoch war Bowlby in diesen Jahren nicht antikleinianisch eingestellt, sondern hielt seine Auffassung mit einer gewissen Naivität für eine Ergänzung der Kleinianischen Theorie: »Damals war mir noch nicht klar, daß mein Interesse an Erfahrungen und Situationen des wirklichen Lebens der Kleinschen Sichtweise so fremd war; im Gegenteil, ich hielt meine Ideen für vereinbar mit den ihren. Im Rückblick auf die Jahre 1935 bis 1939 glaube ich, daß ich die Verschiedenheit nicht erkennen wollte. Das wurde erst nach dem Krieg kristallklar, besonders da mich ihre unnachgiebige Haltung immer mehr schockierte« (zit. in: Grosskurth 1986, S. 508).

Die Bedeutung der Rolle der Umwelt bei der Genese psychischer Störungen, die der Hauptstreitpunkt mit den Kleinianern war, wurde zum Thema seines ordentlichen Mitgliedsvortrags vor der Britischen Psychoanalytischen Gesellschaft. In dieser Arbeit warnt Bowlby (1940) nachdrücklich vor den negativen Folgen längerer Mutter-Kind-Trennungen. Dieses Thema arbeitete er in einem weiteren Aufsatz mit dem Titel »44 jugendliche Diebe: ihre Charaktere und Familienhintergründe« genauer aus (Bowlby 1944). Der Aufsatz trug ihm den Spitznamen »Ali Bowlby und die 40 Räuber« ein (Holmes 1993, S. 21), immerhin ein Hinweis darauf, daß es in der britischen Psychoanalyse trotz der bekannten Kämpfe zwischen Freudianern und Kleinianern, die damals auf dem Höhepunkt waren, nicht gänzlich humorlos zuging.

Während und nach der Kriegszeit war Bowlby in der Britischen Psychoanalytischen Gesellschaft aktiv und wurde zwischen 1944 und 1961 mit den verschiedensten organisatorischen Aufgaben betraut. Außerdem begründete er zusammen mit Esther Bick das Ausbildungsprogramm für Kinderpsychotherapie an der Tavistock Clinic, machte sich stark für eine Mitarbeit bei der Gründung des National Health Service und entschloß sich, die Folgen der Trennung von Mutter und Kind nunmehr systematischer zu untersuchen.

Die Gelegenheit, diesen Plan in die Tat umzusetzen, bot sich mit einer Anfrage der Weltgesundheitsorganisation, die einen Bericht über die seelische Gesundheit heimatloser Kinder wünschte. Das

Ergebnis seiner Studien machte Bowlby mit einem Schlag zu einem berühmten Mann. Die Populärfassung seiner für die Weltgesundheitsorganisation geschriebenen Monographie »Mütterliche Fürsorge und seelische Gesundheit« (Bowlby 1951) erzielte eine Auflage von einer halben Million Exemplare in englischer Sprache und wurde in zehn weitere übersetzt. In dieser Monographie beschreibt Bowlby die nachteiligen Folgen, die entstehen, wenn Kinder ohne ihre Mütter in Institutionen aufwachsen, in denen ihre emotionalen und kognitiven Bedürfnisse nur unzureichend befriedigt werden. Nach dem Erscheinen der Monographie ist zu diesem Thema viel geforscht worden. Bowlbys Aussagen wurden relativiert und modifiziert (zusammenfassend Rutter 1971, 1979, 1991 a), aber als grundlegende Einsicht bleibt, daß die langandauernde Trennung von der Mutter bei ungenügendem Ersatz ein erstrangiger Risikofaktor für die weitere gesunde seelische Entwicklung ist.

Wie bei anderen Psychoanalytikern (z. B. Spitz und Mahler) verlagerte sich auch bei Bowlby im Laufe der Zeit das Interesse vom Studium der pathologischen Entwicklung zu dem der normalen. Nach Fertigstellung der erwähnten Monographie lautete seine Grundfrage: Wenn die Unterbrechung des Bandes zwischen Mutter und Kind durch Trennung oder Verlust so gravierende Auswirkungen hat – was ist die Natur dieses Bandes? Auf der Suche nach einer Antwort geriet Bowlby Anfang der 50er Jahre in Kontakt mit der Ethologie. Tinbergens Instinktlehre war gerade erschienen (1951), ebenso die englische Übersetzung einiger Arbeiten von Konrad Lorenz. Bowlby präsentierte seine ethologisch inspirierte Revision der psychoanalytischen Theorie in konziser Form erstmals in drei kurz hintereinander erschienenen Aufsätzen (1958, 1960 a, b), die später zu Büchern ausgearbeitet wurden (1969, 1973, 1980).

Im ersten Aufsatz beschäftigt er sich mit dem Wesen der Mutter-Kind-Beziehung und kommt zu dem Schluß, daß die Triebtheorie keine hinreichende Erklärung für die Objektbezogenheit des Säuglings ermöglicht. Er relativiert die Bedeutung oraler Bedürfnisse für das Entstehen von Beziehungen und postuliert ein davon unabhängiges Bindungsbedürfnis. Das Kind bindet sich an Objekte nicht (nur) wegen der von ihnen vermittelten Trieblust, sondern weil sie Sicherheit und Kontakt bieten. Damit formuliert er eine ethologische Version der sich zehn Jahre später entwickelnden Narzißmustheorien, die ebenfalls die Triebbedürfnisse zugunsten von Sicherheits- und Selbstbedürfnissen relativieren. Im zweiten Aufsatz gibt er einen Überblick über die verschiedenen Theorien zur Trennungsangst und schlägt als Hypothese vor, daß Trennungsangst dann entsteht, wenn Bindungsbedürfnisse aktiviert werden, aber die Bindungsperson nicht zugänglich ist. Er lehnt Freuds Theorie ab, der zufolge erhöhte Trennungsangst auf Verzärtelung des Kindes zurückzuführen oder eine Form von Triebangst ist, und vertritt die Auffassung, sie habe eher mit realen Trennungsdrohungen der Eltern zu tun. Im dritten Aufsatz geht es um Kummer und Trauer kleiner Kinder als Reaktion auf einen andauernden Verlust. Bowlby beschreibt erstmals die Ähnlichkeiten zwischen den Reaktionen Erwachsener und kleiner Kinder auf Verluste und skizziert verschiedene Stadien des Trauerprozesses (Protest, Verzweiflung und Rückzug).

Diese Arbeiten, die er zwischen 1957 und 1959 vor der Britischen Psychoanalytischen Gesellschaft vortrug, sorgten für Unruhe und Mißbehagen. Winnicott erregte sich, wußte aber nicht recht, warum, war er doch von Bowlby immer fair zitiert worden. Die Kleinianer waren ebenfalls aufgebracht, weil ihnen die ganze Richtung zu mechanistisch war. Anna Freud, in praktischen Dingen mit Bowlby fast immer einig, war auch unzufrieden, vor allem wegen der Relativierung der infantilen Sexualität/Oralität; ein ungenannter Analytiker soll sogar ausgerufen haben: »Bowlby? Wir wollen Barabbas!« (Grosskurth 1986, S. 514). Zur Kreuzigung kam es nicht, aber Bowlby hat – obwohl er im Gegensatz zu Rycroft, Meltzer und Laing nie aus der psychoanalytischen Gesellschaft austrat – danach keinen weiteren Vortrag mehr vor den englischen Kollegen gehalten. Er suchte und fand sein Publikum anderswo.

In psychoanalytischen Kreisen gab es für Bowlby wenig Zustimmung. Die Rezensionen seiner Hauptwerke in den führenden psychoanalytischen Zeitschriften waren überwiegend kritisch (s. z. B. Engel 1971; Rochlin 1971; Roiphe 1976; Bernstein 1981).[3]

3 Der Inhalt der drei Bände kann hier nicht referiert werden. Gute Kurzdarstellungen findet der Leser bei Hoffmann (1986), Sroufe (1986), Slade/Aber (1992) und Bretherton (1995 b); eine ausführliche Darstellung gibt Holmes (1993, Kap. 3 und 5). Eine der wenigen uneingeschränkt positiven Rezensionen stammt von Matte-Blanco (1971), der selbst eher ein Außenseiter in der psychoanalytischen Gemeinschaft war.

Dafür gibt es verschiedene Gründe: 1. Seine Kritik der Triebtheorie, insbesondere die Relativierung libidinöser/sexueller Bedürfnisse zugunsten von Bindungsbedürfnissen; 2. seine Favorisierung der Tierverhaltensforschung als Hauptquelle einer Motivationstheorie; sie wurde von vielen als mechanistisch und trocken empfunden; 3. seine Marginalisierung der Bedeutung des Ödipuskomplexes; 4. seine Ablehnung der Metapsychologie, die er als ungeeigneten Theorierahmen für die Organisierung seiner Daten und als hoffnungslos veraltet ansah; 5. seine Einbeziehung außerpsychoanalytischer Disziplinen wie Kontrolltheorie und kognitive Psychologie, die den meisten Psychoanalytikern unvertraut waren; 6. sein starker Akzent auf interpersonelle Interaktion statt auf intrapsychische Dynamik, die dem traditionellen psychoanalytischen Denken fremd war; 7. sein Interesse an Forschung und sein (relatives) Desinteresse an klinischer Kasuistik, das ihn Theorien nicht aus Einzelfällen ableiten ließ, sondern aus systematischen, prospektiven, kontrollierten Untersuchungen an Hand großer Fallzahlen. Der damit verbundene methodische und statistische Aufwand war vielen Psychoanalytikern nicht geheuer. Insgesamt schien es, als habe er die Poesie aus der Psychoanalyse vertrieben (Grosskurth 1986, S. 514) – und die Phantasie!

An dieser Kritik ist sicher ein Körnchen Wahrheit, aber auch viel Übertreibung. Ich werde darauf weiter unten ausführlicher eingehen und beschränke mich an dieser Stelle vorerst auf die etwas holzschnittartige Wiedergabe seiner Grundposition. Bowlby hatte in den Debatten der 40er und 50er Jahre den Eindruck gewonnen, daß insbesondere die Kleinianer die Bedeutung der Umwelt und des Realtraumas nicht hinreichend anerkannten und diesbezüglich allenfalls Lippenbekenntnisse ablegten (s. Bowlby in: Hunter 1991, S. 14). Im Kern gingen (und gehen) die Kleinianer davon aus, daß autoplastisch erzeugte Phantasien die Realitätswahrnehmung und -verarbeitung bestimmen und daß reale Erfahrungen »innerlich« entstandene Phantasien nur modifizieren können. Bowlby hingegen war der Auffassung, daß die Inhalte von Phantasien überwiegend von Erfahrungen mit der Außenwelt geprägt sind. Seiner Abneigung gegen die – wie er es nannte – »exzessive« Betonung der Phantasie ist er bis an sein Lebensende treu geblieben. Behaviorist ist er dennoch nie gewesen oder geworden: »Ich interessiere mich für die innere Welt ebenso wie jeder andere, aber ich betrachte sie als ziemlich genaue Widerspiegelung dessen, was eine Person in der äußeren Wirklichkeit erlebt hat« (Bowlby et al. 1986, S. 43 f.). Mit dieser »realistischen« Position wurde Bowlby zum Kompromißkandidaten für alle diejenigen, die die Psychoanalyse für zu unwissenschaftlich und zu spekulativ, aber den Behaviorismus für zu langweilig hielten.

Die Bindungstheorie

Eine der zentralen Aussagen von Bowlbys Theorie ist, daß der menschliche Säugling die angeborene Neigung hat, die Nähe einer vertrauten Person zu suchen. Fühlt er sich müde, krank, unsicher oder allein, so werden Bindungsverhaltensweisen wie Schreien, Lächeln, Anklammern und Nachfolgen aktiviert, welche die Nähe zur vertrauten Person wiederherstellen sollen. Das Bindungssystem ist relativ unabhängig von sexuellen und aggressiven Triebbedürfnissen. Es stellt ein eigenständiges Motivationssystem dar, das mit anderen Motivationssystemen interagiert, nicht aber aus ihnen abgeleitet werden kann. Bindungsverhaltensweisen existieren als Teil des evolutionären Erbes von Geburt an und werden im Verlauf des ersten halben Jahres immer spezifischer auf eine oder mehrere Hauptbezugspersonen gerichtet. Das »räumliche« Ziel dieser Verhaltensweisen ist Nähe, das Gefühlsziel ist Sicherheit. Aus den interaktiven und kommunikativen Erfahrungen, die der Säugling mit seinen Betreuungspersonen im Laufe des ersten Lebensjahres macht, resultiert schließlich ein Gefühl der Bindung oder Gebundenheit, das, je nach Erfahrung, verschiedene »Färbungen« annehmen kann, die als unterschiedliche Qualitäten von Bindung betrachtet werden.

Ainsworth et al. (1978) haben die mütterliche Feinfühligkeit in bezug auf die Signale ihres Säuglings als entscheidende Determinante der mit einem Jahr feststellbaren Qualität der Bindung herausgearbeitet. Reagiert die Mutter feinfühlig, d. h. schnell und angemessen auf die Signale ihres Kindes, so wird es mit einem Jahr wahrscheinlich *sicher gebunden* sein. Reagiert die Mutter eher zurückweisend auf seine (Bindungs-)Bedürfnisse, so resultiert ein eher *unsicher-vermeidender Bindungsstil* beim Kind. Sind mütterliche Antworten auf kindliche Signale eher inkonsistent und wenig vorhersagbar, dann entwickelt das Kind eine sogenannte *unsicher-ambivalente Bindung.*[4] Dem Beitrag des Kindes zur Interaktion wurde – im Verhältnis zu dem der Mutter – bei der Entstehung der Bindungsqualität eine zweitrangige Rolle zugeschrieben. Neuerdings zeichnet sich jedoch ab, daß auch angeborene Temperamentsunterschiede/Verhaltensdispositionen eine gewisse Rolle beim Zustandekommen unterschiedlicher Bindungsstile spielen (Spangler 1995; Spangler et al. 1996).

Entscheidend für die Art der mit einem Jahr erreichten Bindung ist nicht die Quantität, sondern die Qualität der Interaktion im ersten Lebensjahr. Auch Kinder berufstätiger Eltern können sichere Bindungsbeziehungen entwickeln (siehe Kapitel 3). Je nach Erfahrung werden verschiedene Bindungsmuster zu verschiedenen Personen hergestellt. Ein Kind kann z. B. sicher an die Mutter, aber unsicher an den Vater gebunden sein und umgekehrt. Zunächst existieren die unterschiedlichen Bindungsmuster nebeneinander her; im Verlauf der weiteren Entwicklung werden sie allmählich hierarchisch organisiert.

Wie aber wird die Bindungsqualität festgestellt? Mary Ainsworth, eine kanadische Psychologin, die Bowlby in den 50er Jahren kennengelernt hatte, entwickelte Ende der 60er Jahre (s. Ainsworth/Wittig 1969) eine ingeniöse Prozedur, mit deren Hilfe dieser zentrale Aspekt der Mutter-Kind-Beziehung »gemessen« werden kann. In der ausgearbeiteten Fassung ihrer Theorie gehen Ainsworth et al. (1978) davon aus, daß man die Qualität der Bindung bei ein- und eineinhalbjährigen Kindern an ihren Reaktionen auf kurze Trennungen von der Mutter und, vor allem, an der Art und Weise, wie sie die Mutter nach ihrer Rückkehr begrüßen, ablesen kann. Sie haben eine Standardprozedur zur Untersuchung dieses Trennungs- und Begrüßungsverhaltens entwickelt, die sogenannte »Fremde Situation«, die für die Bindungstheorie eine ähnliche Rolle spielt, wie die Couch für die Psychoanalyse. Sie soll deshalb gleich etwas ausführlicher dargestellt werden. Aber zunächst einige Informationen zur Person von Ainsworth.

4 Ich werde das Thema der unterschiedlichen Bindungsqualitäten im übernächsten Abschnitt ausführlicher behandeln.

Mary Salter Ainsworth: Biographisches[5]

Mary Ainsworth wurde 1913 in Ohio geboren und studierte in den 30er Jahren Psychologie in Toronto. Dort wurde sie maßgeblich von William Blatz beeinflußt, der die sogenannte Sicherheitstheorie vertrat. »Einer der wichtigsten Lehrsätze der Sicherheitstheorie besagt, daß Säuglinge und Kleinkinder Sicherheit und Vertrauen zu den Eltern entwickeln müssen, bevor sie bereit sind, sich in unbekannte Situationen zu begeben, in denen sie alleine zurechtkommen müssen« (Bretherton 1992, S. 30). Kenner der späteren Theorie ahnen hier bereits den Zusammenhang zwischen sicherer Bindung in der Kindheit und der damit verknüpften Fähigkeit zu unabhängiger Exploration und bemerken eine erste Andeutung der Hypothese, daß sichere Bindung die Ablösung von den Eltern fördert.

Nach ihrer Promotion bei Blatz 1939 arbeitete Ainsworth zunächst an der Universität Toronto. Drei Jahre nach Kriegsbeginn (1942) trat sie als Freiwillige in das Frauencorps der kanadischen Armee ein. Dort war sie vor allem mit psychologischer Beratung, Tests und Interviews befaßt. Diese eher klinische Tätigkeit setzte sie nach dem Krieg noch kurze Zeit fort und kehrte dann an die Universität zurück, wo sie einen Lehrauftrag für Persönlichkeitsdiagnostik erhielt. In diesen Jahren entstand ein Buch über Rorschach-Diagnostik, das sie zusammen mit dem Ehepaar Klopfer und dem späteren Psychoanalytiker Robert Holt verfaßte.[6]

Ainsworth heiratete 1950 und ging mit ihrem Mann nach London. Dort war sie zunächst arbeitslos, bewarb sich dann auf eine Anzeige hin an der Tavistock-Klinik und wurde eingestellt. Sie sollte – unter der Leitung von Bowlby – die Auswirkungen früher Mutter-Kind-Trennungen auf die Persönlichkeitsentwicklung untersuchen. In dieser Zeit lernte sie James Robertson, einen psychiatrischen Sozialarbeiter und damaligen Mitarbeiter von Bowlby kennen. Ihm verdanken wir berühmte Filme wie »A two-year-old

5 Der folgende Abschnitt ist im wesentlichen eine kondensierte Zusammenfassung von Bretherton (1992, 1995 a). Für weitere biographische Informationen s. Karen (1994, Kap. 11, 12, 28), Ainsworth/Marvin (1995) und Main (1999).

6 Ainsworth hat, nach ihrer Scheidung Anfang der 60er Jahre, auch selbst eine Psychoanalyse absolviert (Karen 1994, S. 208).

goes to hospital« und »Young children in brief separations«, in denen die Folgen mehrtägiger Mutter-Kind-Trennungen bei gleichzeitiger ungenügender Ersatzbetreuung eindrücklich dokumentiert werden. Robertson hatte während des Krieges – er war Kriegsdienstverweigerer – in der Hampsteadt-Klinik als Hausmeister gearbeitet. Auf Anna Freuds Anweisung waren damals alle Angestellten gehalten, Kinderbeobachtungen detailliert zu protokollieren. Ainsworth war von Robertsons akribischen schriftlichen Aufzeichnungen so beeindruckt, daß sie beschloß, diese Methode bei der nächsten Gelegenheit zu verwenden. Bretherton (1992, S. 32) bemerkt dazu treffend: »Wir haben es also Anna Freud und nicht nur der Ethologie zu verdanken, daß die Bindungstheorie auf Beobachtungen im Alltagsleben beruht.«

Die Gelegenheit, solche Direktbeobachtungsmethoden »im Feld« zu verwenden, ergab sich Ende 1953, als Ainsworth mit ihrem Mann nach Uganda übersiedelte. Sie inaugurierte dort ein Forschungsprojekt über Mutter-Kind-Beziehungen im ersten Lebensjahr, in dem sie Robertsons Anregungen folgend die Mutter-Kind-Beziehung längsschnittlich und unter natürlichen Bedingungen untersuchte.

1957 zogen die Ainsworths nach Baltimore. Mary arbeitete zunächst als klinische Psychologin in einem Krankenhaus, ab 1958 an der Johns Hopkins-Universität. Die ersten Auswertungen der Ergebnisse des Uganda-Projekts erschienen 1963, das diesbezügliche Buch »Infancy in Uganda« 1967. Ainsworth hatte in Uganda eine Skala zur Messung mütterlicher Feinfühligkeit entworfen, die für ihre zukünftige Forschung von außerordentlicher Bedeutung werden sollte. Auch eine erste Klassifizierung einjähriger Kinder in sicher gebundene, unsicher gebundene und noch nicht gebundene wurde vorgenommen. Diese Klassifizierung basierte auf den Verhaltensweisen der Kinder in ihrer natürlichen Umgebung. Das Schreiverhalten der Kinder wurde als Indikator ihrer Bindungsqualität betrachtet. Als sicher gebunden wurden Kinder angesehen, die wenig schrien, als unsicher die Vielschreier und als noch nicht gebunden diejenigen, die kein spezifisches Bindungsverhalten der Mutter gegenüber zeigten, d. h., sich zum Beispiel von einer fremden Person genausogut trösten ließen wie von der Mutter. Die Analyse des kindlichen Schreiverhaltens wurde in einigen weiteren Publikationen fortgeführt (z. B. Bell/Ainsworth 1972).

Dieses Thema ist insofern interessant, als es zu einer Kontroverse mit den Behavioristen führte. Ainsworth war der Auffassung, daß Kinder, deren Eltern prompt und angemessen auf ihr Schreien reagieren, ein basales Sicherheitsgefühl entwickeln, das dazu führt, daß sie im weiteren Verlauf der Entwicklung *weniger* schreien. Die Behavioristen vertraten die gegenteilige Auffassung: Wenn die Mutter auf das Schreien ihres Kindes prompt reagiert, stellt dies eine »Belohnung« dar, was dazu führt, daß die Kinder in der Folge *mehr* schreien. Beide Seiten konnten harte Daten für die Richtigkeit ihrer Auffassung ins Feld führen. Als wichtiger Befund ergab sich, daß sich die *Häufigkeit* des kindlichen Schreiens in den ersten neun Monaten kaum verändert, wohl aber die *Dauer*. Diese verkürzt sich nach den ersten drei Monaten erheblich, so daß zwar nicht die Schreihäufigkeit, wohl aber die Schreidauer von den elterlichen Reaktionen beeinflußt werden kann. Weiter erwies sich als entscheidende Variable nicht die Promptheit der Reaktion, sondern deren Angemessenheit, weil ständiges promptes Reagieren auch auf geringfügiges Gequengel eine Überstimulierung des Kindes darstellen kann und insofern unangemessen ist. Hubbard/van Ijzendoorn (1989, 1991) haben das Angemessenheitskonzept entsprechend (d.h. im Sinne *differentieller* Responsivität) operationalisiert und kamen zu dem Ergebnis, daß Kinder, deren Schreien angemessen beantwortet wird, in der Folgezeit weniger, d.h. kürzer schreien (ähnlich Smyke 1997).[7]

Während Ainsworths Uganda-Aufenthalt war der Kontakt zu Bowlby vorübergehend schwächer geworden. Das änderte sich in den 60er Jahren, als sie von Bowlby mehrfach nach London einge-

7 Selbst wenn das nicht so wäre, ließe sich daraus nicht die Empfehlung ableiten, Kinder schreien zu lassen. (Diese Empfehlung wird heute, im Unterschied zu damals, auch von niemand mehr vertreten.) Ein Kind, dessen Schreien von den Eltern nicht beantwortet wird, mag in der Zukunft vielleicht auch weniger schreien, aber das kann Ausdruck seiner Resignation und Verzweiflung, nicht seiner Zufriedenheit sein. Die Dauer des Schreiverhaltens allein taugt also nicht als zuverlässiger Indikator kindlicher Zufriedenheit. Ainsworths Einstellung und Ergebnisse zu diesem Problem befinden sich in Übereinstimmung mit der psychoanalytischen Theorie, etwa der von Erikson (1950), in der das kindliche »Urvertrauen« in die Welt und sich selbst auf die verläßliche Beantwortung seiner Bedürfnisse zurückgeführt wird.

laden wurde. Dort traf sich regelmäßig eine internationale Forschungsgruppe von Leuten unterschiedlicher theoretischer Ausrichtung. In ihr waren so bekannte Leute wie Jack Gewirtz, Hanus Papousek, Harriet Rheingold, Louis Sander, Peter Wolf, Harry Harlow und Robert Hinde vertreten. Ursprünglich war Ainsworth eher skeptisch gegenüber Bowlbys zunehmend ethologischer Orientierung. Sie fürchtete – nicht ganz zu Unrecht –, er würde damit seinen Ruf bei den Psychoanalytikern ruinieren. Nach und nach schloß sie sich aber seiner Sichtweise an. Die Direktbeobachtung an kleinen Kindern in ihrer natürlichen Umgebung schien ihr ein so informatives Forschungsinstrument, daß sie sich bald kein anderes mehr vorstellen konnte (s. Ainsworth/Marvin 1995, S. 7).

Bald nach der erneuten Zusammenarbeit mit Bowlby begann Ainsworth ihr neues Projekt in Baltimore, das sie berühmt machen sollte. Die Baltimore-Studie basiert auf der Analyse von siebenundzwanzig Eltern-Kind-Paaren, deren Interaktionsgeschichte anhand von Direktbeobachtungen im elterlichen Haushalt untersucht und dokumentiert wurde. Für jede Familie existieren ca. 72 Beobachtungsstunden Material. Die Familien wurden im Abstand von drei bis vier Wochen jeweils drei bis vier Stunden lang beobachtet. Thematisch war die Studie weit gespannt. Untersucht wurden: die face-to-face-Interaktion, die Häufigkeit kindlichen Weinens, der kindliche Gehorsam, das Begrüßen der Mutter, das Nachfolgen bei Trennungen usw. Für alle diese Verhaltensweisen ergaben sich signifikante Unterschiede in Abhängigkeit von der mütterlichen Feinfühligkeit. Es wurde z. B. festgestellt, daß sicher gebundene Kinder, die feinfühlige Mütter hatten, wesentlich kooperativer waren als unsicher gebundene. Die sicheren Kinder leisteten in 84 % der Fälle den mütterlichen Wünschen Folge, während die unsicher gebundenen das nur in ca. 38 % taten. Diese Befunde beruhen, ebenso wie die oben erwähnten zum Schreien, auf Beobachtungen in der natürlichen Umgebung des Kindes. Ainsworth ergänzte diese Untersuchungen durch ein quasiexperimentelles Setting, die sogenannte Fremde Situation, die in der Folge für die Bindungstheorie eine enorme Bedeutung gewann. Ursprünglich war die Fremde Situation von Ainsworth/Wittig (1969) konzipiert worden, um den Einfluß, den die An- oder Abwesenheit der Mutter oder eines Fremden auf die Exploration einjähriger Kinder hat, zu untersuchen. Die diesbezüglichen Ergebnisse bestätigten die Erwartungen, nämlich daß Kinder in Anwesenheit der Mutter mehr explorieren als in ihrer Abwesenheit und auch mehr als in Anwesenheit eines Fremden. Besonders aufschlußreich waren die Verhaltensweisen, die Kinder zeigten, wenn die Mutter den Raum verließ oder wenn sie zurückkehrte. Die Analyse dieser Verhaltensweisen ist der Kern der Fremden Situation, die nun dargestellt werden soll.

Die Fremde Situation

Die Fremde Situation besteht aus acht jeweils drei Minuten langen Episoden. Sie wird in einer fremden Umgebung, z. B. dem entwicklungspsychologischen Untersuchungsraum, durchgeführt. In der ersten Episode werden Mutter/Vater und Kind vom Versuchsleiter begrüßt, danach werden sie in einen Raum geführt, der mit Spielzeug, (versteckten) Kameras und zwei Stühlen ausgestattet ist. Mutter und Kind sind jetzt allein im Raum und akklimatisieren sich (Episode 2). In der Regel beginnt das Kind ein wenig zu explorieren. Nach drei Minuten betritt eine Fremde den Raum (Episode 3), setzt sich erst schweigend auf einen Stuhl, plaudert dann mit der Mutter und versucht schließlich, mit dem Kind Kontakt aufzunehmen. Die Mutter verläßt nun unauffällig den Raum (Episode 4) und kehrt nach drei Minuten (oder früher, wenn das Kind sehr weint) wieder zurück (Episode 5); die Fremde verläßt den Raum nach dem Eintritt der Mutter, die jetzt allein mit dem Kind ist. Nach drei Minuten verläßt die Mutter das Kind erneut. Das Kind ist jetzt allein (Episode 6). Kurze Zeit später (Episode 7) betritt die Fremde wieder den Raum und macht ein Spiel- oder Trostangebot. Dann kommt die Mutter zurück (Episode 8), und die Fremde geht. Die Reaktion des Kindes auf die Wiederkehr der Mutter, also das Verhalten in den Episoden 5 und 8, wird als maßgeblicher Indikator für die Bindungsqualität betrachtet.

Ainsworth und Mitarbeiter haben drei typische Verhaltensmuster in diesen Situationen beobachtet. Es gibt Kinder, die Zeichen von Kummer zeigen, wenn die Mutter den Raum verläßt. Sie unterbrechen ihr Spiel und suchen gelegentlich aktiv nach ihr. Von der Fremden lassen sie sich nur ungern trösten, aber manchmal zur

Neuaufnahme des Spiels überreden. Sie suchen Nähe und Körperkontakt wenn die Mutter zurückkommt, begrüßen sie freudig und beginnen nach kurzer Zeit wieder zu spielen. Diese Kinder sind *sicher gebunden* (B). Eine zweite Gruppe von Kindern (A) ignoriert den Weggang der Mutter. Sie setzen ihr Spiel fort, wie wenn nichts geschehen wäre, und spielen mit der Fremden oft lebhafter als mit der Mutter. Auch die Rückkehr der Mutter wird ignoriert. Die Kinder vermeiden den Blickkontakt, begrüßen sie nicht oder nur flüchtig und suchen kaum ihre Nähe. Sie wirken ruhig, aber physiologische Messungen zeigen, daß sie stark unter Streß stehen (Spangler/Grossmann 1993; Spangler/Schieche 1995). Ainsworth nennt sie *unsicher vermeidend gebundene* Kinder.[8] Eine dritte Gruppe, die *unsicher ambivalent Gebundenen* (C), wird unruhig und weint, wenn die Mutter den Raum verläßt. Sie lassen sie nur ungern gehen und sich von der Fremden nicht recht trösten. Sie begrüßen die Mutter nach der Rückkehr zwar und suchen ihre Nähe, zeigen aber gleichermaßen Zeichen von Verärgerung. Sie beruhigen sich kaum, weisen Spielzeug zurück, klammern sich an die Mutter, werden durch den Kontakt aber nicht wirklich beruhigt und wollen im nächsten Moment wieder losgelassen werden. Es herrscht eine unzufriedene, quengelige Grundstimmung. Bei manchen ist sie eher ärgerlich-aggressiv (C1), bei anderen stark passiv (C2) getönt.[9]

In Ainsworths Baltimore-Studie waren 68 % der Kinder sicher gebunden, 20 % vermeidend und 12 % ambivalent. Interkulturelle Untersuchungen in Deutschland, Japan und Israel haben ergeben, daß die Häufigkeitsverteilung in anderen Kulturen anders sein kann. Es lassen sich jedoch auch erhebliche Unterschiede zwischen verschiedenen Stichproben aus ein und derselben Kultur feststellen

8 Eine Untergruppe dieser Kinder (A2) protestiert gelegentlich gegen die Trennung, aber der Protest ist oft abgekürzt, und die Bereitschaft, nach der Trennung Kontakt mit der Mutter zu suchen, nur gering ausgeprägt.

9 Für jede Gruppe existieren – wie angedeutet – noch Untergruppen, um feinere Differenzen zwischen den Kindern zu erfassen. Die vermeidend gebundenen werden in zwei Untergruppen (A1 und A2) aufgeteilt, die sicheren in vier (B1, B2, B3, B4) und die ambivalenten ebenfalls in zwei (C1 und C2). Ich verzichte an dieser Stelle auf detaillierte Ausführungen und verweise den Leser auf die ausführliche deutschsprachige Darstellung der Subgruppen bei Hédervári (1995).

(Überblick bei van Ijzendoorn/Kroonenberg 1988; van Ijzendoorn et al. 1990; van Ijzendoorn/Sagi 1999).

Von Anfang gab es Kinder, die sich nicht gut in die drei Gruppen (A, B, C) einfügen ließen. Main/Weston (1981) beschrieben als eine der ersten einige Kinder (ca. 13 % ihrer Mittelschichtpopulation), die sich in der Fremden Situation eigenartig benahmen und mit dem Ainsworth-System schlecht klassifizierbar waren. Manche näherten sich der Mutter (wie sichere), drehten dabei aber den Kopf zur Seite (wie vermeidende); andere zeigten extreme Vermeidung (wie A-Kinder), aber untypischerweise zugleich viel offenen, unberuhigbaren Kummer (wie ambivalente C-Kinder); oder sie benahmen sich in Episode 5 wie sichere, in Episode 8 aber wie vermeidende. Auch Bewegungsstereotypien, plötzliches Weinen auf dem Schoß der Mutter oder plötzliches Hinfallen bei der Annäherung waren zu beobachten (ausführlich dazu Main/Solomon 1986, 1990; Main 1995 b; Lyons-Ruth/Jacobvitz 1999; Solomon/George 1999). Ihre forcierte Klassifizierung ins Ainsworth-System ergab, daß die meisten als sicher eingestuft werden mußten, eine Minderheit als vermeidend. Eine erneute Untersuchung sämtlicher schwer klassifizierbarer Fälle führte zur Entwicklung einer neuen Kategorie. Kinder mit den oben beschriebenen Verhaltensweisen wurden nun als desorganisiert/desorientiert gebunden (D) bezeichnet. Die bisher forciert klassifizierten Fälle wurden noch einmal gesichtet und zum großen Teil der D-Gruppe zugeordnet. Gemeinsam ist diesen Kindern, daß sie über keine konsistente Bindungsstrategie verfügen wie die Kinder der anderen Gruppen (A, B, C). Sie zeigen starkes Konfliktverhalten, das oft mit Furcht vor der Bindungsperson zu tun zu haben scheint. So sind z. B. ca. 80 % von Kindern, die mißhandelt wurden, desorganisiert gebunden (ausführlicher dazu Dornes 1997, Kap. 8).[10]

10 van Ijzendoorn et al. (1992) kommen in einer Metaanalyse aller verfügbaren Studien zu folgender Häufigkeitsverteilung bei *nichtklinischen* Populationen: 55 % sicher gebundene, 23 % vermeidende, 8 % ambivalente und 15 % desorganisierte. Der Vollständigkeit halber sollte erwähnt werden, daß die D-Kategorie nicht als eigenständige Kategorie gilt, sondern immer nur zusammen mit einer der drei anderen Klassifikationen vergeben wird. Ein Kind kann also z. B. sicher-desorganisiert (B/D), ein anderes vermeidend-desorganisiert (A/D) gebunden sein. Beide sind dann desorganisiert, aber auf je verschiedene Art und Weise.

Aus der Verbindung von Beobachtungen zu Hause und Beobachtungen in der Fremden Situation leitete Ainsworth als empirisch untermauerte Aussage ab, daß die verschiedenen Verhaltensweisen der Kinder in der Fremden Situation das Ergebnis der Interaktionsgeschichte im ersten Lebensjahr sind und auf bestimmte Eigenarten der Mutter-Kind-Beziehung in dieser Zeit zurückgeführt werden können. Als wichtigste erklärende Kategorie gilt mütterliche Feinfühligkeit. Diese beinhaltet vier Merkmale (s. Grossmann et al. 1989, S. 40): 1. Die Wahrnehmung der Verhaltensweise des Säuglings; 2. die zutreffende Interpretation seiner Äußerungen; 3. die prompte Reaktion darauf; 4. die Angemessenheit der Reaktion. »Das zweite und vierte Merkmal grenzen Feinfühligkeit gegen Überbehütung ab, bei der die Feinabstimmung von kindlichen Signalen und mütterlichen Antworten nicht gegeben ist« (Grossmann et al., ebd.).[11] Der zentrale Befund von Ainsworths Untersuchung war nun (wie oben bereits erwähnt) der: Mütter, die auf die Signale ihres Kindes im ersten Jahr feinfühlig – d. h. prompt und angemessen – reagierten, erhielten Kinder, die mit einem Jahr in der Fremden Situation sicher gebunden waren; solche, die manchmal angemessen, manchmal aber zurückweisend oder überbeschützend (also insgesamt inkonsistent) reagieren, hatten eher ambivalente Kinder; eine dritte Gruppe von Müttern, die mit Kummer und Trostbedürfnissen eher zurückweisend umgehen, hatte vorwiegend vermeidende Kinder.

Naturalistische Beobachtungen zum Bindungsverhalten Einjähriger

Nach der Veröffentlichung von Ainsworths Baltimore-Studie (Ainsworth et al. 1978) wuchs die Zahl der Untersuchungen von Kindern in der Fremden Situation lawinenartig an. Man kann mit Fug und Recht behaupten, daß fast alle Arten von Kindern – von

11 Daß kindliche Signale zutreffend interpretiert und angemessen beantwortet werden, läßt sich in der Regel an den kindlichen Reaktionen auf die mütterlichen Antworten ablesen.

A wie Autisten bis Z wie Zwillinge – mittlerweile in der Fremden Situation untersucht worden sind. Dabei wurde gelegentlich übersehen, daß die Ergebnisse der Fremden Situation nur dann angemessen interpretierbar sind, wenn man sie in bezug zur Interaktionsgeschichte im ersten Lebensjahr setzen kann. Deshalb ist eine Ergänzung solcher Laborstudien durch Interaktionsbeobachtungen in der Familie wünschenswert, auch um das zentrale Postulat zu überprüfen, daß das Verhalten der Kinder in der Fremden Situation mit einem Jahr die Feinfühligkeit der Mutter während des ersten Jahres widerspiegelt. Ainsworth hat in letzter Zeit die Fremde-Situationslastigkeit der Bindungsforschung beklagt und mehr naturalistische und längsschnittliche Beobachtungen angemahnt (Ainsworth/Marvin 1995, S. 12). Diese sind jedoch zeit- und geldaufwendiger und deshalb seltener und weniger beliebt. In jüngster Zeit sind jedoch neue Methoden entwickelt worden, mit denen die Bindungsqualität und das Bindungsverhalten von kleinen Kindern *in der häuslichen Umgebung* untersucht werden können. Eine davon ist die sog. Q-Sort-Methode. Ich erspare mir ihre ausführliche Darstellung (s. Colin 1996, S. 58 ff.; Vaughn/Waters 1997). Es genügt zu sagen, daß mit ihrer Hilfe die Mutter oder geschulte Beobachter anhand einer Liste von 70 bis 90 Items sogenannte bindungsrelevante Verhaltensweisen der Kinder dokumentieren und so diese Kinder in eine der drei Klassen (sicher, vermeidend, ambivalent) einordnen können. Mittlerweile gibt es eine Reihe guter Beschreibungen von kindlichen Bindungsverhaltensweisen in der häuslichen Umgebung. Sie ähneln dem Verhalten der Kinder in der Fremden Situation (Überblick bei Vaughn/Waters 1990; Fremmer-Bombik/Grossmann 1993, S. 87 ff.; Pederson/Moran 1995, 1996). In der Regel korrelieren die auf der Basis von Hausbesuchen vorgenommenen Klassifizierungen der Kinder zufriedenstellend mit denen, die man in der Fremden Situation erhält (Ausnahme: Seifer et al. 1996). Dennoch ist die Befundlage in bestimmter Hinsicht nicht so eindeutig, wie das aus der Sicht der Bindungstheorie wünschenswert wäre. Insbesondere Ainsworths zentraler Befund, daß die mütterliche Feinfühligkeit im ersten Lebensjahr die Hauptdeterminante der Bindungsqualität ist, wurde Gegenstand erheblicher, bis heute andauernder Kontroversen.

Feinfühligkeit als Hauptdeterminante der Bindungsqualität: Probleme

Ein grundsätzlicher Einwand gegen die Feinfühligkeitshypothese lautet, daß bestimmte Verhaltensweisen der Kinder, die ihre Klassifikation in der Fremden Situation mit beeinflussen, nicht auf die Qualität der Mutter-Kind-Beziehungen im ersten Lebensjahr zurückzuführen sind, sondern Temperamentseigenschaften des Kindes widerspiegeln. In dieser Sichtweise ist die Irritierbarkeit *ambivalenter* Kinder durch Trennungen und ihre schwere Tröstbarkeit bei der Wiedervereinigung Ausdruck eines »schwierigen« Temperaments, nicht Resultat von Beziehungserfahrungen. Die (scheinbare) Ruhe *vermeidender* Kinder bei der Trennung ist in dieser Sichtweise eher auf ihr »stoisches« Temperament zurückzuführen, nicht darauf, daß sie auf Grund von Zurückweisungen ihrer Trostbedürfnisse im ersten Lebensjahr gelernt haben, diese zu unterdrücken. Die mittlerweile heiß geführte Temperamentsdebatte kann hier nicht rekapituliert werden.[12] Zusammenfassend kann man festhalten, daß die vorhandenen Daten für einen begrenzten Einfluß von Temperamentsfaktoren auf die Bindungsqualität sprechen, der von Bindungsforschern – nach anfänglichem Zögern – auch anerkannt wird. Er ist allerdings geringer als der Einfluß der mütterlichen Feinfühligkeit.[13]

Ein größeres Problem für die Bindungstheorie ergibt sich aus der vielzitierten Metaanalyse von Goldsmith/Alansky (1987). Diese

12 Überblick bei Vaughn et al. (1992), Karen (1994, Kap. 21), Cassidy/Berlin (1994, S. 976), Fox (1995), Spangler (1995), Rothbart/Bates (1998, S. 139 ff.), Thompson (1998, S. 52 ff.) und Vaughn/Bost (1999).

13 Die Behauptung, daß der Einfluß der Mutter auf die sich entwickelnde Qualität der Bindung größer ist als der des Kindes, ergibt sich unter anderem aus folgendem Befund: Untersucht man Gruppen von kranken (z. B. tauben) Kindern mit gesunden Müttern, so findet man eine gewisse Abweichung von der üblichen Häufigkeitsverteilung zwischen sicheren und unsicheren Kindern: Der Anteil unsicher gebundener Kinder ist in der Regel etwas höher, was zeigt, daß Eigenschaften des Kindes durchaus einen Einfluß auf die sich entwickelnde Bindungsqualität haben können. Untersucht man jedoch Gruppen mit (psychisch) kranken *Müttern* (und gesunden Kindern), so sind die Abweichungen sehr viel größer. Dies zeigt, daß die »Eigenart« der Mutter einen größeren Einfluß hat als die des Kindes (s. van Ijzendoorn 1992; van Ijzendoorn et al. 1992).

Autoren haben insgesamt fünfzehn Studien ausgewertet, die sich mit dem Zusammenhang von mütterlicher Feinfühligkeit und kindlicher Bindungsqualität beschäftigen. Die meisten Studien bestätigen einen Zusammenhang, aber er war unterschiedlich deutlich ausgeprägt: mal stark, mal schwächer, in einigen wenigen Studien konnte er gar nicht gefunden werden.[14] Für diese divergierenden Befunde können verschiedene Faktoren verantwortlich sein, z. B. der unterschiedliche Gesamtaufwand an Beobachtungen, die verschiedenen Meßmethoden für mütterliche Feinfühligkeit und die verschiedenen Situationen, in denen sie gemessen wurde. Als Trend zeichnet sich ab, daß die Studien, die a) auf ausführlicheren Beobachtungen, b) in der häuslichen Umgebung beruhten und c) die Mutter-Kind-Interaktion in verschiedenen Situationen (Spiel, Fütterung, Wickeln etc.) beobachteten und dann Gesamtmaße bildeten, in der Regel ausgeprägtere Zusammenhänge fanden (Grossmann et al. 1985; Pederson et al. 1990; Pederson/Moran 1995) als diejenigen, die sich auf kurze Beobachtungen im Videolabor beschränkten oder bei Hausbesuchen nur einen Aspekt, z. B. Fütterung *oder* Spielinteraktion, beobachteten. Außerdem gibt es Indizien dafür, daß unter konfliktarmen Laborbedingungen oder »optimalen« Hausbedingungen – wenn etwa die Mutter die Anweisung erhält, zehn Minuten »ungestört« mit dem Kind zu spielen – die individuellen Unterschiede in der Feinfühligkeit weniger klar zutage treten. Unter schwierigeren Bedingungen – wenn z. B. die Mutter in ihrer Aufmerksamkeit für das Kind abgelenkt ist, etwa weil sie einen Fragebogen ausfüllen muß oder andere Verpflichtungen im Haushalt hat –, treten die Unterschiede in der Feinfühligkeit stärker zutage (Pederson et al. 1990, S. 1976; Schneider-Rosen/Rothbaum 1993, S. 363; Pederson/Moran 1995, S. 115). Entsprechend finden sich in solchen Studien deutlichere Zusammenhänge zwischen mütterlicher Feinfühligkeit und kindlicher Bindungsqualität als in »Schön-Wetter-Studien«.[15]

Ein drittes Problem ist, daß Feinfühligkeit bzw. ihr Gegenteil (Inkonsistenz bzw. Zurückweisung) während des ersten Lebens-

14 Schneider-Rosen/Rothbaum (1993) kommen in einer weiteren Überblicksarbeit zu ähnlichen Ergebnissen.

15 Seifer et al. (1996) bemängeln, daß diese Hypothese, obwohl plausibel, noch keinem direkten Test unterzogen wurde. Er bestünde darin, ein und dasselbe

jahres keine feststehende Größe ist. Sie kann bei ein und derselben Mutter zu unterschiedlichen Zeitpunkten im ersten Lebensjahr unterschiedlich ausgeprägt sein. Isabella (1993) fand heraus, daß es Mütter gibt, die das Kind vier Wochen nach der Geburt stark zurückweisen, deren Zurückweisung im Laufe des ersten Lebensjahres (z. B. mit neun Monaten) aber abnimmt. Die Kinder solcher Mütter sind mit einem Jahr eher ambivalent gebunden. Andere Mütter sind mit einem Monat wenig zurückweisend, mit neun Monaten aber stärker. Ihre Kinder sind eher vermeidend gebunden. In dieser Studie sind es also eher *Muster* von Feinfühligkeit im Verlauf des ersten Lebensjahres, nicht Feinfühligkeit zu einem Meßzeitpunkt, die die Bindungsqualität bestimmen: frühe *starke* Zurückweisung, die dann *nachläßt*, führt zu Ambivalenz beim Kind;[16] frühe *schwache*, die dann *zunimmt*, eher zu Vermeidung. Nur für die Mütter später sicher gebundener Kinder ergab sich ein klares Bild: Sie waren zu allen Meßzeitpunkten im ersten Lebensjahr am wenigsten zurückweisend bzw. am feinfühligsten. Feinfühligkeit scheint also, zumindest bei Müttern unsicher gebundener Kinder, keine zeitstabile Eigenschaft während des ersten Lebensjahres zu sein. Ähnliche Ergebnisse erbrachte die Studie von Grossmann et al. (1985). Zwar konnten die Autoren mit zwei und sechs Monaten klare Unterschiede im Ausmaß der Feinfühligkeit von Müttern unsicherer versus sicherer Kinder feststellen, nicht aber mit zehn Monaten. Außerdem konnte weder mit zwei noch mit sechs Monaten ein Unterschied zwischen Müttern mit später vermeidenden und solchen mit später ambivalenten Kindern gefunden werden (s. auch Cassidy/Berlin 1994, S. 973).[17]

Mutter-Kind-Paar unter optimalen und unter natürlichen bzw. Streßbedingungen zu untersuchen. Ich wage die Prognose, daß die Unterschiede signifikant sein werden, vor allem für die Mütter unsicher gebundener Kinder. Mayseless (1998, S. 30) berichtet, daß die Mütter ambivalenter Kinder bei kurzen, klar strukturierten Interaktionsaufgaben im Labor ähnlich sensitiv waren wie die Mütter sicherer Kinder. Zu Hause und insbesondere in aufgeheizten Interaktionssituationen traten die Unterschiede zwischen beiden Gruppen jedoch deutlich zutage.

16 Vielleicht, weil sie basale Regulationsdefizite hinterläßt.

17 Pederson/Moran (1995, S. 120) haben passable Stabilität zwischen acht und zwölf Monaten gefunden, und zwar sowohl, wenn man die Ainsworth-Skalen zur Messung verwendet, als auch bei Verwendung der sogenannten Q-Sets.

Diese nicht unbedingt eindeutige Datenlage läßt sich am besten so zusammenfassen: Im großen und ganzen kann Ainsworths Befund über den Zusammenhang zwischen mütterlicher Feinfühligkeit während des ersten Lebensjahres und sicherer Bindung mit zwölf Monaten als bestätigt gelten (s. dazu ausführlich De Wolff/van Ijzendoorn 1997). Ebenso – in Maßen – der Zusammenhang zwischen einem eher zurückweisenden Interaktionsstil und vermeidender Bindung bzw. einem inkonsistenten Interaktionsstil und ambivalenter Bindung. Die Zusammenhänge sind allerdings häufig nicht so deutlich ausgeprägt wie erwartet und am geringsten für den Zusammenhang zwischen elterlicher Inkonsistenz und kindlicher Ambivalenz (s. Cassidy/Berlin 1994). Ein Einfluß väterlicher Feinfühligkeit auf die Bindungsqualität ist ebenfalls nachweisbar, aber er ist schwächer als derjenige der Mutter (van Ijzendoorn/De Wolff 1997).

Die langfristigen Effekte früher Bindungsmuster

Ein für die Psychoanalyse interessantes Ergebnis der Bindungsforschung ist der empirische Nachweis der langfristigen Effekte der bisher behandelten *frühen* Mutter-Kind-Beziehung. Um falschen Dramatisierungen vorzubeugen, möchte ich zunächst betonen, daß Begriffe wie Zurückweisung oder Inkonsistenz »relative« Begriffe sind. Wenn gesagt wurde, daß Eltern die Bindungsbedürfnisse ihrer Kinder eher zurückweisen, so bedeutet das nicht, daß sie sie vernachlässigen oder grob traumatisieren, sondern nur, daß sie dafür weniger ansprechbar sind als Eltern sicher gebundener Kinder. Entsprechend sind vermeidende oder ambivalente Kinder keine psychopathologischen »Fälle«, sondern stellen einen Teilbereich aus dem breiten Spektrum der Normalität dar. Langzeituntersuchungen zeigen, daß diese Kinder später nicht kränker sind oder sein müssen als die sicher gebundenen, sondern »nur« ein höheres Risiko haben, psychopathologisch relevante Probleme zu entwickeln, wenn zusätzliche Belastungsfaktoren hinzukommen (Sroufe 1983; Erickson et al. 1985; Fagot/Kavanagh 1990; Goldberg et al. 1990; Rothbaum et al. 1995; Spangler/Zimmermann 1999).

Dennoch wird die weitere Entwicklung dieser Kinder von ihren

Beziehungserfahrungen merklich beeinflußt. Aus der Bindungsqualität, wie sie mit einem Jahr in der Fremden Situation festgestellt werden kann, lassen sich eine Reihe zutreffender Vorhersagen über die weitere sozioemotionale Entwicklung ableiten.[18] Sicher gebundene Kinder zeigen im Kindergarten adäquateres Sozialverhalten. Sie sind in der Lage, auftauchende Konflikte selbständig zu lösen, während die früher so unabhängig wirkenden vermeidenden Kinder eher ängstlich oder aggressiv sind, Konflikten aus dem Weg gehen oder die Kindergärtnerin zu ihrer Lösung einspannen. In Spielsituationen während des zweiten und dritten Lebensjahres zeigen sichere Kinder mehr Phantasie, mehr positive Affekte und mehr Ausdauer. Sie sind konzentrierter, erfindungsreicher und frustrationstoleranter. Verlieren sie bei einem Spiel, so strengen sie sich in der nächsten Runde mehr an, während unsichere Kinder häufiger verärgert oder resigniert reagieren. Bei unlösbaren Aufgaben suchen die sicheren nach einer Probierphase, in der sie versuchen, das Problem selbst zu lösen, die Hilfe der Mutter, während vermeidende Kinder eher verärgert aufgeben.

Sicher gebundene neigen dazu, zwiespältige Situationen realistisch zu interpretieren. Zeigt man ihnen und einer Vergleichsgruppe vermeidend gebundener Kinder Bilder von Situationen, in denen a) ein Kind ein anderes offensichtlich absichtlich verletzt, b) offensichtlich unabsichtlich und c) die Situation nicht eindeutig ist, so interpretieren die unsicheren Kinder die zweideutige Situation häufiger als absichtsvoll aggressiv, d. h. sie projizieren Aggression in die Situation.

Im Alter von zehn Jahren haben ambivalente Kinder die wenigsten Freunde und die meisten Probleme mit ihnen. Sie berichten häufiger von einer unrealistisch großen Anzahl bester Freunde. Sicher gebundene Kinder haben weniger Probleme mit Gleichaltrigen und nennen auf Befragen eine realistische Zahl guter Freunde. Vermeidende Kinder haben in diesem Alter schon erhebliche Mühe, Gefühle wie Kummer und Traurigkeit im Gespräch zu the-

18 Siehe Bretherton (1985), Erickson et al. (1985), Sroufe (1983, 1988, 1997), Sroufe et al. (1993), Cassidy (1988), Scheuerer-Englisch (1989), Suess et al. (1992), Suess (1995); zusammenfassend: Grossmann/Grossmann (1995, S. 179 ff.), Spangler/Zimmermann (1999, S. 181 ff.), Thompson (1999) und Weinfield et al. (1999).

matisieren. »Das Prinzip, leidvolle Gefühle zu äußern oder sich an sie erinnern zu können und dann diese Gefühle zum Anlaß zu nehmen, um bei einer vertrauten Person um Hilfe, Unterstützung oder Trost zu bitten, scheint ein wesentliches Merkmal von Bindungssicherheit während des gesamten Lebenslaufs zu sein. Bindungssichere Kinder vertrauen darauf, daß wenigstens ein Elternteil sie unterstützt, wenn sie darum bitten. Sie fühlen sich von ihren Eltern weder ausgenutzt noch bevormundet, obwohl sie andererseits auch nicht mit allem einverstanden waren, was ihre Eltern taten. Die unsicher-distanzierten Kinder dagegen versuchen, ihre leidvollen Gefühle zu verleugnen, und wendeten sich bei Kummer nicht (oder seltener; M. D.) an die Eltern. Sie hatten akzeptiert, ihr Leid alleine durchstehen zu müssen« (Grossmann/Grossmann 1995, S. 181).

Die Untersuchung von Kindern im Alter von 16 Jahren erbrachte allerdings keine eindeutigen Resultate mehr. Zwei bisher unveröffentlichte Studien (ref. in: Main 1995 c, S. 446 f. und Main 1996, S. 240 f.) fanden Kontinuität der Bindungsmuster zwischen einem und 16 Jahren, zwei andere keine (s. Zimmermann et al. 1999). Die Gründe für Diskontinuität – d. h. einen Wechsel von der sicheren in die unsichere Gruppe (oder vice versa) – liegen hauptsächlich in zwischenzeitlich aufgetretenen einschneidenden Lebensereignissen wie Tod eines Elternteils oder Scheidung der Eltern. Was also gefunden wurde, ist entweder Kontinuität oder erklärbare Diskontinuität.[19]

19 Eine klare Darstellung der ganzen Kontinuitäts-/Diskontinuitätsdebatte und der damit verbundenen Fragen geben Zimmermann (1995), Zimmermann et al. (1995) und Thompson (1998). Die beiden bisher vorliegenden Studien zu den Langzeitfolgen *desorganisierter* Bindung kommen ebenfalls zu gemischten Resultaten. In Sroufes *Hochrisikopopulation* aus Minnesota ergab sich ein deutlicher Zusammenhang zwischen D-Bindung mit zwei Jahren und Verhaltensproblemen im Vorschulalter, im Schulalter sowie gehäuftem Auftreten von Psychopathologien im Alter von 18 Jahren (Carlson 1998). In der Regensburger *Normalstichprobe* der Grossmanns schien sich die D-Bindung mit 16 Jahren »ausgewachsen« zu haben, jedenfalls waren mit den verwendeten Untersuchungsinstrumenten keine wesentlichen Unterschiede zu den sicher gebundenen Kindern mehr erkennbar (Fabienne Becker-Stoll, mündliche Mitteilung).

Bindungsrepräsentanzen von Kindern

Mit Ausnahme der zuletzt referierten Befunde standen in der bisherigen Darstellung mütterliche und kindliche *Verhaltensweisen* im Vordergrund. Sowohl die Darstellung kindlicher Bindungstypen in der Fremden Situation als auch die Diskussion der mütterlichen Feinfühligkeit betonte den Aspekt *beobachtbarer* Eigenschaften. Deshalb mag sich mancher Leser in seinem Vorurteil bestätigt fühlen, die Bindungstheorie sei behavioristisch. Dieser Eindruck soll nun korrigiert werden. Seit Mitte der 80er Jahre ist nämlich eine Entwicklung innerhalb der Bindungstheorie zu beobachten, die Main et al. (1985) sehr treffend als »move to the level of representation« bezeichnet haben. Diese »Bewegung« spielt sich auf zwei Ebenen ab: 1. Werden verstärkt das symbolische Spiel, die Phantasien und die sprachlichen Mitteilungen von Kindern über bindungsrelevante Themen untersucht. 2. Beschränkt man sich nicht mehr auf das (feinfühlige) Verhalten von Erwachsenen, sondern untersucht deren Repräsentanzenwelt und ihren Einfluß auf die Bindungsqualität der Kinder. Zunächst zum ersten Punkt.

Main et al. (1985) und Main/Cassidy (1988) haben folgende Vorgehensweise zur Untersuchung der Bindungsqualität sechsjähriger Kinder entwickelt: Mutter und Kind kommen ins Labor. Nach einer Aufwärmphase sehen sie zusammen einen der bekannten Filme von Robertson, der von Mutter-Kind-Trennungen handelt. Danach geht die Mutter für die Dauer einer Stunde in einen benachbarten Raum, und das Kind erledigt in dieser Zeit einige ihm vom Experimentator gestellte Aufgaben. Wenn die Mutter nach einer Stunde zurückkehrt, werden die Muster der Begrüßung untersucht. Kinder, die mit einem Jahr sicher gebunden waren, begrüßten die Mutter als Sechsjährige in dieser Situation offen, manchmal etwas reserviert, aber ohne Feindseligkeit. Sie kommunizierten flüssig über eine Reihe von Themen einschließlich der Trennung. Vermeidende Kinder sind deutlich reservierter oder ignorieren die Mutter ganz. Ihr Kommunikationsstil ist weniger flüssig, und sie sprechen mehr über unpersönliche Dinge wie Spielzeug etc. Die ambivalenten Kinder zeigen häufig eine Mischung von Nähesuchen und (versteckter) Ablehnung. Wie zufällig verletzen sie z. B. die Mutter, wenn sie auf ihren Schoß springen (C1), oder setzen sich dorthin und wälzen sich dann unbehaglich herum;

andere sind passiv oder sprechen in Babysprache (C2). Kinder, die mit einem Jahr als desorganisiert klassifiziert worden waren, zeigten mit sechs Jahren bei der Wiedervereinigung entweder zwanghaft-fürsorgliches bzw. forciert-gutgelauntes Verhalten und bemutterten die Mutter; oder sie waren eher strafend-kontrollierend, riefen etwa »stör mich nicht«, »sei still« oder verwiesen die Mutter des Raumes. Die Kontinuität der Bindungsmuster zwischen ein und sechs Jahren betrug 100 % bei den sicheren Kindern (wenn kritische Lebensereignisse ausgeschlossen wurden), 75 % bei den vermeidenden; über alle Gruppen gerechnet (A, B, C, D) bestand in durchschnittlich 84 % der Fälle eine Übereinstimmung zwischen der Bindungsklassifikation im Alter von einem und der im Alter von sechs Jahren. Eine ähnlich angelegte Studie der Grossmann-Gruppe (s. Wartner et al. 1994) kam zu praktisch identischen Ergebnissen: 35 von 39 Kindern (89,7 %) waren zu beiden Alterszeitpunkten gleich gebunden; in der neuesten Arbeit von Gloger-Tippelt (1999 a, b) waren es je nach Untergruppe ebenfalls zwischen 75 % und 82 %.[20]

Das Neue bei diesen Untersuchungen ist, daß nicht nur das Verhalten der Kinder während der Wiedervereinigung untersucht wurde, sondern auch ihre Kommunikationsstile und Phantasien während der Trennung. In Mains Studie wurde den Kindern, während die Mutter weg war, u. a. der Separation-Anxiety-Test von Klagsbrun und Bowlby (in einer für Sechsjährige adaptierten Version) vorgelegt. Der Test zeigt Bilder, in denen verschiedene Trennungssituationen zwischen Eltern und Kind dargestellt sind. Die Kinder werden dann gefragt, wie sich das Kind auf dem Bild wohl fühlen könnte und was es vermutlich tun wird. Die Antworten sind aufschlußreich: sicher gebundene Kinder zeigen wenig Widerstreben beim Ausführen der Aufgabe und geben offene und klare Auskünfte. Sie beschreiben die Emotionen des Kindes angemessen als traurig, einsam oder ärgerlich und sind während des Tests kaum gestreßt. Auf die Frage, was das Kind auf dem Bild tun wird, fin-

20 Andere Autoren haben weniger bzw. keine Kontinuität gefunden (s. z. B. Fagot/Pears 1996, Belsky et al. 1996 und Goldberg 1997, S. 176). Weitere Literatur zu diesem Thema bei Thompson (1998, S. 54 ff.), der auch die möglichen Gründe für die widersprüchlichen Befunde diskutiert.

den sie plausible Lösungen, sagen etwa, daß das Kind die Eltern überredet, dazubleiben, in der Zwischenzeit zur Großmutter geht oder ähnliches. Kinder, die mit einem Jahr als vermeidend klassifiziert worden waren, beschrieben das Kind auf dem Bild zwar häufig auch als traurig, »vermieden« aber auf die Frage, was es tun könnte, die Antwort. Sie sagten z. B., das Kind könne »nichts« tun oder »ich weiß nicht«. Die desorganisiert gebundenen Kinder geben häufig widersprüchliche Antworten: Das Kind auf dem Testbild »fühlt sich gut«, »fühlt sich schlecht«, »fühlt nichts«. Manche der Desorganisierten wurden unruhig und schlugen bizarre Lösungen des Problems vor, z. B. »sich im Klo einschließen« oder »sich umbringen« (s. Main et al. 1985, S. 87 ff.; Main 1994, 1995 b, S. 133 f.; ähnlich Grossmann/Grossmann 1991, S. 103).

Es gibt also sowohl formale wie inhaltliche Unterschiede in der Art und Weise, wie sicher bzw. unsicher gebundene Kinder im Alter von sechs Jahren mit Trennungssituationen umgehen: Sicher gebundene Kinder sind weniger gestreßt, kommunizieren offen und flüssig, behandeln ein breites Spektrum von Themen und haben inhaltlich gutartige Phantasien über sich selbst und ihre Problemlösungsfähigkeiten. Die unsicheren haben häufigere Sprechpausen, mißlungene Sprecher-Hörer-Wechsel, die Themenauswahl ist begrenzter und die Phantasien über »Hilfsmaßnahmen« sind weniger positiv. Die Kinder unterscheiden sich also sowohl in der Art, *wie* sie über etwas sprechen, als auch in der Art, *worüber* sie sprechen, ganz erheblich.

Andere Forscher haben mit anderen Methoden ähnliches herausgefunden. Solomon/George (1991; ref. nach Main 1994, S. 8) haben sechsjährige Kinder in einem Puppenspiel Eltern-Kind-Trennungen »inszenieren« lassen. Die sicher gebundenen Kinder zeigten hohe »narrative Kompetenz«. Sie erfanden häufig konstruktive Lösungen, manchmal sogar richtige Geschichten mit einem Anfang, einem Höhepunkt (Krise) und einem (glücklichen) Ende, was ihr Vertrauen in sich selbst und ihre Eltern ausdrückt. Die Spielgeschichten von desorganisierten Kindern enden häufiger in »Katastrophenszenarios«: Wenn die Eltern weg sind, fängt z. B. das Haus plötzlich an zu brennen, oder die Eltern haben beim Wegfahren einen schrecklichen Autounfall usw. Das oben bereits erwähnte zwanghaft-fürsorgliche bzw. strafende Verhalten desorganisiert gebundener Sechsjähriger kann im Lichte dieser Befunde als

Abwehr oder Bewältigungsversuch der im Spiel zutage tretenden (unbewußten) Katastrophenängste betrachtet werden.[21]

Bretherton et al. (1990) und, im deutschen Sprachraum, Gloger-Tippelt (1999b) haben mit der sogenannten Story-Completion-Technik die symbolische Welt noch jüngerer Kinder untersucht. Dreijährigen wird mit Hilfe von Spielpuppen ein »Geschichtengerüst« vorgegeben. Sie sollen dann die Geschichte mit Hilfe der Puppen weiterspielen. Die Geschichten sind um bindungsrelevante Themen zentriert. Eine Vorgabe bei Bretherton lautet z. B. so: Vater und Mutter verreisen, und das Kind bleibt mit der Großmutter zurück. Es soll nun spielen, was passiert. Diese Vorgabe fokussiert auf Trennung und ihre Bewältigung sowie deren Darstellung im symbolischen Spiel. Eine andere Vorgabe behandelt die Reaktion der »Puppen« auf die Wiederankunft der Eltern. Eine dritte Geschichte spielt im Park bei einem Spaziergang. Das Kind klettert auf einen Stein, fällt herunter und verletzt sich am Knie. Hier interessiert, wie das Thema des körperlichen Schmerzes und des Trostsuchens bei den Eltern von Kindern behandelt wird. Untersuchungen in der oben dargestellten Fremden Situation zeigen, wie einjährige Kinder mit durch Trennung erzeugtem Streß *verhaltensmäßig* umgehen. Die Story-Stem-Technik liefert Informationen darüber, wie Kinder auf einer *repräsentationalen Ebene* – der des symbolischen Spiels – mit vergleichbaren Situationen fertig werden. Die Inszenierungen im Spiel stellen die kindlichen Repräsentationen von sich, von den Eltern und von der Beziehung dar.

Die Subtilität, Finesse und auch der Charme der Erhebungs- und

21 Einschlägige Untersuchungen haben gezeigt, daß unsicher gebundene *Erwachsene* bei neutralen Themen, z. B. wenn sie von ihrer Arbeit berichten, genauso gute Erzähler sind wie sicher gebundene. Einschränkungen in der Flüssigkeit und Kohärenz des Diskurses finden sich nur bei affektbesetzten (bindungsrelevanten) Themen (s. Bakermans-Kranenburg/van Ijzendoorn 1993; van Ijzendoorn/Bakermans-Kranenburg 1996, S. 9, mit weiterer Literatur). Vermutlich verhält es sich bei Kindern genauso. Einige Befunde sprechen dafür, daß die narrative Kompetenz unsicherer Kinder nur dann eingeschränkt ist, wenn bindungs-/emotionsrelevante Themen auftauchen. Bei emotionsfernen Themen hängt sie eher vom Niveau der Sprachbeherrschung ab als vom Bindungstyp. Ich komme weiter unten auf die Diskursunterschiede Erwachsener in Abhängigkeit vom Bindungstyp noch näher zu sprechen.

Auswertungsmethoden kann hier nicht dargestellt werden. Im wesentlichen wird das Spiel nach den Kategorien »Form« und »Inhalt« ausgewertet, d. h., es wird analysiert, *was* und *wie* die Kinder spielen. Da sie erst drei Jahre alt sind, wird weniger (wie in der oben erwähnten Studie von Main mit Sechsjährigen) die verbale Flüssigkeit ihrer Begleitkommentare untersucht als diejenige des Spiels. Sowohl in der Form als auch im Inhalt des Spiels unterscheiden sich sicher gebundene Kinder von unsicheren, auch wenn die Unterschiede häufig keine statistische Signifikanz erreichten. Formal bestand ein wesentlicher Unterschied darin, daß sicher gebundene Kinder bereitwilliger spielten und weniger Aufforderung oder Anregung benötigten, um zu Ende zu spielen. Unsichere Kinder »vermieden« häufiger schon die Aufnahme des Spiels – etwa indem sie auf die Frage, wie es weitergeht, mit »weiß nicht« antworten, oder sie wollten etwas anderes spielen. Außerdem benötigten sie mehr Aufforderung zur Durchführung/Beendigung des Spiels. Inhaltlich ergaben sich in der Tendenz folgende Unterschiede: In der Geschichte mit dem verletzten Knie fanden sichere Kinder öfter die Lösung, daß die Eltern, ein älteres Geschwister oder ein Arzt herbeieilen, um Hilfe anzubieten. Bei den unsicheren erhoben sich die Kinder häufiger vom Boden, ohne Zeichen von Kummer oder Schmerz zu zeigen, oder die Eltern ließen das Kind zunächst einfach liegen und gingen weiter. In der Trennungsgeschichte herzten sich bei den sicher Gebundenen Eltern und Kinder vor dem Abschied, und bei der Wiedervereinigung begrüßten sie die Eltern offener, unterhielten sich miteinander oder fanden zu einer anderen gemeinsamen Aktivität. Manche der unsicheren Kinder plazierten die Puppen so, daß sie sich nicht ins Gesicht sehen konnten.

Insgesamt belegen die in diesem Abschnitt dargestellten Befunde (für weitere Studien ähnlicher Art siehe den Überblick bei Oppenheim/Waters 1995, S. 201 ff.), daß es nicht nur auf der Ebene des Verhaltens, sondern auch auf der des symbolischen Spiels und der erzählenden Darstellung wesentliche Unterschiede zwischen den verschiedenen Bindungstypen gibt. Von besonderer Bedeutung ist der Befund, daß es eine gewisse Kontinuität zwischen dem verhaltensmäßigen Umgang mit dem Problem der Trennung/Wiedervereinigung im Alter von einem Jahr und dem repräsentationalen »Umgang« mit ähnlichen Problemen im Alter von drei und sechs Jahren gibt (s. a. Ziegenhain/Jacobsen 1999). Unsicherheit der Bindung drückt sich im Spiel und im Geschichtenerzählen in Form und Inhalt aus: Die Kinder spielen und erzählen stockender, und die Inhalte zeigen, daß sie weniger Vertrauen in sich selbst und in zwischenmenschliche Beziehungen haben. Die Offenheit, mit der einjährige sicher gebundene Kinder ihren Kummer über Trennungen in der Fremden Situation zeigen, und die Leichtigkeit, mit der sie sich beruhigen lassen, zeigt sich zwei und fünf Jahre später in der Art und Weise, wie sie solche Themen im Spiel gestalten und in Erzählungen ausphantasieren. Umgekehrt läßt sich die »Vermeidung« dieses Themas, die Einjährige auf der Verhaltensebene in der Fremden Situation zeigen, Jahre später auf der Phantasieebene in der Art wiederfinden, wie sie spielen und über Trennungen phantasieren bzw. nicht phantasieren.[22]

Bindungsrepräsentanzen von Erwachsenen

Bisher wurden erstens das *Verhalten der Kinder* in der Fremden Situation beschrieben und die vier Grundklassifikationen (A, B, C, D) dargestellt. In einem zweiten Schritt wurde das *Interaktionsverhalten der Mütter* - ihre Feinfühligkeit im ersten Lebensjahr – als Hauptdeterminante der verschiedenen Bindungsklassen diskutiert. Danach folgte die Darstellung der *symbolischen Repräsentationen* sicherer und unsicherer *Kinder* (nicht mehr nur ihres Verhaltens). In dem nun folgenden vierten Schritt werden die *Repräsentationen der Eltern* untersucht (nicht mehr nur ihr feinfühliges Verhalten).

22 Klann-Delius (1996) hat ebenfalls die Kommunikationsstile sicherer und unsicherer Kinder in Trennungssituationen untersucht. Eines ihrer Ergebnisse war, daß unsichere Kinder im Alter zwischen eineinhalb und drei Jahren *häufiger* die Trennung thematisierten als sicher gebundene. Sie vermieden also keineswegs das Trennungsthema, sondern waren eher übermäßig damit beschäftigt. Dieser interessante Befund zeigt, daß es verschiedene Weisen gibt, sich mit konflikthaften Themen auseinanderzusetzen, und daß die oben beschriebene Vermeidung nur eine mögliche Strategie ist. Bezüglich der Flüssigkeit des Dialogs über Trennungen fand die Autorin, ähnlich wie Main, daß unsichere Kinder »holperiger« darüber kommunizierten als sichere (für weitere Details s. ebd.).

Die Untersuchungen der Repräsentanzenwelt war schon immer eine Domäne der Psychoanalyse. Bindungsforscher haben sich in den letzten Jahren ebenfalls (vermehrt) diesem Thema zugewandt und Methoden zur Messung von Beziehungsrepräsentanzen Erwachsener entwickelt, welche die in klinischen Arbeiten gewonnenen Hypothesen der Psychoanalyse ergänzen können. Vor allem das von Mary Main und ihren Mitarbeitern entwickelte sogenannte Erwachsenen-Bindungsinterview (Adult-Attachment-Interview; A. A. I.) ist diesbezüglich von großem Interesse (deutschsprachiger Überblick bei Köhler 1992; ausführlich Hesse 1999). Eltern werden in Form eines halboffenen, etwa einstündigen Interviews über ihre vergangenen Bindungserfahrungen befragt. Sie erzählen über ihre Kindheit, z. B. ob sie bei Kummer einen Ansprechpartner hatten und getröstet wurden, wie die Beziehung zu Mutter und Vater war, ob sie in der Kindheit eine wichtige Person verloren haben, ob sie sich von den Eltern zurückgewiesen oder bedroht fühlten, warum ihre Eltern ihrer Meinung nach so gehandelt haben, wie sie es taten, ob und wie die Kindheitserfahrung vermutlich ihre weitere Entwicklung beeinflußt hat usw. Dabei werden – ähnlich wie im psychoanalytischen Interview – retrospektiv »Geschichten« erzählt, von denen niemand weiß, ob sie in einem nachprüfbaren Sinne »wahr« sind. Anschließend werden diese Berichte nach bestimmten, sehr elaborierten Kriterien ausgewertet. Es gibt kohärente Geschichten und weniger kohärente, und je nach Art und Inhalt der Erzählungen lassen sich vier Gruppen von Interviewten bilden. Die als *autonom* eingestuften (F; für free-autonomous) erzählen flüssig, kohärent und ohne unangemessene Idealisierung der Vergangenheit. Sie benutzen beim Erzählen meistens die Ich-Form und lassen ein Bewußtsein von der Relativität des eigenen Standpunkts erkennen, etwa indem sie einräumen, daß andere ihre Erfahrungen möglicherweise anders bewerten würden als sie selbst. Der entscheidende Faktor für die Klassifizierung als autonom (F) (dem Erwachsenenäquivalent für sicher gebunden in der Kindheit) ist nicht so sehr der Inhalt der berichteten Erfahrungen, d. h., ob sie gut oder schlecht waren, als vielmehr die Art, in der darüber heute erzählt wird. Auch Eltern mit überwiegend schlechten Kindheitserfahrungen können als autonom klassifiziert werden, wenn aus der Kohärenz ihre Darstellung ersichtlich wird, daß sie diese Erfahrungen »durchgearbeitet« haben. Indikatoren dafür sind Kohärenz und Plausibilität ihrer Erzählung.

Die als *verstrickt* Klassifizierten (E; für entangled-enmeshed; diese Kategorie ist das Erwachsenenäquivalent für ambivalente Bindung in der Kindheit) lassen im Gespräch erkennen, daß sie noch mit der Vergangenheit kämpfen. Ihre Erinnerungen sind oft von Äußerungen des Ärgers, untergründigem Groll und dem andauernden, kraftraubenden Bemühen durchzogen, es den realen oder verinnerlichten Eltern recht zu machen. Häufig bilden sie lange, ineinander verschachtelte Sätze, die konfus wirken, sprechen vage, passiv und haben Schwierigkeiten, präzise zu formulieren; oder sie verfehlen das Thema, indem sie auf Fragen nach vergangenen Erfahrungen gegenwärtige Interaktionsprobleme thematisieren.[23]

Die *Distanzierten* (Ds; für dismissing; diese Kategorie entspricht der vermeidenden Bindung in der Kindheit) haben viel verdrängt, erinnern sich entweder kaum an die Vergangenheit oder die erinnerten Episoden widersprechen der allgemeinen Charakterisierung der Eltern. Sie finden ihre Eltern z. B. »großartig«, können sich aber auf Nachfrage nur an eine Episode erinnern, die betrüblich war. Fragt man sie nach fünf Adjektiven, die ihre Eltern kennzeichnen sollen, so antworten sie z. B.: »loving, caring, supportive, wonderful and excellent«. Wenn sie nun Beispiele für »loving« geben sollen, finden sie eines, das eher auf Zurückweisung hindeutet, werden sie nach einem für »excellent« gefragt, antworten sie, sie könnten sich – wie die meisten Erwachsenen – nicht mehr an ihre Kindheit erinnern. Manche distanzierte Erwachsene (Ds3) erinnern zwar schmerzliche Erfahrungen aus der Vergangenheit, neigen aber dazu, sie bagatellisierend abzutun (körperliche Strafen haben »nicht geschadet«); andere (Ds1) haben kaum konkrete Erinnerun-

23 Hier ein Beispiel für einen verstrickten Diskurs: »Die Belange meiner Mutter haben mein Leben völlig dominiert, aber ich habe aufgehört, sie jeglichen Einfluß auf mich ausüben zu lassen, also wie sie versucht hat, mich dazu zu bringen, ihr jede Kleinigkeit, die täglich passiert, zu erzählen, und oft erfinde ich Geschichten, aber das wäre nicht genug für sie, weil sie so voll von ihrem Zeug ist und alles wissen und alles erzählen muß, weil ihre eigenen Eltern genauso waren, also ich wußte, wo das alles herkam, und ich wußte, daß sie voll mit diesem Zeug war und dieses ›wo warst du, was hast du gemacht, warum hebst du deine Klamotten nicht auf‹ und ich war auch mit meinen eigenen Sachen beschäftigt, aber sie hat völlig und gänzlich versäumt zu verstehen, daß ich mein eigenes Leben hatte und immer noch habe und ab jetzt haben werde« (Main 1994, S. 11). Das ist wenig kohärent.

gen und idealisieren die Eltern auf eine sehr allgemeine Weise; wieder andere (Ds2) sprechen eher kalt und verächtlich von ihnen.

Während also autonome Erwachsene kohärent und konsistent über ihre Vergangenheit erzählen, gilt für verstrickte und distanzierte eher das Gegenteil. Die vierte Gruppe (U; für unresolved) scheint durch *unabgeschlossene Trauer* z. B. über Objektverluste in der Kindheit oder andere *unbewältigte Traumata* beeinträchtigt. Diesbezügliche Fragen beantworten sie konfus oder mit einer Häufung irrelevanter Details über die Todesumstände und den Todeszeitpunkt; die Erzählungen sind auffallend angereichert mit pseudopoetischen Phrasen (»sie war jung, lieblich, und alle, die sie kannten und Zeugen ihres Ablebens waren, liebten sie«), unlogischen Gedankenverbindungen (»es war ein Glück, als es passierte [Objektverlust]; das Jahr darauf begann ich mit der High-School«) und Primärprozeßdenken (»er starb, weil ich vergaß, für ihn zu beten«).[24]

In verschiedenen Studien wurde nun herausgefunden, daß als

24 Die Zitate stammen aus Main/Hesse (1990, S. 168 f.); zur U-Kategorie s. auch Ainsworth/Eichberg (1991). Mittlerweile wird eine fünfte Kategorie diskutiert: die der Unklassifizierbaren (CC; cannot classify; s. Hesse 1996). Sie scheint die am schwersten gestörten Individuen zu erfassen, bleibt aber bei den weiteren Ausführungen außer Betracht. Die U-Kategorie wird nicht als eigenständig betrachtet, sondern, ähnlich wie die Kategorie der kindlichen Desorganisation, immer nur zusammen mit einer der drei Hauptkategorien vergeben. Eine Mutter kann also durchaus unter einem unbewältigten Trauma/Verlust leiden und dennoch als autonom klassifiziert werden (U/A). Sie unterscheidet sich dann von einer anderen, die als traumatisiert, aber zusätzlich noch als verstrickt klassifiziert wird (U/E). Beide leiden unter einem unbewältigten Verlust/Trauma, sind also U, aber auf verschiedene Art und Weise. Solche Unterschiede haben durchaus Folgen für die Kinder (s. dazu weiter unten).
Die Häufigkeitsverteilung in der Bindungsorganisation bei »normalen« Müttern ist wie folgt: 55 % sind autonom (F), 16 % distanziert (Ds), 9 % verstrickt (E) und 19 % leiden unter einem unbewältigten Trauma (U). Die Häufigkeitsverteilung für Väter ist in etwa dieselbe. Väter sind *nicht* distanzierter als Mütter, haben also keine Überrepräsentation in der Ds-Gruppe. Für *klinische* Populationen ergibt sich eine erhebliche Abweichung in der Häufigkeitsverteilung, insbesondere eine Zunahme der Verstrickten (E) und Traumatisierten (U). Ausführliche Informationen, z. B. zur Häufigkeitsverteilung bei adoleszenten Müttern oder bestimmten klinischen Gruppen (z. B. psychiatrischen Patienten) findet der Leser bei van Ijzendoorn/Bakermans-Kranenburg (1996) und Fonagy et al. (1996).

autonom klassifizierte Mütter häufiger sicher gebundene Kinder haben; die als verstrickt, distanziert oder unbewältigt Klassifizierten haben häufiger unsicher gebundene Kinder. Die darin zum Ausdruck kommende »intergenerationelle Transmission« von Bindungsmustern verdient nähere Betrachtung. Bisher wurde der Nachweis geführt, daß feinfühliges *Verhalten* der Mutter die Bindungsqualität bestimmt. Nun zeigt sich, daß der gegenwärtige »state of mind with respect to attachment«, d.h. die elterlichen Repräsentanzen ihrer eigenen Bindungserfahrungen, denselben Effekt zu haben scheint.

Doch halt! Die Studien, die sich mit dem Einfluß elterlicher Bindungsrepräsentationen auf die Bindungsqualität des Kindes befassen, lassen sich in drei Untergruppen aufteilen: retrospektive, querschnittliche und prospektive. In den retrospektiven (Main et al. 1985; Main/Cassidy 1988; Grossmann et al. 1988; van Ijzendoorn et al. 1991; Wartner et al. 1994) wird das Erwachsenenbindungsinterview einige Jahre *nach* der Untersuchung der kindlichen Bindungsqualität durchgeführt. In Mains Studie wurden die Eltern interviewt, als die Kinder sechs Jahre alt waren, bei Grossmann ebenso, bei van Ijzendoorn waren sie drei Jahre alt. Die kindliche Bindungsqualität aber wird mit einem Jahr erhoben. Gegen solche Designs könnte man einwenden, daß sie nicht belegen, daß die Bindungsrepräsentanzen der Erwachsenen die Bindungsqualität des Kindes bestimmen, sondern umgekehrt: Eltern könnten sich in ihrer Einstellung zu Bindungsfragen, die das Erwachsenenbindungsinterview erhebt, durch die laufende Interaktion mit ihren Kindern »irgendwie« an diese und deren sonstwie zustande gekommene Bindungsqualität angeglichen haben. Auch Untersuchungen, die das Erwachsenenintervíew und die Fremde Situation *gleichzeitig* durchführen (z.B. Ainsworth/Eichberg 1991), sind einem ähnlichen Einwand ausgesetzt, daß nämlich die aktuelle Beziehung zum Kind die Einschätzungen und Erzählungen der Eltern über sich selbst »einfärbt« und so ihre Klassifikation beeinflußt.

Nur durch prospektive Studien läßt sich die Frage der Unabhängigkeit elterlicher Bindungsrepräsentationen von der aktuellen Interaktion mit dem Kind klären.[25] In solchen Studien wird das

25 Das heißt nicht, daß Eltern nicht durch ihre Kinder beeinflußt würden, aber es bedeutet, daß die Art und Weise, wie sie ihre Vergangenheit verarbeiten,

Erwachsenenbindungsinterview während der Schwangerschaft durchgeführt, also *bevor* das Kind auf der Welt ist und mit seiner Interaktion oder seinem Bindungsverhalten die Eltern beeinflussen kann. Interessanterweise kommen alle bisher vorgelegten prospektiven Untersuchungen (Fonagy et al. 1991 a, b; 1993; Benoit/Parker 1994; Radojevic 1994; Ward/Carlson 1995; Steele et al. 1996) zu denselben Ergebnissen wie die retrospektiven: Es gibt einen signifikanten Zusammenhang zwischen der Qualität der elterlichen Bindungsrepräsentationen, eingeschätzt durch das Erwachsenenbindungsinterview, und der kindlichen Bindungsqualität, wie sie in der Fremden Situation erhoben wird. Fonagy et al. konnten z. B. zeigen, daß 75 % der in der Schwangerschaft als autonom eingeschätzten Mütter mit einem Jahr sicher gebundene Kinder hatten, während ca. 75 % der als unsicher eingeschätzten Mütter mit einem Jahr unsichere Kinder hatten.[26] Selbst die Zusammenhänge zwischen einzelnen Gruppen sind beeindruckend. Das Bild ist hier etwas heterogener, als wenn man nur die sicher/unsicher Dichotomie untersucht, aber als stabile Tendenz zeichnet sich in verschiedenen Untersuchungen (Überblick bei Fremmer-Bombik/Grossmann 1993, S. 96; ausführlicher van Ijzendoorn 1995) folgendes ab: Als autonom klassifizierte Mütter haben häufiger sicher gebundene Kinder (F → B), distanzierte Mütter eher vermeidende (Ds → A), verstrickte eher ambivalente (E → C), und die Eltern, die unter einem unbewältigten Trauma leiden, haben vermehrt desorgansiert gebundene Kinder (U → D).[27] Die Vorhersagen von den Bindungsrepräsentationen autonomer Mütter auf sicher gebundene Kinder (F → B) sind besser als die von verstrickten Müttern auf ambivalente Kinder (E → C) (Fonagy et al. 1991 a, 1993; Zeanah et al. 1993 b). Die Übereinstimmung in der sicheren Gruppe (F → B) liegt z. B. je nach Untersuchung zwischen 75 % und 82 %; in den anderen Gruppen ist sie etwas geringer, am geringsten in der Gruppe der verstrickten Mütter und der ambivalenten Kinder

nicht in erster Linie von den Kindern beeinflußt wird, sondern vielmehr diese beeinflußt.

26 Für die Väter ist der Zusammenhang weniger deutlich ausgeprägt (Steele et al. 1996).

27 Sofern das unbewältigte Trauma noch mit unsicherer Bindung bei den Eltern einhergeht (s. dazu Genaueres weiter unten).

(E→C). Trotz dieser Einschränkung ergibt sich als beeindruckendes Resultat ein beträchtliches Ausmaß an intergenerationeller Weitergabe von Bindungsmustern.

Was aber ist das Verbindungsglied zwischen elterlichen Beziehungsrepräsentanzen und kindlicher Bindungsqualität? Im Verlauf der bisherigen Erörterung sind zwei Kandidaten aufgetreten, die als »Überträger« von Bindungsmustern in Frage kommen. Erstens die mütterliche Feinfühligkeit, ausgedrückt in ihrem Interaktionsverhalten gegenüber dem Kind. Zweitens die mütterliche Einstellung in bezug auf ihre eigenen Kindheitserfahrungen, ausgedrückt im Erwachsenenbindungsinterview. Das sind recht verschiedene »Wesenheiten«: zum einen konkretes Verhalten, zum anderen mentale Repräsentationen/Einstellungen. Wie aber kann der mentale Zustand eines Erwachsenen einen Säugling beeinflussen? Glaubt man nicht an Gedankenübertragung, so muß er sich im konkreten Verhalten dem Kind gegenüber ausdrücken (ausführlich dazu Dornes 1993, Kap. 9), zumindest im ersten Lebensjahr, solange das Kind die Sprache nur begrenzt versteht.[28] Wenn sowohl feinfühliges Verhalten im ersten Lebensjahr als auch bestimmte Einstellungen in bezug auf die eigene Vergangenheit gleichermaßen mit der Bindungsqualität des Kindes zusammenhängen, sollte man erwarten, daß es ebenfalls einen Zusammenhang zwischen beiden gibt, etwa dergestalt, daß Mütter, die im Erwachsenenbindungsinterview als autonom eingeschätzt werden, auch feinfühliger mit ihren Kindern umgehen als solche, die als unsicher (verstrickt, distanziert) eingeschätzt werden. Feinfühligkeit in der Interaktion wäre dann der Transmissionsriemen, über den sich der mentale Zustand der Eltern dem Kind mitteilen würde.

Dieser für Bindungstheorie und Psychoanalyse gleichermaßen wichtigen und interessanten Frage sind mittlerweile zehn Studien nachgegangen (Überblick bei van Ijzendoorn 1995). Ihr Ergebnis ist, daß es einen signifikanten Zusammenhang zwischen sicheren Bindungsrepräsentationen und feinfühligem Verhalten einerseits und unsicherer Bindungsrepräsentation und weniger feinfühligem Verhalten andererseits gibt. In anderen Worten: Eltern scheinen

28 Danach können mentale Zustände auch über das symbolische Medium der Sprache transportiert werden.

ihre Bindungsrepräsentationen auf dem Wege mehr oder weniger feinfühligen Interaktionsverhaltens auf ihre Kinder zu übertragen.

Eine detaillierte Analyse der einschlägigen Studien ergibt jedoch ein etwas komplizierteres Bild. Sie zeigt nämlich, daß die Korrelationen zwischen Bindungsrepräsentationen und feinfühligem Verhalten zwar signifikant, aber nicht besonders hoch sind (ähnlich wie die Korrelationen zwischen mütterlicher Feinfühligkeit und kindlicher Bindungsqualität signifikant, aber nicht »durchschlagend« waren). Van Ijzendoorn, der dieses Problem ausführlich diskutiert, kommt daher zu dem Schluß, daß ein nicht unwesentlicher Teil des Einflusses, den die Bindungsrepräsentationen der Eltern auf die Bindungsqualität des Kindes haben, auf anderem Wege als dem feinfühliger Interaktion übermittelt werden muß. Er vermutet – wie oben angedeutet –, daß die mittels der Ainsworth-Skalen erhobenen Arten der Feinfühligkeit bestimmte relevante Einflußfaktoren *nicht* erfassen. Es könnte also interaktive Prozesse zwischen Mutter und Kind geben, die in den bisherigen, von Bindungsforschern verwendeten Maßen für Feinfühligkeit nicht zureichend berücksichtigt werden, z. B. das affect-attunement oder die minutiöse Auswertung der Face-to-face-Interaktion oder die Art des Austausches von Vokalisierungen. Mittlerweile gibt es Indizien dafür, daß diese Prozesse beim Zustandekommen von Bindungsqualitäten eine Rolle spielen.[29] Aber selbst ein so erweiterter Begriff von Feinfühligkeit wird voraussichtlich nur zu einem (dann größeren) Teil die kindliche Bindungsqualität erklären. Dieses Problem wird mittlerweile unter dem Begriff des »transmission-gap« diskutiert: Sowohl feinfühliges Verhalten als auch sichere Bindungsrepräsentationen erklären nicht vollständig das Zustandekommen des jeweiligen Bindungstypus. Weiter oben wurde gesagt, daß das Temperament dabei eine Rolle spielen kann. Andere Untersuchungen zeigen, daß der »ökologische Kontext« ebenfalls von Bedeutung ist.

Dafür ein Beispiel. Untersuchungen in israelischen Kibbuzim haben gezeigt (Literatur bei Sagi et al. 1994, 1995), daß die Bindungsqualität der Kinder u. a. davon abhängt, ob sie im Kibbuz

29 Siehe Haft/Slade (1989), Malatesta (1990, S. 32), Goldberg et al. (1993), Slade (1996, S. 117) und Beebe et al. (1997).

schlafen oder nicht. Im wesentlichen gibt es zwei Arrangements. Gemeinsam ist beiden, daß die Kinder den Tag im Kibbuz verbringen und eine Gruppe von sechs Kindern durch zwei Metaplot betreut wird. Nachmittags holen die Eltern ihre Kinder ab. In einem Arrangement übernachten die Kinder zu Hause und gehen am nächsten Morgen wieder in den Kibbuz; in einem anderen werden sie abends wieder in den Kibbuz gebracht und übernachten dort. Diese Kinder sind sehr viel häufiger ambivalent gebunden als die »Heimschläfer«, und zwar auch dann, wenn die übrigen Bedingungen für beide Gruppen gleich sind, es also z. B. keine Unterschiede in der Qualität der mütterlichen Betreuung oder der im Kibbuz gibt – und auch keine Temperamentsunterschiede bei den Kindern. Ohne in die Details der Diskussion einzusteigen (ausführlich dazu Oppenheim 1998), zeigt sich, daß elterliche Feinfühligkeit bzw. elterliche Bindungsrepräsentationen zwar einen erheblichen, aber keinen erschöpfenden Erklärungswert für die kindliche Bindungsqualität haben; auch Mütter mit sicheren Bindungsrepräsentanzen hatten dann häufiger unsicher gebundene Kinder, wenn diese die Nacht im Kibbuz verbrachten.

Bindungstheorie und Psychoanalyse: Teil 1

Ich wende mich nun Arbeiten zu, die sich mit der Bindungstheorie unter einem explizit psychoanalytischen Gesichtspunkt befassen (Teil 1). Anschließend skizziere ich die Unterschiede und Gemeinsamkeiten zwischen Psychoanalyse und Bindungstheorie hinsichtlich ihrer Grundaussagen zu Themen wie Sexualität, Phantasie, Abwehr, Determinanten der Entwicklung etc. (Teil 2).

Zunächst zu einigen psychoanalytisch inspirierten Bindungsstudien. Von besonderem Interesse sind die Arbeiten von Fonagy et al. (1991 a, b; 1993, 1995; Fonagy 1996 b; Fonagy/Target 1997; Steele et al. 1996), die dazu beitragen, das Verhältnis von Bindungsrepräsentationen und Interaktionsverhalten weiter zu klären. Fonagy und seine Forschungsgruppe versuchen, den Begriff der Feinfühligkeit zu »mentalisieren«, und haben dem Erwachsenenbindungsinterview eine sogenannte self-reflecting-scale hinzugefügt. Mit dieser Skala soll erfaßt werden, in welchem Ausmaß Eltern in der Lage sind, sich ihren Säugling als geistig-seelisches Wesen vorzustellen. Die Hypothese ist, daß die kindliche Bindungsqualität eine Funktion des Grades ist, in dem sich Eltern in die vermuteten seelischen Zustände des Kindes hineinversetzen können und diese Einfühlung in die »körperliche Handreichung übersetzen, die das Kind versteht« (Fonagy 1996a, S. 97f.).[30] Es ergab sich, daß sichere Mütter hohe Werte auf der self-reflecting-scale erzielen, vermeidende eher niedrige. Der Vorhersagewert der Skala für die spätere Bindungsqualität des Kindes ist in etwa genauso groß wie der des gesamten Erwachsenenbindungsinterviews.[31] Die Skala ist besonders aussagekräftig für autonome Mütter, die viele *schlechte* Kindheitserlebnisse im Erwachsenenbindungsinterview berichten und dennoch, auf Grund der (kohärenten) Art und Weise, *wie* sie darüber reden, als autonom eingestuft werden. Alle zehn Mütter in dieser Untergruppe hatten sicher gebundene Kinder, aber nur eine von siebzehn aus der Untergruppe der Mütter mit schlechten Kindheitserfahrungen und *niedrigen* Werten auf der self-reflecting-scale. Für Mütter mit guten Kindheitserfahrungen und sicheren Bindungsrepräsentanzen ist die Skala weniger aussagekräftig. Dies legt den Schluß nahe, daß die in dieser Skala erfaßte Fähigkeit, über das Kind (und sich selbst) in eher »psychologischer« Weise nachzudenken, ein Schutzfaktor ist, der die »Risikogruppe« autonomer Mütter mit *schlechten* Kindheitserfahrungen davor bewahrt, diese Erfahrungen in der Interaktion zu agieren (Fonagy et al. 1994; Fonagy 1996b). Die Fähigkeit zur »Mentalisierung« wäre also eine Art Puffer oder Neutralisierungsmöglichkeit, welche die Interaktionen mit dem Kind abfedern und von unerwünschten Einflüssen freihalten bzw. diese minimieren kann. Bei Müttern mit guten Kindheitserfahrungen ist ein solcher Puffer nicht nötig. Entsprechend verliert die Skala bzw. die durch sie erhobene Fähigkeit bei ihnen an Bedeutung.

Ähnlich verhält es sich bei Müttern, die einen unbewältigten Verlust erlitten haben. Manche von ihnen können im AAI dennoch als autonom eingestuft werden, sind also traumatisiert und dennoch

30 Ziegenhain (1999) bezeichnet einen ähnlichen Sachverhalt als reflektierte Sensitivität.

31 Ein ungeklärtes Problem ist, daß auch ambivalent-verstrickte Mütter recht hohe Werte auf dieser Skala erzielen.

autonom. Interessanterweise haben solche Mütter *seltener* desorganisiert gebundene Kinder als Mütter, die zwar ebenfalls unter einem unbewältigten Verlust/Trauma leiden, aber im AAI als *nicht*autonom klassifiziert werden. Dieser Unterschied ist auch auf der Verhaltensebene beobachtbar. »Autonom-traumatisierte« Mütter zeigen in der häuslichen Interaktion mit ihren Kindern deutlich *weniger* ängstigendes Verhalten als traumatisierte Mütter, die auch noch einen unsicheren Bindungsstil aufweisen. Dies ist vermutlich der Grund dafür, daß die »autonom-traumatisierten« Mütter seltener desorganisierte Kinder haben als »unsicher-traumatisierte« Mütter, denn ängstigendes Verhalten wird als wichtiger Faktor beim Zustandekommen desorganisierter Bindung betrachtet (ausführlich dazu Schuengel et al. 1999). Es zeigt sich also auch hier, daß der Bindungsstil des Erwachsenen eine Art Schutzfaktor gegen das Agieren der unbewältigten Erfahrung in der Interaktion mit dem Kind ist. Autonome Erwachsene sind, auch wenn sie unter einem unbewältigten Verlust/Trauma leiden, anscheinend eher in der Lage, das Agieren zu unterlassen als nichtautonome.

Ein weiterer interessanter Aspekt der Arbeiten von Fonagy et al. besteht darin, daß sie den Containment-Begriff Bions – den man als klinisch-metaphorische Analogie zum Feinfühligkeitskonzept der Bindungstheorie betrachten kann – auf ihren potentiell meßbaren Aspekt hin untersuchen. Unter Containment wird in der Klein-Bion-Tradition der Psychoanalyse die Fähigkeit der Mutter verstanden, die Affekte des Kindes – insbesondere die negativen – nicht nur zu verstehen und zu beantworten, sondern in ihrer Antwort gleichzeitig so zu verändern, daß sie für das Kind erträglicher werden. Containment ist also eine Form der Regulierung negativer Affekte, die, von der Mutter vorgenommen, allmählich vom Kind internalisiert wird. Bindungstheoretisch gesprochen könnte man vermuten, daß autonome Mütter besser in der Lage sind, die Affekte ihrer Kinder angemessen zu modulieren, als unsicher gebundene Mütter. Die sichere Bindung des Kindes wäre dann die Folge guten Affekt-Containments, unsichere Bindung verwiese auf Defizite in diesem Prozeß. Aber wie sieht das im Detail aus (s. dazu insbes. Fonagy 1996b)?

Containment ist ein Vorgang, in dem die Mutter dem Kind signalisiert, daß sie seine Affekte versteht, aufnimmt und modifiziert. Feinfühlige Mütter müßten also die Affekte ihrer Kinder nicht nur spiegeln, sondern zugleich mit dem Spiegelungsprozeß signalisieren, daß sie die Affekte auch verändern.[32] Diese »doppelte« Signalisierung könnte so vor sich gehen, daß die Mutter den kindlichen Affekt in einer Modalität – z. B. in der des Gesichtsausdrucks – aufnimmt, gleichzeitig aber in einer anderen Modalität nicht nur eine Wiedergabe, sondern eine Veränderung vornimmt. So könnte etwa ihr Gesichtsausdruck den Ärger des Säuglings wiedergeben, aber ihre Stimmlage Beruhigung signalisieren. Auf diese Weise erführe der Säugling über die Wahrnehmung des mütterlichen Gesichts eine Spiegelung seines Affekts, über die Wahrnehmung ihrer Stimme eine Modifizierung. Weiter ließe sich vermuten, daß Mütter sich auch dadurch voneinander unterscheiden, daß sie die verschiedenen Dimensionen des Containments unterschiedlich akzentuieren. Die distanzierten Mütter (Ds) gehen mit negativen Affekten typischerweise so um, daß sie das Kind z. B. mit einem Spielzeug ablenken. Dadurch kann der negative Affekt in der Tat oft »bewältigt« werden, wenn auch mit gewissen Kosten. Diese Mütter sind erfolgreich in der Vermittlung von – wie immer eingeschränkten – Coping-Strategien, aber weniger erfolgreich im Affektspiegeln, denn sie lenken ja vom Affekt ab. Verstrickte Mütter (E) reagieren – im Unterschied zu distanzierten – häufig jedoch gerade auf die negativen Affekte ihrer Kinder, sind durch diese aber oft irritiert und bleiben gewissermaßen in den aufgenommenen Affekt »verstrickt«. Sie sind, so könnte man vermuten, eher stark im Affektspiegeln (d. h. der *Wiedergabe* des Affekts), aber schwach in der Vermittlung von Coping-Strategien – auch, weil der Säugling wegen ihrer häufig inkonsistenten Reaktionen keine stabilen Erwartungsmuster ausbilden kann. Während also sichere Mütter auf die Affekte ihrer Kinder mit einer ausgewogenen »Mischung« von Spiegelung und Veränderung reagieren, gelingt den unsicheren Müttern diese Mischung schlechter. Sie tendieren in die eine (nur Modifizierung via Ablenkung) oder andere (nur Spiegelung ohne Modifizierung) Richtung.

Diese Hypothesen bedürfen der weiteren und genaueren Untersuchung, aber die bisher vorliegenden Untersuchungen zum »af-

32 Siehe dazu auch die brillante Arbeit von Gergely/Watson (1996), auf die ich im fünften Kapitel näher eingehe.

fect-attunement« sicherer und unsicherer Mütter weisen in eine bestätigende Richtung (Haft/Slade 1989; Goldberg et al. 1993). In der Sprache der Psychoanalyse ausgedrückt könnte man sagen, daß die Probleme im Affekt-Containment abwehrbedingt sind. Distanzierte Eltern haben in der Kindheit erfahren, daß negative Affekte eher unterdrückt als ausgedrückt werden sollen. Diese Einstellung behalten sie als Erwachsene bei. Wenn ihre Kinder Zeichen von Kummer oder Leid zeigen, werden in den Eltern diese verdrängten Affekte und entsprechend deren (erneute) Abwehr wiederbelebt. Das Kind »beobachtet« den elterlichen Umgang mit den Affekten und »übernimmt« ihn.[33] Bei verstrickten Eltern verläuft der Prozeß ähnlich. Sie haben als Kinder die Erfahrung gemacht, daß sie mit negativen Affekten zwar die Aufmerksamkeit der Eltern erlangen können, daß aber für deren Regulierung keine dauerhafte Lösung gefunden wurde, weil die Eltern hin und her schwankten zwischen dem Eingehen auf den Affekt und seiner Zurückweisung. Diese Strategie übermitteln sie nun ihren Kindern. Man könnte auch von einer »Übertragung der Abwehr« sprechen. Dabei werden nicht bestimmte Inhalte übertragen, sondern habituelle Formen des Umgangs mit Affekten.

Cramer (1995 a) hat jedoch mit Recht darauf aufmerksam gemacht, daß nicht nur »Stile« des Umgangs/der Abwehr, sondern oft auch spezifische Inhalte/(unbewußte) Phantasien von den Eltern auf das Kind übertragen werden. In einer Reihe von Publikationen hat er überzeugend gezeigt, daß mütterliches Interaktionsverhalten von unbewußten Phantasien gespeist wird. Eltern schreiben auf Grund solcher Phantasien dem Verhalten ihrer Kinder Bedeutungen zu, die die Beziehung und vermutlich auch die Bindungsqualität zum Kind beeinflussen. Andernorts (Dornes 1993, Kap. 9) habe ich diesen Prozeß der Bedeutungszuschreibung in Anlehnung an Cramer ausführlicher dargestellt und beschränke mich deshalb an dieser Stelle auf zwei Beispiele.

33 Tatsächlich ist es etwas komplizierter. Da die distanzierten Eltern dazu tendieren, Trost- oder Nähebedürfnisse eher zurückzuweisen, entsteht im Kind ein Konflikt zwischen der Neigung, solche Gefühle zu äußern, und der damit verbundenen Gefahr der erneuten Zurückweisung. Dies führt auf die Dauer zu einer Unterdrückung sowohl des Nähesuchens als auch des damit einhergehenden Ärgers.

Eine Mutter sucht die Klinik auf, weil ihr zehn Monate alter Säugling viel schreit und schlecht schläft. Sie hat den Eindruck, daß das Kind nicht so recht an sie gebunden ist. Ihre bewußte Phantasie ist, daß es keinen Körperkontakt mag. Zur Begründung kann sie auf das Verhalten ihres Kindes verweisen. Folgende Szene spielt sich ab: Das Kind sitzt auf dem Boden, und der Analytiker fordert die Mutter auf, es sich auf die Knie zu setzen. Sie tut es, und das Kind fängt an, ihr Gesicht zu explorieren. Sie versteift sich und sagt: »Tu mir nicht weh.« Dann setzt sie das Kind wieder auf den Boden. Es fängt an zu schreien, und sie meint: »Er mag es eben nicht, gehalten zu werden.« Im Gespräch erzählt sie, daß sie als Kind eine Reihe von Verletzungen erlitten hat und viele Operationen überstehen mußte; weiter, daß Thomas ihr schon im Mutterleib weh getan habe und ihr nach der Entbindung als erste Begrüßung die Infusionsnadel aus dem Arm riß. Das Mißgeschick bei der Geburt wird als aggressive Handlung des Kindes gedeutet, das sich die Mutter vom Leib halten muß, wenn sie ihren zerbrechlichen Körper schützen will. Der Zusammenhang zwischen einer Phantasie über die Schwäche des eigenen Körpers und einem körperkontaktvermeidenden Interaktionsstil ist deutlich sichtbar (Cramer 1987, S. 1055 ff.).

Das zweite Beispiel stammt ebenfalls von Cramer (1995 a). Ein neun Monate altes Kind (Graciella) hat Schlafschwierigkeiten und klammert sich so an seine Mutter, daß diese »keine Luft« mehr bekommt. Das zentrale Thema der mütterlichen Klagen ist, daß Mütter unter ihren Kindern leiden und von ihnen »eingesperrt« werden. Dies beeinflußt das mütterliche Verhalten in der Interaktion mit dem Kind dergestalt, daß sie wenig feinfühlig ist und körperlichen Kontakt eher zurückweist. Im Spiel ist sie sehr intrusiv und erreicht auf dem Crittenden-Care-Index zur Interaktionsmessung (Crittenden 1988) den Höchstwert für »kontrollierend«. Dieser Interaktionsstil ist motiviert durch die Phantasie, daß Kinder ihre Eltern einsperren, und ein Versuch, dem vermeintlichen Gefängnis zu entrinnen. Außerdem ist er eine Abwehr gegen diese Einsicht und die daraus resultierende Depressionsgefahr. Im siebten Monat einer zweiten Schwangerschaft bekommt Graciella eine chronische Verstopfung, die auch nach der Geburt noch anhält. Die Mutter vermutet, sie könne wegen eines Risses im Anus keinen Stuhlgang mehr haben. Eine medizinische Untersuchung bleibt ohne Befund.

Die Mutter erzählt zugleich, daß sie während der Geburt des zweiten Kindes vor ein paar Monaten die Preßwehen zurückhalten mußte, weil der entbindende Gynäkologe nicht rechtzeitig zur Stelle war. Bei der Geburt entstand ein Dammriß. Ihre Phantasie über die Verstopfung ihrer älteren Tochter als Resultat einer Analfissur ist erkennbar eine Projektion der eigenen »Verstopfung« und »Verletzungen« bei der Geburt. Auf diese und andere Weisen überträgt sie das Thema »Mütter leiden unter ihren Kindern« allmählich auf ihre Tochter. Diese identifiziert sich mit dem Leiden der Mutter und »leidet« unter ihrer eigenen phantasierten (analen) Schwangerschaft. Die Gleichsetzung der Verstopfung mit einer Schwangerschaft ist keine psychoanalytische Spekulation, sondern ergibt sich aus den Assoziationen und Spielhandlungen des mittlerweile sechsundzwanzig Monate alten Kindes.

Das Beispiel macht deutlich, daß die Ursachen für wenig feinfühliges Verhalten häufig in *spezifischen Phantasien* der Mutter über sich selbst und ihr Kind zu finden sind und daß *spezifische Themen* auf das Kind übertragen werden. Natürlich geschieht dies auch auf dem Weg der (feinfühligen) Interaktion, aber es werden eben nicht nur Bindungsstile übertragen, sondern zusammen damit auch spezifische Inhalte/Themen. *Diese sind für die weitere Entwicklung des Kindes von ebenso großer Bedeutung wie seine Bindungsqualität.* Vermutlich wird das von der Mutter übermittelte Weltbild »Mütter leiden unter ihren Kindern« die spätere Mutterschaft ihrer Tochter inklusive deren Interaktionsverhalten erheblich beeinflussen. Es zeigt sich somit, daß bei der Aufklärung der Frage, *warum* sich Mütter mehr oder weniger feinfühlig gegenüber ihren Kindern verhalten, der Verweis auf den Bindungstypus der Mutter (weil sie sichere/unsichere Repräsentanzen von den Bindungspersonen ihrer Vergangenheit haben) alleine nicht genügt bzw. nur einen, wenn auch wichtigen Aspekt erfaßt. Das aktuelle Verhalten wird nicht nur durch die allgemeine mentale Einstellung der Mütter in bezug auf Bindungsfragen beeinflußt, die das Erwachsenenbindungsinterview mißt, sondern auch durch spezifische Phantasien über sich und *dieses* Kind (die natürlich zumindest teilweise auch durch die Kindheitsgeschichte der Mutter mit bestimmt sind).

Cramer konnte an diesem Beispiel außerdem zeigen, daß die Mutter der Mutter ebenfalls vom Thema »Mütter leiden unter ihren

Kindern« beherrscht war und so eine intergenerationelle Weitergabe von *Inhalten* über drei Generationen stattfand.[34] Dies zeigt, daß nicht nur formale Aspekte (wie Kohärenz des Erzählens) wichtig sind, sondern sehr wohl auch inhaltliche Aspekte. Die Bedeutsamkeit solcher Inhalte – auch für die Transmission von Bindungsstilen – wird deutlich, wenn man sich die Tatsache ins Gedächtnis ruft, daß die Kinder ein und derselben Mutter oft unterschiedlich an sie gebunden sein können. Obwohl die Mutter im Erwachsenenbindungsinterview immer nur eine Klassifikation (z. B. autonom *oder* verstrickt) erreichen kann, ist es nicht selten so, daß eines ihrer Kinder sicher, das andere aber unsicher an sie gebunden ist. Geschwister haben nur in 50 bis 65 %, Zwillinge sogar nur in 30 bis 50 % der Fälle denselben Bindungstypus (sicher oder unsicher) zu ihren Eltern (Literatur bei Sagi et al. 1995, S. 73). Dieser Sachverhalt läßt sich m. E. befriedigend nur unter Rekurs auf die mütterlichen Phantasien erklären. Als Illustration soll ein Fallbeispiel von Stern dienen.

Stern (1971) beschreibt in einer Studie die Interaktion einer Mutter mit ihren dreieinhalb Monate alten Zwillingen. Der klinische Eindruck ist, daß die Mutter mit einem Säugling eine gute und glattlaufende Interaktion hat, während sie mit dem anderen eher kontrollierend und überstimulierend umgeht. Dies konnte durch Vergleich und Analyse des Interaktionsverhaltens auch belegt werden. Die Muster des wechselseitigen Blickkontakts wurden analysiert, und es stellte sich heraus, daß der Eindruck von Kontrolle und Überstimulierung u. a. daher rührt, daß die Mutter bei ihrem Erstgeborenen das Wegblicken als Zeichen dafür akzeptieren kann, daß er im Moment genug hat, während sie beim Zweitgeborenen das Wegblicken nicht duldet und immer wieder versucht, forciert Blickkontakt herzustellen. Im begleitenden Gespräch stellt sich heraus, daß die Mutter ziemlich ambivalent in bezug auf ihren Ehemann ist und in bezug auf die Tatsache, daß sie Zwillinge hat. Diese Ambivalenz wird so bewältigt bzw. ausgedrückt, daß sie im Erstgeborenen die guten, im Zweitgeborenen die schlechten und kon-

34 Die Bindungstheorie hat mittlerweile ebenfalls einige Belege für die Weitergabe von Bindungs*typen* über drei Generationen beigebracht, d. h. dafür, daß Großmutter, Mutter und Kind denselben Bindungstypus aufweisen (s. Jacobvitz et al. 1991; Benoit/Parker 1994).

trollbedürftigen Gefühle unterbringt. Der Erstgeborene repräsentiert die guten mütterlichen Selbstanteile, der Zweitgeborene die schlechten Anteile des Ehemanns. Man kann sagen, daß sie mit einem Zwilling feinfühlig, mit dem anderen weniger feinfühlig umgeht, so daß beide Kinder vermutlich verschiedene Bindungsmuster entwickeln werden. Nehmen wir an, das Erwachsenenbindungsinterview hätte ergeben, daß die Mutter autonom ist. Dann hätten wir den Fall, daß eine autonome Mutter mit *einem* Kind feinfühlig, mit dem *anderen* aber uneinfühlsam umgeht, und zwar auf Grund spezifischer Phantasien über die Kinder.

Die Beispiele von Cramer und Stern machen deutlich, daß die Analyse solcher Phantasien für die Erklärung der weiteren Entwicklung des Kindes genauso wichtig sind wie die Messung interaktiver Feinfühligkeit und die Erhebung der Einstellung zu Bindungsthemen mit Hilfe des Erwachsenenbindungsinterviews. Die Aufklärung von (unbewußten) Phantasien wird auch helfen, den »transmission-gap« bzw. Teile davon zu schließen; das heißt, sie wird einen Beitrag zur Erklärung der Tatsache leisten, wieso Mütter, die im Interview z. B. als autonom eingeschätzt werden, zu einem gewissen Prozentsatz dennoch unsicher gebundene Kinder haben. Das ist u. a. deshalb so, weil Mütter verschiedene Phantasien über die verschiedenen Kinder haben und (deshalb) unterschiedlich mit ihnen umgehen. Die Korrelationen zwischen Klassifikationen im Erwachsenenbindungsinterview und feinfühligem Interaktionsverhalten ist u. a. deswegen nur mäßig hoch, weil feinfühliges Verhalten sich noch aus anderen Quellen speist als denen, die im Erwachsenenbindungsinterview erhoben werden, z. B. aus (unbewußten) Phantasien über sich selbst oder das Kind. Solche Phantasien sind in klinischen bzw. offenen Interviews besser zugänglich als in (halb)standardisierten, woraus sich ein Plädoyer für die Nützlichkeit ihrer Kombination ergibt.

Massie et al. (1996) haben ebenfalls die Bedeutung besonderer Lebensthemen der Mutter und deren »Übertragung« auf das Kind herausgearbeitet. In einem instruktiven Fallbeispiel zeigen sie, daß auch ein sicher gebundenes Kind die ungelösten Konflikte seiner Eltern »schultert«, was seine weitere Persönlichkeitsentwicklung, insbesondere seinen Umgang mit Affekten, Beziehungen und sein Phantasieleben beeinflußt. Sicher gebunden heißt also nicht konfliktfrei (s. a. Fonagy 1996 b). Allerdings gibt es auch Kinder, denen es gelingt, die Konfliktpotentiale ihrer Eltern gut zu neutralisieren, und die sich dann vergleichsweise unbeeinträchtigt entwickeln. Welche dieser Möglichkeiten eintritt, hängt u. a. von der Art und vom Umfang der elterlichen Abwehr gegen unangenehme Affekte/Themen ab. Je stärker (und unbewußter) die Abwehr, desto größer ist der Druck auf das Kind und desto wahrscheinlicher ist eine Beeinträchtigung seiner Entwicklung. Field et al. (1991) haben einen überzeugenden experimentellen Nachweis für den Zusammenhang zwischen Unbewußtheit und »Agieren« geliefert. Sie konnten zeigen, daß in einer Gruppe von depressiven Müttern diejenigen am depressivsten mit den Kindern interagierten, die ihre Depression am stärksten verleugneten. Auch Slade/Cohen (1996) betonen die Wichtigkeit der intergenerationellen Weitergabe von Lebensthemen. In einem ihrer Fallbeispiele beschreiben sie, wie das Thema des »Kampfes« zwischen Mutter und Tochter weitergegeben wird. Weil die Mutter sich dieses Themas und ihrer eigenen Kämpfe mit der Mutter bewußt ist, erfolgt die Weitergabe jedoch »flexibel«: Sie prägt das Kind, ohne es auf eine pathologische Weise zu fesseln. Weitere interessante Fallbeispiele findet der Leser bei Massie et al. (1988), Bergman/Fahey (1996), Lieberman (1997) und Zeanah et al. (1997 a). Vermutlich wird sichere Bindung nicht vor Neurosen schützen, wohl aber vor schwereren Persönlichkeitsstörungen (s. Slade/Aber 1992, S. 179; Eagle 1995, S. 142 f.; zusammenfassend: Dozier et al. 1999 und Greenberg 1999).

Bindungstheorie und Psychoanalyse: Teil 2

In den nun folgenden abschließenden Überlegungen möchte ich einige grundlegende Konvergenzen und Divergenzen zwischen Psychoanalyse und Bindungstheorie herausarbeiten. Ich werde zeigen, daß die Bindungstheorie viele Übereinstimmungen mit der *modernen* Psychoanalyse aufweist. Diese Übereinstimmungen markieren zugleich Unterschiede zur *klassischen* Psychoanalyse.[35]

35 Neben der bisher erwähnten befaßt sich u.a. folgende Literatur mit dem Thema Bindungstheorie und Psychoanalyse: Bacciagaluppi (1994), Bräutigam (1991), Bretherton (1987), Buchheim et al. (1998), Cortina (1999), Eagle

1. Der klassischen Psychoanalyse zufolge ist die Bewältigung der ödipalen Situation von grundlegender Bedeutung für die weitere Entwicklung. Sowohl die Bindungstheorie als auch die moderne Psychoanalyse (einschließlich der Säuglings- und Kleinkindforschung) relativieren die zentrale Stellung des Ödipuskomplexes und betonen die Bedeutung der früheren Entwicklung.
2. Während die klassische Psychoanalyse »große« Themen, z. B. das der Entwöhnung oder der Kastrationsangst, in den Vordergrund stellt, fokussieren Bindungstheorie und moderne Psychoanalyse eher auf »Mikrotraumatisierungen«, die durch subtile aber dauerhafte Interaktionsverzerrungen entstehen. Charakterstrukturen werden als Niederschlag alltäglicher Interaktionserfahrungen betrachtet. Unsichere Bindung ist das Ergebnis chronischer, aber häufig ganz undramatischer Zurückweisung oder inkonsistenter Beantwortung von Bindungsbedürfnissen und ist nicht in erster Linie auf grobe Traumatisierungen zurückzuführen. Es steht nicht mehr, wie z. B. noch beim frühen Spitz und bei Bowlby, der Verlust des Objekts im Vordergrund, sondern dessen relative Unverfügbarkeit trotz Anwesenheit.
3. In der Bindungstheorie und in der modernen Psychoanalyse werden die von innen kommenden Impulse, die sich auf die Eltern richten und dann in Abhängigkeit von deren Reaktion modifiziert werden, anders konzipiert als in der klassischen Psychoanalyse. Dort sind es vor allem von Trieben stammende Impulse und deren Befriedigung oder Nichtbefriedigung, die im Zentrum des Interesses stehen. Körperliche Lust oder Unlust bei der Nahrungsaufnahme, bei der Ausscheidung oder bei

(1996, 1997), Fonagy (1999), Hamilton (1985, 1987), Hédervári (1996), Holmes (1996, 1997, 1998), Hopkins (1990, 1991), Köhler (1992, 1995, 1998 a), Lichtenberg (1999 a, b), Main (1995 a), Mackie (1981), Marrone (1998), Mitchell et al. (1999), Osofsky (1988, 1995), Pedder (1976), Rayner (1991), Rehberger (1999), Silverman (1991, 1992, 1998), Slade/Aber (1992), Slade (1996), Sroufe (1986), Strauß/Schmidt (1997) und Wöller (1998). Gute Darstellungen dessen, was ich etwas pauschal als moderne Psychoanalyse bezeichne, finden sich u. a. bei Eagle (1984 a), Reppen (1985), Thomä/Kächele (1985/1988), Gill (1994), Mitchell/Black (1995) und Mertens/Waldvogel (2000).

der Exploration des eigenen Genitals färben die Wahrnehmung des Objekts. Objekte, die Lust verschaffen oder Unlust beseitigen, sind »gute« Objekte, und eine Akzeptanz und Befriedigung solcher Bedürfnisse durch das Objekt führen zu einem guten Selbstempfinden.

Die Bindungstheorie und die moderne Psychoanalyse stellen andere Bedürfnisse in den Vordergrund: die nach Spiegelung, Kommunikation, Affektaustausch, Körperkontakt zum Zwecke der Erlangung eines Gefühls von Sicherheit usw. Diese Bedürfnisse sind ebenfalls biologisch verwurzelt, kommen also von »innen«. Die Person, der sie gelten, soll aber *nicht* in erster Linie Lust durch Abfuhr von um Körperzonen zentrierte Erregung verschaffen, sondern Affekte und Bedürfnisse regulieren, die *nicht* um Körperzonen organisiert sind. Das Subjekt erstrebt nicht Befriedigung seiner Lust, sondern seiner narzißtischen und Sicherheitsbedürfnisse. Balints Konzept einer primären, präsexuellen Objektliebe und seine These, daß der regredierte Patient anerkannt werden will; Winnicotts Idee, daß die Umweltmutter (im Unterschied zur Triebmutter) keine Es-Bedürfnisse, sondern Ich-Bedürfnisse befriedigt (z. B. das nach Kontinuität des Seins-Gefühls); Fairbairns Postulat, daß die Libido primär Objekte sucht, nicht Lust – all diese Konzepte stehen Bowlby und der Bindungstheorie näher als der klassischen Psychoanalyse.[36]

36 In Anbetracht dieser Konvergenzen verwundert es, daß manche Bindungstheoretiker von »unverifizierbaren und unfalsifizierbaren psychoanalytischen Spekulationen« sprechen (Grossmann 1995, S. 114; ähnlich Grossmann et al. 1997, S. 54, S. 94) oder gar, wie Rutter (1995, S. 561), ein respektvolles Begräbnis für die psychoanalytische Theorie fordern. Auch hier gilt, wie schon so oft: »Ich habe etwa ein Dutzend Male im Lauf dieser Jahre, in Berichten über die Verhandlungen bestimmter Kongresse und wissenschaftlicher Vereinssitzungen oder in Referaten nach gewissen Publikationen zu lesen bekommen: nun sei die Psychoanalyse tot, endgültig überwunden und erledigt! Die Antwort hätte ähnlich lauten müßen wie das Telegramm Mark Twains an die Zeitung, welche fälschlich seinen Tod gemeldet hatte: *Nachricht von meinem Ableben stark übertrieben«* (Freud 1914 a, S. 74 f.). Ohne Leiche kein Begräbnis. Die moderne Psychoanalyse erfreut sich größter Lebendigkeit und ist weder unverifizierbar noch unfalsifizierbar, wie ein Blick in die am Ende der vorigen Fußnote erwähnte Literatur leicht lehren kann. Ich schließe mich deshalb Seiffge-Krenke (1997, S. 214) an, die der (akademischen) Entwick-

Die Bindungstheorie und die moderne Psychoanalyse sind also nicht ohne Blick für innere Faktoren, die das Erleben des Säuglings bestimmen, aber sie rücken andere Faktoren in den Vordergrund als die klassische Psychoanalyse.

4. Entsprechend haben sie ein anderes Bild davon, was die Dynamik einer Beziehung ausmacht. In der klassischen Psychoanalyse sind es durch körperliche Reifungsprozesse angestoßene Veränderungen, die einen Wechsel der vorherrschenden Modalität herbeiführen, in der sinnliches Vergnügen erstrebt und erfahren wird: oral, anal, phallisch-genital. Diese reifungsbedingten Veränderungen induzieren Veränderungen in den Objektbeziehungen, weil sie andere Impulse, andere Wünsche und andere Arten der Befriedigung nach sich ziehen. Das Kind will nicht mehr nur saugen, sondern auch beißen; es will nicht mehr nur den Kot loswerden, sondern ihn auch behalten; es will mehr Autonomie in bezug auf alle seine Körperfunktionen, z. B. selber mit seinem Genital spielen. Innere, körperbezogene Veränderungen verursachen solche in den Beziehungen.

lungspsychologie empfiehlt, sich von antiquierten Animositäten gegen die Psychoanalyse zu lösen und einen vorurteilsfreieren Dialog zu suchen, zumal wesentliche Konstrukte (z. B. attachment, coping, inner working model) und wesentliche Themen (z. B. Deprivations-, Life-Event- und Kindesmißhandlungsforschung) der Psychoanalyse wichtige Anstöße verdanken. Die so gern aufs Korn genommenen psychoanalytischen »Spekulationen« sind häufig durchaus in empirische Forschung transformierbar und haben diese häufig inspiriert. »Auch wenn sie nicht im traditionellen Sinne als Empiriker gelten, haben die großen Pioniere der Kinderpsychoanalyse wie John Bowlby, Anna Freud, Melanie Klein, Ernst und Marianne Kris, Erik Erikson und Donald Winnicott durch ihre detaillierten Beobachtungen von Kindern in natürlichen Umgebungen maßgeblich zur Entstehung der Entwicklungspsychopathologie beigetragen. Die Werke dieser Visionäre waren von größter Bedeutung für unser Verständnis normaler psychologischer Entwicklungsstufen. Bindungstheorien und Repräsentationsmodelle vom Selbst und vom Anderen, die Identität, der konstruktive Gebrauch der Imagination sowie die Rolle, die Abwehrmechanismen bei der Angstbewältigung spielen – all das ergab sich aus Beobachtungen der Analytiker und trug schließlich zu der Erforschung normaler und atypischer psychischer Entwicklung bei (...)« (Cicchetti 1999, S. 12 f.). Selbst wenn die Befunde der Psychoanalyse nicht ohne weiteres oder ohne Substanzverlust immer »empirisierbar« sind, bleibt wahr: »Es wäre jedoch eine zu enge Sicht der Welt, wenn wir nur noch das glauben sollten, was in psychologischen Untersuchungen bestätigt wurde« (Keller 1997 b, S. 258).

In der Bindungstheorie liegen die Ursachen für Veränderungen eher in der Außenwelt. Die Bindungsqualität des Kindes ändert sich, wenn die Mutter – z. B. wegen eines Wechsels ihrer Lebensumstände wie Tod des Mannes oder anderer wichtiger Ereignisse wie Scheidung – in der Interaktion weniger feinfühlig wird. Das Kind wird dann u. U. sein Bindungsverhalten ändern, seinen Kummer unterdrücken, und auch sein Bild von der Mutter und von sich selbst wird sich wandeln: Die Mutter wird als unverfügbarer und unzugänglicher repräsentiert, das Selbst als weniger liebenswert und die Beziehung als unbefriedigender. Kurz: Die Faktoren, die Dynamik und Veränderung von Beziehungen und ihrer Repräsentationen beeinflussen, werden in Psychoanalyse und Bindungstheorie anders akzentuiert.[37]

Diese Verschiebung des Akzents auf die Umwelt läßt sich auch in der modernen Psychoanalyse finden. Die Theorien von Fairbairn, Winnicott, Balint und Kohut, so verschieden sie im Detail auch sein mögen, konvergieren bezüglich der Frage nach den Ursachen von Neurosen (oder schwereren Erkrankungen) alle an dem Punkt, daß frühes Umweltversagen ein wesentlicher ätiologischer Faktor psychogener Erkrankungen ist, ähnlich wie die Bindungstheorie die Rolle mütterlicher Feinfühligkeit beim Zustandekommen sicherer bzw. unsicherer Bindungen hervorhebt.[38] Das Umweltversagen wird zwar vom Kind verarbeitet und die Art der Verarbeitung bestimmt die weitere *Gestalt* der Neurose, aber ihre »letzte« Ursache liegt in einem Umweltversagen: Das kohärente Selbst fragmentiert, wenn die Umwelt es nicht spiegelt (Kohut); ein falsches Selbst entwickelt sich als Abwehr gegen »Übergriffe« aus der Umwelt (Winnicott). Ärger wird unterdrückt, weil Bindungsbedürfnisse zurückgewiesen werden (Ainsworth). All das wäre vermeidbar oder würde zumindest keine neuroserelevanten Ausmaße erreichen, wenn die Umwelt »gut genug« wäre.

37 Crittenden (z. B. 1994, 1995) ist in der Bindungstheorie die Autorin, welche am stärksten innere (Reifungs-) Faktoren als Agens von Veränderung in Betracht zieht.

38 Zwar ist unsichere Bindung, wie erwähnt, keine Psychopathologie, aber sie ist ein Risikofaktor, der die Wahrscheinlichkeit einer späteren Erkrankung erhöht.

Ohne die komplexe Frage der Ursachen seelischer Erkrankungen unzulässig vereinfachen zu wollen, kann man doch sagen: Neurosen oder gar schwerere seelische Erkrankungen entstehen nicht durch Phantasien; sie werden allenfalls in ihrer sehr persönlichen Ausprägungsform durch Besonderheiten des Phantasielebens *beeinflußt,* nicht aber durch sie *hervorgerufen.* Wie Hoffmann (1986, S. 21) sehr schön sagt: »In den Nischen der realen Verletzung kann sich die Triebdynamik ansiedeln und weiterwuchern«; ohne solche Nischen ist der Wucherungsprozeß sicher begrenzt: »Über den Punkt, ob Phantasien oder Erfahrungen die Pathogenese bestimmen, sollte eigentlich keine Differenz bestehen. Das entscheidende klinische Problem liegt vielmehr in der Frage: Auf welche Weise beeinflussen die Erlebnisse von Überreizung und Entbehrung die motivierenden Phantasien eines Individuums?« (Shengold, zit. nach Hoffmann, ebd., S. 22). Das ist sicher richtig und auch Bowlby hätte dem wahrscheinlich zugestimmt,[39] aber die Realität seiner Tage waren Auffassungen von der Psychoanalyse wie sie im folgenden Statement von Riviere zum Ausdruck kommen: »Psychoanalyse ist Freuds Entdeckung dessen, was sich in der Phantasie abspielt..., sie hat mit nichts anderem zu tun, sie beschäftigt sich nicht mit der wirklichen Welt..., sie interessiert sich einzig und allein für die Phantasietätigkeit der kindlichen Seele.« Bowlbys Kommentar zu dieser sicher restringierten Definition von Psychoanalyse lautete, mit Bleistift an den Rand der Textstelle geschrieben: »Role of the environment = zero« (Holmes 1995, S. 23).

5. Die Unterschiede in der Einschätzung der Bedeutung der Phantasie haben vermutlich mit den unterschiedlichen Tätigkeitsfeldern zu tun, in denen sich klinische Autoren (wie Riviere) bzw. entwicklungspsychologische Autoren (wie Bowlby) bewegen. Kliniker können in ihrem Setting nur sehr begrenzt objektivierbare Entwicklungsbelastungen und ihren tatsächlichen Einfluß auf die weitere Entwicklung dingfest machen; sie dürfen sich von entwicklungspsychologischen For-

39 Das Erwachsenenbindungsinterview beispielsweise soll ja gerade Art und Grad der *Verarbeitung* kindlicher Erfahrungen erheben, nicht die Fakten.

schern sagen lassen, daß Belastungsfaktoren wie Verlust, Vernachlässigung, Mißhandlung, Trennung der Eltern, schwere Erkrankungen, häufiger Wohnortwechsel und andere Risikofaktoren (vor allem, wenn mehrere zusammenkommen) die Wahrscheinlichkeit einer späteren Erkrankung erheblich erhöhen. Umgekehrt können sich entwicklungspsychologische Forscher, die solche objektivierbaren Faktoren an Hand von großen Fallzahlen untersuchen, häufig nur ein unzureichendes Bild von der kindlichen Phantasietätigkeit machen. Dennoch: Die Befunde zu den Umweltursachen kindlicher Erkrankungen sind bestens abgesichert (s. Kapitel 3 und 4). Kliniker sollten sie zur Kenntnis nehmen, auch wenn sie sich in erster Linie mit den Phantasien des Kindes über diese Ereignisse befassen, d. h. damit, was das Kind aus Mißhandlung, Verlust, Vernachlässigung usw. *macht.*[40]

6. Trotz Bowlbys Betonung der Bedeutung der Umwelt und der »objektiven« beobachtbaren Ereignisse ist die Bindungstheorie nicht ohne Blick für die inneren Faktoren. Zum einen sind, wie erwähnt, Bindungsbedürfnisse des Kindes auch innere Faktoren. Zum anderen kann man, wie Eagle (1995) darlegt, die Kategorie des Temperaments als Analogie zum psychoanalytischen Triebkonzept betrachten. In der klassischen Psychoanalyse färben Triebe die Erfahrung, und ein Säugling mit einem starken Aggressionstrieb wird bestimmte Erfahrungen anders repräsentieren als einer mit einem schwachen. Interaktionserfahrungen, die einen »normalen« Säugling nur mäßig frustrieren, können in einem anders disponierten ein größeres Ausmaß an Ärger oder Traurigkeit mobilisieren – mit Folgen für seine Wahrnehmung und Repräsentierung der Umwelt.

   Statt von Trieben sprechen die Bindungstheorie und andere Richtungen der Entwicklungspsychologie vom Temperament (Überblick bei Zentner 1993). Grossmann (1995, S. 91) berichtet, daß es in seiner Regensburger Stichprobe zehn Kinder gab, die mit einem Jahr als unsicher gebunden klassifiziert wurden, *obwohl* das Interaktionsverhalten ihrer Mütter als feinfühlig

40 Zu dem hier nur angedeuteten Spannungsverhältnis zwischen klinisch-hermeneutischer und gesetzeswissenschaftlicher Empirie siehe Näheres in Kapitel 3.

eingeschätzt wurde und ihre Bindungsrepräsentationen als autonom. Hier haben also feinfühlige Mütter mit sicheren Bindungsrepräsentanzen unsichere Kinder erhalten. Eine genauere Untersuchung der Kinder ergab, daß sie als Neugeborene sehr irritierbar waren und im Brazelton-Test schlechte Orientierungsreaktionen zeigten. Faßt man Irritierbarkeit und schlechte Orientierungsreaktion unter dem Begriff des Temperaments zusammen, so kann man sagen, daß die temperamentsmäßig »schwierigen« Kinder offensichtlich die durchschnittlich feinfühligen Reaktionsweisen ihrer Mütter als nicht feinfühlig genug *erlebt* haben. »Innere« Merkmale – nennt man sie nun Variationen der Triebausstattung oder des Temperaments beeinflussen also die Art, wie die Interaktion repräsentiert wird. Ein objektiv meßbares Ereignis – feinfühlige Interaktion – wird, je nach innerer Disposition des Kindes, von manchen als feinfühlig genug, von anderen nicht so wahrgenommen. Die These Bowlbys (in: Bowlby et al. 1986, S. 43 f.), die innere Welt sei »eine einigermaßen genaue Widerspiegelung dessen, was eine Person in der äußeren Welt erlebt hat«, bedarf also gewisser Einschränkungen, weil offensichtlich schon Säuglinge und sehr kleine Kinder ein und dasselbe Ereignis unterschiedlich repräsentieren und diese Repräsentation den Gang der weiteren Interaktion und Entwicklung beeinflußt.[41]

7. Die *frühen* Repräsentationen sind jedoch nicht symbolisch. Sie sind keine Phantasien und stellen wirkliche, nicht mögliche Welten dar (s. Dornes 1997, Kap. 3 und 4). Was aber geschieht, wenn sie ab ca. ein- bis eineinhalb Jahren zu Phantasien »umgebaut« bzw. weiterentwickelt werden?

Bretherton (1995 b, S. 318) hat mit Recht darauf hingewiesen, daß der Inhalt kindlicher Phantasien oder Spielhandlungen nicht tatsächlichen Erfahrungen entsprechen muß. Wenn man

41 Van den Boom (1994) konnte allerdings nachweisen, daß die Zahl irritierbarer Neugeborener, die mit einem Jahr unsicher gebunden sind, erheblich sinkt, wenn sich die Feinfühligkeit der Mutter durch ein entsprechend ausgerichtetes Training erhöht. Ein irritierbarer Säugling bedarf also *überdurchschnittlich* sensitiver Eltern, um eine sichere Bindung zu entwickeln, aber dieses Ziel liegt durchaus im Bereich des Möglichen. Die Rolle innerer Faktoren – Triebe, Temperamente, Konstitution – ist also eine relative und kann durch günstige Umweltfaktoren kompensiert werden.

z. B. kleine Kinder im Spiel darstellen läßt, was sie tun könnten, wenn ein Monster unter ihrem Bett liegt, so holen die meisten Kinder die Vaterpuppe heraus und lassen sie das Monster erschießen, vertreiben oder ähnliches. Man kann davon ausgehen, daß die wenigsten Väter *in der Realität* Monster erschießen (und auch nicht im Spiel), so daß der Inhalt der Phantasien oder der spielerischen Inszenierung keine tatsächlich beobachtete Realität wiedergibt. Auch sicher gebundene Kinder zeigen solche »unrealistischen« Spielhandlungen, die einfach ein Aspekt der Kreativität des kindlichen Spielens und Phantasierens sind.

Slade/Aber (1992, S. 180; ähnlich Silverman/Gruenthal 1993, S. 47) schildern in einer instruktiven Vignette ein (sicher gebundenes) Kind, das kurz vor der Geburt des Bruders eine Puppe im Wagen durch die Wohnung fährt, sie immer wieder herausfallen läßt und dazu sagt: »Baby fällt auf den Boden und schlägt sich den Kopf auf.« Die darin zum Ausdruck kommende Eifersucht auf den Neuankömmling und der im Spiel dargestellte aggressive Impuls ist oft »innerlich« erzeugt. Er ist eine »Realitätsverzerrung«, die etwas mit den kindlichen Wünschen zu tun hat, der einzige Hahn im Korb zu sein. Zwar können solche Rivalitäts- und Eifersuchtsgefühle und die damit einhergehenden aggressiven Impulse *intensiviert* werden, wenn die Eltern das Neugeborene tatsächlich vorziehen, aber selbst wenn sie das nicht tun, können sie das erste Kind nicht mehr so behandeln wie vorher, einfach weil jetzt ein zweites da ist. Und wenn sie, was zu wünschen ist, mit dem zweiten »feinfühlig« umgehen, mag sich das erste Kind »vernachlässigt« fühlen, auch wenn das »objektiv« gar nicht der Fall ist, sondern die Eltern sich nach wie vor liebevoll um es kümmern. Die »irrationalen« Gefühle von Eifersucht, Rivalität und Vernachlässigung sind also einerseits von Veränderungen der äußeren Realität »angestoßen«, andererseits sind sie innerlich erzeugt und stellen eine sehr persönliche Realitätsverarbeitung des Erstgeborenen dar. Diese ist zwar auch, aber nicht ausschließlich davon abhängig, wie die Eltern mit ihm und der neuen Situation umgehen.

Die Bindungstheorie würde in solchen Fällen untersuchen, wie sich die Ankunft eines neuen Geschwisters auf die Bindungsbeziehung des Erstgeborenen auswirkt und eher globale, aber dennoch aussagekräftige Maße zur Einschätzung ihrer Veränderung (oder Konstanz) verwenden. Sie könnte z. B. feststellen, ob sich bei einer bestimmten Anzahl von Kindern die Bindungsqualität verändert oder nicht und ob die Veränderung andauert. Teti et al. (1996) haben z. B. gefunden, daß sich die Bindungsbeziehung von Erstgeborenen unter dem Einfluß eines Neuankömmlings tendenziell verschlechtert. Das Ausmaß der Verschlechterung hängt sowohl von Faktoren »im Kind« als auch von solchen in der Familie ab. Die zwei wesentlichen Einflußgrößen sind a) das Alter des Kindes und b) die psychische Verfassung der Mutter. Kinder unter zwei Jahren verkraften die Ankunft eines neuen Geschwisters zumindest kurzfristig (untersucht wurde der Zeitraum bis drei Monate nach der Geburt) besser als Kinder zwischen zwei und fünf. Verschlechterungen in der Bindungsbeziehung traten auch auf, wenn die Mutter mit der neuen Schwangerschaft nicht gut fertig wurde und/oder die Beziehung zum Erstgeborenen schon vorher beeinträchtigt war. Manche Autoren haben gefunden, daß auch das Geschlecht des Erstgeborenen einen Einfluß auf die Reaktionen hat. Mädchen scheinen sich als Antwort auf eine weitere Geburt eher enger an die Mutter anzuschließen, Buben tendieren zum Rückzug (Teti et al. 1996, S. 580, mit weiterer Literatur). Diese Befunde sind interessant, sagen aber relativ wenig über die individuelle Erlebnisverarbeitung der Kinder aus.

Die Psychoanalyse würde eher auf die idiosynkratischen Formen der Realitätsverarbeitung beim *einzelnen* Kind fokussieren, die empirischen Studien mit großen Fallzahlen weniger zugänglich sind. Sie würde z. B. untersuchen, wie das Kind seinen Rückzug im symbolischen Spiel darstellt, welche Geschichten es dazu erzählt, welche Träume es hat und welche Zeichnungen es malt. Aus diesen Quellen würde sie Aussagen über den Nachhall der Geburt im Seelenleben des Erstgeborenen extrahieren. Dadurch kommen andere, individuellere Daten in den Blick, als wenn man »nur« erhebt, ob sich die Bindungsqualität verschlechtert hat oder nicht. Insofern kann man erneut feststellen, daß die unterschiedlichen Akzente, die Psychoanalyse und Bindungstheorie setzen, insbesondere in der Frage, was die Dynamik von Entwicklungsprozessen antreibt – von innen kommende, spontan erzeugte Impulse oder von außen kommende Veränderungen –, auch daher rühren, daß beide Forschungsrichtungen Kinder und Erwachsene in unterschiedlichen Situationen und mit unterschiedlichen Methoden untersuchen.

8. Klinische Studien neigen allerdings nach meinem Eindruck gelegentlich zu einer Überbetonung der Rolle der Phantasie und zu einer Unterschätzung des Einflusses der Realität auf die Phantasie. Schatzman (1973) hat in seinem beeindruckenden Buch über den Fall Schreber gezeigt, wie selbst die bizarrsten und psychotischsten Phantasien oft erstaunlich genaue Widerspiegelungen einer kindlichen Realität sind, als solche aber nicht erkannt werden können, weil diese Realität nicht bekannt und in klinischen Studien häufig auch nicht zugänglich ist. Bowlby (1988, S. 109) beschreibt den Fall eines sechsjährigen Mädchens, das eine panische, irrationale Furcht vor »Daleks« entwickelt hat. »Daleks« war ihre Bezeichnung für Dinge, die Stühlen oder Möbeln ähnlich sahen. Das Kind befand sich in beständiger Furcht, daß »Daleks« durch die Luft fliegen und sie verletzen könnten. Sie duckte sich vor diesen imaginären Wesen und verkroch sich hinter der Couch, so daß ihre Therapeutin zu dem Schluß kam, sie halluziniere. Das war sicher richtig, aber als realer Kern dieser Halluzination stellte sich heraus, daß der Vater des Kindes ein extrem gewalttätiger Mann war, der oft Möbel zerbrach und mit Teilen davon durch das Zimmer warf. Die Verfremdung der Möbelteile in »Daleks« ist eine Abwehrleistung des Kindes, mit der es den Vater und sich selbst schützt, indem es eine unerträgliche Realität in eine Phantasie verwandelt. Sie zeigt aber zugleich, in welchem Ausmaß diese anscheinend so irrationale Befürchtung einer bitteren Realität entspricht.

Die moderne, interaktionell ausgerichtete Psychoanalyse ist stärker bereit, den Einfluß der Realität anzuerkennen als die klassische, bei der, mit Freuds (partieller) Aufgabe der Verführungstheorie, das Realtrauma als ätiologischer Faktor der Neurosenentstehung etwas in den Hintergrund trat. In den letzten fünfzehn Jahren hat hier ein Umdenken stattgefunden, und das Realtrauma ist zunehmend rehabilitiert worden.

Bezüglich der Phantasiefrage könnte eine integrative Position so lauten: »... Phantasien können auf einem Kontinuum angesiedelt werden; an einem Ende stehen die überwiegend selbst erzeugten Phantasien, am anderen diejenigen, die überwiegend aus Interaktionen mit wichtigen Personen in der Umwelt stammen...« (Silverman 1992, S. 197).

9. Eagle (1995) und Silverman (ebd.) haben in der Phantasiefrage eine weitere interessante Hypothese entwickelt. Sie lautet, daß sich die Bindungstheorie deshalb weniger für die Rolle der Phantasie interessiert, weil ihr Gegenstand, das Bindungssystem, weniger plastisch ist als z.B. die Sexualität und entsprechend weniger Spielraum zur Ausgestaltung der diesbezüglichen Bedürfnisse in der Phantasie besteht als bei der Sexualität. Freud und nach ihm viele Autoren haben gezeigt, daß das Objekt das variabelste am (Sexual-) Trieb ist. Nahezu alles kann an die Stelle des »eigentlichen« Sexualobjektes treten bzw. zum Sexualobjekt werden. Eine solche Plastizität gibt es beim Bindungssystem nicht. Hier ist die Verlötung von Trieb (Bedürfnis) und Objekt enger, die Substituierbarkeit des Objektes geringer und entsprechend sind der Phantasie engere Grenzen gesetzt: Während alle möglichen Objekte als Sexualobjekte phantasiert und/oder benutzt werden können, ist die »Auswahl« bei Objekten von Bindungswünschen begrenzter. Möglicherweise gibt es »verschiedene Abstufungen zwischen überwiegend innerlich erzeugten Phantasien und solchen, die eher von äußeren, interaktiven Einflüssen bestimmt sind. Sinnlich-sexuelle Bestrebungen können stärker von innerpersönlichen Weisen der Organisierung von Erfahrung abhängen als Phantasien, die aus dem Bindungssystem stammen« (Silverman 1992, S. 197). Darin liegt ein weiterer Grund für die stärker realistische Orientierung der Bindungstheorie.

10. Zum Schluß möchte ich auf eine letzte, bereits angedeutete Gemeinsamkeit zwischen moderner Psychoanalyse und Bindungstheorie näher eingehen, die ebenfalls einen Unterschied zur klassischen Psychoanalyse markiert: Die Relativierung der Bedeutung der Sexualität und die Hervorhebung der Wichtigkeit nichtsexueller Bedürfnisse für den Entwicklungsverlauf.

Sexualität taucht in den psychoanalytischen Objektbeziehungs- und Narzißmustheorien häufig unter dem Terminus Sexualisierung auf, d. h. als etwas, das eine Abwehrfunktion hat, wenn Objektbeziehungs- oder Selbstbedürfnisse nicht angemessen befriedigt werden. Die Fragmentierung des Selbst (Kohut), die eintritt, wenn es nicht gespiegelt wird, kann durch

Mobilisierung sexueller (oder aggressiver) Erregung vermieden werden, aber die so auf den Plan gerufene Sexualität ist Abwehrsexualität und hat keine genuine entwicklungsfördernde Kraft oder Bedeutung. Die Bindungstheorie beschäftigt sich – wenn überhaupt – mit dem Thema der Sexualität in einer ähnlichen Perspektive.[42] Sroufe/Ward (1980) haben »verführerisches« mütterliches Verhalten gegenüber ihren zweijährigen Kindern untersucht. In 15 von 16 Fällen waren Buben davon betroffen. Die sexualisierenden Mütter hatten Schwierigkeiten mit Grenzsetzungen in Alltagssituationen und neigten zu physischen Bestrafungen. Allgemein waren sie eher wenig bzw. inkonsistent unterstützend. Vermutlich wären sie im Erwachsenenbindungsinterview als ambivalent/verstrickt eingeschätzt worden. In anderen Worten: Sexualität wird hier in einer ihrer eher problematischen Äußerungsformen untersucht und mit unsicherer Bindung in Zusammenhang gebracht. Ähnlich bei Hazan/Shaver (1987; ref. nach Eagle 1995), die Erwachsene in Interviews nach ihrer Sexualität befragten und fanden, daß ambivalent gebundene Erwachsene über stärkere sexuelle Erregung und schnellere Objektbindung (Heirat) berichten als sicher gebundene. Eine mögliche Interpretation dieser Befunde ist (s. Eagle 1995), daß die ambivalenten Erwachsenen ihre chronischen Zweifel bezüglich der dauerhaften Verfügbarkeit des Objekts durch sexuelle Erregung und (vor)schnelle Bindung zu überdecken versuchen. Solche Befunde sind interessant und verdienen weitere Untersuchung. Sie machen aber auch deutlich, daß Sexualität bisher in der Bindungstheorie – ebenso wie häufig in der modernen Psychoanalyse – mehr unter dem Aspekt ihrer Abwehrfunktion betrachtet wird denn als genuines, eigenständiges Bedürfnis.

11. Die zuweilen beklagte Entsexualisierung der modernen Psychoanalyse hat verschiedene Gründe. Zum einen ist sie eine Reaktion auf deren Überschätzung in der klassischen Psychoanalyse.[43] Zum andern ist sie ein Ausdruck dafür, daß sich im

42 Es gibt Ausnahmen, z. B. Lieberman (1996).

43 Die Behauptung einer Überschätzung mag auf manchen Leser etwas apodiktisch wirken. In Tat und Wahrheit jedoch ist die Geschichte der Psychoanalyse seit Freud gekennzeichnet durch die progressive Abnahme der Be-

Zeitalter der Pluralisierung der Lebensformen auch die Bedeutung der Sexualität verändert hat. Die heute möglich gewordene zwanglosere Befriedigung sexueller Bedürfnisse hat sie eines Teils ihrer durch Unterdrückung erst entstandenen Triebhaftigkeit entkleidet und erlaubt einen spielerischeren Umgang mit ihr. Was immer die Kehrseite einer solchen Entwicklung ist, sie ist eine unbezweifelbare Realität. Die Entsexualisierung der Psychoanalyse, die gelegentlich als eine Art Verschwörung von Verharmlosern dargestellt wird, die von den schmutzigen und niederen Seiten der menschlichen Existenz nichts mehr wissen wollen und so zentrale Einsichten Freuds »verraten«, ist kein Verrat und keine Verschwörung, sondern zeichnet eine Entwicklung nach, die sich in der Gesellschaft vollzieht. Sigusch (1996, S. 126) kommentiert: »Nur noch Kinder und Perverse scheinen das sexuell Triebhafte nach wie vor mit jener Mächtigkeit auszustatten, die den Mystikern des Heiligen Eros einst vorschwebte.« Er hätte die Kinder weglassen sollen.

Dennoch sollte man »die Kinder« und ihre Sexualität nicht mit dem Bade ausschütten. Es ist eine Tatsache, daß der Säugling in der Interaktion mit der Mutter, oder wenn er alleine am Daumen lutscht, *auch* Empfindungen hat, die um Körperzonen zentriert sind und ihm sinnliches Vergnügen verschaffen, das mit ein bis eineinhalb Jahren eine sexuelle Färbung anzunehmen beginnt. Es darf bezweifelt werden, daß dieser Aspekt der Erfahrungen des Säuglings so wichtig ist, wie die klassische Psychoanalyse dachte, aber er ist auch nicht so unwichtig, wie seine Vernachlässigung im Rahmen der Bindungstheorie glauben machen könnte. Eine wachsende Zahl von Autoren plädiert deshalb mittlerweile für pluralistische Motivationstheorien (ausführlich Emde 1988 a; Lichtenberg 1988, 1989; Gedo 1996), in denen nicht ein oder zwei Bedürfnissen (seien es nun Sexualität und Aggression oder Bindung und Neugier) ein Primat eingeräumt wird. Postuliert wird vielmehr eine (begrenzte)

tonung der Sexualität. Green (1995) hat das überzeugend nachgezeichnet. Er hat es auch kritisiert. Ob zu Recht oder Unrecht will ich hier offenlassen. In Frankreich findet seit einiger Zeit eine intensive und produktive Diskussion über die Bedeutung des Konzepts der infantilen Sexualität statt. Die Darstellung dieser Debatte würde den Rahmen des vorliegenden Kapitels sprengen. Eine klare orientierende Einführung gibt Widlöcher (2000).

Vielfalt von fünf bis sieben basalen Motivationssystemen, deren Ineinanderwirken aufgeklärt werden soll. Lichtenberg z. B. geht von fünf Grundbedürfnissen und Empfindungen des Säuglings aus, die reguliert werden müssen: 1. Physiologische Spannungen, 2. sinnlich-sexuelle Empfindungen, 3. die Bereitschaft, auf unangenehme Reize mit Aversion-Aggression zu reagieren, 4. spontane Selbstbehauptung und Neugier sowie 5. Bindungsbedürfnisse.[44]

Es ist eine offene Frage, ob diese Motivationssysteme gleichrangig sind oder hierarchisch angeordnet.[45] Stehen alle »auf derselben Ebene« und treten, je nach Situation, mal in den Vordergrund, mal in den Hintergrund; oder ist z. B. das Bedürfnis nach Bindung dem nach sinnlichem Vergnügen oder Exploration übergeordnet (wie die Bindungstheoretiker anzunehmen scheinen, z. B. Grossmann 1995, S. 92)?

Harlows (1958) Experimente haben gezeigt, daß Primaten, die mit Surrogatmüttern aus Draht aufgezogen wurden und deshalb ihre Bindungsbedürfnisse nicht befriedigen konnten, später schwere Dysfunktionen im Sozial- und Sexualverhalten zeigten. Ohne normale Bindung keine (normale) Sexualität. Ähnlich argumentieren einige psychoanalytische Objektbeziehungstheoretiker: Ohne normale Objektbeziehung keine normale Sexualität, sondern nur Sexualisierung. Der Ödipuskomplex, also das sexuelle Begehren nach dem gegengeschlechtlichen Elternteil, ist in dieser Sichtweise kein primäres Datum, sondern eine pathologische Entgleisung, in der sexuelle Bedürfnisse auftreten, weil Bindungsbedürfnisse nicht ausreichend befriedigt wurden und/oder die Eltern auf solche Be-

44 Ich würde als sechstes das Bedürfnis nach intersubjektiver Anerkennung ins Auge fassen (s. ausführlich dazu Dornes [1997, Kap. 4]). Gedo (1996) fügt das Bedürfnis nach Aufrechterhaltung der Selbst-Integrität hinzu, das nach seiner Ansicht basal wird, wenn ab ca. eineinhalb Jahren ein stabiles Selbstschema existiert. Der Wiederholungszwang wäre ab diesem Alter ein Versuch, den vertrauten, wenn auch leidvollen Selbstzustand aufrechtzuerhalten (s. dazu auch Emde 1988 b).

45 Und es ist weiter erwägenswert, ob nicht das Konzept der infantilen Sexualität von dem der erogenen Zone als ihrer wesentlichen und ursprünglichen Quelle entkoppelt werden sollte, wie Laplanche (1988; 1992, Kap. 1) vorgeschlagen hat.

dürfnisse mit unangemessener Erotisierung reagierten. Sexualität und Erregung füllen dann eine Lücke oder kompensieren einen Mangel. Ohne die Lücke würden sich die sexuellen Bedürfnisse gerade *nicht* auf die Eltern richten, und vermutlich wäre auch ihr Charakter ein anderer: weniger drängend, besser in eine Beziehung eingebettet, mehr eine glimmende Glut als ein loderndes Feuer.

Das mag so sein oder auch nicht, auf alle Fälle füllt Sexualität nicht immer und nicht nur eine Lücke. Egal ob sie, wie Freud dachte, ursprünglich auf die Eltern gerichtet ist und dann auf andere Objekte umgelenkt werden muß, oder ob sie, wie Bischof (1985) und andere (s. Holmes 1995, S. 36 f.) meinen, natürlicherweise gerade nicht die Eltern zu Objekten nimmt[46] – sie ist eine Grundantriebskraft und ein wesentlicher Bestandteil der menschlichen Entwicklung. Wie diesem Sachverhalt im Rahmen der Bindungstheorie Rechnung getragen werden kann, ist derzeit noch eine weitgehend offene Frage.

46 Dies wäre schon Indiz für eine fehlgeschlagene Entwicklung.

Kapitel 3 Die Entstehung seelischer Erkrankungen: Risiko- und Schutzfaktoren

Einleitung

Die Psychoanalyse kam zu ihren Aussagen über die Bedeutung der Kindheit vorwiegend durch die Untersuchung von erwachsenen Patienten oder älteren Kindern. Deren Berichte über ihre Kindheit, ihre Träume, ihre freien Assoziationen und ihre Übertragungen dienten als Beleg und Informationsquelle für die Behauptung des ödipalen oder präödipalen Neurosenursprungs. Beobachtungen an Kindern außerhalb der therapeutischen Situation waren eher selten und nahmen in der Theoriekonstruktion und Theorieevolution lange Zeit eine recht randständige Position ein. In der Terminologie der modernen Wissenschaften nennt man die von der Psychoanalyse favorisierte Vorgehensweise retrospektiv. Ein zentrales Problem retrospektiver Untersuchungen ist ihre Irrtumsanfälligkeit. Weil zwischen Vergangenheit und Gegenwart viel Zeit vergangen ist und weil das menschliche Gedächtnis nicht funktioniert wie ein Videorecorder, sondern in ihm die Ereignisse der Vergangenheit immer neu be- und überarbeitet werden, ist die erinnerte Vergangenheit eine andere als die tatsächliche. In der Erinnerung beschreibt der Patient, wie er heute *glaubt*, seine Kindheit erlebt zu haben, ohne daß damit zugleich impliziert wäre, daß sie auch wirklich so gewesen ist.

Freuds Aufgabe der Verführungstheorie (die besagte, daß es reale Traumatisierungen sind, die der Patient erinnert und an deren Folgen er leidet) wird im allgemeinen als die Geburtsstunde der Psychoanalyse betrachtet. Freud ging nach 1895 davon aus, daß nicht in erster Linie reale Über- oder Eingriffe im Kindesalter zu späteren Neurosen führen, sondern daß von aggressiven und/oder libidinösen Trieben herstammende Phantasien des Kindes, die verdrängt werden mußten, das entscheidende pathogene Moment ausmachen. Diese – stark vereinfachte – Gegenüberstellung von Realität und Phantasie bei der Neurosenentstehung und ihre jeweilige Bedeutung erhitzt bis heute die Gemüter.[1]

Eine weithin akzeptierte Kompromißposition besagt, daß sowohl die Realität als auch die Phantasie bei der Neurosenentstehung, ja, bei jeder Form der Realitätsverarbeitung zusammenwirken. Um ein plastisches, aber einfaches Beispiel zu wählen: Steckt man Kinder oder Erwachsene in eine Mülltonne und schlägt mit dem Knüppel darauf, so werden alle dieser Prozedur Ausgesetzten Angst entwickeln; aber welche Formen und Intensitäten der Angst und welche Arten des Umgangs damit entwickelt werden, hängt *auch* davon ab, was das betroffene Individuum dabei denkt und welche Vorerfahrungen es gemacht hat. Jeder »Reiz« wird vom Organismus im Lichte seiner bisherigen Erfahrungen interpretiert, und durch unterschiedliche Formen der »Bewertung« entstehen unterschiedliche Folgen. Es ist schwer zu entscheiden, wie groß die subjektive Interpretationsfreiheit ist und wie weit sie durch das auslösende Ereignis eingeschränkt wird.

Wie dem auch sei, die Betonung der subjektiven Wirklichkeit führte in der Geschichte der Psychoanalyse zu einer tendenziellen Vernachlässigung des Realtraumas, die erst in den letzten 15 Jahren korrigiert wurde. Sie führte auch zu einer Vernachlässigung der Untersuchung der wirklichen Geschichte und zur Betonung des Unterschieds zwischen realer und rekonstruierter Geschichte (s. dazu Herzog 1986; Loch 1976, S. 886). Die reale (Entwicklungs-) Geschichte des Individuums ist das, was wir als objektive Begleiter der Entwicklung gewissermaßen sehen und beobachten können: Trennungen, Verlust, Tod, Mißhandlungen; die rekonstruierte (genetische) Geschichte ist diejenige, die der erwachsene Patient unter dem Einfluß seiner kognitiven Reifung, seiner abwehrbedingten Erinnerungstäuschungen und Wünsche *erzählt*. Beide können auseinanderfallen. Eine schlechte Kindheit kann unter dem Druck von Idea-

1 In Tat und Wahrheit hat Freud die Verführungstheorie nie vollständig aufgegeben, sondern bis ans Ende seines Lebens durchaus in Betracht gezogen, daß sexuelle Übergriffe auf Kinder nur zu oft keine Phantasie, sondern Realität sind (s. dazu Grubrich-Simitis 1987; Lear 1995, S. 603).

lisierungsbedürfnissen »umerzählt« werden, aber die klinische Erfahrung lehrt, daß man den Idealisierungen ihren Abwehrcharakter anmerkt und so zwischen objektiv wahren und »nur« subjektiv wahren Geschichten zumindest ansatzweise unterscheiden kann.

Mit dem Entstehen der Ichpsychologie ab Mitte der 20er Jahre und insbesondere seit Hartmanns Monographie aus dem Jahre 1939 wurde deutlich, daß sich die Psychoanalyse, wenn sie nicht nur eine klinische, sondern eine allgemeine Psychologie sein will, nicht darauf beschränken kann, Befunde zu theoretisieren, die aus dem Behandlungssetting stammen, sondern andere Datenquellen ebenfalls anzapfen muß. Entwicklungspsychologisch gewendet bedeutet das, daß sie bei Aussagen über die Kindheit – sofern sie damit einen entwicklungspsychologischen Wahrheitsanspruch erheben will und nicht nur den klinischer Nützlichkeit ihrer Rekonstruktionen – auch auf Informationen aus anderen Settings zurückgreifen muß. Ihre Theorien über die Kindheit sollten nicht nur auf den Berichten von erwachsenen Patienten, sondern auch auf den Beobachtungen von Kindern in nichttherapeutischen Situationen beruhen. Ob die so gewonnenen Daten dann noch »psychoanalytisch« sind, hängt davon ab, was man als Psychoanalyse definiert. Auf alle Fälle sind sie für die Psychoanalyse von Interesse.

Ergebnisse der Deprivationsforschung

Die ersten systematischen Rückgriffe auf außertherapeutische Informationsquellen erfolgten in den 40er und 50er Jahren im Rahmen der sogenannten Deprivationsforschung, die maßgeblich von zwei Psychoanalytikern – René Spitz (1945; 1946a, b) und John Bowlby (1944, 1951) – angestoßen wurde. Spitz und Bowlby gingen der Frage nach, ob und in welchem Umfang sich schwere Entbehrungen, z.B. dauerhafter Verlust der Hauptbezugsperson, auf die weitere Entwicklung des Kindes auswirken und ob und unter welchen Bedingungen die Auswirkungen reversibel sind.

Die ursprünglichen Ergebnisse – daß die Auswirkungen dramatisch und nach einiger Zeit kaum mehr reversibel sind – ließen sich bei genauerer Betrachtung in dieser Form nicht halten. In extremer Verkürzung kann man die Ergebnisse von 40 Jahren Deprivationsforschung so zusammenfassen (s. Rutter 1972, 1979, 1991 a): Die Folgen vorübergehender oder dauerhafter Trennung des Kindes von seiner Bezugsperson hängen in hohem Maße von der Qualität des Ersatzmilieus ab, in welches das Kind nach der Trennung gerät. Kinder, die eine Hauptbezugsperson verlieren, können sich dennoch – unter bestimmten Umständen – im kognitiven und sozial-emotionalen Bereich *einigermaßen* normal, d. h. altersangemessen entwickeln, wenn die Qualität der Ersatzpflege gut ist. Das war bei den von Spitz und Bowlby untersuchten Kindern nicht der Fall. Sie kamen nach dem Mutterverlust meist in Heime, die wenig kognitive Anregung boten und durch häufigen Personalwechsel, Schichtdienst und eine zu geringe Zahl von noch dazu schlecht ausgebildeten Betreuungspersonen keine adäquate personale Umwelt für die Kinder boten. Ihre schweren Entwicklungsschäden waren also weniger eine Folge des Verlusts als solchem als vielmehr der nachfolgenden (extrem) ungünstigen Lebensbedingungen. Das bedeutet nicht, daß der Verlust eines oder beider Elternteile ohne Auswirkungen auf das Kind bleibt; *kurzfristig* leiden Kinder immer unter solchen Ereignissen. Die langfristigen Folgen sind allerdings strittiger. Hier stehen sich im wesentlichen zwei Auffassungen gegenüber. Die erste behauptet, wie skizziert, daß die langfristigen Folgen unter günstigen Umweltbedingungen weitgehend oder vollständig reversibel sind. Die zweite besagt, daß der Anschein von Reversibilität das Ergebnis einer schlechten Diagnostik ist. Bei genaueren Untersuchungen ließe sich feststellen, daß immer, wenn auch keine offenen Wunden, so doch erhebliche Narben zurückbleiben.[2]

Diese Kontroverse löste sich bald von ihrem ursprünglichen Gegenstand. Nicht mehr nur die Folgen des Verlusts einer wesentlichen Bezugsperson wurden untersucht, sondern auch das, was man Vernachlässigung und Deprivation *innerhalb* der Familie nennen könnte. Hier sind zwar Vater und /oder Mutter anwesend, aber die Familienatmosphäre ist durch einen oder mehrere sogenannte Risikofaktoren wie z. B. chronischer Ehestreit, elterliche Psychopathologie, Armut, schlechte Wohnverhältnisse etc. erheblich belastet. Die Frage war erneut, ob und eventuell wie und warum Kinder sich unter solchen Umständen zu einigermaßen gesunden

2 Im folgenden werde ich zeigen, daß beide Positionen etwas für sich haben.

Erwachsenen entwickeln können, oder ob sie nicht lebenslange Schäden/Probleme davontragen.

Paradoxerweise sind beide Auffassungen begründbar. Es läßt sich nämlich sowohl zeigen, daß eine bestimmte Anzahl von Kindern, die unter insgesamt sehr belastenden Umständen aufwachsen, dennoch als Erwachsene *relativ* gesund sind. (Die Zahl dieser Kinder schwankt in den verschiedenen Untersuchungen zwischen 10 und 30%.) Es läßt sich aber auch demonstrieren: 1. Die Mehrzahl der Kinder, die unter solchen Bedingungen aufwächst, entwickelt sich schlechter als diejenigen aus günstigen Bedingungen. 2. Auch die als widerstandsfähig (resilient) eingeschätzten Kinder behalten Narben zurück und werden nicht einfach glückliche und beschwerdefreie Erwachsene.[3]

Ergebnisse der Protektionsforschung

Ein wichtiges Thema der sogenannten Protektionsforschung (Überblick bei Rutter 1990; Petzold et al. 1993; Reister/Tress 1993; Fonagy et al. 1994; Masten/Coatsworth 1995; Reister 1995; Petermann et al. 1998, Kap. 11; für die Adoleszenz: Lösel et al. 1992) ist es, die Bedingungen zu spezifizieren, unter denen eine (einigermaßen) gelungene Entwicklung auch in Anbetracht recht ungünstiger Kindheitslebensumstände möglich ist. Historisch betrachtet

3 Zusammenfassend eine Liste der Risikofaktoren für die Entstehung psychischer und psychosomatischer Krankheiten, wie sie die Deprivationsforschung erstellt hat: a) niedriger sozioökonomischer Status; b) mütterliche Berufstätigkeit im ersten Lebensjahr; c) schlechte Schulbildung der Eltern; d) große Familie und sehr wenig Wohnraum; e) Kontakte mit Einrichtungen der »sozialen Kontrolle«; f) Kriminalität oder Dissozialität eines Elternteils; g) chronische Disharmonie/Beziehungspathologie in der Familie; h) psychische Störungen der Mutter oder des Vaters; i) schwere körperliche Erkrankungen der Mutter oder des Vaters; j) Unerwünschtheit; k) alleinerziehende Mutter; l) autoritäres väterliches Verhalten; m) Verlust der Mutter; n) häufig wechselnde frühe Beziehungen; o) schlechte Kontakte zu Gleichaltrigen; p) Altersabstand zum nächsten Geschwister < 18 Monate; q) uneheliche Geburt; r) sexueller und/oder aggressiver Mißbrauch; s) hoher Gesamtrisikoscore; t) genetische Disposition (nach Hoffmann/Egle 1996 und Egle et al. 1997).

(ausführlich Göppel 1997) ist die Protektionsforschung ein Kind und Erbe der Deprivationsforschung. Die Deprivationsforschung fragte nach den negativen Kurz- und Langzeitfolgen ungünstiger Kindheitslebensumstände. Die Protektionsforschung dreht diese Fragestellung um. Sie fragt und sucht nicht in erster Linie nach Fehlanpassung, sondern nach Beispielen gelungener Anpassung bei Vorliegen mehrerer Risikofaktoren. Ihre Hauptfrage lautet: Wie kommt es, daß Kinder, die ähnlich belastenden Lebensumständen ausgesetzt sind, sich dennoch höchst unterschiedlich entwickeln können, auch und gerade was den Grad ihrer seelischen Gesundheit angeht?

Dafür werden protektive Faktoren verantwortlich gemacht. Protektive Faktoren müssen positiv bestimmt werden. Es genügt nicht, sie als Abwesenheit von Risikofaktoren zu definieren. Betrachtet man eine schwere Geburt, also perinatale Komplikationen, als Risikofaktor, so ist die Abwesenheit von schwerer Geburt kein Schutzfaktor. Betrachtet man Trennungen im frühen Kindesalter als Risikofaktor, so ist das Fehlen von Trennungen kein Schutzfaktor. Protektive Faktoren bestehen nicht einfach aus der Abwesenheit von Risikofaktoren, sondern aus solchen Merkmalen, die *bei Anwesenheit* von Risikofaktoren deren Einfluß abschwächen.

In der Regel wird bei der Identifizierung von protektiven Faktoren so verfahren, daß Hochrisikogruppen untersucht werden, also Gruppen, in denen Risikofaktoren gehäuft auftreten. Danach werden diejenigen Individuen »aussortiert«, die sich trotz Vorhandenseins mehrerer Risiken wider Erwarten gut entwickeln, und dann wird untersucht, was sie gemeinsam haben und was sie von denen unterscheidet, die sich bei Vorliegen einer vergleichbaren Risikobelastung weniger gut entwickeln. Als Ergebnis solcher Untersuchungen ließen sich folgende Faktoren als protektiv dingfest machen:

- Dauerhafte, gute Beziehung zu mindestens einer primären Bezugsperson
- Großfamilie/kompensatorische Elternbeziehungen/Entlastung der Mutter
- Insgesamt attraktives Mutterbild
- Gutes Ersatzmilieu nach frühem Mutterverlust
- Mindestens durchschnittliche Intelligenz
- Robustes, aktives und kontaktfreudiges Temperament
- Soziale Förderung (z. B. Jugendgruppen, Schule, Kirche)

- Verläßlich unterstützende Bezugsperson/en im Erwachsenenalter
- Lebenszeitlich späteres Eingehen »schwer auflösbarer Bindungen«
- Geringere Risikogesamtbelastung
- Geschlecht
- internale Kontrollüberzeugung
- hoher sozioökonomischer Status

Alle nach: Hoffmann/Egle (1996) und Egle et al. (1997)

Diese Faktoren kann man in drei Gruppen bündeln: 1. Eigenarten des Kindes, die zum Teil angeboren sind, 2. außerfamiliäre Besonderheiten und 3. Besonderheiten des Familien- und Beziehungsmilieus. Ich will nun ein paar kurze Bemerkungen zu einigen dieser Faktoren machen, um wenigstens eine intuitive Evidenz davon zu schaffen, was an ihnen schützend sein könnte.

Eigenarten des Kindes

Verschiedene *Temperamentseigenschaften* lassen sich häufig schon zum Zeitpunkt der Geburt feststellen. Üblicherweise werden drei Temperamentskategorien bei Neugeborenen unterschieden: irritierbare, schwer aufzuwärmende und »einfache« Temperamente. Über ein einfaches Temperament verfügen Neugeborene, die gut ansprechbar sind, leicht zu beruhigen und insgesamt relativ unkompliziert zu handhaben. Es ist unmittelbar evident, daß solche Persönlichkeitseigenschaften einen Entwicklungsvorteil darstellen, weil der Umgang mit solchen Neugeborenen sowohl einfacher als auch angenehmer und lustvoller ist als z. B. der mit leicht irritierbaren Kindern oder solchen, die eher zurückgezogen sind und sehr große Mengen an Stimulierung benötigen, um aus ihrer Reserve zu kommen. Durch ein einfaches Temperament entstehen positive Rückkoppelungen und Interaktionsspiralen, die sich im Laufe der Entwicklung stabilisieren.

Auch hohe *Intelligenz* gilt als Schutzfaktor. Ohne in die Debatte einsteigen zu wollen, wieviel bei der Intelligenz angeboren und wieviel erworben ist – eine ähnliche Debatte gibt es auch beim Temperament, das manche als genetisch determiniert, andere als durch peri- und pränatale Erfahrungen (mit)bestimmt betrachten –, es ist unmittelbar einsichtig, daß hohe Intelligenz, egal wo sie herstammt, ein Schutzfaktor für die weitere Entwicklung darstellt, und zwar auch für die sozial-emotionale Entwicklung. Hohe Intelligenz erhöht nämlich die Wahrscheinlichkeit guter Schulerfolge, gute Schulerfolge führen zu inner- und außerfamiliärer sozialer Anerkennung, diese verbessert das Selbstwertgefühl etc. Außerdem wird die soziale Förderung und Einbindung günstig beeinflußt, was die Wahrscheinlichkeit verringert, auf »abweichenden Pfaden« nach Anerkennung zu suchen.

Das *Geschlecht* wird ebenfalls häufig als Schutzfaktor betrachtet, und zwar aus folgendem Grund: Es ist bekannt, daß Mädchen bis zur Pubertät bei vergleichbarer Gesamtbelastung weniger anfällig für Verhaltensauffälligkeiten und Neurosen sind als Jungen. Das gilt auch dann, wenn man berücksichtigt, daß Mädchen eher »stille« Formen der Beeinträchtigung entwickeln, während Buben häufiger zu lärmenden Symptomatiken wie Aggressivität, antisozialem Verhalten etc. neigen. Die Mädchen sind also das starke, nicht das schwache Geschlecht. Nach der Pubertät ändert sich das allerdings. Jetzt werden Frauen anfälliger als Männer, was sich u. a. darin zeigt, daß sie in allen epidemiologischen Untersuchungen, die die Häufigkeit von Neurosen und funktionellen/psychosomatischen Beschwerden in der Gesamtbevölkerung untersuchen, stärker vertreten sind als Männer (und zwar im Verhältnis von ungefähr 2:1; s. Franz et al. 1993, S. 378).

Außerfamiliäre Besonderheiten

Unter die außerfamiliären, d. h. nicht direkt auf die Eltern-Kind-Beziehung bezogenen und auch nicht persönlichkeitsspezifischen protektiven Faktoren werden, wie oben u. a. erwähnt, in der Regel gezählt: hoher sozioökonomischer Status; Existenz einer verbindlichen religiösen Wertorientierung; Übernahme verantwortungsvoller Aufgaben, z. B. Mithilfe im Haushalt, Mitarbeit in einer Jugendgruppe und »social support«, d. h. Existenz eines sozialen Unterstützungsnetzes durch Verwandte oder Bekannte außerhalb der unmittelbaren Kleinfamilie. Vermutlich sind diese Attribute als Schutzfaktoren unmittelbar evident, so daß eine weitere Erläuterung entbehrlich ist.

Für die Psychoanalyse besonders interessant sind die Eigenarten des Familienmilieus, worunter im wesentlichen die Qualität der Mutter-Kind-Beziehung und die Qualität der Elternbeziehung verstanden wird. Die diesbezügliche Grundaussage der Protektionsforschung lautet: *Die Existenz einer positiven Beziehung zu mindestens einem Elternteil oder einem anderen vertrauten Erwachsenen ist ein erstrangiger Schutzfaktor für die weitere Entwicklung.* Ist sie vorhanden, so sind andere Risikofaktoren – auch solche innerhalb der Familie wie Scheidung oder Ehestreit – in ihren negativen Auswirkungen auf das Kind abgeschwächt. Wie kommt man zu solchen Befunden?

Grundsätzlich gibt es zwei Untersuchungsdesigns: Zum einen *prospektive Longitudinalstudien,* in denen eine große Zahl von Menschen von der Geburt über 30 bis 40 Jahre lang untersucht werden. Sie sind selten, denn sie erfordern einen außerordentlichen Geld- und Personalaufwand. Die berühmteste diesbezügliche Studie ist diejenige von Emmy Werner, auf die ich weiter unten noch eingehen werde. Der Vorteil dieser und vergleichbarer Studien ist, daß die Entwicklungsdaten über einen langen Zeitraum »objektiv« erfaßt werden. Ihr Nachteil ist, daß sie a) bestimmte Ereignisse häufig gar nicht mitbekommen, z.B. Mißhandlungen, weil die untersuchten Probanden nur ungern darüber berichten; b) neurotische und/oder funktionelle Beschwerden im Erwachsenenalter oft nur unzureichend erheben, weil die zum Einsatz kommenden diesbezüglichen diagnostischen Instrumente relativ grob sind.

Die zweite Forschungsmethode besteht in der genauen Untersuchung von Erwachsenen, die *retrospektiv* zu ihrer Kindheit befragt werden. Der Vorteil dieses Verfahrens ist, daß man mit umfassenden klinischen Interviews das Ausmaß der aktuellen Beschwerden ziemlich exakt dingfest machen kann, dafür aber eine gewisse Unsicherheit in Kauf nehmen muß, was die tatsächliche Existenz von Belastungsfaktoren in der Kindheit angeht. Es bleibt, zumindest bei manchen der interessierenden Fragen, ein gewisser Unsicherheitsspielraum, ob eine bestimmte Situation so gewesen ist, oder ob sie vom jetzigen Erwachsenen retrospektiv so interpretiert wird.

Im Rahmen retrospektiver Untersuchungen hat man außerdem die Möglichkeit, entweder Patienten zu untersuchen oder einen repräsentativen Ausschnitt der Normalbevölkerung. Die umfassendsten Studien dieser Art stammen aus Mannheim (Schepank, Tress, Reister) und Berlin (Dührssen, Lieberz). Sie sollen im folgenden dargestellt werden.

Retrospektive Studien zu Risiko- und Schutzfaktoren

Das Mannheimer Projekt

Im Mannheimer Projekt (s. Schepank 1987; Tress 1986 a, b; Reister 1995) sollte die Häufigkeit seelisch bedingter Erkrankungen in der Normalbevölkerung erhoben werden. Sechshundert repräsentativ ausgewählte Personen aus drei Altersjahrgängen (1935, 1945, 1955) wurden mit differenzierten Methoden, u. a. einem dreistündigen klinischen Interview untersucht. Es ergab sich, daß 26 % der Personen als »Fälle«, d. h. als an behandlungsbedürftigen seelischen Störungen leidend eingeschätzt wurden. Andere Untersuchungen, z. B. die von Dilling et al. (1984) im ländlichen Raum, berichten von etwas geringeren Fallzahlen, nämlich ca. 18 %.[4]

Aus der Gesamtheit der 600 Personen wurden nun zwei Extremgruppen herausgefiltert. Solche, die trotz glaubhaft berichteter schwerer Kindheit klinisch als gesund erschienen, und solche, die als psychisch krank eingeschätzt wurden. Das Urteil über die frühkindliche Belastung erfolgte durch komplexe Expertenratings, in die sowohl »harte« Fakten wie Angaben über den Familienstand der Eltern bei der Geburt, Heimaufenthalte, Krankheiten etc. eingingen, als auch »weiche« Daten wie Beschreibungen der Familienatmosphäre, Berichte von Benachteiligungen, Demütigungen, Zurückweisungen etc. (ca. 2/3 der Daten waren weich). Es wurden

4 Auf die Methoden, die bei der Identifizierung von Fällen verwendet werden, kann ich hier nicht genauer eingehen. Im wesentlichen werden aus verschiedenen Beschwerdedimensionen (körperliche Beeinträchtigung, psychische Beeinträchtigung, sozialkommunikative Beeinträchtigung) aggregierte Beschwerdescores gebildet. Ab einem bestimmten Summenwert, dem sogenannten »cut-off point«, wird aus dem Untersuchten ein »Fall«, z. B. wenn sein Gesamtbeschwerdewert bei fünf oder darüber liegt.

Summenwerte gebildet, an denen sich das Ausmaß der frühkindlichen Belastung ablesen ließ. 20 Probanden waren trotz hoher Belastungswerte relativ gesund, 20 ziemlich krank.[5] Diese beiden Gruppen wurden verglichen, und zwar im Hinblick auf 30 Kindheitsfaktoren. Bei fünf davon unterschieden sich die beiden Gruppen signifikant: 1. Altersabstände zum nächsten Geschwister von unter einem Jahr traten häufiger in der Gruppe der Kranken auf. 2. Ebenso einschneidende Lebensereignisse bis zum sechsten Lebensjahr. 3. Dito schwere Psychopathologie des Vaters. 4. Einzelkindschaft bzw. großer Geschwisterabstand (größer als sechs Jahre) trat häufiger in der Gruppe der Gesunden auf. 5. Eine herausragende Korrelation von größter Signifikanz, die alle anderen bei weitem übertraf, ergab sich zwischen dem Faktor »zuverlässige frühkindliche Bezugsperson« und der Zugehörigkeit zur Gruppe der Gesunden.

Unter den Probanden, deren Kindheit aufgrund der 30 Kindheitsfaktoren als stark belastet eingeschätzt wurde und die dennoch als (relativ) gesund eingestuft wurden, war nicht ein einziger ohne eindeutige Präsenz einer verläßlichen Bezugsperson. Dies erlaubt den Schluß, daß eine solche Präsenz einen erstrangigen Schutzfaktor darstellt, der die negativen Folgen anderer ansonsten reichlich vorhandener ungünstiger Einflüsse abmildert. »Die überragende Bedeutung der zuverlässigen frühkindlichen Bezugsperson, welche nach unserer Studie u.U. auch außerordentlich stark belastende Momente der ersten Lebensjahre aufzuwiegen vermag, steht im Einklang mit der psychoanalytischen Theorie (...). In je eigener Variation finden wir darin die Grundfigur eines guten frühkindlichen Objektes (...). Dieses gute Objekt muß mächtiger sein als die gesamte böse Objektwelt (die im Falle unserer Probanden als ausgesprochen stark imponiert), damit eine zufriedenstellende seelische Entwicklung überhaupt erst in den Bereich des Möglichen rückt« (Tress 1986a, S. 56).

Garantiert ist sie dadurch jedoch nicht. Zwar war keiner der frühkindlich (d.h. in den ersten sechs Jahren) als schwerbelastet

5 Relativ gesund heißt, sie hatten Beschwerdesummenwerte von unter fünf; interessanterweise lag kein einziger Proband aus der Gruppe mit schweren Kindheitsbelastungen unter dem Wert von drei, wohl aber gab es Probanden mit geringerer Kindheitsbelastung, die diesen Wert unterschritten.

eingestuften ohne diese Beziehungsperson gesund, aber fünf von 20 waren krank, *obwohl* eine solche Bezugsperson in ihrer Kindheit einigermaßen zweifelsfrei festgestellt werden konnte.

Ein weiterer Befund der Mannheimer Studie war, daß Vater*abwesenheit* eher bei den Gesunden der Extremgruppe auftauchte als bei den Kranken. Dies ist auf den ersten Blick kontraintuitiv. In der Regel gilt Vaterabwesenheit und Alleinerziehung durch die Mutter nämlich eher als Risiko- denn als Schutzfaktor. Tress interpretiert diesen Befund so, daß Vaterabwesenheit dann ein protektiver Faktor sein kann, wenn die Anwesenheit ständige Konflikte impliziert. Kurz gesagt: Besser kein Vater als ein schlechter oder ständig im Streit mit der Mutter liegender, weil letzteres auch die Verfügbarkeit der Mutter als verläßliche Bezugsperson herabsetzt; wahrscheinlich auch die einer verläßlichen anderen Ersatzperson wie Oma oder Tante, die bei Vorliegen häufigen Streits erfahrungsgemäß oft in solche Streitereien hineingezogen werden und dann als alternative Bezugspersonen nur noch eingeschränkt oder gar nicht mehr zur Verfügung stehen. Ansonsten gilt nach wie vor, daß längere Vaterabwesenheit in der Frühkindheit (> 6 Monate in den ersten sechs Lebensjahren) ein Risikofaktor für die spätere psychosoziale Gesundheit ist (Franz et al. 1999).

Reister (1995, S. 73 f.) faßt die neueren Ergebnisse des Mannheimer Projekts, in denen nicht nur die Extremgruppen, sondern sämtliche Probanden ausgewertet wurden, so zusammen: »Mittels der Methoden der analytischen Epidemiologie wurde bei der Gruppe der ›Fälle‹ überzufällig häufig eine schwer belastete Kindheit (Tod oder Abwesenheit eines Elternteils, Vernachlässigung, pathologische Verhaltensmuster der Eltern etc.) ermittelt, was für ein hohes pathogenetisches Gewicht zwischenmenschlicher Beziehungen spricht.« Als wesentliche protektive Faktoren fanden sich bei Reister (erneut): 1. mindestens eine zugewandte Bezugsperson in der (frühen) Kindheit; 2. eine seelisch gesunde Mutter; 3. eine unneurotische Beziehung der Erziehungspersonen und 4. gute aktuelle soziale Integration.[6]

6 Nur bei Männern: Ein seelisch gesunder Vater in der Vergangenheit sowie eine abgeschlossene Berufsausbildung und Verheiratetsein in der Gegenwart. Nur bei Frauen: Entlastung/Förderung durch Geschwister in der Vergangenheit und gute nachbarschaftliche Beziehungen in der Gegenwart.

Die Ergebnisse der Mannheimer Studie werden im wesentlichen bestätigt durch die Retrospektionsstudie der Berliner Gruppe um Dührssen (zusammengefaßt bei Lieberz 1988, 1990). Die Autoren untersuchten 103 erwachsene Neurotiker und verglichen sie mit einer gleich großen, nach Alter, Geschlecht und Beruf parallelisierten Kontrollgruppe von sich als gesund Definierenden. Unter den Gesunden wurden dann diejenigen ausgewählt, die aufgrund bestimmter Kriterien als in der Kindheit hochrisikobelastet eingestuft wurden. Die Risikobelastung wurde durch retrospektive Interviews erhoben. Gefragt wurde u. a. nach Verlusterlebnissen des Kindes mit Ausfall wichtiger Beziehungspersonen in den Jahren 1 bis 3, 3 bis 6, 6 bis 15; Gesundheit der Eltern; Beständigkeit früher Beziehungen; unehelichem Geburtstatus; ökonomischen Verhältnissen; Verlusterlebnissen der Eltern und schneller Geschwisterfolge. Diese Faktoren wurden gewichtet und ein Gesamtsummenwert für die Risikobelastung ermittelt (s. Lieberz/Schwarz 1987). Danach wurden die hochrisikobelasteten Patienten mit hochrisikobelasteten Gesunden verglichen. Im wesentlichen ergaben sich vier Unterschiede: 1. Schlechtere Schulbildung der Eltern bei den Patienten. 2. Jüngere Mütter (< 21 Jahre) bei den Patienten. 3. Geringerer Altersabstand der Geschwister bei den Patienten. 4. Häufiger neurotische Erkrankung der Mutter bei den Patienten. Keine signifikanten Unterschiede ergaben sich hinsichtlich der Zahl auftretender Verlusterlebnisse (Tod, Scheidung), der väterlichen Psychopathologie und der Zahl der Geschwister.

Diese Befunde stimmen mit denen der Mannheimer Forschungsgruppe weitgehend überein.[7] Die mütterliche Pathologie scheint insgesamt eher einen größeren Einfluß zu haben als die väterliche (s. Kruse 1991; Reister 1995), vermutlich weil die Mütter mehr mit den Kindern zusammen sind als die Väter.

Von Bedeutung bei den Berliner Ergebnissen ist außerdem, daß der Summenwert für die Einschätzung der Gesamtbelastung in der Kindheit bei den Patienten signifikant höher war als bei den Ge-

7 Dort waren allerdings Verlusterlebnisse bei den Fällen wesentlich häufiger anzutreffen als bei den Nichtfällen (Reister 1995, S. 74).

sunden und daß die Höhe der kindlichen Gesamtbelastung mit der Schwere der Neurose korreliert.[8]

Die Gesunden hatten – trotz hoher Belastung – insgesamt ein positiveres Mutterbild, während die Patienten ihre Mütter eher als überkontrollierend oder überdistanziert (gleichgültig) beschrieben. Nimmt man das positive Mutterbild als Indiz für positive Erfahrungen und nicht (nur) als Ausdruck von Abwehridealisierungen, so kann man auch aus dieser Untersuchung den Schluß ziehen, daß eine gute Beziehung zu einer Bezugsperson in der Kindheit ein zentraler Schutzfaktor gegen spätere Erkrankungen ist.

Indes ergab sich auch in dieser Studie, daß der Zusammenhang zwischen guten Beziehungserfahrungen in der Kindheit und späterer Gesundheit kein deterministischer, sondern ein probabilistischer ist. Gute Beziehungen garantieren keinen Schutz und schlechte garantieren keine Krankheit, sie erhöhen nur die Wahr-

8 Die Mannheimer Gruppe konnte in einem anderen Forschungsprojekt ebenfalls zeigen, daß es einen signifikanten Zusammenhang zwischen psychogener Erkrankung im Erwachsenenalter und Symptomhäufigkeit in der Kindheit gibt. Erhoben wurde die (berichtete) Häufigkeit von a) Ängsten, b) Schlafstörungen, c) Schwierigkeiten in Kindergarten und Schule, d) aggressiven Verhaltensauffälligkeiten, e) Einnässen, f) sonstigen Auffälligkeiten. Es ergab sich eine (mäßig starke) Korrelation zwischen Summe der Kindheitssymptome und Schwere der psychogenen Erkrankung im Erwachsenenalter (s. Reister et al. 1993). In einem weiteren, ebenfalls in Mannheim durchgeführten Projekt wurde die enorme Bedeutung der *frühen* Mutter-Kind-Interaktion für die Kompensation biologischer und psychosozialer Risiken nachgewiesen. Ein wichtiger Befund war, daß überdurchschnittlich gute Mutter-Kind-Interaktion (erhoben im Alter von drei Monaten) bei Vorliegen eines hohen *organischen* Risikos auf seiten des Kindes (z. B. Schwangerschafts- und Geburtskomplikationen, Frühgeburt etc.) die Wahrscheinlichkeit einer eventuellen neuropsychiatrischen Erkrankung des Kindes mit zwei Jahren um das 2,3fache vermindert. Bei Vorliegen hoher *psychosozialer* Risiken (sozioökonomische Benachteiligung, unvollständige Familie, disharmonische Partnerschaft etc.) wurde das Risiko einer neuropsychiatrischen Erkrankung um das 2,0fache gemindert. Bei bereits *manifester* neuropsychiatrischer Auffälligkeit im Alter von drei Monaten verringerte eine besonders gute Mutter-Kind-Beziehung die Wahrscheinlichkeit für das Weiterbestehen dieser Störung zwei Jahre später sogar um das 4,8fache (Esser et al. 1993 b). Nachuntersuchungen im Alter von viereinhalb Jahren ergaben, daß die größte Gefährdung der frühkindlichen Entwicklung von den psychosozialen Risiken ausgeht, nicht von den biologischen (Laucht et al. 1996; s. dazu ausführlich auch Resch 1996, Kap. 9).

scheinlichkeit dafür. Dies wird auch in *prospektiven* Longitudinalstudien deutlich. Die berühmteste davon wurde schon erwähnt. Sie soll ebenfalls kurz dargestellt werden.

Prospektive Longitudinalstudien zu Risiko- und Schutzfaktoren

Das Hawaii-Projekt

Emmy Werner (s. Werner 1989, 1990; Werner/Smith 1992) untersucht seit 1955 700 auf der Hawaii-Insel Kauai geborene Personen. Die Daten über die Familien und ihre Kinder wurden zum Zeitpunkt der Geburt, vier Wochen danach, mit ein, zwei, zehn, 18 und 30 Jahren erhoben. Ein Drittel der Kinder entwickelte in den ersten 20 Jahren Lern- und/oder Verhaltensprobleme. Die meisten der davon Betroffenen hatten Mehrfachrisiken aufzuweisen, z. B. perinatale Komplikationen, elterliche Psychopathologie, instabile Ehen o. ä. 72 der Kinder (30 %), die diesen Mehrfachbelastungen vor dem Alter von zwei Jahren ausgesetzt waren, entwickelten sich jedoch überraschend gut. Werner/Smith (1992) haben sie als »vulnerable but invincible« bezeichnet und versucht, die Besonderheiten herauszufinden, die diese Kinder von jenen unterschieden, die später auffällig wurden. Folgende Charakteristika waren für die »Unbesiegbaren« kennzeichnend.

1. In der *Säuglingszeit* verfügten sie über ein robustes Temperament. Sie waren aktiv, energisch, protestierten deutlich bei Mißbehagen, waren aber auch schnell zu beruhigen. Sie reagierten responsiv auf die Kontaktangebote von Erwachsenen, und es gelang ihnen gut, deren Aufmerksamkeit auf sich zu ziehen sowie ihre Pflegeangebote zu nutzen. Selten fand sich ein Altersabstand von weniger als 20 Monaten zum nächsten Geschwister. Die Kinder erfuhren trotz der vorhandenen Risikofaktoren Zuwendung und Liebe von mindestens einer erwachsenen Bezugsperson – manchmal durch ein Elternteil, manchmal durch Großeltern oder Tanten, gelegentlich auch durch Nachbarn oder Geschwister. Die Unterstützung durch Geschwister war nur dann wirksam, wenn sie eine andere Beziehung zu einem Er-

wachsenen ergänzte, nicht aber, wenn sie diese ersetzte (Werner 1990, S. 107).

2. In den *Vorschuljahren* waren die Resilienten in Streßsituationen selbständiger und zeigten bei schwierigen Aufgaben einen effektiveren Coping-Stil. Sie kombinierten z. B. hartnäckige Zielverfolgung mit der Fähigkeit, Eltern oder andere Erwachsene um Hilfe zu bitten, wenn es notwendig war. Sie hatten häufiger auch mindestens eine gute Beziehung zu einem anderen Erwachsenen, z. B. einer Kindergärtnerin.
3. In der *mittleren Kindheit* (zehn Jahre) wurden sie als gute Problemlöser, sozial kommunikativ und selbständig eingeschätzt. Sie gingen gern zur Schule und hatten häufiger eine gute Beziehung zu einem Lehrer, an die sie sich auch noch als Erwachsene erinnerten. Sie hatten öfter gute Freunde, auch aus dem Nicht-Armuts-Milieu, und gelegentlich in der Nachbarschaft ein oder zwei »Ersatzeltern«. Fast alle übten ein oder mehrere Hobbys aus, die sie mit Nachdruck betrieben und die ihnen eine gewisse Unabhängigkeit und narzißtische Zufuhr von außerhalb der häuslichen Umgebung verschafften. Anderen Untersuchungen zufolge (zit. bei Werner 1990, S. 103 f.) gelingt es den resilienten Kindern bereits in diesem Alter, sich von der eventuell vorhandenen Psychopathologie der Eltern in einer nicht feindseligen Art zu distanzieren und in den Hobbys und in Beziehungen zu Gleichaltrigen Nischen zu finden, die den Einfluß der elterlichen Pathologie begrenzen. Interessanterweise sind resiliente Kinder »androgyner«, d. h. sie haben – verglichen mit den anderen – weniger geschlechtsstereotype Verhaltensweisen. Die Mädchen sind autonom und eher extrovertiert, die Buben sozial und »pflegend«.
4. Dieser letzte Befund unterschied auch die resilienten *Adoleszenten* von den problematischen. Die Resilienten zeigten gehäuft Attribute, die konventionell eher als weiblich bezeichnet werden, sie waren: »appreciative, gentle, nurturant and socially perceptive« (Werner 1990, S. 104). Außerdem waren sie sozial reifer und bereiter, Verantwortung zu übernehmen, sei es in der Schule, in Jugendgruppen oder in Vereinen und Verbänden.

Sortiert man die verschiedenen Unterschiede, so gelangt man wieder zur »Triade« protektiver Faktoren. Will sagen: Es gibt a) persönliche Eigenarten (wie Temperament, Intelligenz, kognitiver Stil); b) Beziehungsfaktoren (wie Eltern oder Ersatzeltern) und c) extrafamiliäre Resourcen (wie Lehrer, Nachbarn oder Gleichaltrige), die in ihrer Struktur und Beschaffenheit die Resilienten von den Nichtresilienten unterscheiden.

Weiter fand auch diese Studie, obwohl sie ein anderes methodisches Vorgehen wählte als die aus Mannheim und Berlin, *zum einen*, daß die Mehrzahl derer, die in den ersten 20 Jahren Lern- oder Verhaltensschwierigkeiten aufwiesen, aus Hochrisikogruppen stammten, wobei als Risiken perinatale Komplikation, elterliche Psychopathologie, familiäre Instabilität und chronische Armut betrachtet wurden. *Zum zweiten*, daß diejenigen, die trotz der Herkunft aus einer Hochrisikogruppe *keine* Schwierigkeiten aufwiesen, in starkem Maße zumindest auf eine positive Beziehungserfahrung in der (frühen) Kindheit zurückgreifen konnten.[9]

Diese recht einheitliche Befundlage mag den Leser mittlerweile vielleicht ermüden. Sie ist aber nicht selbstverständlich, sondern verdient immer wieder hervorgehoben zu werden, nicht zuletzt deshalb, weil in der Literatur gelegentlich von einer weitgehenden Reversibilität der Folgen früher kindlicher Traumatisierung die Rede ist (z.B. bei Hemminger 1982, Ernst/Luckner 1985, Lewis 1997 und Kagan 1998) oder das frühe Trauma als Mythos bezeichnet wird (Nuber 1995).[10]

Dennoch bleibt wahr, daß *manche* Kinder auch ungünstige Lebensumstände besser verkraften als ein von der Psychoanalyse in-

9 Interessant ist, daß auch Werner fand, daß die trotz schwerer Kindheit als normal Eingeschätzten nicht beschwerdefrei waren, sondern häufiger als die Vergleichsgruppe mit besserer Kindheit über funktionelle Beschwerden klagten (46% versus 15%; s. Werner 1989, S. 77). Ähnliche Befunde stammen von Caspi (1991, S. 219). Er verglich eine Gruppe von Personen, die trotz schwerer Kindheit später beruflich avancierten, mit anderen, die bei ähnlicher Kindheit beruflich wenig erfolgreich waren, und einer dritten Gruppe, die sowohl eine gute Kindheit als auch späteren beruflichen Erfolg hatte. Die trotz schwerer Kindheit Erfolgreichen hatten im Erwachsenenalter die meisten Gesundheitsprobleme – mehr als die mit kindlicher Belastung später Erfolglosen und mehr als die mit glücklicher Kindheit später Erfolgreichen – was die Kosten des Erfolges deutlich macht.

10 Kritiken daran aus psychoanalytischer Sicht stammen von Fischer (1986), Fischer/Berger (1987, 1988) und Tress/Reister (1990). Eine ausgewogene Gesamtdarstellung dieser Kontroverse gibt Göppel (1997, S. 145 ff.). Für eine Kritik an Lewis siehe das vierte Kapitel. Das Buch von Kagan (1998) ist mir leider erst nach Fertigstellung des Manuskripts zur Kenntnis gelangt.

spiriertes Denken vorausgesagt hätte. Ich habe in den bisherigen Ausführungen die Faktoren dargestellt, die dabei von Bedeutung sind. Sowohl die vergangenen als auch die gegenwärtigen Lebensumstände spielen eine wesentliche Rolle für die gegenwärtige Gesundheit. Schiessl (in: Schepank 1987) hat aus dem Mannheimer Projekt die diesbezüglich relevante Zahl extrahiert: Glückliche Kindheit *und* geringe gegenwärtige Lebensbelastung verweisen zu 90 % auf psychische Gesundheit; schwere Kindheit im Verein mit hoher aktueller Belastung zu 70 bis 80 % auf psychogene Erkrankungen.

Exkurs: Vergangenheit oder Gegenwart?

Die interessante Frage, ob die Kindheit *oder* die gegenwärtigen Lebensumstände bedeutsamer sind, läßt sich aus dem vorliegenden Material für Erwachsene nicht eindeutig beantworten (Reister 1995). Eine indirekte Antwort erlaubt die Studie von Esser et al. (1993 a), die der Frage nachging, ob psychische Störungen bei acht- bis 13jährigen Kindern eher durch aktuelle Stressoren oder durch frühere Belastungen bedingt sind. »Die Ergebnisse zeigten, daß frühe Stressoren und frühe Auffälligkeiten für psychische Störungen im Alter von acht, 13 und 18 Jahren genauso bedeutsam waren wie spätere Stressoren und spätere Auffälligkeiten« (ebd., S. 88). Die in manchen Studien (über)betonte Bedeutung der aktuellen Lebensumstände ist z. T. ein methodisches Artefakt, d. h. das Resultat bestimmter Erhebungsmethoden, z. T. darauf zurückzuführen, daß nicht hinreichend beachtet wird, in welchem Ausmaß aktuelle Belastungen durch frühere mit bedingt sind (ebd., S. 83, S. 87 f.).

Zu ähnlichen Ergebnissen gelangen Sroufe et al. (1990), die mit Methoden der Bindungstheorie der alten, aber nach wie vor kontroversen Frage nachgegangen sind, ob frühe Erfahrungen durch spätere »gelöscht« werden oder nicht doch erhalten bleiben. Zur Klärung dieser Frage untersuchten sie zwei Subgruppen von Kindern, die im Vorschulalter zwischen drei und fünf Jahren durch Verhaltensprobleme aufgefallen waren. Eine Untergruppe war mit einem Jahr sicher gebunden gewesen, die andere unsicher. Ein »kontextualistischer« Ansatz würde diese Befunde als Beleg dafür interpretieren, daß die Bindungsqualität mit einem Jahr (und die darin kondensierten frühen Erfahrungen) keinen Einfluß mehr auf das

Verhalten zwischen drei und fünf Jahren hat, denn beide Subgruppen wiesen ja in diesem Zeitraum ein vergleichbares Maß an Verhaltensstörungen auf. Daraus ließe sich weiter folgern, daß die aktuellen Lebensumstände der entscheidende Faktor sind und der Einfluß der früheren verschwunden bzw. nicht mehr nachweisbar ist. (Diese Position vertreten nachdrücklich Lewis 1997 und Kagan 1998.) Die weiteren Befunde von Sroufe et al. deuten jedoch in eine andere Richtung. Es zeigte sich nämlich, daß, »obwohl beide Teilgruppen sich zum Zeitpunkt der Kindergartenuntersuchung hinsichtlich ihrer Symptombelastung weitgehend angeglichen hatten, die Qualität der frühkindlichen Bindung nach wie vor einen prognostischen Wert für den weiteren Entwicklungsweg während der ersten Schuljahre hatte. Jenen Kindern mit ursprünglich sicherer Bindung gelang in diesen Jahren mit größerer Wahrscheinlichkeit ein Sprung auf ein günstigeres Entwicklungsniveau als denen, die ursprünglich als unsicher gebunden eingeschätzt wurden« (Göppel 1997, S. 191). Auch wenn es also im Kindergartenalter nicht so aussah, als spielten die frühkindlichen Bindungserfahrungen noch eine Rolle, stellte sich im Schulalter heraus, daß das nach wie vor der Fall war. Dies zeigt erneut, daß *die gesamte* individuelle Lebensgeschichte – also Gegenwart *und* Vergangenheit – von Bedeutung ist und letztere nicht zugunsten ersterer »vergessen« bzw. herunterrelativiert werden kann oder sollte.

In dieselbe Richtung weist eine Studie von Booth et al. (1998).[11] Sie ging u. a. der Frage nach, ob die gegenwärtigen oder die vergangenen Erfahrungen ein größeres Gewicht haben, wenn man z. B. klären will, wie Kinder ihre Mütter wahrnehmen. Zu diesem Zweck wurde zunächst die Bindungsqualität vierjähriger Kinder festgestellt. Dann wurden die Kinder im Alter von acht Jahren erneut untersucht, und zwar hinsichtlich der Frage, ob sie sich von ihren Müttern emotional unterstützt fühlen. Interessanterweise war die Bindungsqualität mit vier Jahren ein besserer Prädikator bezüglich der kindlichen Urteile im Alter von acht als das tatsächliche Verhalten der Mütter zu diesem Zeitpunkt. Mit vier Jahren als sicher gebunden eingeschätzte Kinder beurteilten im Alter von acht ihre Mütter meistens als warmherzig, und zwar relativ unabhängig von deren aktuellem Verhalten

11 Für weitere Studien s. Colin (1996, S. 141 f.).

– zumindest erlaubte die Bindungsklassifikation der Kinder mit vier Jahren eine bessere Vorhersage auf ihr Urteil im Alter von acht Jahren als das tatsächliche Verhalten der Mütter in diesem Alter! Die Autoren schließen daraus, daß die Selbst- und Objektrepräsentanzen Achtjähriger eine ausgeprägte Tendenz zur »Selbststabilisierung« bzw. »Selbstverstärkung« haben und vergleichsweise *wenig* vom tatsächlichen aktuellen Verhalten der Bezugsperson abhängig sind. Diese Schlußfolgerung befindet sich in bester Übereinstimmung mit psychoanalytischen Hypothesen zur Dauerhaftigkeit *verinnerlichter* Objektbeziehungen und ebenfalls in Übereinstimmung mit der klinisch belegten Schwierigkeit, entsprechende Phantasien und Repräsentanzen zu verändern. Gleichtzeitig relativieren diese Befunde die Bedeutung des gegenwärtigen Kontexts, dem in manchen neueren Entwicklungstheorien (s. z. B. Lewis 1997, Kagan 1998) ein übertriebener Einfluß zugesprochen wird, und machen deutlich, daß gegenwärtige Erfahrungen immer im Lichte vergangener wahrgenommen und interpretiert werden, was ihren Einfluß, sei es zum Guten oder zum Schlechten, begrenzt.

Das neuseeländische Projekt

Eine zweite prospektive Longitudinalstudie, auf die ich noch eingehen möchte, stammt von Fergusson et al. (1994). Die Autoren haben 1265 Kinder in Neuseeland von Geburt an bis zum 15. Lebensjahr in jährlichen Abständen untersucht. Es stellte sich heraus, daß knapp 3 % der Kinder im Alter von 15 Jahren mehrere gravierende Probleme hatten. Als solche Probleme wurden definiert: 1. Beginn des Geschlechtsverkehrs vor dem Alter von 15; 2. Cannabisgebrauch vor 15; 3. Alkoholabusus vor 15; 4. Conduct/oppositional disorders mit 15 (darunter versteht man Verhaltensprobleme wie chronisches Nichtbefolgen elterlicher Anweisungen, Schuleschwänzen, Von-zu-Hause-Weglaufen, Zündeln, Promiskuität, häufige aggressive Auseinandersetzungen u. ä.) 5. Polizeikontakt wegen Gesetzesverstößen.[12]

12 Andere Daten, wie geringeres Selbstwertgefühl, suizidale Gedanken, pathologische Stimmungsschwankungen (mood disorders) etc. wurden ebenfalls erhoben. Ich lasse ihre Auswertungen in der folgenden Darstellung weg.

Ein Ergebnis der Untersuchung war, daß sich die 3 % der besonders schwierigen Jugendlichen schon zum Zeitpunkt der Geburt erheblich vom Rest unterschieden. Sie kamen aus einem häuslichen Milieu, in dem gehäuft folgende Faktoren zu finden waren: Armut, geringe elterliche Ausbildung, jugendliches Alter der Eltern, keine religiöse Orientierung, alleinerziehende Mütter, mehr Kriminalität, Drogen- und Alkoholprobleme bei den Eltern, geringere Inanspruchnahme pränataler Vorsorgeuntersuchungen, mehr perinatale Komplikationen sowie ungeplante und/oder außereheliche Geburt. Die Untersuchung ergab weiter, daß die Nachteile in der Regel im Vorschul- und Schulalter erhalten blieben. Das Familieneinkommen blieb gering, die Häufigkeit von Ehescheidungen war größer, ebenso die Häufigkeit von Umzügen, Schulwechseln etc. Auch die mütterliche emotionale Responsivität wurde in dieser Gruppe von den Untersuchern als geringer eingeschätzt als bei den anderen Kindern.[13]

Im Alter von 15 Jahren wurden die Teenager in drei Gruppen eingeteilt: 1. problemfreie, 2. solche, die eines der oben erwähnten fünf Probleme hatten, und 3. solche, die alle fünf hatten. Vergleicht man nun die 50 % der Kinder, welche die vorteilhaftesten Lebensumstände hatten, mit den 5 %, welche die schlechtesten hatten, so ergeben sich folgende Resultate:

Rates (%) of problem behaviours amongst the most disadvantaged 5 % and the most advantaged 50 % of the sample		
Classification	Most Disadvantaged	Most Advantaged
	5 % of Sample	50 % Sample
Multiple problem	21,6	0,2
At least one problem but not multiple problem	65,2	18,5
Problem free	13,2	81,3
Total	100,0	100,0

Aus: Fergusson et al. (1994)

13 Ähnliche Befunde erbrachte das Mannheimer Projekt. Die als Fälle eingestuften Probanden wiesen signifikant häufiger sowohl Belastungen in der frühen (ein bis sechs Jahre) als auch in der späteren (sieben bis 15 Jahre) Kindheit auf als die Nichtfälle (Janta in: Schepank 1987, S. 163).

In Worten ausgedrückt: 22 % der Kinder aus den benachteiligtsten Familien waren Multiproblemkinder; weitere 65 % hatten mindestens ein Problem und nur 13 % waren problemfrei. Verglichen damit war nur ein einziges von 500 (= 0,2 %) der Kinder aus günstigen Umständen ein Multiproblemkind; 18 % hatten ein Problem und 81 % waren problemfrei. Das sind beeindruckende und bedrückende Unterschiede. Sie machen deutlich, daß *erstens* das Phänomen des »Schwarzen Schafes« äußerst selten ist: nur 0,2 % der Kinder aus günstigen Lebensumständen waren Multiproblemkinder; *zweitens* es weitgehend illusorisch ist zu glauben, daß Kinder, die unter dauerhaft ungünstigen Umständen aufwachsen, problemfrei werden: nur 13 % ist das gelungen, verglichen mit 81 % derer, die aus günstigen Milieus kamen.

Es ist auch unwahrscheinlich, daß genetische Faktoren bei dieser Entwicklung die Hauptrolle spielen, weil die Verhaltensgenetik bisher nur wenig Belege für eine starke genetische Determinante der erwähnten Probleme bei Adoleszenten beigebracht hat (s. Rutter et al. 1990; Robins 1991). Der Schluß liegt also nahe, daß es familiäre Bedingungen sind, die einen Großteil der Effekte ausmachen (Fergusson et al. 1994, S. 1136).[14]

Mütterliche Berufstätigkeit als Risikofaktor?

Ich möchte mich nun einem Thema zuwenden, das von erheblicher sozialpolitischer Bedeutung ist. Oben (Fußnote 3, Punkt b) wurde unter den Risikofaktoren u. a. mütterliche Berufstätigkeit im ersten Lebensjahr aufgeführt. Das wird manche, insbesondere berufstätige Mütter bekümmern. Wir werden sehen, daß dieser Kummer unbegründet ist.

Es gibt eine Reihe von Untersuchungen, die sich damit befassen, ob mütterliche Berufstätigkeit und dadurch bedingte Fremdbe-

14 Die Untersuchungen von Rudolf/Motzkau (1997), Motzkau/Rudolf (1997), Schoon/Montgomery (1997), Franz et al. (1998), Esser/Gerhold (1998, S. 618 ff.) und Laederach-Hofmann et al. (1999) bestätigen ebenfalls das große Gewicht (früh)kindlicher biographischer Erfahrungen für die spätere Erkrankungsanfälligkeit.

treuung die kindliche Entwicklung gefährdet. Bis zum Jahre 1985 war die Forschungslage die, daß bei einigermaßen adäquater Fremdpflege in der Zeit der Berufstätigkeit keine nachteiligen Folgen, weder für die kognitive noch für die sozial-emotionale Entwicklung, festzustellen sind. Zwar ist die vorübergehende Trennung von der Mutter im ersten und auch im zweiten Lebensjahr für das Kind eine temporäre Belastung, aber sofern es in einer ihm vertrauten Umgebung durch eine ihm vertraute Person, in einer Gruppe, in der sich nicht zu viele Kinder befinden, betreut wird, sind keine meßbaren negativen Effekte der Fremdpflege nachweisbar (Lehr 1978; Kagan et al. 1978; BMJFG 1980; Scarr 1984).[15]

Die Maße für die sozial-emotionale Entwicklung, die in diesen Untersuchungen verwendet wurden, waren allerdings mitunter relativ grob. Die Bindungstheorie, die seit Mitte der 80er Jahre verstärkt diskutiert wird, hat dazu beigetragen, ziemlich sensible Maße für die sozial-emotionale Entwicklung, insbesondere für die Qualität der Mutter-Kind-Beziehung bereitzustellen. Eine ihrer Grundaussagen ist (s. Kapitel 2), daß die Qualität der Mutter-Kind-Beziehung ein Ergebnis der Interaktionsgeschichte im ersten Lebensjahr ist. Eltern, die mit ihren Kindern feinfühlig interagieren, erhalten sicher gebundene Kinder; Eltern, die auf Kummer und Trostbedürfnisse ihres Kindes eher reserviert/zurückweisend reagieren, erhalten häufiger vermeidend gebundene Kinder; und Eltern, die eher inkonsistent reagieren – also gelegentlich feinfühlig, andere Male eher zurückweisend – erhalten vermehrt ambivalente Kinder.

15 Neuere Überblicksarbeiten stammen von Howes (1990, 1999), Barton/Williams (1993), Laewen (1994), Lamb/Weßels (1997) Lamb (1998) und Harvey (1999). In der zuletzt genannten Arbeit wurden die Kinder früh berufstätiger Mütter über einen Zeitraum von 18 Jahren hinweg jährlich untersucht. In den verschiedenen untersuchten Dimensionen – wie Verhaltensauffälligkeiten, Schulleistungen, kognitive Entwicklung, Selbstwertgefühl u. a. – wurden nur minimale oder gar keine Unterschiede zwischen diesen Kindern und solchen mit nicht oder später berufstätigen Müttern gefunden.

Bindungsqualität und mütterliche Berufstätigkeit

In den Vereinigten Staaten wird nun eine heftige Debatte darüber geführt, ob mütterliche Berufstätigkeit die Wahrscheinlichkeit einer unsicheren Bindung erhöht oder nicht (Überblick bei Karen 1994, Kap. 22; Colin 1996, Kap. 10). Aber selbst wenn gezeigt werden könnte, daß dies der Fall ist, hieße das ja noch nicht, daß sie ein Risikofaktor für Psychopathologie ist, weil unsichere Bindung keine Psychopathologie ist, sondern allenfalls ein Risikofaktor. Anders formuliert: Wenn mütterliche Berufstätigkeit die Wahrscheinlichkeit einer unsicheren Bindung erhöht, wäre sie nur ein Risikofaktor für einen Risikofaktor! Wie steht es nun mit dem Zusammenhang zwischen mütterlicher Berufstätigkeit und unsicherer Bindung?

Weitgehende Einigkeit besteht darüber, daß die Bindungsqualität in keiner Weise beeinträchtigt wird, wenn das Kind bei Aufnahme der Berufstätigkeit zwei Jahre oder älter ist. Mehr oder weniger strittig ist nur die mütterliche Berufstätigkeit im ersten Lebensjahr. Die Datenlage hierzu ist unklar und verworren. Es gibt Untersuchungen, die besagen, daß sich die Wahrscheinlichkeit einer unsicheren Bindung geringfügig erhöht (Barglow et al. 1987; Belsky/Rovine 1988; Lamb et al. 1992). Geringfügig heißt, daß z. B. 55 % der Kinder von ganztägig berufstätigen Müttern sicher gebunden sind, verglichen mit ca. 65 % bei nichtberufstätigen. Die Mehrzahl der Kinder von Berufstätigen ist also demnach ebenfalls sicher gebunden. Andere Untersucher haben nicht einmal eine solch geringfügige Verminderung der Häufigkeit sicherer Bindung, sondern überhaupt keine Effekte gefunden (z. B. Chase-Landsdale/Owen 1987). Wieder andere fanden nur dann Effekte, wenn die mütterliche Berufstätigkeit mehr als zwanzig Stunden beträgt und das Kind ein erstgeborener Junge ist; und schließlich gibt es Untersuchungen, die feststellen, daß der negative Effekt auf die Bindungssicherheit größer ist, wenn die Berufstätigkeit der Mutter *gering* ist, also z. B. größer ist bei zehn Stunden Berufstätigkeit als bei 40 (Roggman et al. 1994).

Nun kann man sich fragen, ob auf der Basis solch zum Teil widersprüchlicher, zum Teil marginaler Befunde ein Zurück zum Herd berufstätiger Mütter zu rechtfertigen ist oder ob es nicht konstruktiver und für Mütter und Kinder förderlicher wäre, die Bedingungen, unter denen Mütter arbeiten und Kinder betreuen lassen, zu verbessern, als den offensichtlich irreversiblen Trend zur mütterlichen Berufstätigkeit mit schwachen Argumenten zu kritisieren.[16] Außerdem könnte man sich fragen, ob bei der Kinderbetreuung nicht zur Abwechslung auch einmal die Väter gefordert sind, die sich dieser wichtigen Aufgabe häufig nur zögerlich, wenn überhaupt, stellen.

Man kann aber auch nach letzter Klarheit und Wahrheit in dieser Frage streben. Dies tut die neueste US-amerikanische Studie. In diesem Mammutprojekt (NICHD 1997; s. a. Lamb 1998) werden 1364 Familien und ihre Kinder zu verschiedenen Meßzeitpunkten (6, 15, 24, 36 Monate) untersucht, und zwar sowohl zu Hause als auch in der Pflegeumgebung, in der sie sich während der Berufstätigkeit der Mutter befinden. Die Interaktion zwischen Mutter und Kind sowie Betreuungsperson und Kind wird beobachtet und das Ausmaß ihrer Feinfühligkeit eingeschätzt. Interaktive Feinfühligkeit ist ja, wie oben dargestellt, eine wichtige Determinante von Bindungssicherheit. Außerdem werden vielfältige Entwicklungstests und andere Untersuchungsmethoden eingesetzt. Weiter wurden unterschiedliche Formen der Fremdpflege ins Design aufgenommen: Betreuung durch die Großmutter oder Verwandte im Haushalt des Kindes oder der erwachsenen Betreuungsperson; Betreuung in Krabbelstuben (day-care-centres) von unterschiedlicher Qualität;[17] Betreuung durch Babysitter zu Hause oder aushäusig etc.; weiter wurden unterschiedliche Zeiträume von Fremdbetreuung, variierend zwischen zehn und vierzig Stunden pro Woche berücksichtigt; ebenso unterschiedliche Eintrittszeitpunkte in die Fremdpflege – manche Kinder wurden unmittelbar nach der Geburt, manche nach vier bis sechs Monaten, manche ab sieben bis 15 Monaten fremdbetreut. Schließlich wird das gesamte soziodemographische Spektrum von arm bis

16 1990 waren in den USA bereits über 50 % der Mütter einjähriger Kinder berufstätig.

17 Von unterschiedlicher Qualität heißt: Große vs. kleine Gruppen; gutausgebildetes vs. angelerntes Personal; große vs. kleine Betreuer-Kind-Relation; hohe vs. niedere Interaktionsqualität; gute vs. mäßige Qualität der physischen Umgebung (Sauberkeit, Spielzeug etc.). Zu Fragen der Betreuungsgüte und ihres Effektes auf die kindliche Entwicklung informieren ausführlich Tietze et al. (1996) und Fthenakis (1998).

reich erfaßt. 76 % der untersuchten Kinder befanden sich im Laufe des ersten Jahres in irgendeiner der erwähnten Formen nichtmütterlicher Betreuung. Die anderen 24 % dienten als Kontrollgruppe. Wie unschwer zu bemerken ist, handelt es sich nach Aufbau und Umfang des Projekts um die Studie aller Studien.

Die (vorläufigen) Ergebnisse sind wie folgt: 1. Es gibt keinerlei Indizien dafür, daß Quantität oder Qualität der Fremdpflege oder des Eintrittsalters des Kindes irgendeinen Effekt auf die Bindungsqualität mit der Mutter haben. 2. Nur wenn die Mutter-Kind-Beziehung als wenig feinfühlig eingeschätzt wird, erhöht sich die Wahrscheinlichkeit einer unsicheren Bindung weiter, wenn a) die Qualität der Fremdpflege schlecht ist, b) die Zahl der Fremdbetreuungsstunden hoch ist und c) das Pflegearrangement oft wechselt. Dieser Effekt tritt *nicht* ein, wenn die Mutter-Kind-Beziehung als gut eingeschätzt wurde.

Diese Ergebnisse sind überraschend. Sie besagen im Kern, daß die Qualität der Mutter-Kind-Beziehung ziemlich robust die Bindungsqualität bestimmt und daß Fremdpflege von guter Qualität diesbezüglich nicht kompensiert und solche von mäßiger Qualität nicht schadet. Sie schadet nur dann, wenn die Beziehung schon vorbelastet ist. Dann allerdings kann sie unter Umständen auch nützen: In der Gruppe der am wenigsten sensitiven Mütter war die Zahl der unsicher gebundenen Kinder geringer, wenn sich die Kinder in guter Fremdpflege befanden, als wenn die Fremdpflege schlecht war.

Einschränkend muß betont werden, daß sich die genannten Ergebnisse nur auf einen Aspekt der (sozio-emotionalen) Entwicklung beziehen: die Bindungsqualität. Andere Fragen werden derzeit untersucht, z. B. der mögliche Einfluß der unterschiedlichen Pflegearrangements auf die kognitive und Sprachentwicklung, auf die Verhaltensregulation und Anpassungsfähigkeit (compliance) sowie auf die Gestaltung der Gleichaltrigenbeziehungen. Diese Bereiche hängen zwar zum Teil mit der Bindungsqualität zusammen, sind aber nicht mit ihr identisch, das heißt, es gibt auch Entwicklungsbereiche »außerhalb« der Bindungsbeziehung, die von erheblicher Bedeutung sind.

Viele Autoren sind z. B. mittlerweile der wichtigen Frage nachgegangen, ob es einen Zusammenhang zwischen extensiver Fremdbetreuung im ersten Lebensjahr und dem gehäuften Auftreten von späteren Disziplin- oder Aggressionsproblemen gibt. Da solche Probleme häufig langzeitstabil sind – z. B. Aggressivität im zweiten Lebensjahr sich bis ins Vorschul- und Schulalter durchziehen kann (s. Cummings et al. 1989; Rose et al. 1989; Shaw et al. 1994; Campbell et al. 1994; Campbell 1995) – ist ihr frühes Auftreten und die Bedingungen, die es fördern, von besonderem Interesse. Die bisher dazu vorliegenden Ergebnisse sind widersprüchlich. Es gibt sowohl Studien, die einen Zusammenhang gefunden haben, als auch solche, die keinen fanden.

Die nunmehr vorliegende minutiöse Untersuchung der NICHD-Gruppe (1998) stärkt die Auffassung, daß es *keinen* Zusammenhang gibt (ähnlich Rubin et al. 1998, S. 1621, S. 1626). Es wurde vielmehr festgestellt, daß Familienvariablen (insbesondere die Sensitivität der Eltern-Kind-Interaktion) und Eigenschaften des Kindes (inbesondere sein Geschlecht) für das Auftreten späterer Verhaltensprobleme von wesentlich größerer Bedeutung sind als das Ausmaß der frühen Fremdpflege. Wie erwartbar ergab sich ein deutlicher Zusammenhang zwischen sensitiver Eltern-Kind-Interaktion, sicherer Bindungsqualität und dem Nichtauftreten von Verhaltensproblemen im zweiten und dritten Lebensjahr. Ebenso erwartbar traten solche Probleme bei Buben häufiger auf als bei Mädchen. Kein Zusammenhang konnte zwischen früher (extensiver) Fremdbetreuung und Aggressivität im Alter von drei Jahren festgestellt werden. Ein meßbarer, aber nicht besonders stark ausgeprägter Effekt bestand zwischen der Qualität der Fremdpflege und dem Ausmaß der späteren Widersetzlichkeit: Je besser die Qualität, desto geringer waren die Probleme. Im Klartext heißt das: Die Fähigkeiten des Kindes zur Kooperation mit Eltern und Erziehern, sein Trotz oder seine Aggressivität sowie seine Fähigkeit, Einschränkungen und Grenzen ohne Groll zu akzeptieren, hängen in erster Linie von der Qualität der Eltern-Kind-Beziehung und vom Geschlecht des Kindes ab und nicht vom Ausmaß der Fremdbetreuung.[18]

18 Die einzig noch offene Frage ist, ob es diesbezüglich vielleicht »sleeper«-Effekte gibt, d. h., ob Verhaltensprobleme zwar nicht mit zwei und drei Jahren, wohl aber z. B. ab vier Jahren auftauchen. Dies werden Follow-up-Untersuchungen klären müssen. In Harveys (1999) Untersuchung war dies der Fall. Drei- und Vierjährige waren etwas weniger folgsam, wenn die Mütter früh berufstätig geworden waren, als wenn sie ihre Berufstätigkeit erst später (ab drei Jahren) begannen. Der Unterschied war allerdings gering.

Zusammenfassend kann man festhalten: Nach der derzeitigen Datenlage kann – selbst wenn man eine Kultur wie die amerikanische untersucht, in der mütterliche Berufstätigkeit nicht uneingeschränkt begrüßt wird – diese Berufstätigkeit bei genauerer Untersuchung nicht einmal als Risikofaktor für einen Risikofaktor betrachtet werden, d.h., sie erhöht nicht die Wahrscheinlichkeit einer unsicheren Bindung, wenn diese Wahrscheinlichkeit nicht schon vorher (durch insensitive Mutter-Kind-Interaktion) erhöht ist. Kurz: Eine sichere Bindungsbeziehung wird durch Berufstätigkeit und Fremdbetreuung nicht unsicher und eine unsichere nicht sicher.

Nicht gänzlich klar ist, wie dieser Befund mit dem weiter oben beschriebenen von der Bedeutung des Vorhandenseins mindestens einer zugewandten Bezugsperson als Schutzfaktor für die spätere Entwicklung zu vereinbaren ist. Bei qualitativ hochwertiger Fremdpflege sollte man annehmen, daß eine solche Person existiert und es somit kompensatorische Wirkungen gibt. Eine mögliche Lösung dieses (scheinbaren) Widerspruchs wäre, daß die Existenz einer solchen Person zwar nicht unmittelbar die Qualität der Mutter-Kind-Bindung, aber doch (auf anderen Wegen) die Persönlichkeitsressourcen des Kindes verbessert und so das spätere Krankheitsrisiko verringert. Auch hier zeigt sich wieder, daß Bindung nicht »alles« ist.

Resümee

Zum Schluß möchte ich noch der Frage nachgehen, was die bisher dargestellten Forschungsmethoden und Ergebnisse mit der Psychoanalyse zu tun haben. Die diesbezüglich häufig gestellte Gretchenfrage lautet bekanntlich: »Ist das noch Psychoanalyse?« Die Frage ist oft rhetorisch und die Antwort schon klar: »Natürlich nicht!« Keine Abwehr-, Widerstands- und Übertragungsanalyse, keine psychodynamischen Überlegungen, kein Unbewußtes, keine Couch, keine freien Assoziationen, statt dessen Rechnereien mit großen Zahlen – »Fliegenbeinzählerei«.

Ich denke, die Antwort auf die gestellte Frage sollte komplexer sein als ja oder nein (s.a. Tress 1988; Tress et al. 1996). Im Gegensatz zur biblischen Empfehlung – Deine Antwort sei ja, ja, nein, nein; alles andere ist von Übel – halte ich hier einfache Antworten für problematisch. Angesichts der Doppelnatur des Menschen, der sowohl ein Naturwesen ist als auch eines, das seine eigenen organismischen Reaktionen und Empfindungen immer wieder interpretiert und ihnen einen oft sehr individuellen Sinn gibt, hat kein singuläres Forschungsprogramm Chancen, den Menschen in seinen vielen Facetten vollständig zu beschreiben. Das, was ein Mensch aus seiner Kindheit macht, die Interpretationen, die er ihr angedeihen läßt, die Wirkungen und vor allem die Bewertung und Einschätzung der Ereignisse und ihrer Folgen, ihre Wahrnehmung oder Nichtwahrnehmung, sind sehr individuelle und sehr komplexe Verarbeitungsweisen, die mit nomothetischen, großflächig arbeitenden Programmen der Untersuchung nie zu erhellen sein werden. Hier kann nur die Untersuchung des Einzelfalls wirklich Aufklärung bringen. Was wir mit großflächigen Untersuchungen herausfinden können, sind statistische/probabilistische Zusammenhänge, z. B. zwischen Kindheitsbelastung und Neurosenrisiko; was wir nicht (oder nur begrenzt) herausfinden können, ist, was die Kindheitsbelastung für dieses oder jenes Subjekt bedeutet, wie das Subjekt die mütterliche Psychopathologie oder die Abwesenheit des Vaters oder den Ehestreit erlebt hat und heute bewertet. Wir können allerdings herausfinden, daß dies relevante Faktoren für seelische Gesundheit oder Krankheit sind, und insofern können nomothetische Forschungsergebnisse und Forschungsmethoden durchaus zu kausalen Theorien über die Bedingungen von Gesundheit und Krankheit beitragen.

Die klinische Behandlung von Einzelfällen führt in der Regel nicht zu »objektiv« kausalen Theorien, denn ihr ist nur zugänglich, was der Patient für kausal *hält.* Möglicherweise entfaltet dieser Glaube seine eigene pathogene oder kurative Wirkung, unabhängig von seiner Wahrheit. Dennoch würde ich empfehlen, klinisch gewonnene Hypothesen über die Entstehung seelischer Krankheit oder Bedingungen seelischer Gesundheit, soweit es geht, extraklinisch zu überprüfen.[19] Zu leicht macht man sich im rein klini-

19 Tress (1988), Leuzinger-Bohleber (1995), Stuhr (1997) und Dreher (1998) diskutieren ausführlich die verschiedenen Möglichkeiten der Kombination traditioneller psychoanalytischer Kasuistik mit anderen Forschungsmethoden.

schen Setting nur unzulängliche Vorstellungen von den tatsächlichen Krankheitsursachen. Stellt man z. B. fest, daß empathisches Spiegeln die Fragmentierung des Selbst verhindert (Kohut), so liegt der Schluß nahe, daß das Fehlen von empathischer Spiegelung in der Kindheit eine wesentliche Ursache für die gegenwärtige Schwäche der Selbstkohärenz ist. Aber dieser Schluß ist problematisch. Genausogut könnte man feststellen: Aspirin hilft gegen Kopfschmerzen, also ist das Fehlen von Aspirin eine wesentliche Ursache von Kopfschmerzen (Gedo 1986, S. 176 f.). Das ist offenkundig Unsinn. Ich will mich mit diesem Beispiel nicht über Kohuts Theorie, die ich sehr schätze, lustigmachen. Ich vermute, er hat sogar recht mit seiner klinisch gewonnenen Behauptung über den Zusammenhang zwischen empathischer Spiegelung und Aufrechterhaltung der Selbstkohärenz. Aber diese Hypothese sollte in extraklinischen, prospektiven, entwicklungspsychologischen Longitudinaluntersuchungen näher untersucht werden (s. a. Eagle 1984 a, S. 86). Solche Forschung über wirkliche (und nicht »nur« subjektive) Kausalität ist nicht wertlos. Sie informiert uns über die Grundreaktionen des menschlichen Organismus, die auch Kliniker nicht ignorieren sollten, selbst wenn sie sie nicht unmittelbar gebrauchen können.

Die Ergebnisse einer Arbeit von Money und Ehrhardt (ref. nach Eagle 1980, S. 351) können den Unterschied zwischen objektiver und subjektiver Kausalität verdeutlichen. Behandelt man schwangere Frauen mit bestimmten Hormonen (z. B. Progestin), um eine Fehlgeburt zu verhindern, so führt das bei den weiblichen Föten zu einer Beeinflussung der Gehirnentwicklung, die zum Ergebnis hat, daß die späteren Mädchen häufig »vermännlichen«. Sie sind eher jungenhaft im Aussehen, haben kaum Interesse an Puppenspielen und weiblichen Kleidern, dafür aber um so mehr an athletischen Sportarten und dem Verfolgen ihrer Karriere. Würde man solche Mädchen nach den Gründen für ihre Verhaltensweisen und Vorlieben befragen, so würden sie kaum auf die objektiven Ursachen – nämlich die intrauterine Androgenisierung ihres Gehirns – zu sprechen kommen, obwohl diese Tatsache (neben anderen Einflüssen)

Westen (1991) beschreibt überzeugend den Beitrag extraklinischer Forschungen für das Neuverständnis klinischer Störungsbilder, insbesondere von Borderline-Störungen.

für eine vollständige Erklärung ihrer Entwicklung unentbehrlich ist.

Ein weiteres Beispiel soll das Spannungsverhältnis zwischen klinisch-hermeneutischer und gesetzeswissenschaftlicher Empirie illustrieren.[20] Wir wissen aus der Psychoneuroimmunologie (Überblick bei Miketta 1991; Beutel 1991; Klosterhalfen/Klosterhalfen 1996; Schubert 1998), daß Objektverlust bei Mensch und Tier zu einem Absinken der T-Helferzellen führt, also die Immunabwehrlage des Körpers negativ beeinflußt und so die Wahrscheinlichkeit für Infektionserkrankungen aller Art erhöht. Wir wissen ebenfalls, daß Objektverlust einen Effekt auf die sogenannte Endorphinproduktion des Gehirns hat, also auf die Herstellung körpereigener Morphine, welche die Stimmungslage beeinflussen. Nach einem Verlust nimmt die körpereigene Morphinproduktion ab, so daß sich der Organismus in einem sprichwörtlichen und physiologischen Sinne »im Entzugszustand« befindet. Der Stimmungsabfall und die Depression können also auf einer rein physiologischen Basis erklärt werden. Das Absinken der Endorphine »verursacht« die Depression (auch wenn dieses Absinken selbst durch den Objektverlust verursacht wurde). Daß solche und ähnliche Forschungsergebnisse »auch praktische Bedeutung im Hinblick auf psychosoziale Versorgungsansätze haben, zeigen Befunde

20 Ausführlich wird dieses Problem in dem oben erwähnten exzellenten Aufsatz von Leuzinger-Bohleber (1995) behandelt. Ich schließe mich ihrer Auffassung an, daß dieses Spannungsverhältnis »nicht zu lösen, sondern nur kritisch zu gestalten ist« (ebd., S. 464). Buchholz (1999) hat in einer umfassenden Monographie eine originelle Neufassung des Theorie-Praxis-Problems für das Feld der Psychotherapie vorgelegt. Ihm zufolge wenden Psychotherapeuten in ihrer Praxis nicht *wissenschaftliches,* sondern *professionelles* Wissen an. Beide Wissensformen unterscheiden sich, wie der Autor ausführlich und überzeugend darstellt, erheblich. Die Anwendung *wissenschaftlichen* Wissens in Psychotherapien würde Buchholz zufolge eher schaden als nützen, u. a. deshalb, weil die mit »Verwissenschaftlichung« von Therapie unvermeidlich einhergehende Standardisierung das für die Therapie wichtigere professionelle Wissen und Können, das u. a. von Intuition und Improvisation lebt, strangulieren kann. Es ist ein Verdienst der Arbeit von Buchholz, den Unterschied zwischen Psychotherapie als (angewandter) Wissenschaft und als Profession subtil auszuleuchten und für eine Konzeptualisierung von Psychotherapie als Profession zu plädieren, ohne deswegen wissenschaftsfeindlich zu werden.

einiger neuerer Interventionsstudien. Günstige Effekte auf endokrinologische Parameter und Krankheitsverläufe hatten Interventionen zur Förderung sozialer Beziehungen und zur Vermeidung von Distress durch Erwerb von Bewältigungsfertigkeiten« (Beutel 1991, S. 274). Von Psychoneuroimmunologie und Hirnforschung werden wir in Zukunft noch viel, z. B. über die Wirkung und Verarbeitung von (frühen) Traumen, lernen.[21]

Aber bestimmte Dinge werden wir wahrscheinlich niemals von ihnen erfahren. Kein Mensch hat sich oder wird sich je über seine Reaktionen auf Objektverlust in der Sprache und im Gewand der Naturwissenschaften mit sich selbst oder mit anderen verständigen. Er wird über seine Trauer nicht in Begriffen seines abgesunkenen Endorphinspiegels reden, sondern er wird über den Menschen sprechen, den er vermißt, und über sich selbst und seine Gefühle, Ängste und Hoffnungen. Er wird das auch dann noch tun, wenn es auf medikamentösem Wege möglich ist, seinen Endorphinspiegel und seine T-Helferzellen zu stabilisieren. Er wird dann weniger Ängste haben und vielleicht weniger Infektionskrankheiten, aber das schafft seinen Verlust nicht aus der Welt und auch nicht die psychischen Folgen (auch wenn es ihr Erscheinungsbild verändern kann). Selbst ohne Erkältung und ohne Depression wird er ein Bedürfnis haben, sich zu fragen: Warum ist mein Freund gerade jetzt gestorben? Bin ich daran schuld? Hat er sehr gelitten? Werde ich jemals einen neuen finden? Diese Fragen sind unausrottbar, weil der Mensch nicht nur ein Organismus, sondern auch eine Person ist (s. dazu ausführlich Wetz 1999). Und es sind die Fragen, mit denen sich die klinische Psychoanalyse in ihren Einzelfallstudien beschäftigt.[22]

21 Siehe beispielsweise die beeindruckende Arbeit von Perry et al. (1995) über Kindesmißhandlung und die daraus resultierenden Anomalien der Gehirnentwicklung. Die Autoren zeigen unter Rekurs auf die neuere Gehirnforschung u. a., daß und warum traumatische Erfahrungen in der Kindheit die Wahrscheinlichkeit einer späteren neuropsychiatrischen Erkrankung erheblich erhöhen. Dies widerspricht der neuerdings wieder häufiger (s. z. B. Ernst 1993) vertretenen These von einer besonderen Umweltresistenz des Säuglings. Weitere Ausführungen dazu in Kapitel 4.

22 Der eliminative Materialismus ist die einzige Position in der gegenwärtigen Diskussion über das Leib-Seele-Problem, die glaubt, dieses Problem liquidieren zu können. Für ihn ist die Alltagspsychologie und alle mentalistische Terminologie einfach ein Irrtum, den wir endlich aufgeben müssen. Glaube,

Die Risiko- und Protektionsforschung untersucht die allgemeinen Gesetzmäßigkeiten der menschlichen Entwicklung. Sie kann und will mit ihren Methoden gar nicht oder nur begrenzt bis zum Einzelfall vordringen. Insofern gibt es tatsächlich zwei »Universen des Diskurses«, den der klinisch-hermeneutischen und den der nomothetischen Empirie. Sie sollten weiter in kommunikativem Kontakt miteinander bleiben, denn beide können voneinander lernen.

Jonathan Lear (1995) hat in einem etwas anderen Kontext die Frage gestellt: Prozac *oder* Psychoanalyse? Prozac ist, wie wahrscheinlich bekannt, ein Wundermittel aus den Vereinigten Staaten, das gegen fast alle seelischen Gebrechen, vor allem Depressionen, helfen soll. Meine Antwort auf Lears Frage lautet: Prozac *und* Psychoanalyse (ähnlich Gehde/Emrich 1998, S. 997). Das ist natürlich ein metaphorisches Statement. Es bedeutet nicht, daß man während einer Psychoanalyse auch viel Prozac einnehmen sollte – das würde vermutlich eher schaden. Es soll vielmehr besagen, daß wir weder auf die Erforschung der naturgesetzlichen Aspekte der menschlichen Existenz verzichten können noch auf die der Art und Weise, in der sich Menschen als Individuen mit solchen Naturgesetzlichkeiten auseinandersetzen, sie verarbeiten und interpretieren. Nach meiner Erfahrung findet wissenschaftlicher Fortschritt häufig gerade dort statt, wo zwei unterschiedliche epistemische Grundüberzeugungen zusammenstoßen. Dieser »clash of epistemic frameworks« ist ein Motor des wissenschaftlichen Fortschritts und produziert oft die wirklich aufregenden Fragen und Ergebnisse. Deshalb sollte der interdisziplinäre Dialog über die Methodengrenzen hinweg gesucht und gefördert werden, nicht der innerdisziplinäre Autismus – auch wenn dieser Dialog gelegentlich eher als Risiko- denn als Schutzfaktor für die eigene disziplinäre Identität empfunden wird.

Hoffnung, Befürchtungen, Überzeugungen und überhaupt alle mentalen Entitäten stehen in dieser Sichtweise hinsichtlich ihres Status als Erklärungen für Handlungen oder Vorgänge des Seelenlebens auf derselben Stufe wie die Annahmen von Hexen und Dämonen als Ursache von Geisteskrankheiten. Die Einseitigkeiten dieser Konzeption werden instruktiv z. B. von Brüntrup (1996, bes. S. 121 ff.) herausgearbeitet. Kurthen (1998) diskutiert sehr subtil die möglichen Grenzen einer mentalistischen Psychologie. Einen guten Gesamtüberblick zu dieser ganzen Thematik gibt Pauen (1999 a, b).

Im übrigen zeichnet sich ab, daß sich die Grenzen zwischen den verschiedenen Methoden und Disziplinen auflockern. Fajardo (1998) hat in einer instruktiven Arbeit dargestellt, wie durch die Theorie der nichtlinearen Dynamik von Systemen (vulgo: Chaostheorie) und deren Anwendung in der Entwicklungspsychologie eine Annäherung zwischen »hermeneutischer« Psychoanalyse und »positivistischer« Entwicklungspsychologie stattfinden kann. Unter dem Einfluß dieser Theorieströmung wird nämlich in Teilen der Entwicklungspsychologie nicht mehr nur nach allgemeinen Gesetzen bei großen Zahlen gefragt, sondern durchaus auch nach individuellen Besonderheiten bei bestimmten Eltern-Kind-Paaren, nach dem subjektiven Erleben von Eltern und Kindern und nach dessen Bedeutung für die weitere Entwicklung. Diese Betonung der individuellen Besonderheiten und der (inter)subjektiven Aspekte zwischenmenschlicher Erfahrung weist Parallelen auf mit der von Fajardo als hermeneutisch-konstruktivistisch bezeichneten Richtung innerhalb der neueren Psychoanalyse, in der die Besonderheiten eines bestimmten Analytiker-Patient-Paares und die Dynamik ihrer Beziehung im Mittelpunkt stehen und nicht mehr, wie noch in der Tradition der Ich-Psychologie, die allgemeinen Gesetze der Neurosenlehre oder die Regeln der Behandlungstechnik und deren mögliche Anwendung in der psychoanalytischen Situation.

Kapitel 4 Die Bedeutung der biographischen Vergangenheit für die Gegenwart

Einleitung

Das Interesse für die Vergangenheit ist so alt wie die Menschheit. Seit es Menschen gibt, wollen sie wissen, wo sie herkommen und wo sie hingehen. Deshalb existieren Schöpfungs- und Erlösungsreligionen. Die einen befassen sich mit dem Ursprung, die anderen mit dem Ende, manche mit beidem. Religion, Kosmologie und Geschichtsphilosophie waren immer Versuche der Selbstverständigung *von Kollektiven* über ihre Herkunft und Zukunft.

Das Interesse für die Vergangenheit *des einzelnen* und ihrer möglichen Bedeutung für seine weitere Entwicklung ist fast genauso alt. »Es hat in der Geschichte der westlichen Gesellschaft keine Epoche gegeben, in der nicht Gelehrte, Geistliche und Politiker erklärt hätten, der Charakter des Erwachsenen werde in gewissem Umfang während der ersten Lebensjahre geformt« (Kagan 1984, S. 31). Eissler, ein anerkannter Sachwalter des klassischen psychoanalytischen Erbes, war der Auffassung, daß dies nicht nur »in gewissem Umfang« der Fall sei, sondern definitiv: »Es ist eine Grunderkenntnis psychoanalytischer Forschung, daß – bei Konstitution innerhalb normaler Grenzen – Erlebnisse innerhalb der ersten fünf Jahre darüber entscheiden, ob das Kind später ein Verbrecher oder ein Heiliger, eine in ihren Leistungen durchschnittliche oder überragende Persönlichkeit, ob es ein gesunder, ausgeglichener Mensch oder ein von Neurose und Depression zermürbter Mensch sein wird« (1975, S. 75 f.). Unglücklicherweise ist diese »grundlegende Erkenntnis psychoanalytischer Forschung« nicht auf ungeteilte Zustimmung gestoßen. Eher im Gegenteil: »Die weitverbreitete Überzeugung, daß Erfahrungen in den ersten Lebensjahren die Entwicklung eines Menschen für den Rest des Lebens bestimmen(...) ist im Großen und Ganzen ein Mythos« (Kohlberg et al. 1984, S. 93). Oder: »Ein Großteil dessen, was Menschen als Erwachsene tun, denken und glauben ist von den spezifischen Erziehungstechniken der ersten fünf Lebensjahre nicht wesentlich beeinflußt« (McClelland et al., zit. nach Göppel 1997, S. 279). Man könnte, mit Göppel (ebd.), einwenden, daß McClelland et al. zum einen das Fühlen vergessen haben und nur Aussagen über das Tun, Denken und Glauben machen; außerdem könnte man bemängeln, daß sie den behaupteten Nichtzusammenhang auf *spezifische Erziehungstechniken* beschränken, die Frage nach einem Einfluß der *allgemeinen Beziehungsqualität* auf spätere Persönlichkeitseigenschaften[1] aber außer acht lassen. Dennoch sind mit den ausgewählten Zitaten die beiden Grundpositionen markiert. Entweder: Die Vergangenheit hat einen erheblichen Einfluß auf die Gegenwart. Oder: Sie hat keinen.

Der gegenwärtige Kontext als zentrales Bestimmungselement von Denken und Fühlen

Wer glaubt, diese Frage sei schon entschieden, könnte sich täuschen. Dieser Auffassung ist jedenfalls Michael Lewis, Professor für Psychologie, Direktor des Instituts für das Studium der kindlichen Entwicklung an der Universität von New Jersey und einer der bekanntesten und renommiertesten Entwicklungspsychologen in den Vereinigten Staaten. Ich betrachte die Aussagen seines neuen Buches (»Altering Fate: Why the Past Does not Predict the Future«) als paradigmatisch für eine bedeutsame Veränderung im Denken über den Menschen und die Gesellschaft, die sich auch in anderen Disziplinen vollzieht, z. B. in der Gedächtnispsychologie, der Geschichtsschreibung, manchen soziologischen/philosophischen Theorien über die Postmoderne – und auch in der Psychoanalyse. Die Tendenz dieser Veränderung besteht u. a. darin, 1. das Selbst in Beziehungen aufzulösen und 2. die Vergangenheit zugunsten der Gegenwart zu »entmachten«.

1 welchen z. B. die Bindungstheorie dokumentiert (s. Kapitel 2).

Wie man das Selbst in Beziehungen auflöst, hat Gergen (1990) in einem einflußreichen Aufsatz über »Die Konstruktion des Selbst im Zeitalter der Postmoderne« vorgeführt. Zur Orientierung des Lesers hier eine kurze Textpassage.[2] »In der modernistischen Zeit glich das vollentwickelte Selbst einem wohlgelungenen Produkt, einer Einheit, die von Zeit und Umständen unabhängig war. Im Gegensatz dazu hört mit der Postmoderne das Individuum als selbständige, unabhängige Einheit zu existieren auf (...). Die Individuen sind nur Bestandteile der viel fundamentaleren Einheit der Beziehung (...). Das Selbst ist nunmehr nichts als ein Knotenpunkt in der Verkettung von Beziehungen. (...) Die Verschiebung von der Vorstellung vom unabhängigen, in sich ruhenden Individuum (...) zum Selbst als Beziehung hat für den Alltag zahlreiche Folgen (...). So sind wir beispielsweise bisher davon ausgegangen, daß Gefühle ein Teil des Menschen sind, tief im Bewußtsein verborgene Vorgänge, möglicherweise angeboren und universell vorfindbar. Betrachtet man nun das Selbst als Beziehung, müssen auch Gefühle als Beziehungskomponenten betrachtet werden. Meine Depression ist demnach nicht mehr ein Stück von mir; sie entsteht aus der Art und Weise meiner Beziehung zu anderen. Sie ist vergleichbar mit einer Tanzbewegung zweier oder mehrerer Tänzer, die nur aus dem Zusammenhang des komplexen Tanzes einen Sinn macht. Es ist daher ›unsere Depression‹; ich bin nur ihr Träger« (S. 197 f.). Psychoanalytisch gesprochen wird hier die pathologische Variante der projektiven Identifizierung als Normalzustand ausgegeben. Das Selbst ist vollständig in seinen Beziehungen verschwunden.

Wie man die Vergangenheit in der Gegenwart verschwinden läßt, zeigt Lewis in seinem oben erwähnten Buch. Dessen zentrale Botschaft lautet so: Die Vergangenheit eines Menschen, seine Lebenserfahrungen als Kind, die erlebte Beziehungsqualität in der Kindheit etc. haben kaum einen Einfluß auf das spätere Verhalten

2 Für ausführlichere Darstellungen dieser Thematik siehe z. B. Krappmann (1969), Cushman (1990), Straub (1991), Mitchell (1993), Leary (1994), Smith (1994), Welsch (1987, 1995), Wenzel (1995), Eagleton (1996 b), Elliott (1995, 1996), Elliott/Spezzano (1996, 2000), Kraus (1996), Protter (1996), Keupp/Höfer (1997), Strenger (1997 a, 1998), Bader (1998), Bürger (1998), Honneth (1999), Keupp (1999) sowie Bohleber (1999) und Hardt/Vaihinger (1999) mit weiterer psychoanalytischer Literatur.

und Fühlen. Entscheidend dafür sind die gegenwärtigen Lebensumstände. Charakterzüge gibt es nicht, es sieht nur so aus, als ob es sie gäbe! Was wir Charakter nennen, also die (relative) individuelle Konstanz und Gleichförmigkeit von Gefühls- und Verhaltensmustern, ist die Funktion einer konstanten Umwelt. Wenn ein Kind beispielsweise depressiv ist, so wäre es ein Irrtum zu glauben, es sei so, weil es irgendwann in der Vergangenheit auf Grund bestimmter Erfahrungen eine depressive Persönlichkeitsstruktur erworben habe. Vielmehr ist seine Depression eine Antwort auf Lebensumstände, die deprimierend sind, *aber noch andauern*. Für die Aufrechterhaltung der Depression ist nicht eine Persönlichkeitseigenschaft verantwortlich, sondern das Fortbestehen der deprimierenden Lebensbedingungen. Ändern sich die, so verschwindet (über kurz oder lang) die Depression. »(...) Psychologen glauben im allgemeinen, daß ein Kind depressiv ist, weil seine depressive Mutter ihm einen entsprechenden Charakterzug vermittelt hat, und sie behandeln das Kind üblicherweise mit dem Ziel, diesen Charakterzug zu verändern. Aber wenn man statt dessen Kinder aus der Umgebung entfernt, die dieses Merkmal produziert hat, verschwindet es mit hoher Wahrscheinlichkeit. Das lehrt uns, daß die Depression des Kindes daraus resultiert, daß es in einer depressiven Umgebung lebt« (Lewis 1997, S. 192). Und: »Wenn die Umgebung schlecht bleibt, bleibt das Kind schlecht; wenn sie gut ist, bleibt das Kind gut. Ändert sie sich von gut zu schlecht, so ändert sich das Kind von gut zu schlecht. Das Verhalten des Kindes ist Ausdruck des Kontextes, in dem es sich befindet, nicht der eines im Kind lokalisierten Charakterzuges« (ebd., S. 144).

Die Berührungspunkte zu Gergens Auffassung über das Selbst sind mit Händen zu greifen, die Aussagen in ihrer Einfachheit bestechend, fast könnte man sagen bestürzend. Man ahnt, daß da etwas nicht stimmen kann. Aber das ist leichter vermutet als bewiesen. Ich werde im folgenden an Hand einiger ausgewählter Fragestellungen diskutieren, ob die Vergangenheit tatsächlich irrelevant für die Gegenwart ist oder nicht. Dabei lasse ich mich von Lewis, der ein brillanter Schriftsteller und Rhetoriker ist, in der Vorgabe der Fragen inspirieren, komme aber im Verlauf der Beantwortung zu anderen Resultaten. Die erste Frage lautet:

Sind frühkindlich deprivierte Primaten vollständig rehabilitierbar?

Die meisten Leser werden sich vermutlich zumindest vage an die Deprivationsexperimente von Harry Harlow mit Rhesusaffen erinnern. Über die Arbeiten von Spitz (1962, 1965 b) sind sie auch in psychoanalytischen Kreisen bekannt geworden. Harlow (1958; Harlow et al. 1965) hatte in den 50er und 60er Jahren junge Rhesusaffen nach der Geburt von ihren Artgenossen getrennt, sie isoliert aufgezogen und ihre weitere Entwicklung untersucht. Seine Befunde waren dramatisch. Die isoliert aufgewachsenen Affen zeigten schwere Beeinträchtigungen im Sozialverhalten, ihr Sexualverhalten war gestört, und sie waren häufig nicht in der Lage, Nachwuchs, wenn er sich überhaupt einstellte, adäquat großzuziehen. Dies wurde von Spitz und anderen als Beleg für die gravierenden Folgen des Mutterverlustes betrachtet.

Die Nachfolgeuntersuchungen von Harlow (zusammenfassend Novack/Harlow 1975) sind nicht gleichermaßen bekannt geworden. In ihnen hat er die Art und den Grad der Isolation systematisch variiert, um herauszufinden, ob die Ergebnisse sich verändern. Eine Gruppe von Affen wurde nun zwar von ihren Müttern getrennt, aber nicht vollständig von den Artgenossen isoliert, sondern wuchs mit Gleichaltrigen auf. Die nachteiligen Folgen verschwanden. Die Affen entwickelten sich – so Lewis (1997, S. 146) – »just fine«. Wenn das stimmen würde, wäre es enorm. Aber stimmt es wirklich?

Suomi, einer der führenden Primatenforscher und ehemaliger Mitarbeiter Harlows, kommt in zwei neueren Überblicksarbeiten (1991, 1995) zu folgenden Ergebnissen: Die von gleichaltrigen Affen großgezogenen sind *auf den ersten Blick* kaum von ihren unter normalen Umständen aufgewachsenen Artgenossen zu unterscheiden. Sie zeigen häufig (jedoch nicht immer) normales Sozial- und Sexualverhalten. *Unter Streß allerdings werden markante Unterschiede deutlich.* Setzt man beide Gruppen einer kurzen Trennung aus, so reagieren die von Gleichaltrigen Aufgezogenen wesentlich heftiger. Bestimmte endokrine Parameter (wie Plasma-Cortisol), die indikativ für erlebten Streß sind, steigen bei ihnen stärker an als bei den von ihren Müttern aufgezogenen Affen, und auch im manifesten Verhalten zeigen sich Unterschiede. Die von Gleichaltrigen Großgezogenen greifen in solchen Situationen vermehrt zu »Selbstpflegehandlungen«, was ebenfalls indikativ für Streß ist. Weiter ergab sich, daß die Affen der Gleichaltrigengruppe in der Adoleszenz aggressiver auf Fremde reagierten, eine höhere Wahrscheinlichkeit hatten, aus der Gruppe ausgestoßen zu werden, und als Mütter häufiger Defizite gegenüber dem ersten Neugeborenen zeigten (auch wenn die Mehrzahl von ihnen kompetente Mütter waren). Suomi (1995, S. 197) resümiert, daß die von Gleichaltrigen großgezogenen Affen zwar ein anspruchsvolles Repertoire von Verhaltensweisen entwickeln können und in vieler Hinsicht den von Müttern aufgezogenen Artgenossen ähneln, insgesamt aber doch eindeutige Defizite beim Bewältigen von Neuheit und Streß während der gesamten Entwicklung zeigen. Das klingt schon etwas anders als »they just do fine«. »They just do fine« unter normalen Bedingungen. Unter schwierigen werden die Unterschiede deutlich(er).

Ein ähnliches Bild ergibt sich, wenn man der Frage nachgeht, ob und wieweit die in vollständiger sozialer Isolation aufgewachsenen Affen später noch rehabilitierbar sind. Harlow hatte auch das untersucht und zu diesem Zweck »Affentherapeuten« eingesetzt. Als solche fungierten jüngere Artgenossen, weil sie weniger Aggression auf sich ziehen als Gleichaltrige. Nach drei Jahren »Therapie« schienen die Affen vollständig rehabilitiert – so jedenfalls Lewis. Die als Beleg angeführte Literatur (Novack 1979) stützt diese Behauptung – zunächst. Suomis oben erwähnte neuere Arbeiten zeigen allerdings auch hier, daß die vollständige Rehabilitation nur so lange anhält, wie keine Streßbedingungen eintreten. Dann nämlich zeigen sich erhebliche Unterschiede (ähnlich Kraemer 1985, mit weiterer Literatur).

Wie steht es nun um die mütterlichen Qualitäten solcher Affen? Lewis (S. 147) berichtet, daß sie sich sehr viel besser gegenüber dem zweiten als gegenüber dem ersten Kind benahmen, und betrachtet das als Beleg dafür, daß es keinen Charakterzug »schlechte Mütterlichkeit« gibt, der sich auf Grund der Erfahrung, mutterlos aufgewachsen zu sein, gebildet habe, denn dieser hätte sich ja dann auch dem zweiten Kind gegenüber zeigen müssen. Abgesehen davon, daß sich vorhandene Charaktereigenschaften auch unterschiedlich ausdrücken bzw. latent bleiben können, ohne daß man deswegen auf ihre Bedeutungslosigkeit schlußfolgern müßte – Eltern, die zu

Kindesmißhandlung neigen, mißhandeln nicht alle ihre Kinder, obwohl sich eine erhöhte Neigung zur Mehrfachmißhandlung durchaus feststellen läßt (Dornes 1997, Kap. 8) –, ergibt die Lektüre einiger von Lewis nicht erwähnter Studien auch hier ein etwas anderes als das suggerierte Bild. Champoux et al. (1989, 1992) berichten, daß sowohl die vollständig isolierten als auch die von Gleichaltrigen aufgezogenen Affen sich in ihrem mütterlichen Verhalten sehr wohl von einer unter normalen Umständen aufgewachsenen Vergleichsgruppe unterschieden. Es gab bei ersteren Zeichen subtiler Defizite im Bemutterungsverhalten, die sich besonders (aber nicht nur dann) zeigten, wenn die Affen in Streßsituationen kamen. Die vormals isoliert Aufgezogenen wiesen ihre Kinder häufiger zurück, die von Gleichaltrigen Aufgezogenen boten ihnen weniger Körperkontakt an. Die Autoren halten diesen Befund nicht für trivial, weil sich gezeigt habe, daß auch schon bloß unterdurchschnittlicher Körperkontakt bei den Nachkommen zu dauerhaft nachteiligen Änderungen im hormonalen System führen könne (Champoux et al. 1992, S. 252).

In einer anderen Studie haben Kraemer und Clark (1996) das Aggressionsverhalten normaler und von Gleichaltrigen aufgezogener Affen untersucht. Die ersten zeigten Aggression, wenn es dem Beobachter angemessen und nachvollziehbar erschien, z. B. wenn sie sich von einem Rivalen bedroht fühlten. Die zweite Gruppe zeigte häufiger »unverständliches« Aggressionsverhalten. Es trat ohne nachvollziehbaren Kontext auf, richtete sich auf unglaubwürdige Objekte und war in Stärke und Dauer unangemessen. Kurz: diese Affen waren nicht aggressiv, sondern gewalttätig.

In Zeiten zunehmenden Interesses an der Neurobiologie ist ein weiterer Befund dieser Studie erwähnenswert. Es ist bekannt, daß aggressives Verhalten häufig mit einem niedrigen Spiegel des Serotoninderivats 5-HIAA einhergeht.[3] Solche Befunde werden oft enthusiastisch begrüßt, weil sie eine medikamentöse Beeinflussung des fraglichen Verhaltens suggerieren. Ohne epidemiologische Daten sind sie jedoch in der Regel wertlos. Untersuchungen an der Allgemeinbevölkerung könnten (und würden voraussichtlich) er-

3 Er wird an Hand der Rückenmarksflüssigkeit bestimmt und gilt als Indikator für den (veränderten) Serotoninstoffwechsel des Gehirns.

geben, daß manche Personen ebenfalls einen niedrigen 5-HIAA-Spiegel haben, *ohne* aggressiv zu sein. Genau das haben Kraemer et al. bei den von ihnen untersuchten Affen gefunden. Zwar hatten die von Gleichaltrigen Großgezogenen als Gruppe im Durchschnitt einen niedrigeren 5-HIAA-Spiegel, aber es gab auch in der Normalgruppe solche Befunde. Wichtig ist nun, daß die besonders aggressiven Individuen solche waren, die frühkindlich depriviert waren *und* einen niedrigen 5-HIAA-Spiegel hatten, nicht aber solche, die bei ihren Müttern aufgewachsen waren und vergleichbar niedrige 5-HIAA-Werte aufwiesen. Dies zeigt, daß die biologische Abweichung nicht die einzige, wahrscheinlich nicht einmal die Hauptursache für das gewalttätige Verhalten ist. Die Autoren ziehen daraus den Schluß, daß isolierte pharmakologische Interventionen wenig Erfolg versprechen. Wichtiger sei es vielmehr, psychosoziale Interventionsstrategien zur Vermeidung frühkindlicher Deprivation zu entwickeln, um Abweichungen in der Hirnentwicklung und in den verschiedenen endokrinen und hormonalen Subsystemen *vorzubeugen.*[4]

Betrachtet man die referierten Befunde insgesamt, so scheint folgende Zusammenfassung angemessen: »Erstens ist klar, daß verschiedene Arten früher sozialer Erfahrungen sehr wohl in Zusammenhang gebracht werden können mit bestimmten verhaltensmäßigen und physiologischen Dispositionen im späteren Leben. (...) Zweitens gilt, daß die Langzeitfolgen unterschiedlicher Früh-

4 Henningsen (1998, 1999) weist zu Recht darauf hin, daß man ein nichtreduktionistisches Gesamtbild erst dann erhält, wenn man beide Ebenen, die biologische und die psychologische, berücksichtigt. Neurobiologische Marker müssen mit »Bedeutungsmarkern« kombiniert werden. Bei Persönlichkeitsstörungen, die mit erhöhter Aggressivität einhergehen, findet sich z. B. häufig (wie bei deprivierten Primaten) ebenfalls eine Veränderung im Serotoninstoffwechsel. Diese mag *eine* Ursache der erhöhten Aggressionsneigung sein. Natürlich gibt es auch psychologische Ursachen von Aggression, die noch dazu bei den verschiedenen Typen von Persönlichkeitsstörungen höchst verschieden sind: bei Narzißten ist es eine Kränkung, bei Borderline-Störungen eher das Androhen von Verlassenwerden. Vermutlich schaffen die biologischen Marker die Disposition, d. h. die Neigung, auf eine (psychologische) Kränkung (die den Bedeutungsmarker darstellt) eher mit Aggression als z. B. mit psychosomatischen Beschwerden zu reagieren. Bestünde der biologische Marker in einer erhöhten Gefäßlabilität, so könnte die Antwort auf eine Kränkung auch in einem Migräneanfall bestehen.

erfahrung sich am deutlichsten unter Bedingungen zeigen, die ein gewisses Maß an Neuheit oder Herausforderung aufweisen – Situationen also, die stressig sind und emotionale Reaktionen hervorrufen. Bei Abwesenheit von Streß bleiben Verhaltensmuster und physiologische Eigentümlichkeiten, die man auf die frühe Erfahrung zurückführen kann, maskiert. In stabilen, gutartigen Umwelten scheint es so, wie wenn ungünstige Früherfahrungen keine leicht erkennbaren Langzeitwirkungen hätten(...). Die dramatischsten Langzeitwirkungen sehen wir am wahrscheinlichsten unter Streßbedingungen(...)« (Suomi 1991, S. 181 f.).[5] Diese Zusammenfassung widerspricht Lewis nicht nur hinsichtlich des Ausmaßes der Reversibilität ungünstiger frühkindlicher Erfahrungen, sondern noch in einem weiteren Punkt. Er betont mehrfach, daß Kindheitserfahrungen überschätzt werden und daß Zufälle, Unfälle, Katastrophen und ähnliches häufig einen viel bedeutsameren Einfluß auf den weiteren Lebenslauf hätten. Das mag richtig sein, aber es ist besonders richtig für die früh Vorbelasteten. Gerade deren Anpassungsfähigkeit und Bewältigungsmöglichkeiten sind *in Folge der frühen Belastung* eingeschränkt und bleiben es. Genau diese Gruppe hat besondere Schwierigkeiten, sich an andere Kontexte anzupassen.

Die frühe Kindheit ist aber nicht nur für die emotionale Entwicklung von erheblicher Bedeutung, sondern auch für die kognitive. Eine Forscherin, die sich vor allem mit der Symbolbildungsfähigkeit von Schimpansen beschäftigt hat, schreibt: »Ich hatte in den letzten zwanzig Jahren die Gelegenheit, mehrere Menschenaffen aufwachsen zu sehen, Affen verschiedener Arten und mit ganz unterschiedlichem Hintergrund. Aus der Fülle dieser Erfahrungen sticht eine Erkenntnis besonders hervor: Erfahrungen, die sie während des Heranwachsens machen, spielen eine entscheidende Rolle(...). Die ersten beiden Jahre im Leben eines Menschenaffen sind so etwas wie eine magische Zeit« (Savage-Rumbaugh/Lewin 1994, S. 12).

5 Auch Caspi (1991) hat gefunden, daß sich (bisher latente) Kontinuitäten im Verhalten dann deutlich zeigen, wenn die Umwelt sich verändert.

Sind die Folgen frühkindlicher Belastungen beim Menschen vollständig zu überwinden?

Bis zu diesem Punkt wurde die Frage der Langzeitwirkung ungünstiger Kindheitserfahrungen am Beispiel von (Menschen-)Affen diskutiert. Zum einen können hier die Ausgangsbedingungen experimentell manipuliert werden, was beim Menschen aus praktischen und ethischen Gründen nicht möglich ist. Zum anderen sind sie die dem Menschen am nächsten stehende Tiergruppe, und es wäre verwunderlich, wenn es zwischen beiden keinerlei Gemeinsamkeiten gäbe. Dennoch ist man nicht auf bloße Analogien zwischen Mensch und Tier angewiesen. Es gibt nämlich auch auf dem Gebiet der Entwicklungspsychologie Forschungsergebnisse, die sich mit der Frage der Langzeitwirkung ungünstiger kindlicher Lebensumstände befassen. Ich habe einen Teil davon im dritten Kapitel dargestellt und werde im folgenden nur einer bestimmten, immer wieder auftauchenden Frage nachgehen, nämlich: Sind die Folgen belastender Lebensumstände in der frühen Kindheit dann (vollständig) reversibel, wenn Kinder *nach* dieser Zeit in gute Umwelten wechseln und dort bleiben? Lewis zufolge ist die Antwort klar: Ja, natürlich.

Die große Adoptionsstudie von Hodges und Tizard (1989 a, b; s. a. Tizard/Varma 1992) weist jedoch in eine andere Richtung. Die Autoren untersuchten Kinder, die unmittelbar nach der Geburt in ein Heim kamen. Ein Teil dieser Kinder wurde nach zwei bis vier Jahren Heimaufenthalt in eine »gute« Adoptionsfamilie aufgenommen. Diese Gruppe wurde mit Kindern verglichen, die von Geburt an in vergleichbar guten Familienmilieus aufwuchsen.[6] Beide Gruppen unterschieden sich also nur dadurch, daß die einen die ersten zwei bis vier Jahre in einem Heim verbracht hatten, die anderen nicht. Die Kinder wurden zu unterschiedlichen Erhebungszeitpunkten (2, 4, 8 und 16 Jahre) hinsichtlich verschiedener Eigenschaften wie Intelligenz, Sprachfähigkeit, Sozialentwicklung etc. verglichen. Deutliche Unterschiede ergaben sich zwischen bei-

6 Es gab noch eine dritte Gruppe, nämlich die Kinder, die nach zwei Jahren Heimaufenthalt wieder in ihre (problematischen) Herkunftsfamilien zurückkehrten. Sie entwickelten sich am schlechtesten. Ich lasse sie im folgenden außer Betracht.

den Gruppen vor allem im Bereich der zwischenmenschlichen Beziehungen. Die ehemaligen Heimkinder hatten auch im Alter von 16 Jahren, obwohl sie zu diesem Zeitpunkt mittlerweile zwölf bis 14 Jahre lang in einem harmonischen, stabilen Familienmilieu aufgewachsen waren, immer noch mehr Probleme als die Kinder der Kontrollgruppe: Sie waren abhängiger von der kontinuierlichen Aufmerksamkeit der Erwachsenen, zurückhaltender in der Aufnahme von Beziehungen zu Gleichaltrigen, es gelang ihnen seltener, stabile und dauerhafte Gleichaltrigenbeziehungen einzugehen, und sie wandten sich auch weniger an Gleichaltrige, wenn sie Kummer hatten (Hodges/Tizard 1989, S. 92). Die Autoren interpretieren das als Folge der *frühen* Erfahrung, was einleuchtend ist, weil der Hauptunterschied zwischen beiden Gruppen eben der war, daß die einen die ersten zwei bis vier Lebensjahre im Heim verbracht hatten, die anderen nicht.

Der gegenwärtige Kontext: Zufall oder Zusammenhang mit der Vergangenheit?

Diese Befunde sind deshalb von besonderer Bedeutung, weil in der Literatur zur frühkindlichen Deprivation und deren Langzeitfolgen häufig argumentiert wird, daß die gegenwärtigen Schwierigkeiten der Kinder nicht auf die *frühkindliche* Deprivation zurückzuführen sind, sondern darauf, daß die ungünstigen Lebensumstände auch heute noch andauern. Ernst und von Luckner (1985) haben z. B. in ihrem bekannten Buch argumentiert, die nachteiligen Folgen früher Heimaufenthalte seien *nicht* auf die Persistenz dieser Erfahrung zurückzuführen. Die heutigen Probleme der Jugendlichen korrelierten nämlich in ihrer Untersuchung nicht mit bestimmten Parametern aus der *frühen* Kindheit, wohl aber mit denen aus der späteren Kindheit (s. a. Ernst 1993, S. 72 ff. und Kagan 1998, Kap. 2). Ernst resümiert: »Kinder werden nicht in ihren frühesten Jahren durch Traumen geprägt, sondern – bei entsprechender Vulnerabilität – nach der frühesten Kindheit allmählich durch anhaltenden Druck verbogen« (ebd., S. 80). Das ist sicher richtig und in den meisten Fällen ist es auch empirisch so, daß frühe ungünstige Lebensbedingungen andauern und nicht durch spätere günstige aufgewogen werden. (Ich werde die Gründe dafür gleich diskutieren.) Brody/Siegel (1992) fanden beispielsweise eine erstaunliche Stabilität elterlicher Einstellungen und Verhaltensweisen im Umgang mit dem Kind nicht nur während des ersten Lebensjahres, sondern auch in den darauf folgenden. Entsprechend hoch war die Korrelation zwischen der Qualität der Mutter-Kind-Beziehung im ersten Lebensjahr (gemessen durch eine differenzierte Analyse der Fütterungsinteraktion) und der Persönlichkeitsreife der Kinder mit 18 Jahren.[7] Die oben erwähnte Studie von Hodges und Tizard (1989 a, b) belegt darüber hinaus, daß selbst wenn der eher unwahrscheinliche Fall eintritt, in dem Kinder nach einer schlechten Frühkindheit in *gute* Familien wechseln, sie dennoch bleibende Narben zurückbehalten.

Esser et al. (1993) sind ebenfalls der Frage des relativen Gewichts früher und späterer Einflüsse nachgegangen. Auch sie fanden (wie Ernst und von Luckner), daß bestimmte Schwierigkeiten, die Kinder z. B. im Alter von 13 Jahren haben, mit den gegenwärtigen Lebensumständen korrelieren. Die Autoren weisen aber darauf hin, daß die mögliche Korrelation mit früheren Problemen aus methodischen Gründen oft schwer zu erheben sei. Außerdem werde oft nicht berücksichtigt, daß die gegenwärtige Lebenssituation nicht einfach ein Datum sei, sondern häufig eine (indirekte) Folge der *frühkindlichen* Probleme. Berücksichtige man das nicht, so komme man zu einer Überschätzung der Gegenwart und zu einer Unterschätzung der Vergangenheit.[8]

Dies ist ein Gesichtspunkt, der bei Lewis – aber nicht nur bei ihm – weitgehend unberücksichtigt bleibt. Die zentrale Frage diesbezüglich lautet: Sind Ereignisse, die uns »zustoßen«, wirklich Zufälle, oder sorgen wir nicht oft – gewollt oder ungewollt – dafür, daß sich bestimmte Erfahrungen wiederholen, so daß die Kontinuität der Umwelt nicht diejenige der Person konstituiert, sondern umgekehrt die der Persönlicheit erst die der Umwelt erzeugt? Diese Frage ist klinisch einfacher zu beantworten als entwicklungspsy-

7 Siehe Göppel (1997, S. 113), der auch andere Longitudinalstudien zu diesem Thema ausführlich und übersichtlich zusammenfaßt.

8 Mit ausgefeilter Methodologie versuchten diese Autoren, das relative Gewicht der frühen im Verhältnis zu der späteren Erfahrung abzuschätzen, und kamen zum Ergebnis, daß beide ungefähr dasselbe Gewicht bezüglich der gegenwärtigen Probleme haben.

chologisch. Meines Wissens existieren nur wenige extraklinische Studien zu diesem Thema. Zwei davon (die von Sroufe et al. 1990 und Booth et al. 1998) wurden im dritten Kapitel dargestellt. Eine weitere stammt von Rutter (1989, 1991 b, 1994). In ihr wurde der Lebensweg von Mädchen untersucht, die unter belastenden Umständen aufwuchsen. Die Belastung bestand u. a. darin, daß sie wegen chronischer Familienzerwürfnisse in ein Heim kamen, in dem sie bis zur Adoleszenz blieben. Diese Kinder wurden mit einer parallelisierten Kontrollgruppe verglichen, die keine Heimaufenthalte aufzuweisen hatte. Es wird kaum überraschen, daß die Heimkinder als Erwachsene in fast jeder Hinsicht schlechter funktionierten.[9] Insbesondere ihre Fähigkeit zur Bemutterung war erheblich eingeschränkt. Ein Drittel der ehemaligen Heimkinder zeigte »offenes Elternversagen«, in der Kontrollgruppe niemand (Rutter 1989, S. 35). Natürlich kann man diese Ergebnisse so interpretieren, daß hierbei nicht nur frühe, sondern auch spätere Erfahrungen eine Rolle spielen. Wichtig ist nun, das Ineinandergreifen dieser beiden Erfahrungsarten zu demonstrieren. Rutter veranschaulicht dies durch folgenden, häufig beobachteten Entwicklungsverlauf: Probleme der Eltern führten zu Erziehungsschwierigkeiten mit dem Kind, diese zu sporadischen oder chronischen Heimaufenthalten bis in die Adoleszenz; beim Verlassen des Heims hatten die adoleszenten Mädchen dann keine Familie mehr oder kehrten in die zerrütteten Ausgangsfamilien zurück; vor dieser Situation flüchteten sie in überstürzte Ehen oder heirateten unter dem Druck einer Schwangerschaft oft einen Partner aus einem ähnlichen Milieu; erneut führte eine unglückliche Ehe zu Problemen mit den Kindern usw.

Man könnte nun argumentieren, daß es die *aktuell* unglückliche Ehe ist, die das aktuelle Elternversagen produziert, und als Beleg dafür anführen, daß, wenn solche Mädchen einen supportiven Ehepartner finden, ihr Elternverhalten sehr viel besser, ja zuzeiten sogar unauffällig ist. Deshalb kann man eine gute Ehe durchaus als einen Schutzfaktor gegen die intergenerationelle Weitergabe von Elternversagen betrachten. Übersehen wird dabei aber, daß die Fähigkeit und Wahrscheinlichkeit, einen unterstützenden Partner

9 Eine andere Longitudinalstudie kam zu ähnlichen Ergebnissen (zit. in Rutter 1991 b, S. 191 ff.).

zu finden, auf Grund der Vorerfahrungen der Mädchen entscheidend herabgesetzt ist. Der Schutzfaktor »gute Ehe« bzw. der Risikofaktor »schlechte Ehe« tritt gerade *nicht* unabhängig von diesen Vorerfahrungen auf, sondern ist deren (psycho)logische Konsequenz.

Natürlich ist er nicht unausweichlich. Man kann gelegentlich auch einfach Glück haben. Rutter illustriert dies an Hand folgender Begebenheit. Die Heime verteilten die Mädchen nach dem Zufallsprinzip auf verschiedene Schulen. Darunter waren gute und weniger gute. Die Mädchen konnten die Verteilung nicht beeinflussen. Hatten sie Glück und kamen auf eine der besseren Schulen, so stieg die Wahrscheinlichkeit einer soliden Berufs- und Eheplanung um das Dreifache. Damit stieg auch die Wahrscheinlichkeit, aus positiven Gründen zu heiraten, und die, einen supportiven Ehepartner zu finden, was wiederum die Chancen für gute soziale Funktionsfähigkeit und Elternschaft erhöhte. Der Zufall der Schulzuteilung mit seinen segensreichen Folgen illustriert die Macht des Schicksals, aber er belegt nicht, daß frühe Erfahrungen keine oder nur vernachlässigbare Folgen haben. Immer und immer wieder kann nämlich gezeigt werden, daß die nachfolgenden günstigen Lebensumstände zwar eine positive Wirkung haben, aber keine vollständige Restitution erfolgt, und weiter, daß es Ketten von Widrigkeiten gibt, die zwar nicht zwangsläufig (deterministisch), aber probabilistisch ablaufen. Ein schlechter Start erhöht die Wahrscheinlichkeit, daß der nächste Schritt ebenfalls belastet ist, und ein guter senkt sie. Nicht mehr, aber auch nicht weniger.

Faßt man die bisherigen Überlegungen zusammen, so kann man feststellen, daß es eine beträchtliche Kontinuität zwischen Kindheitserfahrungen und erwachsenem psychosozialem Funktionieren gibt – insbesondere im psychopathologischen Bereich (Rutter 1989, S. 30). Das Langzeitrisiko frühkindlich ungünstiger Lebensumstände wird teilweise vermittelt durch die nachfolgenden Erfahrungen, *die mit den vorhergehenden jedoch in Zusammenhang stehen.* Teilweise ist es auch – wie die Primatenstudien und die Arbeit von Hodges und Tizard gezeigt haben – davon unabhängig und besteht in einer in der frühen Kindheit erworbenen erhöhten Vulnerabilität, die bei nachfolgenden positiven Lebensumständen latent bleibt, *bei Schwierigkeiten aber erneut hervortritt* (Rutter 1991 b, S. 198 f.).

Neuropsychologische Evidenz für die Bedeutung der frühen Kindheit

Zu ähnlichen Schlußfolgerungen kommen Jacobs und Nadel (1985), die sich in einer hochinteressanten Arbeit aus neuropsychologischer Sicht mit der Entstehung von Phobien befaßt haben.[10] Es ist allgemein bekannt, daß Ängste, die in der frühen Kindheit erworben wurden, im weiteren Lebenslauf verschwinden können. Aber sie verschwinden nicht spurlos. So scheint es nur. Unter Streßbedingungen tauchen sie erneut auf. Konditioniert man z. B. Ratten so, daß sie sich vor einem bestimmten Ton fürchten, und dekonditioniert sie anschließend, dann benehmen sie sich in bezug auf diesen Ton wieder völlig normal. Ihr Verhalten ist von dem einer Vergleichsgruppe nicht mehr zu unterscheiden. Setzt man sie jedoch unter Streß – durch Injektion von Hormonen oder durch Elektroschocks –, so taucht die anscheinend vollständig verschwundene Furcht wieder auf (Schacter 1996, S. 369).

Jacobs und Nadel stellen dar, daß etwas Ähnliches für Menschen gilt (s. a. Pally 1998, S. 353, mit weiterer Literatur). Sie erklären das Auftauchen von Phobien, also irrationalen Ängsten vor bestimmten Situationen oder Objekten, als Reaktivierung infantiler Ängste, die latent waren und unter Belastung erneut an die Oberfläche gelangen. Sie gehen davon aus, daß eine Angstsituation in der frühen Kindheit als implizite Erinnerung gespeichert wurde. Implizite Erinnerungen sind solche, die nicht bewußt zugänglich sind, deren Existenz als Gedächtnisinhalte sich aber dennoch nachweisen läßt.[11] Man kann z. B. Patienten mit bestimmten Hirnfunktionsstörungen ein Puzzle vorlegen, das sie auch lösen. Am nächsten Tag zeigt man ihnen das Puzzle erneut. Sie behaupten mit Nachdruck, es sei ihnen gänzlich unbekannt. Gibt man ihnen nun das Puzzle und läßt sie damit herumprobieren, so lassen sie durch die Zielstre-

10 Ihre Ideen sind in jüngster Zeit u. a. von LeDoux (1996, bes. Kap. 8) aufgenommen und weiterentwickelt worden. Aus psychoanalytischer Sicht siehe dazu Levin (1997) und Pally (1998).

11 Die Konzepte der impliziten und expliziten Erinnerung bzw. die damit verwandten des prozeduralen und deklarativen Gedächtnisses und ihre Beziehung zum psychoanalytischen Begriff des Unbewußten habe ich ausführlich andernorts behandelt (Dornes 1997, Kap. 10; s. a. Köhler 1998 b und Siegel 1999, Kap. 2).

bigkeit und Geschwindigkeit ihrer Lösung erkennen, daß sie sich sehr wohl erinnern, aber ohne es zu wissen – implizit eben, nicht explizit (bewußt).

Solche impliziten Gedächtnisinhalte sind in bestimmten Hirnregionen (z. B. der Amygdala) abgelagert, explizite in anderen, insbesondere im Hippocampus. Dieser macht zwischen 18 und 36 Monaten eine beschleunigte Reifung durch. Infantile Amnesie – also die Unfähigkeit, sich an die Zeit vor zwei bis drei Jahren bewußt zu erinnern – ist in dieser neuropsychologischen Sichtweise nicht auf Verdrängung zurückzuführen, sondern auf die Unreife der für bewußte Erinnerungen zuständigen Hirnstrukturen. Dennoch sind die frühen Erlebnisse und Eindrücke nicht spurlos verschwunden. Sie sind nur außerhalb des Hippocampus niedergelegt. Reift dieser heran, so übernimmt er die Kontrolle über den Abruf von Erinnerungen, und die früher gebildeten Gedächtnisinhalte treten in den Hintergrund. Unter Streß jedoch kommt es, wegen der damit verbundenen erhöhten Ausschüttung von Glucocorticoiden, zu einer zeitweisen Hemmung der Hippocampusfunktion, und die nicht-hippocampischen Gedächtnissysteme werden erneut aktiv. »Vergessene« Ängste tauchen auf – wie aus heiterem Himmel! Solche Ängste können zu Hause auftreten, bei der Arbeit oder im Auto. Ihr Manifestwerden hängt nur insofern vom gegenwärtigen Kontext ab, als aktueller »Streß« (und/oder assoziative Ähnlichkeit mit der ursprünglichen Situation) zu den notwendigen Auslösebedingungen gehört (Jacobs/Nadel 1985, S. 514). *Was* reaktiviert wird, sind jedoch infantile Ängste, die »vergessen« worden waren.[12] Die Autoren resümieren knapp: »So betrachtet, akzeptiert unser Modell die Tyrannei der Kindheit« (ebd., S. 523). Und: »Unsere Sichtweise (...) *akzeptiert den überproportionalen Einfluß frühkindlicher Erfahrungen* als Grundlage, auf der die nachfolgenden Lernprozesse und kognitiven Funktionen beruhen« (ebd., S. 512).

Die Autoren stehen mit dieser Auffassung nicht allein, sondern befinden sich in bester Übereinstimmung mit Ergebnissen der

12 Ich lasse offen, ob sie vergessen wurden, weil sie 1. *verdrängt* wurden, oder weil sie 2. zur Zeit ihrer Speicherung in einem bestimmten, Jahre später schwer zugänglichen *Format* aufgezeichnet wurden, oder weil sie 3. zunächst in *Hirnarealen* aufgezeichnet wurden, die später nicht mehr ohne weiteres zugänglich sind.

modernen Gehirnforschung. Hier eine impressionistische Auswahl: »Je später die Einflüsse, desto stärker müssen sie wirken, um noch eine nachhaltige Wirkung zu erlangen« (Roth 1994, S. 334). »Weil sich das Gehirn in der frühen Kindheit durch maximale Plastizität (Reizempfänglichkeit) auszeichnet, ist die Vulnerabilität des Kindes in diesem Zeitraum (...) besonders groß« (Perry et al. 1995, S. 276). »Kinder sind nicht widerstandsfähig, Kinder sind verformbar« (ebd., S. 255). »Negativer Streß in der frühen Entwicklung hat langfristige neurobiologische Folgen« (van der Kolk 1998, S. 32). »Je jünger jemand zum Zeitpunkt der Traumatisierung ist (...), um so höher ist die Wahrscheinlichkeit, daß die betreffende Person langfristige Probleme mit der Regulation von Wut, Angst und sexuellen Impulsen hat« (ebd., S. 42 f.). »Psychologische Probleme perpetuieren sich selbst ohne viel Rücksicht auf die jeweiligen Umweltbedingungen« (Jacobs/Nadel 1985, S. 514). Gerade die *frühe* Kindheit hat »eine herausragende Bedeutung hinsichtlich des Einflusses zwischenmenschlicher Erfahrungen auf die Struktur und Funktion des Gehirns und die Organisation der Psyche« (Siegel 1998, S. 1).[13] Das ist so ziemlich genau das Gegenteil von dem, was Lewis (1997, S. 30) in seinem kontextualistischen Entwicklungsmodell behauptet, nämlich: »(...) am wichtigsten ist das, was jetzt passiert, egal in welchem Alter, nicht das, was in der Frühkindheit passiert ist (...)«.

Psychoanalyse und Vergangenheit

Die Idee einer bedeutsamen Vergangenheit ist das Alpha und Omega der Psychoanalyse. Ihr gesamtes begriffliches Grundgerüst – also Konzepte wie Unbewußtes, Verdrängung, Übertragung, Widerstand, Wiederkehr des Verdrängten, Regression – ist ohne Bezug auf die Vergangenheit nicht denkbar. Hundert Jahre nach ihrer Begründung spricht die Psychoanalyse jedoch mit vielen Zungen. Entsprechend vielfältig sind ihre Vorstellungen von Vergangenheit geworden. Es gibt eine »tatsächliche« Vergangenheit, eine »erin-

13 Ausführlich dazu Schore (1994, 1998), Nelson/Carver (1998), Huether et al. (1999) und Siegel (1999).

nerte« Vergangenheit, eine »Entwicklungs«vergangenheit, eine »genetische« Vergangenheit, eine »narrative« Vergangenheit und noch ein paar andere (s. Lamm 1993). In diesem Labyrinth von Vergangenheiten kann man sich leicht verirren. Die basale Unterscheidung ist die zwischen wirklicher und erinnerter Vergangenheit bzw. wirklicher und erinnerter (Lebens-) Geschichte. Die erinnerte Geschichte differiert von der wirklichen darin, daß sie deren Bearbeitung darstellt. Durch Abwehrmechanismen, Erinnerungstäuschungen, kognitive Reifung etc. werden vergangene Ereignisse in der Erinnerung (manchmal) so verändert und »zugerichtet«, daß sie besser zum gegenwärtigen Selbstbild passen. Es gibt vielleicht keine Erinnerungen *aus* der Kindheit, sondern nur solche *an* die Kindheit (Freud 1899, S. 553).

Die narrativistische Relativierung der Bedeutung der Vergangenheit

So weit, so gut. Die wertvolle Unterscheidung zwischen wirklicher und erinnerter Geschichte hat dazu geführt, die erinnerte Geschichte in den Mittelpunkt der analytischen Aufmerksamkeit zu stellen und nicht mehr – wie noch Freud (1918) im Falle des Wolfmannes – die Rekonstruktion eines Originalvorfalls anzustreben. Das ist legitim, wird jedoch problematisch, wenn es – wie in der narrativistischen Richtung der Psychoanalyse (s. Loch 1976; Viderman 1979; Spence 1982; Schafer 1983, 1992; Ferro 1992) – mit der Behauptung einhergeht, die erinnerte Vergangenheit sei eine reine Konstruktion, die in keinem Zusammenhang mehr mit der wirklichen Vergangenheit stehe. Dadurch wird die wirkliche Vergangenheit für unwichtig erklärt und marginalisiert – eine in der Tat postmoderne Geschichtsauffassung, denn »die Postmoderne lädt uns dazu ein, mit unserer Vergangenheit so umzugehen, wie es uns beliebt« (Gergen 1990, S. 198) und Geschichte nicht länger als Rekonstruktion des Geschehenen zu betrachten, sondern als »ein kontinuierliches Spielen mit der Erinnerung daran« (Ankersmit zit. nach Evans 1997, S. 99). Wenn wir Geschichte studieren, so studieren wir in dieser Betrachtungsweise nicht die Vergangenheit, »sondern die Konstruktionen von Historikern über die Vergangenheit« (Jenkins zit. nach Evans 1997, S. 98).

Bezogen auf die psychoanalytische Behandlungssituation bedeutet das, daß sich der Fokus von der Vergangenheit *vollständig* auf die Gegenwart und von der Rekonstruktion *vollständig* auf die Konstruktion verschiebt. Anzustreben ist nicht mehr die möglichst exakte Rekonstruktion der Lebensgeschichte oder des »Originalvorfalls«, ja, nicht einmal mehr die Rekonstruktion der Bedeutung, die er *für das Kind* hatte oder gewann, sondern nur noch die Erhellung *der* Bedeutung, die der Erwachsene ihm *jetzt* verleiht. Da die Möglichkeiten der Bedeutungsgebung unerschöpflich sind, sind es – so heißt es – auch die möglichen Versionen der eigenen Vergangenheit. Es komme nicht darauf an, die richtige zu finden – d. h. diejenige, die möglichst genau mit den damaligen Ereignissen übereinstimmt und/oder möglichst genau das damalige subjektive Erleben dieser Ereignisse einfängt –, sondern die *jetzt* nützliche. Die beste »Version« der Vergangenheit sei die, welche dem Patienten helfe, mit seinen aktuellen Symptomen und Problemen besser fertig zu werden. Der Analytiker biete – gestützt auf die Analyse von Übertragung und Gegenübertragung – »Lesarten« an, die der Patient annimmt, modifiziert oder verwirft. Die schließlich akzeptierte Lesart sei eine, auf die sich beide geeinigt haben, eine Ko-konstruktion, die zwei Autoren habe – den Analytiker und den Patienten. Man könne nicht sagen, daß diese Lesart im herkömmlichen Sinn »wahr« sei. Sie sei eine mögliche Sichtweise der eigenen Vergangenheit. Mit einem anderen Analytiker hätte sich der Patient auch auf eine andere Sicht einigen können, und zu einem späteren Zeitpunkt seines Lebens werde er vielleicht wieder eine neue Sicht seiner Vergangenheit entwickeln. Grundsätzlich seien vielfältige Sichtweisen möglich, ohne daß es zwingende Gründe dafür gäbe, die eine zu bevorzugen und die andere zu verwerfen. Die jeweils schlußendlich gewählte Version der Vergangenheit müsse auch in keinem erkennbaren Zusammenhang mit den Ereignissen in der Vergangenheit oder mit der ihnen damals zugemessenen subjektiven Bedeutung stehen (Fitzpatrick-Hanly 1996, S. 447). Sie artikuliere nur das *gegenwärtige* Verständnis dieser Vergangenheit, das ständigem Wandel unterworfen sei, je nachdem wie wir uns heute fühlen oder mit welchem Analytiker wir uns unterhalten. In einer eigenartigen Umkehrung bestimmt nun die Gegenwart die Vergangenheit!

Nun wird immer wieder versichert, daß die ko-konstruierten Geschichten *nicht* beliebig sind, und zur Untermauerung dieser Behauptung wird auf die Kriterien von Kohärenz, Konsistenz und Verständlichkeit als mögliche Beurteilungsmaßstäbe verwiesen. Aber auch die »Geschichte«, daß Krankheit durch Dämonen verursacht und durch Austreibung derselben geheilt wird, galt lange Zeit als »gute« Geschichte, d.h. als kohärent, konsistent und verständlich. Das zentrale Problem bei der Debatte um Kriterien für »Geschichten« scheint mir zu sein, ob die genannten Kriterien (Kohärenz, Konsistenz, Verständlichkeit, Nützlichkeit) genügen, um gute von weniger guten Geschichten zu unterscheiden, oder ob es dazu nicht eines »externen« Bezugspunktes bedarf, der über ihre mehr oder weniger große Güte (mit)entscheiden sollte. Im Falle der Krankheitsverursachung wäre ein solcher externer Bezugspunkt z.B. das übrige, außerhalb der psychoanalytischen Situation gesammelte Wissen über Krankheitsentstehung und -heilung. *Dieses Wissen* führt dazu, daß »Geschichten« über Hexen und Dämonen als Verursacher von (Geistes-) Krankheiten nicht mehr als gute Geschichten gelten, obwohl sie nach wie vor kohärent und konsistent sind. Notwendig ist also auch ein gewisses Maß an »externer«, nicht nur interner Kohärenz (s. Strenger 1991), d.h. gute »Geschichten« sollten dem in anderen Disziplinen gesammelten Wissen nicht widersprechen, weil sie ansonsten nicht glaubwürdig sind.[14]

Die damit verbundenen vielfältigen erkenntnistheoretischen Probleme kann ich hier nicht weiter behandeln. Ich begnüge mich mit dem Hinweis, daß ich dem Versuch der Konstruktion einer epistemisch selbstgenügsamen Psychoanalyse, der davon ausgeht, alle relevanten Daten zur Beurteilung ihrer Theorien oder Behandlungserfolge seien auf der Couch zu sammeln, eher skeptisch gegenüberstehe. Ich bin jedoch andererseits auch davon überzeugt, daß die Einführung von externer Kohärenz als Kriterium, das die Entscheidung über die Güte und Glaubwürdigkeit einer Geschichte ermöglichen soll, die Vielzahl möglicher Geschichten nur

14 Auch die häufig geäußerte Auffassung, die gewählte Version sei deshalb bevorzugenswert, weil sie die für die gegenwärtige Lebensbewältigung nützlichste sei, das Selbstverständnis des Patienten am umfassendsten erweitere oder zur besten Integration bisher abgespaltener Persönlichkeitsanteile führe, erweist sich bei genauerem Hinsehen eher als Behauptung, deren notwendige Überprüfung nur außerhalb des narrativistischen Rahmens, nämlich mit den Mitteln der empirischen Psychotherapieprozeßforschung möglich ist (Eagle 1984a, b).

reduzieren kann, nicht aber auf nur noch *eine* mögliche Lesart herunterbringt. Es wird oft, wenn auch nicht immer, mehrere Versionen einer Geschichte oder mehrere Perspektiven der Betrachtung geben, die alle gleichermaßen verständlich, konsistent und sowohl intern wie extern (einigermaßen) kohärent sind.

Paradoxerweise ist jedoch die narrativistische Vergangenheitskonzeption neutral in bezug auf die Frage, ob die Vergangenheit *überhaupt* einen Einfluß auf die Gegenwart hat oder nicht. Ein Narrativist könnte diese Frage mit ja oder nein beantworten, ohne seine Position zu verändern. Ihn interessiert gar nicht die Rolle der Vergangenheit, sondern die Art ihrer Konzeptualisierung (Lamm 1993, S. 40). Sollte sich herausstellen, daß die Vergangenheit keine Bedeutung für die Gegenwart hat und daß die Muster der Übertragung in keinem erkennbaren Zusammenhang mit der Lebensgeschichte des Patienten stehen – auch gut! Der Schwerpunkt der Behandlung liegt sowieso auf der Analyse der gegenwärtigen Interaktionen und ihrer unbewußten Bedeutungen und der daraus resultierenden Konstruktion einer neuen Sicht der Lebensgeschichte.[15]

15 Auch die sozialkonstruktivistische Richtung in der Psychoanalyse (z. B. Gill 1982, 1994; Hoffman 1991, 1992) betont die Bedeutung der Gegenwart. Sie kritisiert die klassisch-psychoanalytische Vorstellung, daß sich die Übertragung des Patienten quasi naturgesetzlich und ohne Zutun des Analytikers entfaltet und von diesem nur gedeutet wird. Statt dessen betont sie die aktuellen Determinanten der Übertragung, d. h. vor allem den Einfluß des Analytikers darauf. Außerdem hebt sie hervor, daß die Art und Weise, wie der Analytiker vom Patienten wahrgenommen und erlebt wird, nicht allein von den vergangenen Beziehungserfahrungen des Patienten abhängt. Sein Übertragungserleben sei keine bloße »Verzerrung« unter dem Einfluß der Vergangenheit, sondern häufig genug (auch) eine realistische Wahrnehmung von und Reaktion auf Eigenarten und Äußerungen des Analytikers in der Gegenwart. Im Unterschied zu den Narrativisten streben die Sozialkonstruktivisten den empirischen Nachweis dieses Einflusses an und legen auf die Neukonstruktion der Lebensgeschichte als Veränderungsagens nicht denselben Wert. (Ausführlich dazu Thomä/Kächele 1985/1988, Mertens 1991, Gill 1994 und Thomä 1999.) Insgesamt betrachten sie die Übertragung zutreffend als ein »Amalgam aus Vergangenheit und Gegenwart« (Gill 1982, S. 232), tendieren nach meinem Eindruck aber – ähnlich wie die Narrativisten – zu einer Überbetonung der Gegenwart und einer Unterbewertung der Vergangenheit, weshalb genetischen Rekonstruktionen wenig(er) Gewicht beigemessen wird.

Aber warum sollte man sich dann überhaupt noch mit der (wirklichen) Vergangenheit beschäftigen? Auch wenn nachgewiesen werden könnte, *daß* sie das gegenwärtige Fühlen und Denken bestimmt, gibt es für einen Narrativisten keinen Grund, sich mit ihr zu befassen. Die Vergangenheit ist nämlich – ob wichtig oder unwichtig, ob traumatisch oder glücklich – in einer konsequent narrativistischen Betrachtung nur ein Abkömmling der Gegenwart. Sie existiert gar nicht wirklich, sondern es existieren nur die gegenwärtigen Beschreibungen von ihr. Sie ist kein »Ding« – so heißt es –, mit dem wir die Beschreibungen von ihr vergleichen könnten, sondern die gegenwärtigen Schilderungen sind (angeblich) alles, was wir von ihr haben. Der Unterschied zwischen dem Bericht *über* etwas in der Vergangenheit und dem gegenwärtigen Akt des Berichtens wird eingeebnet (Wallace 1985, S. 92). Es gibt keine zwei Ebenen mehr – die der unmittelbaren, realen Erfahrung, *über* die dann in einem zweiten Schritt reflektiert, erzählt etc. wird –, sondern nur noch eine: die der Erzählung, welche die ganze und einzige Wirklichkeit sein soll (Bohleber 1999, S. 516). Biographische Schilderungen sind nicht wegen ihres möglichen Wahrheits- oder Irrtumsgehaltes interessant, sondern nur als aktuelle Selbstbeschreibungen der Person. Eine Erinnerung an die Mutter wird nicht als solche gewürdigt oder auf ihre Plausibilität hin befragt, sondern als eine unter vielen möglichen »Geschichten« über die Mutter betrachtet, die ich heute erzähle, weil ich z. B. in einer bestimmten Übertragungskonstellation befangen bin. *Erinnerungen sind bei den Narrrativisten gar keine Erinnerungen mehr, sondern rein gegenwartsbezogene Selbstbeschreibungen.* Geschichte und Geschichtsschreibung werden identisch. »Wo divergierende Erzählungen von dem, was einst geschah, nicht mehr um die richtige Darstellung der Vergangenheit miteinander streiten, löst sich Geschichte in Literatur auf« (Hölscher 1999). Erinnerungen erzählen nur noch »Geschichten«, keine Geschichte mehr, und als Geschichten können sie nicht wahr oder falsch sein, sondern nur gut oder schlecht, nützlich oder schädlich, schön oder häßlich. Wenn der Patient von der Vergangenheit berichtet, tut er es *jetzt*, und weil er es jetzt tut, erzählt er nur scheinbar von der Vergangenheit; in Wirklichkeit spricht er über den gegenwärtigen Zustand seiner Person und seiner Beziehung zum Analytiker.

Kritik der narrativistischen Relativierung der Bedeutung der Vergangenheit

Die Beschränkung auf die gegenwärtige Erfahrung kann jedoch *nie* zu einer begreifenden Rekonstruktion der Lebensgeschichte führen. Am Ende der Analyse hat der Patient nicht ein neues Verständnis seiner Biographie gewonnen, sondern nur eines seiner *analytischen* Biographie. Er versteht nicht seine Geschichte, sondern bestenfalls die der analytischen Beziehung. Er begreift nicht, warum er Patient geworden ist, sondern bloß, was er als Patient während der Analyse gemacht hat (Schafer 1983, S. 209; Ferro 1992, S. 968 ff.). Trotz gegenteiliger Versicherungen (s. z. B. Schafer 1983, S. 208) ist die Analyse damit ein solipsistisches Unternehmen geworden, bei dem es kein Vorher oder Nachher mehr gibt, das unabhängig von ihr Gewicht hätte. Die Vergangenheit ist so in der Gegenwart verschwunden, hat sich darin aufgelöst, und die Frage, ob sie noch einen Einfluß auf die Gegenwart hat, ist schlicht uninteressant geworden. Interessant sind nur noch die gegenwärtigen »Erzählungen«.

Diese psychoanalytische Spielart des Kreationismus (Ahumada 1994) suggeriert eine unendliche Freiheit des Subjekts, das, ungeachtet seiner wirklichen Erfahrungen, immer neue Versionen seiner Vergangenheit entwirft.[16] Die analytische Situation wird von der Notwendigkeit befreit, sich mit der Vergangenheit, die nachwirkt, wirklich auseinanderzusetzen, und die Überbetonung der aktuellen Determinanten der Übertragung zieht die Aufmerksamkeit ab von dem, was *im* Patienten verfestigt ist (Leary 1994, S. 457; s. a. Gedo 1998). Fast könnte man argwöhnen, daß die reale Ohnmacht und Abhängigkeit von der Vergangenheit mit der Behauptung der Möglichkeit zu quasi omnipotenter ständiger Selbstneuerschaffung verleugnet wird. Jeder traumatisierte Patient würde sich bedanken und die Couch verlassen, wenn man ihm mitteilte, daß seine Version des

16 In der Philosophie ist diese Auffassung mittlerweile ebenfalls heimisch geworden. Rorty (1994, S. 9) spricht explizit von der »Selbst-Erschaffung vermöge Selbst-Neubeschreibung« und vertritt die Ansicht, »daß sich das Ich ändert, sobald es eine andere Geschichte darüber erzählt, wer es selbst ist«. Eine Gesamtdarstellung der philosophischen Narrationsdebatte gibt Thomä (1998).

Traumas nur eine Lesart unter verschiedenen sei. Gerade bei traumatisierten Patienten scheint es sowohl gedächtnispsychologisch plausibel (van der Kolk 1996; van der Kolk et al. 1998; Einschränkungen bei Brenneis 1996) als auch therapeutisch empfehlenswert (Bohleber 1997, mit weiterer Literatur), von der Richtigkeit der »Erzählung« auszugehen. Gedächtnispsychologisch plausibel, weil die neuere Forschung zur Psychologie und Psychobiologie traumatischer Erinnerungen zeigt, daß diese im wesentlichen eher *wenig* überarbeitete Wiedergaben der traumatischen Erlebnisse sind. Therapeutisch empfehlenswert, weil die Anerkennung der »Wahrheit« des Berichts von enormem therapeutischem Wert ist. Wahrscheinlich ist sie sogar unverzichtbar, denn der traumatisierte Patient zweifelt oft selbst an der Realität des Vorgefallenen (um es erträglicher zu machen oder weil er dissoziiert) und bedarf der Kräftigung seines Realitätsgefühls, nicht dessen Labilisierung. Deshalb ist auch von Übertragungsdeutungen nur mit Vorsicht Gebrauch zu machen (genauer dazu Bohleber 1997).

Die Untersuchung von Traumafolgen und deren Behandlung scheinen mir nur schwer in das konzeptionelle Grundgerüst einer narrativistisch orientierten Theorie und Therapie zu passen (s. a. Gedo 1998), weil beim Trauma nicht nur das Individuum als *Person*, sondern auch – und in besonderer Weise – als *Organismus* betroffen ist. Untersuchungen von Perry et al. (1995) über den Einfluß von Kindesmißhandlung auf die Gehirnentwicklung zeigen, daß es dabei zu gravierenden und andauernden Veränderungen im kindlichen Gehirn kommt. Van der Kolk (1998) fand bei erwachsenen Vietnamveteranen ebenfalls erhebliche Anomalien, die auf den Einfluß kampfbedingter Traumatisierungen zurückzuführen sind. Die Aktivität des Sprachzentrums im Gehirn vermindert sich, und der Hippocampus, in dem Affekte verarbeitet werden, schrumpft um bis zu 25 %. Das Ausmaß der posttraumatischen Belastungsstörungen ist direkt proportional zur Schrumpfung dieser Hirnregion.[17] Durch diese (und andere) Veränderungen wird die Integration und Weiter-

17 Ähnliche Befunde gibt es für Frauen, die in der Kindheit dauerhaft sexuell mißbraucht wurden. Auch hier ist sowohl eine deutliche Schrumpfung des Hippocampus zu finden als auch ein Zusammenhang zwischen dem Ausmaß der Schrumpfung und der Schwere der psychiatrischen Erkrankung (s. Schacter 1996, S. 395).

bearbeitung traumatischer Erregung beeinträchtigt. Von erheblicher Bedeutung ist der Befund, daß traumabezogene Empfindungen wie Flashbacks, somatosensorische Mißempfindungen und dergleichen auch *nach* einer narrativen Rekonstruktion der traumatischen Ereignisse weiterbestehen können (van der Kolk et al. 1996, S. 289). In Zukunft wird sich vielleicht herausstellen, daß möglicherweise alle überwiegend sprachlich orientierten Therapieverfahren zwar die sekundäre Bearbeitung des Traumas und dessen posttraumatische Umarbeitung erfassen, aber nicht ebensogut den primären somatosensorischen Kernbereich. Dies muß durch weitere Forschung geklärt werden, ist also letztlich eine empirische Frage.[18] Auf alle Fälle gilt für eine *psychoanalytische* Therapie traumatisierter Patienten, daß eine alleinige Konzentration auf das Hier und Jetzt der Übertragung nur schädlich sein kann, da »einseitige Übertragungsdeutungen die Verleugnung eines früheren Traumas verstärken oder, schlimmer noch, zu einer Retraumatisierung führen, wenn die reale Erfahrung nur als Phantasie interpretiert wird ... Die Aufdeckung der Realität des Traumas ist die Voraussetzung, um ihre sekundäre Bearbeitung durch den Traumatisierten und ihre Überformung mit unbewußten Phantasien und Bedeutungen ... aufzuklären« (Bohleber 1997, S. 988). Wie kann man in Ansehung all dieser Befunde die wirkliche Vergangenheit so weit entsubstantialisieren, daß man sie für zweitrangig erklärt?

Exkurs: Geschichtswissenschaft und Vergangenheit

Die Betrachtung der Vergangenheit als einer erzählten oder zu erzählenden hat eine Parallele in der modernen Theorie der Geschichtsschreibung, die sich, ähnlich wie die Psychoanalyse, vom Erklären über das Verstehen zum Erzählen bewegt hat (Rossi 1987). Unter dem Einfluß des Neopositivismus wurde zunächst in den vierziger und fünfziger Jahren des 20. Jahrhunderts angestrebt, Gesetzeshypothesen zu entwickeln, die den Geschichtsprozeß erklären sollten. Die Alternative dazu war die Konzeption des Ver-

18 Siehe dazu die vorzügliche Überblicksarbeit von Naumann-Lenzen (1999), der ich auch einen Teil der erwähnten Literatur verdanke.

stehens, die sich von Dilthey herleitete. Sie blieb lange Zeit intuitionistisch geprägt, bevor sie, zuerst bei Max Weber und später noch einmal in den sechziger Jahren, überarbeitet wurde. Zu dieser Zeit wurde auch die Erklärens-Verstehens-Dichotomie relativiert. »Eine echte Alternative zum Hempelschen Ansatz bot sich allerdings erst in der zweiten Hälfte der sechziger und Anfang der siebziger Jahre mit der Interpretation der Historiographie als Narration« (Rossi 1987, S. 12). Die Narrationstheorie war, ähnlich wie in der Psychoanalyse, eine Antwort auf den Versuch, die Logik der Geschichtswissenschaft mit derjenigen des gesetzeswissenschaftlichen Denkens zu identifizieren (Rüsen 1987, S. 232).

Der moderne Erzählbegriff hat indes nichts mehr mit dem des 19. Jahrhunderts gemeinsam. Damals wurde unter Erzählen einfach eine anschauliche Form der Darstellung verstanden, was man im 20. Jahrhundert durch »wissenschaftlichere« Methoden zu überwinden hoffte. Die heutige Narrationstheorie geht von einer *prinzipiellen* narrativen Strukturiertheit historischen Denkens aus (Rüsen, ebd., S. 233 ff.). Der Akt des Erzählens ist nicht eine bloße äußere Zutat, sondern ein wesentlicher Bestandteil des Erkenntnisprozesses selber. Die logische Struktur der Erzählung ist anders als die der Erklärung und bietet ein Organisationsschema für Material, das dieselbe Funktion erfüllt wie eine Theorie in den (Natur-) Wissenschaften. Ein historisches Ereignis ist nicht dann erklärt, wenn es sich aus einem allgemeinen Gesetz ableiten läßt, sondern wenn es in Form einer Erzählung dargestellt wird (Goertz 1995, S. 128). Ähnlich wird eine Freundin, die wir fragen, warum sie ihren Mann verlassen hat, darauf nicht mit einer gesetzeswissenschaftlichen (deduktiv-nomologischen) Erklärung antworten, sondern eine plausible Geschichte erzählen. Diese Geschichte ist aber keine bloße »story«, sondern kann in Form einer sogenannten narrativen Erklärung formuliert werden. Narrative Erklärungen sind nicht formlos oder beliebig, sondern haben eine bestimmte schematische Struktur und die Sequenz narrativer Sätze, die als Ganzes eine Geschichte ergeben, ist relativ stringenten logischen Regeln unterworfen (Mommsen 1987, S. 139; ausführlich Danto 1965; Kurzfassung bei Kochinka/Werbik 1997, S. 62 f.).[19]

19 Die Bedeutung dieses Konzepts von Erzählung für die Psychoanalyse behandelt Kerz-Rühling (1989).

Mit dem Eindringen von Linguistik und Semiologie fanden weitere Veränderungen des Erzählbegriffes statt, die hier nicht genauer dargestellt werden können (s. Rossi 1987, S. 15 ff.). Der wesentliche Aspekt der Veränderung besteht darin, daß in der Konzeption von radikalen Narrativisten wie Hayden White der Erzählbegriff seinen Wirklichkeitsbezug verliert. Nicht mehr die Erkenntnis der Vergangenheit und deren sprachliche Rekonstruktion ist nach White das Ziel des Historikers, sondern die Konstruktion einer bedeutungsvollen Erzählung. Diese »referiert« auf die Wirklichkeit wie ein Roman, und die Darstellung des Historikers informiert uns laut White nicht mehr in erster Linie über die Zeit, die er beschreibt, sondern nur noch über *seine Einschätzungen, (Vor-) Urteile und Abneigungen* in bezug auf diese Zeit. Diese Art von ›Metahistory‹ (White 1973; zur Kritik s. Kohlhammer 1998) ähnelt der konstruktivistischen Version der Psychoanalyse, die nicht mehr quasi archäologisch fragt, wie die Vergangenheit gewesen ist, sondern wie wir heute davon denken. Darüber gibt – in der psychoanalytischen Behandlung – der Stand von Übertragung und Gegenübertragung Auskunft.[20]

Der Psychoanalytiker Merton Gill (1994, S. 228) hat eine ebenso einfache wie bestechende »Lösung« des Konstruktivismus-Realismus-Gegensatzes in bezug auf die Lebensgeschichte vorgeschlagen: »Obwohl beide Beteiligten (Analytiker und Patient; M. D.) diese Erzählung konstruieren, wird sie pragmatisch als signifikante Entsprechung der tatsächlichen Entwicklung des Analysanden aufgefaßt« (Übers. leicht verändert). Dies ist theoretisch etwas unbefriedigend, aber für praktische Zwecke ausreichend. Es zeigt zugleich, daß sich ohne Wirklichkeitsbezug – und sei er auch nur »pragmatisch« – keine psychoanalytische Behandlung durchführen

20 Unter Historikern gibt es übrigens bezüglich der Frage, was Vergangenheit ist – ob sie als solche erkennbar ist oder eine Konstruktion/Narration/Fiktion, ob es historische Fakten gibt oder nur Lesarten der Vergangenheit, wie die Geltung von Geschichten begründet werden kann, etc. –, genau dieselben Kontroversen wie unter Psychoanalytikern. Iggers (1996) und Evans (1997) haben sie für die Geschichtswissenschaft resümiert, Wallace (1985), Strenger (1991), Lamm (1993), Mertens/Haubl (1996) und Haubl/Mertens (1996) für die Psychoanalyse. Als Tendenz zeichnet sich ab, daß die Ansprüche der radikalen Narrativisten eher kritisch betrachtet werden – bei Anerkennung einiger Verdienste.

läßt und daß sprachliche Ko-Konstruktionen oder »Erzählungen« nicht selbstgenügsam sein sollten, sondern *Hilfsmittel*, um einer wirklichen Vergangenheit näherzukommen. Was Iggers (1996, S. 96) mit Bezug auf die Geschichtswissenschaft festgestellt hat, gilt auch für die Psychoanalyse: »Sie braucht nicht ihren Anspruch aufzugeben, daß sie das wirkliche Leben, wie perspektivisch auch immer, rekonstruiert.« Und: »Das Ziel der wissenschaftlichen Beschäftigung mit der Geschichte ist die Annäherung, wie partiell sie auch sein mag, an eine Vergangenheit, wie wirkliche Menschen sie erfahren und gemacht haben« (ebd., S. 104). Diese Auffassung findet weitere Unterstützung, wenn wir uns dem Thema des Gedächtnisses zuwenden.

Gedächtnispsychologische Überlegungen

Lewis schließt (implizit) an den skizzierten narrativ-konstruktivistischen Strang der psychoanalytischen und historiographischen Postmoderne an. Eines seiner Argumente *gegen* den Einfluß der Vergangenheit auf die Gegenwart gründet sich auf Befunde aus der Gedächtnispsychologie, die zeigen, daß retrospektive Erinnerungen unzuverlässig sind, u. a. weil sie durch gegenwärtige Stimmungen eingefärbt werden. Außerdem ist – so heißt es immer wieder – nicht entscheidend, was sich in der Vergangenheit *wirklich* ereignet hat, sondern wie diese Ereignisse damals und heute interpretiert werden. Da ein und dasselbe Ereignis von verschiedenen Individuen auf verschiedene Weise bewertet wird, sind die Folgen verschieden, denn sie hängen auch von diesen Bewertungen ab.

Dieser Gedanke ist Psychoanalytikern – wie geschildert – nicht fremd. Die Behauptung, das Gedächtnis »konstruiere« eine Vergangenheit unter dem Einfluß der Gegenwart, ist mittlerweile zu einem geläufigen Topos sowohl innerhalb der akademischen Psychologie als auch in der Psychoanalyse geworden (s. Mertens 1998). Sie läßt sich allerdings nur bedingt aus den Erfahrungen in der psychoanalytischen Situation begründen, da in ihr nicht, zumindest nicht systematisch, überprüft werden kann, wie die Vergangenheit des Patienten wirklich gewesen ist, also auch letztlich nicht definitiv belegt werden kann, daß die jetzige Sicht davon »verzerrt«, »konstruiert« o. ä. ist. Behauptungen über die Zuverlässigkeit oder Unzuverlässigkeit des Gedächtnisses sollten sich deshalb auch auf extraklinische Untersuchungen stützen. Wie ist dort die Befundlage?

Betrachten wir zunächst die Behauptung, daß die gegenwärtige Lebenssituation oder Stimmung die Sicht der Vergangenheit einfärbe. Als Beleg dafür wird z. B. darauf hingewiesen, daß die Erinnerungen von chronischen Schmerzpatienten, wieviel Schmerz sie in der Vergangenheit erlebt haben, vom gegenwärtigen Schmerzniveau abhängen (Schacter 1996, S. 343). Weiter, daß z. B. depressive Patienten mehr negative Kindheitserlebnisse schildern als eine nichtdepressive Vergleichsgruppe. Dem Einwand, sie hätten möglicherweise wirklich auch mehr negative Kindheitserlebnisse gehabt, begegnet man mit dem Argument, daß auch Patienten, die depressiv *waren*, aber gegenwärtig nicht mehr sind, *weniger* solche Erlebnisse berichten als andere Patienten, die aktuell depressiv sind. Dieses Phänomen heißt »mood-congruent retrieval«. Ein genauerer Blick auf die gesamte Forschungslage ergibt jedoch ein etwas komplexeres Bild.

Vergleicht man nämlich die Kindheitserinnerungen von Patienten, die aktuell depressiv sind, *mit ihren eigenen Erinnerungen* aus depressionsfreien Intervallen (und nicht die Erinnerungen von aktuell depressiven Patienten mit denen von aktuell nicht mehr depressiven, die vorher depressiv waren), so ergeben sich *keine* Unterschiede. Die Berichte sind, trotz der zu den unterschiedlichen Zeitpunkten verschiedenen Stimmungen, untereinander bemerkenswert konsistent (Brewin et al. 1993, S. 90 f., S. 94). Auch ist es im allgemeinen so, daß die Abhängigkeit der Erinnerungen vom gegenwärtigen Kontext in dem Maße verschwindet, wie man in der Zeit zurückgeht. Kürzer zurückliegende Ereignisse werden stimmungsabhängiger erinnert als weiter zurückliegende. Weiter gilt, daß retrospektive Ungenauigkeiten eher dann zu finden sind, wenn man Menschen nach *spezifischen* Episoden aus ihrer Vergangenheit fragt, nicht aber, wenn man *allgemeine* Fragen über die Qualität ihrer Kindheit stellt. Dies gilt nicht nur für stimmungsabhängige Erinnerungen, sondern für alle autobiographischen Erinnerungen, seien sie alltäglich oder traumatisch.

Zunächst (noch einmal) zu den traumatischen. Untersuchungen an ehemaligen Konzentrationslagerhäftlingen haben ergeben, daß sie sich nach 40 Jahren oder mehr zwar ungenau an bestimmte Details wie Lagergröße, Haar- oder Augenfarbe des Peinigers etc. erinnern (was bei Befragungen vor Gericht weidlich ausgenutzt wird), wohl aber sehr genau an die Torturen selbst. Die Aussagen einzelner Lagerinsassen mögen sich hinsichtlich bestimmter Details widersprechen, hinsichtlich der allgemeinen, wesentlichen Grundzüge weisen sie eine hohe Übereinstimmung mit den Berichten anderer Häftlinge aus dem gleichen Lager auf (Schacter 1996, S. 336 f.). Etwas Ähnliches trifft auch für Erinnerungen an sexuellen Kindesmißbrauch zu. Ein Kind mag nicht mehr wissen, ob es morgens, mittags oder abends vergewaltigt wurde, aber über den Sachverhalt selbst wird es sich kaum täuschen, und sogar Einzelheiten werden oft mit einer erstaunlichen Genauigkeit erinnert.[21] Diese Feststellung mag angesichts der um das »false-memory-syndrome« entbrannten Debatte erstaunen. Loftus und Ketcham (1994), die diese Debatte dargestellt haben, haben in der Tat beeindruckende und bedrückende Beispiele dafür gesammelt, wie Kinder und Erwachsene das Leben ihrer Eltern durch die (später) nachweislich als falsch erwiesene Beschuldigung des Mißbrauchs ruiniert haben. Es ist also durchaus möglich, sich falsch zu erinnern. In den meisten der geschilderten Fälle war dem jedoch massive Suggestion vorausgegangen.[22] Allgemein stellen neuere Forschungen über traumatische Erinnerungen (wie oben erwähnt) die Idee in Frage, daß das Erinnern immer ein konstruierender Prozeß ist. Manche Aspekte traumati-

21 Terr (1988), Sherkow (1990); ausführlich mit allem Für und Wider: Steward/Steward (1996), Qin et al. (1997), Cicchetti/Toth (1998), Gathercole (1998, S. 20 ff.), Krause (1998, S. 280 ff.; 1999) und Kirsch (1999).

22 Auch hier gibt es Ausnahmen. Der Psychoanalytiker Michael Good (1994) hat in einer bemerkenswerten Arbeit den Fall einer Frau beschrieben, die sich in der Analyse erinnerte, daß ihr mit ca. drei Jahren die Klitoris entfernt worden sei. Eine vom Analytiker nahegelegte gynäkologische Untersuchung ergab, daß das fragliche Organ vollständig intakt war! Das ist starker Tobak. In der psychoanalytischen Behandlung ergab sich indes, daß die Mutter dieser Patientin eine sexualfeindliche, gehemmte Frau war, die die Masturbation ihres Kindes durch allerlei furchterregende antimasturbatorische Gerätschaften zu unterbinden pflegte. In der falschen (spezifischen) Erinnerung an eine Klitorektomie lebt die (wahre) Erinnerung an eine allgemein sexualfeindliche Atmosphäre in der Kindheit fort. Weitere Beispiele falscher Mißhandlungserinnerungen findet der interessierte Leser bei Shengold (1991), Loftus/Ketcham (1994), Raphling (1994), Good (1996), Schacter (1996) und Brenneis (1997).

scher Ereignisse werden unberührt durch den Verlauf der Zeit oder durch den Einfluß nachfolgender Erfahrungen im Geist fixiert und sind nicht von nachträglichen Bedeutungszuschreibungen durchdrungen (van der Kolk et al. 1998, S. 59).

Auch alltägliche, nichttraumatische Ereignisse werden in ihren allgemeinen Konturen (weniger in ihren Details) weitgehend zutreffend erinnert. Befragt man z. B. Geschwister nach ihren Erinnerungen an einen bestimmten Geburtstag oder den gemeinsamen Familienbesuch eines Fußballspiels, so wird man zwar oft sehr verschiedene Versionen zu hören bekommen: dem einen hat es gefallen, dem anderen nicht; der eine meint, Mannschaft A habe gewonnen, der andere meint, es sei B gewesen; der Bruder sagt, sie seien zum Zeitpunkt des Besuches fünf und acht Jahre alt gewesen, die Schwester gibt das Alter mit sieben und zehn an. Ähnlich verhält es sich, wenn man sie zu verschiedenen *spezifischen* Erziehungsmaßnahmen der Eltern befragt, z. B. ob sie bei dieser oder jener Gelegenheit bestraft worden waren. Auch hier erhält man in der Regel recht heterogene Auskünfte. Hinsichtlich der *allgemeinen* Qualität des Familienlebens weisen die Erinnerungen verschiedener Geschwister jedoch ein bemerkenswertes Maß an Übereinstimmung auf (Schacter 1996, S. 158).

Dieser Befund ist deshalb wichtig, weil Lewis (1997, S. 59 f.) und andere (z. B. Halverson 1988) viel Aufhebens von einer Studie aus den siebziger Jahren machen (Yarrow et al. 1970), die der Frage nachging, wie Eltern und Kinder sich an die Vergangenheit erinnern, und diese Erinnerungen miteinander und mit vorhandenen Aufzeichnungen verglichen. Daraus ergab sich unter anderem, daß die Eltern ein positiveres Bild von der Vergangenheit hatten als die Kinder, und weiter, daß die Erinnerungen der Eltern an die Kinder um so positiver waren, je besser die *gegenwärtige* Beziehung zu ihnen war. Hieraus, wie Lewis das tut, die allgemeine Schlußfolgerung zu ziehen, daß Lebensrückblicke *immer* vorurteilsgetrübt seien oder *immer* vom gegenwärtigen Kontext abhingen, ist allerdings verfehlt.

Brewin et al. (1993) haben dankenswerterweise nicht nur die (spärliche) Literatur zum Thema der Zuverlässigkeit von *Familien*rückblicken, sondern die gesamte Literatur zur Irrtumsanfälligkeit von *Lebens*rückblicken, insbesondere die zur Irrtumsanfälligkeit von *Patienten*rückblicken ausgewertet. Letztere stehen im chronischen Verdacht, besonders unzuverlässig zu sein. Die Ergebnisse der Autoren widersprechen denen von Lewis diametral und lassen generell Zweifel an der Behauptung aufkommen, zutreffende Erinnerungen seien nicht zu haben – sie sind es, häufig sogar für Details der Lebensgeschichte.[23] »Es ist offenkundig, daß das autobiographische Gedächtnis Mängel hat (...). Dies kann manchmal nicht nur zu Ungenauigkeiten führen, sondern zu Neigungen in eine bestimmte Richtung, zum Beispiel in der Art, wie Eltern sich an ihre Kinder erinnern. Gleichzeitig gibt es genügend Evidenz dafür, daß Erwachsene, wenn man sie auffordert, sich an *hervorstechende* (...) Details ihrer eigenen Kindheit zu erinnern, sie dies im allgemeinen zutreffend und genau tun, besonders dann, wenn die betreffenden Erfahrungen einzigartig, folgenreich und unerwartet waren« (Brewin et al. 1993, S. 87). Mit dieser Auffassung stehen die Autoren bei weitem nicht alleine. Die meisten Forscher, die sich mit der Frage der Zuverlässigkeit autobiographischer Erinnerungen befaßt haben, sind der Meinung, daß das Gedächtnis zwar manchmal irren kann, im wesentlichen aber zuverlässig funktioniert.

Interessanterweise wird diese Auffassung gerade von den Forschern geteilt, die reichlich Befunde über die *gelegentliche* Unzuverlässigkeit des Gedächtnisses beigesteuert haben. »Es ist nicht so, daß die Bedeutung, die das autobiographische Gedächtnis schafft, eine vollständige Erfindung ist. *Es gibt eine grundlegende Integrität in bezug auf die eigenen autobiographischen Erinnerungen«* (Barclay 1986, S. 97). Versuchspersonen können durchaus »die grundlegende Bedeutung ihrer Erfahrung im Gedächtnis behalten, auch wenn sie sich in manchen Details irren mögen« (Barclay, ebd.). Retrospektive Verzerrungen »sind auf Bruchteile der Autobiographie begrenzt und sind relativ geringfügige editorische Revisionen, welche die Vergangenheit etwas mehr in Übereinstimmung mit dem gegenwärtigen Selbstbild der Person bringen« (Ross/Conway 1986, S. 139). »Im großen und ganzen stimme ich mit Neisser (...) in der Schlußfolgerung überein, daß unsere autobiographischen Erinnerungen der Vergangenheit weitgehend frei von Irrtümern sind, vor-

23 Daß auch psychoanalytische Rekonstruktionen veridikal – also »wahr« im Sinne der Übereinstimmung mit der (anderweitig erhobenen) wirklichen Vergangenheit – sein können, habe ich andernorts dargestellt (Dornes 1993, S. 231 ff.).

ausgesetzt, wir beschränken uns dabei auf allgemeine Umrisse. Irrtümer tauchen immer dann auf, wenn wir uns zwingen wollen, spezifische Informationen auf unsicherer Datenbasis zu liefern« (Baddeley 1990, S. 310).

Die gesamte Literatur der Gedächtnispsychologie der letzten 20 Jahre zum Problem der falschen Erinnerung, zu retrospektiven Täuschungen, suggestionsbedingten Verfälschungen etc. ist mit allen ihren Pros und Contras in dem fulminanten Buch von Schacter (1996) dargestellt. Nach 500 Seiten kommt er zu einem Ergebnis, das man in folgendem Satz zusammenfassen kann: Das Gedächtnis ist wie ein guter Freund. In der Regel kann man sich auf ihn verlassen, aber gelegentlich läßt er einen auch im Stich. Der Autor schließt mit den Worten: »Manchmal sind wir tief betroffen von Erlebnissen, an die wir uns nur noch ungenau erinnern, oder von Scheinerinnerungen an Ereignisse, die nur in unserer Furcht oder Vorstellung existieren... Doch im großen und ganzen sind unsere Gedächtnissysteme bemerkenswert gut in der Lage, die allgemeinen Umrisse unserer Vergangenheit festzuhalten und viele der wichtigen Dinge, die uns zugestoßen sind, wahrheitsgemäß aufzuzeichnen. Sonst hätten wir als Art nicht so erfolgreich sein können« (Schacter 1996, S. 494 f.).

Warum die Vergangenheit abschaffen?

Wenn das die Befundlage ist, so muß man schließen, daß Lewis in bezug auf die Vergangenheit und ihre Bedeutung für die Gegenwart das gemacht hat, was er dem Gedächtnis als allgemeines Wesensmerkmal zuschreibt: vorurteilsgetrübte, selektive, von gegenwärtigen Interessen und Selbst-Bildern beeinflußte Auswahl des Materials. Das klingt hart und ist sicher etwas ungerecht. Jeder wählt Material selektiv aus, um etwas zu zeigen. Fragen wir deshalb: Was ist der »gegenwärtige Kontext« und das gegenwärtige Interesse, das eine solche Auswahl inspiriert – was steckt dahinter?

Gute Argumente allein können es nicht sein, denn die gibt es, wie gezeigt, auch für die alternative Betrachtungsweise, die den Einfluß der Vergangenheit auf die Gegenwart hervorhebt und den Entwicklungsverlauf als eine Mischung von Kontinuität und Diskontinuität betrachtet (Rutter 1989, S. 24). Ein Grund für die Wahl eines kontextualistischen Modells ist Lewis' Befürchtung, daß Theorien, die der Kindheit Bedeutung für das weitere Leben zuschreiben (sog. organismische Entwicklungstheorien), uns davon abhalten könnten, geeignete Maßnahmen zur dauerhaften Linderung *aktuellen* Leids zu ergreifen. Was heißt das?

Lewis wählt zur Illustration des Gemeinten folgendes Beispiel (S. 184): Ein Junge ist Brillenträger. Niemand käme auf die Idee zu sagen: »So, nun hast du deine Brille fünf Jahre lang getragen, nun muß es auch ohne Brille gehen.« Genau das aber ist die Situation vieler psychosozialer Rehabilitationsprojekte und Kinderhilfsprogramme, sofern sie auf der Idee der Heilung und nicht der Fürsorge beruhen (»cure instead of care«). Unterprivilegierte Kinder werden eine Zeitlang gefördert, und dann wird die Förderung eingestellt in der Erwartung, die Nachteile wären jetzt kompensiert, »geheilt« oder ähnliches.

Lewis argwöhnt – ob zu Recht oder zu Unrecht, will ich hier offenlassen –, daß die Idee der Heilung eng mit dem organismischen Entwicklungsmodell verknüpft ist. Die Alternative – das kontextualistische Modell[24] – enthält kein Heilungsversprechen. Sie stellt Fürsorge bereit, ohne zu erwarten, daß dies Langzeiteffekte hat. Die Forschung zu den Auswirkungen von Interventionen bei Armutskindern hat beispielsweise gezeigt, daß erzieherische Unterstützung ihnen durchaus nützen kann. Die Schulleistungen werden signifikant besser als die von armen Kindern ohne solche Unterstützung und ähneln denen von Kindern der Mittelklasse. Leider sind Politiker oft nicht damit zufrieden, daß die Intervention funktioniert und das Leben der Kinder verbessert, sondern unzufrieden, wenn sich herausstellt, daß die gegenwärtige Intervention keine Langzeitwirkung hat. Das ist nicht selten der Fall. Nach drei Jahren ohne Unterstützung gehen nämlich im eben erwähnten Beispiel der Armutskinder die meisten positiven Errungenschaften wieder verloren. Die Schlußfolgerung könnte nun lauten: »Warum haben wir das ganze Geld ausgegeben. Es gibt keine positiven Langzeiteffekte« (Lewis 1997, S. 186). Ein kontextualistischer (statt eines organismischen Ansatzes) braucht keine Effektivität in der Zukunft,

24 Von dem es viele Varianten gibt; s. Cicchetti/Aber (1998).

sondern nur Effektivität jetzt. »Wenn wir etwas verändern wollen, dann sollten wir das in Angriff nehmen, ohne zu erwarten, daß das, was wir jetzt tun, auch langfristige Effekte in der Zukunft hat... Der Nachweis, daß Fürsorge jetzt wirkt, genügt« (ebd. S. 187). Die wenigsten von uns würden dem widersprechen, und für die Langzeitpsychotherapie böten sich endlich einmal goldene Zukunftsaussichten.

Auch viele, wenn nicht die meisten medizinischen Maßnahmen sind »care«, nicht »cure«. Bluthochdruck wird mit bestimmten Medikamenten und kochsalzarmer Diät behandelt. Werden sie abgesetzt, so erscheint der Hochdruck wieder. Die Parkinsonerkrankung wird mit anderen Medikamenten behandelt, und das Zittern kehrt zurück, wenn ihre Einnahme unterbrochen wird. Angina pectoris wird mit Nitroglycerinsprays behandelt, Asthma mit Bronchospasmolytika, Herzinsuffizienz mit Schrittmachern, Niereninsuffizienz mit Diuretika, Kopfschmerzen mit Analgetika, grüner Star mit Augentropfen etc. Niemand käme auf die Idee, er hätte damit die Ursachen der Krankheit dauerhaft beseitigt. Warum verlangt man das aber von Psychotherapeuten und Sozialarbeitern? Weil die Gesellschaft einem organismischen Entwicklungsmodell anhängt – sagt Lewis.

Wahrscheinlich ist das nur die halbe Wahrheit, wenn überhaupt eine. Die Klage, daß psychosoziale Interventionen nicht dauerhaft genug (weiter)wirken, ist ja häufig nicht der wirkliche Grund für die Beendigung ihrer Finanzierung, sondern nur ein Vorwand, um Geld zu sparen, das anderweitig ausgegeben werden soll. Lewis überschätzt den Einfluß von Theorien auf die Praxis, wenn er das organismische Modell für bestimmte Formen psychosozialer Interventionen oder deren vorzeitige Beendigung verantwortlich macht. Die Lebenserfahrung zeigt, daß höchst unterschiedliche Theorien häufig genug relativ geringe praktische Unterschiede im Gefolge haben. Urie Bronfenbrenner und Eward Zigler sind nach Lewis Anhänger des organismischen Modells. Dennoch gibt es keine praktischen Differenzen zwischen ihnen und Lewis bezüglich der Einschätzung der Bedürfnisse von Kindern und wie man sie am besten befriedigt. Oder, um ein Beispiel aus der Psychoanalyse zu geben: die Kleinianische Theorie geht von einer angeborenen Destruktivität des Säuglings aus, die Säuglingsforschung führt sie auf ungünstige Lebenserfahrung zurück. In ihren Theorien und

Menschenbildern divergieren also beide ganz beträchtlich: Die einen betrachten das Kind als von Natur aus aggressiv, die anderen eher als prosozial. Beide kommen jedoch zu dem Schluß, daß eine gute Umwelt für die weitere Entwicklung unerläßlich ist. In der Kleinianischen Theorie ist sie wichtig, um die ursprüngliche Destruktivität zu mildern, in den Theorien der Säuglingsforschung, um sie gar nicht erst entstehen zu lassen. In praktischer Hinsicht sind die Differenzen also marginal.

Es muß deshalb noch andere Gründe geben, die Lewis' Bevorzugung des kontextualistischen Modells motivieren, als den genannten, daß nämlich das organismische Modell zu einem vorzeitigen Abbruch hilfreicher Interventionen führen kann. Ich vermute, daß die Gründe sowohl persönlicher als auch allgemeinerer Natur sind. Über den persönlichen Hintergrund gibt Lewis bereitwillig Auskunft. Sein eigenes Leben betrachtet er als diskontinuierlich und geprägt von Brüchen und Sprüngen. Aufgewachsen als zweites Kind einer Immigrantenfamilie, Linkshänder, in der Schule immer schlechter als die Schwester und dyslexisch, verlor er mit sechs Jahren seine Großmutter, mit acht die Mutter und mit dreizehn einen Lieblingsonkel. So stand er »plötzlich« ohne Familie da. Auch das Studium war voller Überraschungen. Zuerst Elektrotechnik wegen mangelnder Sprachbegabung; dann, nach dem zufälligen Hören einer beeindruckenden Vorlesung, Demographie; danach, ohne Idee, was er werden wollte, ein Jahr Arbeit in einem Gelegenheitsjob; dann Studium der Psychologie. Nach dessen Abschluß verschaffte ihm sein Professor ein Vorstellungsgespräch für einen Job am Fels-Institut in Ohio. »Ich fuhr zum Interview und fand mich verheiratet und auf einer Schweinefarm in Südwest-Ohio lebend wieder.« »Das sind Ausschnitte aus einem gut gelebten Leben, ein Leben voll von Zufall und Schwierigkeiten. Wenn ich auf mein Leben zurückblicke, so macht es eher den Eindruck eines Pfades voller Wendungen und Drehungen, als den eines wohlgeordneten Verlaufs ... Mein Leben bestand aus einer Reihe von Unfällen und Zufallsbegegnungen« (Lewis 1997, S. VII). Und dennoch hat er 20 Jahre lang versucht, Kontinuität im Lebenslauf von Kindern zu finden.

Warum hat er damit aufgehört und gerade jetzt seine Meinung geändert; warum ist sein kontextualistisches Modell, trotz seines begrenzten Wahrheitswertes, gerade jetzt so attraktiv? Ich denke, daß es deshalb an Überzeugungskraft gewinnt, weil es eine sich allmählich verallgemeinernde gesellschaftliche Erfahrung einfängt, die noch vor 15 Jahren erst in Ansätzen vorhanden war.

Richard Sennett (1998) beschreibt in seinem neuen Buch »Der flexible Mensch« die Folgen des jüngsten Modernisierungsschubes für die Individuen, ihre Selbstwahrnehmung und ihre Lebensgestaltung. In einer meisterhaft dichten Beschreibung schildert er den Alltag in einer modernen Großbäckerei. Vor 25 Jahren war die Arbeit dort anstrengend, die Hitze unerträglich, die Nachtschichten zermürbend, die Gewerkschaft korrupt, der Besitzer erst ein Grieche, dann ein mafioser Italiener – und dennoch hatten die Beschäftigten ein Gefühl von Professionalität. Sie wußten, wie man Brot bäckt, und konnten Hindernisse im Produktionsprozeß aus eigener Kraft beseitigen.

Inzwischen gehört die Bäckerei einem Nahrungsmittelkonzern. Sie ist nicht auf Massenbetrieb eingestellt, sondern flexibel auf Segmente des Bostoner Raums. Heute werden tausend Baguettes gebacken, morgen etwas anderes. Es ist sauber, kühl, das Brot schmeckt gut. Den ganzen Tag herrscht ein reges Kommen und Gehen. Feste Nachtschichten gibt es nicht mehr. Ein kompliziertes Netz von Teilzeitarbeit und stundenweiser Beschäftigung hält den Betrieb zusammen. Gebacken wird in computerisierten Backstraßen. Keiner weiß mehr, wie man Brot bäckt, niemand kommt mehr damit in Berührung. Die Maschinen mixen die Zutaten, regeln die Temperatur in den Öfen, bestimmen die Dauer des Backvorganges und den Auswurf des Produkts. Die Mitarbeiter sitzen vor benutzerfreundlichen Bildschirmen, drücken auf dieses oder jenes Symbol und sind hilflos, wenn der Computer streikt. Dann warten alle zusammen auf die Reparaturcrew, stehen herum und können nichts tun. Die meisten bleiben im Schnitt zwei Jahre und wechseln dann den Job oder haben gleichzeitig noch zwei andere.

Unter solchen Bedingungen ist die Ausbildung einer beruflichen Identität kaum möglich. »Backen, Schuhe machen, Drucken, kann ich alles, aber einen richtigen Beruf habe ich eigentlich nicht«, sagt eine der von Sennett interviewten Arbeiterinnen sinngemäß (ebd., S. 90). Auch in anderen Industrie- und Dienstleistungsbereichen ist es kaum anders. Sennett beschreibt dies für die Auto-, Computer- und Werbebranche. Die klassischen Hierarchien werden zunehmend abgeschafft. Gearbeitet wird in Teams und flexiblen Netzwerken. Unter dem Druck der ständig wechselnden Erfordernisse des (Welt-) Marktes und des Wunsches nach immer rascherer Rendite werden ständig neue Teams zusammengestellt, die bestimmte zeitlich begrenzte Projekte erledigen, sich dann auflösen und an anderer Stelle neu zusammengesetzt werden. Es entwickelt sich eine Arbeitsethik, die völlig auf die Gegenwart und ihre Erfordernisse fokussiert. Geplant wird nicht mehr für zehn Jahre, sondern für eines. Die Teams bestehen aus »Spielern« (players), wie bei Sportmannschaften. Vergangene Leistungen schaffen keinen Anspruch auf gegenwärtige Anerkennung. Die gesamte Wirtschaft ist auf unmittelbare Leistung und kurzfristige Resultate abgestellt (ebd., S. 148 f.). Berufliche Karrieren im Sinne einer erzählbaren Berufsbiographie mit Ausbildung, Aufstieg, festem Gehalt etc. werden für immer weniger Menschen zum Normalfall. Das Verständnis der Arbeit wird oberflächlich. Sennett spricht von einem Verlust der Tiefe und ihrer Ablösung durch die Oberfläche, ja Oberflächlichkeit – keine guten Aussichten für die Tiefenpsychologie.

Aber nicht nur der Charakter der Arbeit hat sich verändert, sondern auch der der Zeit. Gemachte Erfahrungen sind im Beruf nichts mehr wert. Fängt einer einen Satz mit den Worten »nach meiner Erfahrung...« an, so wandern die Augen zur Decke (ebd., S. 121 ff.). »Erzählen Sie mir nicht, was Sie gestern für mich erreicht haben, erzählen Sie mir, wie Sie der Firma morgen nützen wollen«, heißt die Devise (Stein 1997, S. 166). »Jedes Projekt und jedes Team beginnt nämlich immer wieder von vorn. Frühere Erfahrungen spielen (...) keine Rolle mehr, im Gegenteil: In vielen Fällen werden sie als Kreativitätsblockade wahrgenommen. Erfahrung blockiert Innovation.« An die Stelle der Berufsbiographie tritt die ›Drift‹, »ein Dahingetriebensein, in dem es weder Zeit noch strukturierte Geschichte gibt. Der Augenblick – und nur er bestimmt Selbstwahrnehmung und Selbstbeschreibung des Menschen« (Münkler 1998).

Sennett sieht diese Entwicklung mit Bedauern, denn sie zerstört seiner Meinung nach die Bindekräfte der Gesellschaft. Wie soll jemand, der alle drei Jahre umzieht, einen neuen Job hat oder ein neues Projekt finden muß, noch Werte wie Loyalität, Vertrauen, Treue oder Bindung überzeugend in der Familie vermitteln? Dieser Bewertung muß man sich nicht unbedingt anschließen, zumindest kann man auch die positiven Seiten sehen, z.B. daß die ehemals streng hierarchischen Betriebsstrukturen durch Teams und Netzwerke abgelöst werden, die flachere Hierarchien haben, was einen Zuwachs von Selbstbestimmung und Eigenverantwortlichkeit mit sich bringen kann. Sennett sieht das durchaus. »Es wäre nicht mehr als morose Sentimentalität, den Niedergang von harter Arbeit und Selbstdisziplin zu beklagen ... Die alte Arbeitsethik war eine ernste Sache und legte der arbeitenden Person schwere Lasten auf« (S. 132), aber die neue bringt andere Probleme mit sich. Niemand kann sich wünschen, in die Sicherheit der alten Zeit zurückzukehren. »Ihr Weltbild war klaustrophobisch, ihre Kategorien der Selbstorganisation starr.« Für die Schaffung persönlicher Sicherheit mußte oft der Preis der »abstumpfenden Politik des Dienstalters und der Betriebszugehörigkeit« gezahlt werden. »Die Fortsetzung einer solchen Geisteshaltung wäre auf den heutigen Märkten (...) ein selbstmörderisches Rezept« (S. 157). Aber die neuen Rezepte sind auch nicht ohne Probleme.

Nicht nur die Strukturen des Wirtschaftens haben sich mittlerweile grundlegend gewandelt, sondern auch seine Technologie. Diese wird inzwischen auch auf die Erforschung und Veränderung der Naturbasis des Menschen, sein genetisches Material, angewendet. Geisler (1999) beschreibt die damit einhergehenden Veränderungen des menschlichen Selbst- und Vergangenheitsverständnisses: »Die Sprache und Methoden der Computerwissenschaften (...) führen zwangsläufig in einer Art stillen Revolution zu grundlegenden Bewußtseinsänderungen. Was auf dem Bildschirm erscheint, wird als Realität wahrgenommen, die allerdings nahezu beliebig verändert, transformiert und transzendiert werden kann (...). Nicht stabile Weltbilder, sondern deren ständige Veränderungen werden mehr und mehr zur Zielsetzung. Veränderung, Umgestaltung, Manipulation, die durch Computersimulation gleichsam spielerisch gelingen und eine hohe Attraktivität entfalten, erweisen sich als dominierendes methodisches Element. Sie machen vor dem Menschen nicht halt, denn ihre Anwendung auf dessen genomisches Material drängt sich förmlich auf... Die Grenzen des Computers bestimmen die Grenzen der Welt. Damit wird dem Menschen der feste Grund eines geprüften Selbstverständnisses entzogen. Alles erhält den Charakter der Vorläufigkeit, die sich beliebig manipulieren läßt. Der archimedische Punkt des Selbst ist immer schwerer auszumachen und wechselt schließlich ständig. Nichts erscheint mehr fest gefügt (...). Daraus resultiert ein nicht endender Zwang zur Umgestaltung, zur permanenten Neuschöpfung der Welt.« Mittlerweile wird sogar die Entwicklung künstlicher Chromosomen erwogen, die »nach getaner Schuldigkeit deaktiviert werden können, was ihre Übertragung in die nächste Generation verhindert (...). Da künstliche Chromosomen nach zehn oder zwanzig Jahren hoffnungslos veraltet sein könnten, wird ein Update mit neuesten Genkassetten die alte Software ersetzen. Man wird einfach die neue Version verlangen.«

Wie immer man diese Veränderungen beurteilt, es steht außer Zweifel, daß sie stattgefunden haben oder in nächster Zukunft stattfinden werden. *Michael Lewis liefert die passende Theorie dazu.* Jetzt wird deutlicher, wieso er es sich leisten kann, unpassende Forschungsbefunde zu ignorieren, und dennoch in der Lage ist, mit einer streckenweise geradezu suggestiven Kraft zu argumentieren, die den Leser fesselt. Hier schreibt einer, der den Zeitgeist im Rücken hat! Rascher, unvorhersehbarer Wandel ist an der Tagesordnung, Diskontinuität gehört zu unser aller Alltag, weil wir nicht einmal mehr fünf Jahre hintereinander in derselben Bäckerei einkaufen oder im selben Projekt arbeiten können, ohne daß die Besetzung wechselt und weil in Zukunft sogar die Kontinuität der genetischen Ausstattung des Menschen antiquiert sein könnte. (Alte) Erfahrungen sind nichts mehr wert, Vergangenheit ist eher hinderlich, flexible Anpasssung an den gegenwärtigen Kontext ist eine imperative Notwendigkeit, Charakterstrukturen sind dabei eher dysfunktional, was zählt ist die Gegenwart. *Das ist die soziale Realität und das ist Lewis' Entwicklungstheorie.* Der Hinweis auf den Zeitgeist, mit dem sie im Einklang steht, ist nicht polemisch gemeint, sondern anerkennend. Hier theoretisiert einer mit der Hand am Puls des Geschehens, und weil er das weiß oder zumindest ahnt, kann er es sich leisten, wegzulassen, was ihm nicht paßt, im Vertrauen darauf, daß es von alleine wegfallen oder von der sozialen Realität weggehobelt werden wird.

Ich prognostiziere, daß dieses Entwicklungsmodell, ungeachtet seiner Einseitigkeiten oder gerade wegen ihnen, eine großen Einfluß gewinnen wird, denn es erfaßt eine immer deutlicher und breiter werdende allgemeine Erfahrung: Vergangenheit, (Berufs-) Biographie, Tiefe, Bindung sind Topoi, die »abgewirtschaftet« haben – im wörtlichen Sinn: Ihre Tage sind gezählt, weil sie »in der Wirtschaft« nicht mehr gebraucht werden. Es wird möglicherweise auch keine große Rolle mehr spielen, ob die Theorien, die ihr Anwalt und ihr Sprachrohr waren, nach wie vor wahr sind oder nicht. Fast jede Theorie hat ein Wahrheitsmoment oder artikuliert wahre Aspekte, aber nur die setzt sich durch, die außerdem noch eine Zeitströmung einfängt und deshalb auch eine intuitive Evidenz besitzt (s. a. Küchenhoff 1998 a, S. 61 ff.).

Früher, als noch eine Vergangenheit bewältigt werden mußte und Charakter noch wichtig war, fing das organismische Modell diese Stimmung ein. Die Tradition und die Vergangenheit wogen schwer und warfen ihre Schatten auf die Gegenwart. In literarischer Form beschreibt dies Bernhard Schlink (1995) in seinem Roman »Der Vorleser«. Dort geht es um einen Jungen, der in den Nachkriegsjahren seine ersten zauberhaften Erfahrungen mit Liebe und Sexualität in den Armen einer zwanzig Jahre älteren Frau macht. Im Erwachsenenalter erfährt er, daß diese Frau während des Krieges Aufseherin in einem Konzentrationslager war. Er betrachtet nun seine Vergangenheit mit neuen Augen. Eindrücklich beschreibt der Erzähler, wie der damalige Zauber vom heutigen Wissen kontaminiert wird – und doch will er nicht gänzlich weichen. Die Vergangenheit will nicht vergehen. Am Ende des Romans heißt es: »Die Schichten unseres Lebens ruhen so dicht aufeinander, daß uns im Späteren immer Früheres begegnet, nicht als Abgetanes und Erledigtes, sondern gegenwärtig und lebendig« (S. 206). Einen ähnlichen Geist atmen Heinrich Heines berühmte Zeilen:

> »Ich weiß nicht, was soll es bedeuten,
> Daß ich so traurig bin;
> Ein Märchen aus alten Zeiten,
> Das kommt mir nicht aus dem Sinn.«

Das Märchen erzählt, wie die Schiffer auf dem Rhein, fasziniert von

Aussehen und Gesang der Loreley, die Felsenriffe aus den Augen verloren und von den Wellen verschlungen wurden. Hier wird, in leiser Melancholie, die gegenwärtige Trauer mit einem alten »Märchen« in Verbindung gebracht. Das Märchen handelt – so würden wir sagen – von der Faszination und Bedrohlichkeit der frühen Mutter-Kind-Beziehung. Diese ist jedoch nicht »abgetan und erledigt«, sondern als »Märchen« in der Erinnerung präsent und für die aktuelle Traurigkeit mit verantwortlich.

Es könnte sein, daß dieses Modell, das auch das der Psychoanalyse ist oder war, von der gesellschaftlichen Entwicklung an den Rand gedrängt, vielleicht sogar an die Wand gedrückt wird. Vergangenheit wird zunehmend als Last betrachtet, die man abwerfen muß, um die Zukunftsbewältigung zu beschleunigen. Diese »Strategie der Auslöschung von Geschichte und Erinnerung (...) ist verbunden mit der Aufforderung, nicht zurückzublicken«, um die Demütigungen der Vergangenheit nicht wahrhaben zu müssen (Bruder 1993, S. 148 f.). Ich habe mir in den letzten beiden Kapiteln die undankbare Aufgabe scheinbar kleinlicher Richtigstellungen und Korrekturen gestellt, um die Vergangenheit gegen ihre Verächter zu verteidigen, denn: »Wer die Erinnerung auslöscht, will Menschen und Zeiten vergessen. Jeder Mensch auf dieser Welt, jeder Ort, hat seine eigene Geschichte, und es ist die Aufgabe der Literatur (und der Psychoanalyse; M. D.), das bewußt zu machen und in der Erinnerung zu halten« (Forte 1999).

Kapitel 5 Die Rolle des Spiegel(n)s in der kindlichen Entwicklung

Einleitung

Spiegel sind fast so alt wie die menschliche Kultur. Schon in Vorderasien (ca. 6000 v. Chr.) und in Ägypten (ca. 2000 v. Chr.) waren, wie aus Grabfunden bekannt ist, Spiegel aus Kupfer oder polierter Bronze im Gebrauch. Man vermutet, daß Glasspiegel zur selben Zeit entstanden. Sie konnten sich allerdings wegen Mängeln in der Produktionsweise, die nur die Herstellung kleiner Spiegel erlaubte, gegen die großen Metallspiegel nicht durchsetzen. Das Wissen um die Glasspiegelherstellung ging verloren, und erst im Mittelalter (zwischen dem 7. und 13. Jahrhundert) kam es in Italien zu einer »Neuerfindung«. Ab dem Ende des 15. Jahrhunderts ging die Bedeutung der Metallspiegel zurück, und im 19. Jahrhundert wurde der Glasspiegel dann zu der Massenware, als den wir ihn heute kennen (s. dazu ausführlich und spannend Haubl 1991, S. 13 ff.). Obwohl der Spiegel die Welt vermutlich weniger verändert hat als die Erfindung des Fernrohrs, des Schießpulvers oder des Buchdrucks, spielt er in Märchen, Mythen und Erzählungen eine größere Rolle als diese. Wahrscheinlich ist dies deshalb so, weil er auf sehr direkte Weise etwas mit dem »Selbstbild« des Menschen zu tun hat. Dem Volksmund nach kann ein Spiegel täuschen oder enthüllen, etwas verbergen oder offenkundig machen, trügerisch sein oder aber die Wahrheit sagen. Er gibt also Auskunft über die Menschen und ihre Eigenarten und ist deshalb ein psychologisch faszinierendes Phänomen.

Die Psychoanalyse hat sich bereits in ihren Anfängen im Rahmen der Narkissos-Sage mit dem Spiegel(n) befaßt (Freud 1914 b). Direktbeobachtungen kleiner Kindern vor einem Spiegel waren jedoch eher selten. Eine der wenigen stammt von Freud (1920, S. 13), der über seinen eineinhalbjährigen Enkel berichtet: »Als eines Tages die Mutter über viele Stunden abwesend gewesen war, wurde sie beim Wiederkommen mit der Mitteilung begrüßt: Bebi o-o-o-o!, die zunächst unverständlich blieb. Es ergab sich aber bald, daß das Kind während dieses langen Alleinseins ein Mittel gefunden hatte, sich selbst verschwinden zu lassen. Es hatte sein Bild in dem fast bis zum Boden reichenden Standspiegel entdeckt und sich dann niedergekauert, so daß das Spiegelbild ›fort‹ war.« Der Enkel hatte das Weggehen seiner Mutter auf die Weise bewältigt, daß er vor einem Spiegel *Verschwinden* und *Wiederkommen* spielte.

Auch einige bedeutende Entwicklungspsychologen des ausgehenden 19. und beginnenden 20. Jahrhunderts (Preyer, Baldwin, William Stern) haben sich mit dem Verhalten kleiner Kinder vor einem Spiegel befaßt. Dabei versuchten sie vor allem die Frage zu klären, ob und ab wann sich Kinder im Spiegel selbst erkennen. Dies ist bis zum heutigen Tag das vorherrschende Thema entwicklungspsychologischer Spiegeluntersuchungen geblieben, die ab Mitte der 70er Jahre systematisch betrieben wurden (Überblick bei Lewis/Brooks-Gunn 1979; Anderson 1984; Brooks-Gunn/Lewis 1984). Es sollte geklärt werden, ab wann Kinder ein Bewußtsein der eigenen Person in dem Sinn entwickeln, daß sie nicht nur unmittelbare Empfindungen oder Wahrnehmungen von sich *haben*, sondern sich dieser Empfindungen, Wahrnehmungen und ihrer Person als ganzer auch *bewußt* werden. Das Selbsterkennen im Spiegel wird als Indikator für ein solches Bewußtsein betrachtet.[1]

Die Psychoanalyse hat, wenn sie sich mit dem Spiegel(n) befaßte, in der Regel einen anderen Aspekt in den Vordergrund gerückt. Da sie sich nicht so sehr für das Bewußtsein (der eigenen Person), sondern vielmehr für das Unbewußte interessierte, stand weniger die Frage im Vordergrund, ab wann Kinder sich im Spiegel erkennen,

1 Zur Bezeichnung dieses grundlegenden Unterschiedes sind verschiedene Begriffe in Gebrauch: Selbstwahrnehmung vs. Selbstbewußtheit (Butterworth 1995); primäres Bewußtsein vs. Bewußtsein höherer Ordnung (Edelman 1992, Kap. 11 und 12); präreflexives Ichgefühl vs. reflexives Ich-Bewußtsein (Stern 1985); existentielles versus kategoriales Selbst (Lewis 1995); sensomotorisches vs. beobachtendes Selbst (Baars 1997). Wie auch immer man den Unterschied bezeichnet, klar scheint, daß es ihn gibt. Die interessante Frage, ob auch Tiere über Ich-Bewußtsein verfügen, behandeln ausführlich Arzt/Birmelin (1993).

als vielmehr *der Prozeß des Spiegelns* (Überblick bei Pines 1985 und Haubl 1991, S. 278 ff.).[2] Darunter wird die mimische, gestische und vokale elterliche Antwort verstanden, mit der diese auf kommunikative und sonstige Äußerungen ihrer kleinen Kinder reagieren. Der sprichwörtliche »Glanz im Auge der Mutter« (Kohut 1971, S. 141), den das Kind für die Entwicklung eines gesunden Selbstwertgefühls braucht, ist ein anderer als der Glanz reflektierender Oberflächen. Nach einem treffenden Ausdruck von Papousek et al. (1986, S. 61) handelt es sich beim menschlichen Gesicht um einen »biologischen Spiegel«. Damit ist gemeint, daß das menschliche Gesicht, dem ja auch Worte entströmen, die Äußerungen des Säuglings aufnimmt und beantwortet, aber eben ganz anders als ein unbelebter Spiegel. Gesicht und Stimme imitieren, modifizieren und modulieren kindliche Lebensäußerungen, nehmen also dazu Stellung und sind somit eine affekthaltige Form der Kommunikation, die den Säugling darüber informiert, wie andere *ihn* wahrnehmen.

Es ist ein grundlegendes Postulat sowohl des symbolischen Interaktionismus als auch der psychoanalytischen Objektbeziehungstheorie, daß sich der Mensch erst über die Reaktionen anderer Menschen auf ihn (er)kennen lernt und daß er auf diesem Weg ein basales Identitätsgefühl erwirbt, ein *Selbstbild*, das etwas anderes ist als das Bild, das er im Spiegel erblickt, wenn er hineinschaut (s. dazu ausführlich Bohleber 1992). In vorläufiger Vereinfachung könnte man sagen, daß die Frage nach der Fähigkeit, sich im Spiegel zu erkennen, ein kognitives Problem behandelt, wohingegen die Frage, was ein Kind über sich entdeckt und lernt, wenn es in das Gesicht eines anderen blickt, auf das Gebiet der Affekte führt. Affekte besitzt der Spiegel jedoch nicht. Insofern ist er unbestechlich, unbarmherzig, objektiv – eben ein Spiegel, wie es einem bekannten Diktum Freuds (1912) zufolge der Psychoanalytiker sein sollte, aber kaum je war, Freud selbst am wenigsten (Cremerius 1981; Thomä 1981).

Im folgenden werde ich die beiden skizzierten Aspekte – die Reaktion des Kindes auf sein Spiegelbild und die auf das menschliche

2 Eine Ausnahme ist Lacan (1949), der aus der Reaktion kleiner Kinder auf ihr Spiegelbild weitgehende Schlußfolgerungen über die grundlegende Verfaßtheit *des Unbewußten* abgeleitet hat. Auf seine Theorie gehe ich am Ende des Kapitels ein.

Gesicht – zusammenführen. Es wird sich herausstellen, daß beides eng miteinander verwoben ist, denn Kognition und Affekt lassen sich nicht voneinander trennen. Zum einen ist auch der Anblick des eigenen Bildes im Spiegel von Affekten begleitet, zum zweiten führt der Erwerb von Selbstbewußtheit zu neuen, vorher nicht gekannten Gefühlen, z. B. dem der Scham, der Empathie und der Schuld (Lewis et al. 1989), und zum dritten trägt die Wahrnehmung von Affekten im menschlichen Gesicht zur kognitiven Entwicklung bei, weil sie die Fähigkeit zur Symbolbildung fördert. Vor allem dieser letzte Gesichtspunkt ist von der akademischen Entwicklungspsychologie vernachlässigt worden und soll deshalb im zweiten Teil des Aufsatzes ausführlicher behandelt werden. Zunächst aber zu der Frage, ab wann sich Kinder im Spiegel erkennen.

Das Kind vor dem Spiegel

Schon Neugeborene interessieren sich sowohl für das menschliche Gesicht als auch für das eigene Spiegelbild. Legt man sie seitlich vor einen Spiegel, so wenden sie den Kopf und betrachten ihr Gesicht. Vermutlich wissen sie noch nicht, daß sie dabei ihr eigenes Gesicht sehen. Auch andere Gesichter schauen sie interessiert an. Wir wissen nicht, ob sich der Säugling von seinem eigenen Gesicht oder von dem der Mutter angeblickt fühlt. Was sieht er, wenn seine Eltern ihn anblicken? Sieht er zwei schwarzweiße, sich kreisförmig bewegende Kugeln (die Augen), sich seitlich verziehende und öffnende Linien (die Lippen), blitzende helle Flächen (die Zähne) und hört Geräusche (die Stimme) – oder *fühlt* er sich angeblickt und angesprochen? Ist er mit diesen Erscheinungen irgendwie »gemeint«, oder sind dies einfach nur interessante Reizereignisse in der Welt? Obwohl diese Frage schwierig zu beantworten ist, gibt es zumindest einige Indizien dafür, daß ein Säugling sich ab dem Alter von zwei bis drei Monaten angeblickt und angesprochen fühlt.[3]

3 Ein Beleg für diese Vermutung soll genügen. Haith et al. 1977 (ref. nach Gomille 1988, S. 257 f.) zeigte Kindern im Alter von vier, sieben und neun Wochen vermittels eines Spiegels das Gesicht ihrer Mutter, die sich zunächst ausdruckslos verhielt, sich dann bewegte und schließlich mit dem Kind sprach.

In den ersten Lebensmonaten ist die Reaktion von Säuglingen auf ihr Spiegelbild vergleichsweise undramatisch. Sie zeigen zwar ein gewisses Interesse, beobachten zum Beispiel aufmerksam die Bewegungen im Spiegelbild (ab drei Monaten), lächeln es gelegentlich auch an –, viel mehr aber nicht. Zwischen drei und fünf Monaten nehmen sie den Unterschied zwischen ihrem Anblick und dem von Gleichaltrigen wahr (s. Bahrick/Watson 1985; Bahrick 1995; Rochat/Morgan 1995; Bahrick et al. 1996). Zeigt man ihnen ein Video von sich selbst und zeitgleich daneben die Videoaufnahme eines Gleichaltrigen, so bevorzugen sie eine der beiden Vorführungen, meist die des Gleichaltrigen. Dies läßt den Schluß zu, daß sie einen Unterschied bemerken, sonst würden sie beide Vorführungen etwa gleich lang ansehen. Man muß diese Unterscheidungsfähigkeit jedoch noch nicht als Indiz für Selbsterkennen betrachten, denn die Tatsache, daß ein Säugling von zwei Darbietungen die eine bevorzugt, bedeutet nicht unbedingt, daß er sie auch schon als *Selbst* bzw. *Nichtselbst* identifizieren kann, zumindest nicht in einem explizitbewußten Sinn. Es könnte auch sein, daß er die Aufnahme mit dem Gleichaltrigen einfach interessanter findet, weil sie für ihn unvertrauter ist und deshalb seine Neugier weckt.

Zwischen fünf und zwölf Monaten tritt etwas Neues ein. Die sich bisher vergleichsweise neutral verhaltenden Kinder begrüßen nun freudig ihr eigenes Spiegelbild. Sie zeigen das sogenannte *Playmate-Verhalten* – von Lacan (1949) als »jubilatorische Geschäftigkeit« bezeichnet –, d. h., sie erwecken den Eindruck, als würden sie einen Spielkameraden begrüßen: Sie lächeln ihr Spiegelbild öfter an, berühren oder küssen es, vokalisieren mit ihm oder suchen *hinter* dem Spiegel nach dem vermeintlichen Gefährten. Warum sie ihn überhaupt begrüßen und sich nicht über ihn ärgern oder ihn fürch-

Im Unterschied zu den jüngeren Kindern fixierten die neun Wochen alten bevorzugt die Augenpartie, wobei sich das Interesse für die Augen noch einmal erhöhte, wenn die Mutter mit ihnen sprach. Aus dem Befund, daß sie beim Sprechen nicht etwa den sich bewegenden Mund, sondern verstärkt die Augen fixierten, kann man ableiten, daß sie sich angesprochen fühlen, denn auch Erwachsene, die sich angesprochen fühlen, blicken *in die Augen* des Sprechers und nicht auf seinen Mund. Lewis/Brooks (1978, S. 161) und Murray/Trevarthen (1985) sind ebenfalls der Auffassung, daß der Säugling ab zwei bis drei Monaten unterscheiden kann, ob er das Zielobjekt sprachlicher Äußerungen seiner Eltern ist oder nicht.

ten, ist eine offene Frage. Wahrscheinlich ist die Freude über einen etwa gleich großen und deshalb nicht ängstigenden »Artgenossen« eine Art primärer sozialer »Reflex« (Lewis/Brooks-Gunn 1979, S. 222 f.). Diese Reaktion, die sich in Einzelfällen und in diskreterer Ausprägung gelegentlich schon im ersten Halbjahr findet, bleibt bis zum 24. Monat erhalten (Brooks-Gunn/Lewis 1984, S. 222), wird aber nach dem zwölften Monat von anderen Verhaltensweisen überlagert beziehungsweise ergänzt.

Am interessantesten ist die ab 13 Monaten eintretende Ernüchterung vor dem Spiegel. Die Kinder zeigen zwar noch immer *Playmate-Verhalten*, aber nun erstmals auch Zeichen von Rückzug. Sie vermeiden es, ihr Spiegelbild anzusehen, verbergen ihr Gesicht, laufen weg oder beginnen zu quengeln. Diese für das zweite Lebensjahr charakteristischen Verhaltensweisen treten, je nach Untersuchung, bei 20 bis 100 % aller Kinder auf (Anderson 1984), sind also recht verbreitet. Ab 15 Monaten zeigen die Kinder außerdem noch eine gewisse Verlegenheit vor dem Spiegel. Sie blicken schüchtern und mit gesenkten Augen hinein oder mit einer Mischung aus Scheu und Bewunderung. Manche erröten, schneiden Grimassen oder machen Clownerien. Kein Kind sucht jedoch hinter dem Spiegel noch nach etwas (Zazzo 1982 berichtet von Ausnahmen).[4]

Ab 18 Monaten – in Einzelfällen auch früher – tritt eine entscheidende Wende ein. Reibt man Kindern unauffällig einen geruchlosen roten Klecks auf Nase oder Wange und setzt sie vor einen Spiegel, so greifen sie sich nun an die eigene Nase, während sie vor diesem Zeitpunkt entweder nicht reagierten oder nach der Nase im Spiegelbild griffen. Das Sich-selbst-an-die-Nase-Greifen wird allgemein als sicheres Anzeichen für Selbsterkennen im Spiegel angesehen, weil das Kind damit zu erkennen gibt, daß es die Information aus dem Spiegel als Auskunft über die eigene Person betrachtet: Es sieht *im Spiegel* ein Gesicht mit einem roten Fleck auf der Nase und greift daraufhin an *die eigene* Nase. Es erkennt also, daß das, was es im Spiegel sieht, die eigene Person ist. Damit bekundet es Selbstbewußtheit, denn es zeigt, daß es sich jetzt aus einer Außenperspektive, gewissermaßen mit den Augen eines Be-

4 Auf die Motive für diese Verhaltensweisen komme ich weiter unten zu sprechen.

obachters, sehen kann. Dieser von Amsterdam (1972) bei Kindern und Gallup (1970) bei Schimpansen erstmals eingesetzte »Rouge«-Test gilt als ein deutliches Indiz für die Existenz von Selbstbewußtheit. Etwa zwei Drittel aller Kinder »bestehen« diesen Test im Alter zwischen 18 und 21 Monaten. Ab zwei Jahren findet man zusätzlich noch den Ausruf des eigenen Namens und/oder die Verwendung des Personalpronomens »ich« beim Anblick des Spiegelbildes. In diesem Alter, manchmal etwas früher, erkennen sich Kinder auch auf Photos wieder (Anderson 1984). Ab dem Alter von vier Jahren merken sie, daß man sie – im wörtlichen und übertragenen Sinn – »angeschmiert« hat, und sagen zum Erwachsenen mit Hinweis auf den roten Fleck: »Das hast du gemacht« (Spiker/Ricks 1984).

Exkurs: Die verschiedenen Niveaus von Selbstbewußtheit

In der obigen Darstellung wurden zwei Annahmen gemacht: erstens, daß der »Rouge«-Test ein zuverlässiger Indikator für Selbsterkennen ist, und zweitens, daß Selbsterkennen (im Spiegel) ein zuverlässiger Indikator für Selbstbewußtheit ist. Die Zulässigkeit beider Annahmen ist gelegentlich bezweifelt worden. Eine intensive Diskussion darüber führte zu dem Ergebnis, daß die meisten der daran beteiligten Diskutanten beide Behauptungen als gerechtfertigt betrachten. Ich gehe daher auf die verschiedenen Argumente pro und contra hier nicht ein und verweise den interessierten Leser auf die einschlägige Literatur.[5]

Ein anderes Problem, das ich interessanter finde, ist, daß es anscheinend verschiedene Niveaus von Selbstbewußtheit gibt. Dies möchte ich kurz erläutern (s. a. Bischof-Köhler 1998, S. 338 f., S. 357 ff.). Ich gehe davon aus, daß ein Kind, das sich im Spiegel er-

5 S. dazu u. a. Anderson (1993), Byrne (1993), Gallup/Povinelli (1993), Mitchell (1993 a, b), Parker/Mitchell (1994), Heyes (1994), Butterworth (1995), Lewis (1995), Povinelli (1995), Povinelli et al. (1997) und Povinelli/Prince (1998). Aus neurobiologischer und philosophischer Sicht werden diese Themen u. a. von Edelman (1992, bes. Kap. 11 und 12), Metzinger (1994, 1996) und Esken/Heckmann (1998) behandelt.

kennt, über Selbstbewußtheit verfügt. Es hat dann von sich und seinem Körper nicht mehr nur ein (Selbst-) Gefühl (primäres Bewußtsein), sondern es wird ein Stück weit seiner Person gewahr (Bewußtsein höherer Ordnung). Es merkt jetzt: »Das bin ich«, ohne allerdings diesen Sachverhalt auch gleich zum Gegenstand expliziter Überlegungen zu machen. Es denkt also, wenn es sich im Spiegel sieht: »Oh, das bin ich«, aber es denkt noch nicht *über* sich nach. Auch wenn es einen Gegenstand sieht, beispielsweise ein Haus, so denkt es vielleicht: »Oh, das ist ein Haus.« Aber es denkt weder *über* das Haus noch *über* sein Wahrnehmen des Hauses nach. Kurz: Es nimmt sich und die Welt zwar bewußt wahr, macht aber weder das Wahrgenommene noch den Wahrnehmungsprozeß zum Gegenstand weiteren Nachdenkens. Es hat Repräsentanzen von sich und der Welt, aber es *weiß* noch nicht, daß es solche hat, und reflektiert auch nicht über sie (Köhler 1998 b, S. 179).

Vergleichbar ist diese Situation mit der im symbolischen Spiel. Ab eineinhalb Jahren sind Kinder dazu in der Lage, ohne jedoch darüber nachzudenken, was sie tun. Das symbolische Spiel besteht unter anderem in der Fähigkeit zum symbolischen Gebrauch von Gegenständen. Das Kind behandelt jetzt z. B. eine Banane so, *als ob* diese ein Telefonhörer wäre. Die Banane ist damit zum Symbol für den Telefonhörer geworden. Der Symbol*gebrauch* setzt aber nicht voraus, daß das Kind sich über diese seine Fähigkeit auch Gedanken macht. Es *vergegenwärtigt* sich seine Fähigkeit zum symbolischen Spiel nicht in der Form, daß es zu sich sagt: »Aha, jetzt kann ich eine Banane als Telefonhörer verwenden«, sondern tut es einfach. Damit *verwendet* es Symbole, ohne sich über den symbolischen Charakter seines Tuns klar zu sein. Die Fähigkeit, über den Gebrauch von Symbolen (oder Denk- und Wahrnehmungprozesse bzw. -Inhalte) *nachzudenken*, nennt man Metakognition. Diese gibt es wahrscheinlich nicht vor einem Alter von vier bis fünf Jahren. Vorher leben Kinder in der Unmittelbarkeit des Lebensvollzuges (ein bis 18 Monate), danach entsteht ein explizites Bewußtsein ihres Selbst (ab 18 Monate), aber erst im dritten Schritt machen sie die damit verbundenen mentalen Fähigkeiten selbst zum Gegenstand des Denkens. Dann (ab vier bis fünf Jahren) können sie über sich selbst, ihr Denken und Fühlen nachdenken. Vermutlich verstehen sie auch erst ab diesem Alter den kognitiven Gehalt von Deutungen, z. B. die mögliche symbolische Bedeutung ihres Spiels in der Kindertherapie. Die mit eineinhalb Jahren vorhandene Selbstbewußtheit oder die Fähigkeit zum Symbolgebrauch ist also eine des Könnens, jedoch keine, in der dieses Können auch schon reflektiert oder verstanden würde.[6]

Man kann also drei Stufen des entstehenden Bewußtseins unterscheiden: eine erste, in der Kinder in der Unmittelbarkeit ihrer Empfindungen und Wahrnehmungen leben. In ihr bemerken sie (vage), ob sie hungrig, traurig oder fröhlich sind, und auch, daß sie anders aussehen als z. B. ein Spielgefährte, ohne daß sie sich dessen jedoch bewußt sind. Sie haben also eine gewisse (implizite) *Selbstwahrnehmung*. Auf der zweiten Stufe werden sie sich ihrer Person als eines »Selbst« bewußt. Sie stehen vor einem Spiegel und stellen fest: »Das bin ich.« Damit zeigen sie *Selbstbewußtheit.* Man könnte sagen, daß sie sich jetzt ihrer Wahrnehmungen bewußt werden. Auf der dritten Stufe, wenn sie die mit der Selbstbewußtheit verbundenen Denk- und Gefühlsprozesse zum Gegenstand des *Nachdenkens* machen können, entsteht *Selbstreflexion.* Dann stellen sie etwa fest: »Das bin ich. Ich habe braunes Haar, aber mein Bruder hat schwarzes. Mir gefällt meines besser. Oder: Manchmal fürchte ich mich vor Hunden, aber ich weiß, daß meine Eltern Hunde mögen. Gestern habe ich einen Hund gesehen, den ich süß fand, aber der war viel kleiner als der unseres Nachbarn« etc. Jetzt verfügen sie über ein Bewußtsein der eigenen mentalen Welt und über die Fähigkeit zur Selbstverständigung, das heißt zur Auseinandersetzung mit dieser Welt. Mit dieser Form des inneren Dialogs verbringt der Mensch hinfort 90 Prozent seiner Zeit. Er ist ein mit sich selbst über sich selbst sprechendes Wesen (geworden).

6 An anderer Stelle (Dornes 1997, Kap. 10) habe ich gezeigt, daß man auch auf Grund gedächtnispsychologischer Überlegungen zu ähnlichen Schlußfolgerungen gelangen kann (s. a. Cowan 1997, Gathercole 1998, Knopf 1998, Köhler 1998 b und Schneider/Bjorklund 1998 für neuere Literatur zur Entwicklung des Gedächtnisses).

Fortsetzung: Das Kind vor dem Spiegel – Spiegelangst

Der Befund, daß Schimpansen Erfahrung mit einem Spiegel benötigen, um sich darin selbst zu erkennen (Gallup 1979, 1994; Povinelli et al. 1993), hat zu der Frage geführt, ob es sich beim Menschen genauso verhält. Priel (1985; s. a. Priel/De Schonen 1986) hat Kinder eines Beduinenvolkes aus der Negev-Wüste untersucht, bei dem Spiegel unbekannt sind und auch natürliche Spiegel wie Wasseroberflächen wegen der dort herrschenden Trockenheit nicht vorkommen. Die Kinder zeigten im selben Alter Selbsterkennen (gemessen durch den »Rouge«-Test) wie eine Vergleichsgruppe von spiegel»erfahrenen« Kindern, nämlich im Alter zwischen 18 und 24 Monaten. Beim Menschen scheint also die Erfahrung mit einem Spiegel keine notwendige Voraussetzung für das Selbsterkennen zu sein. Es kann allerdings nicht ausgeschlossen werden, daß die Kinder anderweitige Erfahrungen mit spiegelnden Gegenständen gemacht haben, z. B. mit Gläsern, Flaschen und dergleichen. Die Behauptung der Erfahrungsunabhängigkeit ist deshalb mit einer gewissen Vorsicht zu genießen. Jedenfalls genügten in dieser Untersuchung zehn Minuten Umgang mit einem Spiegel, um ein Erkennen zu ermöglichen. Es ergab sich allerdings in folgendem Punkt eine Abweichung: die Beduinenkinder zeigten schon etwas früher Vermeidungsverhalten vor dem Spiegel als Kinder, die Erfahrung im Umgang mit Spiegeln haben. Warum das so ist, ist unklar. Vermeidungsverhalten zeigen jedoch beide Gruppen von Kindern. Dies wirft die Frage auf, *was* das Kind ängstigt oder irritiert, wenn es sein Spiegelbild sieht.

Allgemein wird das Vermeidungsverhalten vor einem Spiegel als Vorform von Selbsterkennen betrachtet (Bischof-Köhler 1994). Das Kind wird verlegen, gehemmt oder ängstlich, weil es *ahnt*, daß die Person im Spiegel keine andere ist als es selbst. Diese aufkeimende Ahnung könnte deshalb ängstigend sein, weil sie das Kind der verwirrenden Erfahrung aussetzt, sich *hier* zu fühlen (wo es sitzt oder steht), sich aber gleichzeitig *dort* zu sehen (wo der Spiegel hängt). Damit setzt eine Verdoppelung der Selbstwahrnehmung ein. In der kinästhetischen Modalität empfindet das Kind seinen Körper als zu sich gehörig, in der visuellen Modalität sieht es ihn aber auch noch *außerhalb* seiner selbst, in einem *räumlichen Abstand* und somit anders, als wenn es zum Beispiel an sich herunterblickt. Damit ist plausibel gemacht, wieso Kinder, wenn sie zu erkennen beginnen, daß *sie* es sind, die sich im Spiegel sehen, mit Irritation und Rückzug reagieren.

Eine zweite Erklärungsmöglichkeit ist folgende (Priel 1985, S. 188 ff.): Die vollständige Synchronie zwischen Spiegelbild und Selbst hat etwas Unheimliches.[7] Was immer das Subjekt macht – das Spiegelbild macht im selben Moment genau dasselbe. Dies entspricht nicht den üblichen Erfahrungen, die wir mit sozialen Objekten machen. Wenn Eltern mimische oder vokale Äußerungen ihres Säuglings imitieren oder kommentieren, so tun sie dies mit zeitlicher Verzögerung, in übertriebener Form und mit gewissen Abweichungen und Wiederholungen, in die Variationen »eingepackt« sind. Außerdem kommentieren Eltern auch nicht alle Äußerungen ihres Säuglings, sondern nur manche. Die Interaktionsantworten sozialer Objekte sind also nicht vollständig kontingent, das heißt, sie erfolgen erstens nicht immer, zweitens nicht in exakt gleicher Weise wie das Vorbild, und drittens initiiert das soziale Objekt auch häufig eine Interaktion – was das Spiegelbild nicht tut. Es ist deshalb wahrscheinlich, daß, wenn das Spiegelbild zunächst (fälschlich) als sozialer Interaktionspartner betrachtet wird, es *deshalb* Befremden und Verwirrung auslöst, weil es sich nicht an die üblichen Regeln der sozialen Interaktion hält. Es benimmt sich gerade *nicht* wie ein menschlicher Interaktionspartner, obwohl es so aussieht.

Zusammenfassend kann man festhalten, daß die Spiegelangst zwei Komponenten enthält. Zum einen läßt sie sich auf das ungewöhnliche Interaktionsverhalten des Spiegelbildes zurückführen. Bei dieser Erklärungsvariante wäre es nicht nötig anzunehmen, daß das Kind sich bereits im Spiegel erkennt. Die bemerkte Abweichung von den üblichen Interaktionserwartungen würde genügen, um das Unbehagen des Kindes zu erklären. Die zweite Erklärungsvariante hebt darauf ab, daß ein Kind mit etwa dreizehn Monaten ahnt, daß die Person im Spiegel es selbst ist und nicht ein (eigenartiger) Anderer, und daß es verwirrt ist, weil es sich *hier* fühlt

7 Mit dem Unheimlichen hat sich schon Freud (1919) in seiner gleichnamigen Schrift befaßt und dort auch die negative Reaktion auf das eigene, überraschend auftauchende Spiegelbild erwähnt.

und *dort* sieht. Diese »kognitive Dissonanz« (Bischof-Köhler 1989, S. 143) scheint psychoanalytisch orientierten Autoren als Erklärung der Spiegelangst jedoch nicht ausreichend.

Psychoanalytische Theorien der Spiegelangst

Amsterdam/Levitt (1980) haben deshalb andere Faktoren in Betracht gezogen. In Anlehnung an Merleau-Ponty (1945) postulieren sie zunächst, daß das Kind zugleich mit dem dunklen Gewahrwerden des eigenen Selbst bemerkt, daß es nun zu einem Objekt der Betrachtung *durch andere* werden kann. Dies führt zu einem Gefühl der Entfremdung, weil das Kind damit aus der bisherigen Unmittelbarkeit des Selbsterlebens herausgerissen wird und sich daher als Objekt der Beobachtung erfährt. Die Innovation der Autoren besteht nun in der Hypothese, daß diese Entfremdung durch das zeitgleich mit etwa 14 Monaten einsetzende *exzitatorische*, d. h. sexuell gefärbte Genitalspiel verstärkt wird, weil die meisten Eltern darauf mit offenem oder dezentem Mißbehagen reagieren.[8] Das grundlegende Entfremdungs- oder Verunsicherungsgefühl, welches durch das Bemerken der Dualität des eigenen Körpers entsteht – als Quelle innerer Empfindungen und als Gegenstand äußerer Betrachtung/Beobachtung –, wird zum einen noch erhöht durch die größere Sichtbarkeit des Körpers und der Genitalien, die mit dem Erwerb des aufrechten Ganges einhergeht, und zum zweiten weiter intensiviert durch die elterliche Mißbilligung körperbezogener sexueller Handlungen. Das Kind beginnt sich jetzt für solche Handlungen zu schämen oder sich zumindest unbehaglich zu fühlen, und dieses Unbehagen kann sich von den Genitalien auf den ganzen Körper ausbreiten. Deshalb die Verlegenheit beim Anblick des eigenen Spiegelbildes.

Ich finde diesen Gedanken anregend, aber auch ein wenig spe-

8 Beim *exploratorischen* Genitalspiel werden die Genitalien eher wie ein Spielzeug manipuliert, ohne daß dabei erkennbare sexuelle Empfindungen eine Rolle spielen. Es beginnt bei Jungen im Alter zwischen sechs und sieben, bei Mädchen im Alter zwischen zehn und elf Monaten (s. Roiphe/Galenson 1981; Lichtenberg 1989).

kulativ. Zur Präzisierung bedürfte es detaillierter empirischer Untersuchungen, in denen Kinder, deren Genitalspiel mißbilligt wurde, mit anderen verglichen werden, bei denen das nicht der Fall war, um den differentiellen Einfluß solcher Mißbilligung genauer herauszuarbeiten. Haubl (1991, S. 303) weist mit Recht darauf hin, daß Verlegenheit oder Scham nicht nur entstehen, wenn sexuelle Handlungen im engeren Sinn mißbilligt werden, sondern praktisch immer, wenn irgendeine Form hochbesetzten Tuns, in das ein Kind versunken ist, kritisch beobachtet wird. Die Herleitung der Verlegenheit vor dem Spiegel aus der Mißbilligung infantiler *Sexualbetätigung* hat deshalb wahrscheinlich nur eine begrenzte Erklärungskraft.

P. Kernberg (1984) hat, wie vor ihr schon Fornari (1963), einen anderen Aspekt in den Vordergrund gestellt. In Anlehnung an Mahler et al. (1975) versteht sie die Spiegelangst als Symbioseverlustangst, die in der Zeit der Wiederannäherungskrise im Alter zwischen 15 und 24 Monaten besonders ausgeprägt ist. In dieser Zeit wird sich das Kleinkind seiner Getrenntheit von der Mutter deutlich bewußt und bemerkt deshalb, daß das Bild im Spiegel nicht die Mutter ist. Sein Unbehagen vor dem Spiegel ist auch als Ausdruck eines *affektiven* Widerstandes gegen die Wahrnehmung des Getrenntseins zu verstehen. In Übereinstimmung mit dieser Hypothese ist zu beobachten, daß die Vermeidung vor dem Spiegel mit verstärkter Zuwendung zur Mutter einhergehen kann (Haubl 1991, S. 289). Das Kind versucht so, die mit dem Selbsterkennen im Spiegel einhergehende zunehmende Getrenntheitserfahrung ein Stück weit rückgängig zu machen. Deshalb sollte man erwarten, daß Kinder mit starker Trennungsangst in diesem Alter auch stärkeres Rückzugsverhalten vor einem Spiegel zeigen. Meines Wissens ist diese Frage bisher jedoch noch nicht systematisch untersucht worden.

Interessant ist das von P. Kernberg beschriebene Fallbeispiel eines fünfeinhalb Jahre alten autistischen Jungen, der zu Beginn der Therapie relativ emotionslos in den Spiegel schaut und nicht mehr als einen flüchtigen Blick für sein Spiegelbild übrig hat. Nach einigen Monaten in der Therapie tritt erstmals Vermeidungsverhalten auf. Er reibt sich vor dem Spiegel die Augen und zeigt eine gewisse Verlegenheit. Im weiteren Verlauf der Therapie erreicht er eine gewisse Fähigkeit zum symbolischen Spiel – etwas, was sonst nur einer Minderheit autistischer Kinder gelingt. Gleichzeitig begrüßt er nun (nach drei Jahren Therapie) sein Spiegelbild mit Freude, die von Zeichen des Selbsterkennens begleitet ist. P. Kernberg ist der Auffassung, daß der Junge die Spiegelerfahrung, die er mit *ihr* in der Therapie gemacht hat, jetzt auf den Spiegel und sein Bild »übertragen« hat. Er freut sich über seinen Anblick im Spiegel so, wie *sie* sich über seinen Anblick immer gefreut hat.

Dieses Fallbeispiel ist bemerkenswert, weil es sehr schön illustriert, wie zwischenmenschliche Beziehungen ein Verhalten oder eine Fähigkeit hervorbringen, die oft als Ergebnis von Reifungsvorgängen oder als Resultat der Aktivität kognitiver »Module« begriffen wird. Solche Reifungsvorgänge scheinen zwar die notwendige, nicht aber die hinreichende Bedingung für Selbsterkennen im Spiegel zu sein. Außerdem illustriert das Beispiel, daß die Erfahrung, im Gesicht eines anderen gespiegelt zu werden, anscheinend dazu beiträgt, sich im Spiegel (mit Freude) zu erkennen. Ich werde diesem Thema, bei dem es nicht mehr nur um die formale oder allgemeine Fähigkeit geht, sich im Spiegel zu erkennen, sondern darum, was man (dabei) als Subjekt *fühlt*, im zweiten Teil der Arbeit weiter nachgehen. Hier soll der Hinweis genügen, daß die bisher im Vordergrund stehende Selbsterkennungsfähigkeit im Spiegel ja noch nichts über *die Inhalte* des Selbstkonzeptes einer Person aussagt, d. h. nichts darüber, wie sie sich fühlt und welche Gedanken, Wünsche und Befürchtungen sie hat. Diese Aspekte des Selbstkonzeptes werden durch Untersuchungen vor dem Spiegel überhaupt nicht erfaßt – es sei denn, man legt sie als kasuistische Einzelfallstudien an.

Dies haben z. B. Mahler/McDevitt (1982) getan und sind zu interessanten Ergebnissen gelangt. Sie beschreiben (ebd., S. 844) den Fall eines 14 Monate alten Mädchens mit ausgeprägter Spiegelangst und stellten fest, daß diese auf eine unbefriedigende Beziehung zu ihrer Mutter zurückzuführen war. Die etwas unempathische und narzißtische Mutter hatte das Kind nur unzureichend »gespiegelt«, und es konnte nun seinen eigenen Anblick im Spiegel nicht ertragen. Auch hier bezeugt, wie im Fallbeispiel von P. Kernberg, der Spiegel etwas, was vorher in der Interaktion stattgefunden hat. Der Spiegel macht deutlich, daß das Kind sich selbst nicht ansehen kann oder mag, weil es sich zuvor von seiner Mutter nicht angesehen/angenommen fühlte. Wir sehen also, daß zur Aufklärung individueller Unterschiede oder besonders auffälliger Ausprägungen bestimmter Verhaltensweisen vor dem Spiegel die Kenntnis der Beziehungsgeschichte ausgesprochen nützlich sein kann.[9]

Es gibt auch faszinierende klinische Studien zum Verhalten *erwachsener* Patienten vor einem Spiegel. Greenacre (1958) beschreibt eine Patientin mit angeborener Mißbildung. Diese bestand darin, daß ihre Vaginalöffnung verschlossen war. Obwohl der Defekt äußerlich nicht sichtbar war, entwickelte das Mädchen in der Vorpubertät eine Spiegelphobie, die viele Jahre anhielt. Eine andere, von Niederland (1975) behandelte Patientin mit einer auffälligen Narbe im Gesicht entwickelte jedoch keine Phobie, obwohl das hier eher verständlich gewesen wäre, sondern eine Art Spiegelfixierung. Sie saß oft und lange vor dem Spiegel, um den Mangel wegzuschminken. Dabei passierten ihr immer wieder Malheurs, z. B. fielen häufig Schminkutensilien herunter, die ahnen ließen, mit welch grimmiger Ambivalenz diese Prozedur ausgeführt wurde. Die Ambivalenz rührte auch vom mütterlichen Umgang mit der Narbe her. Die Mutter hatte ab dem neunten Lebensjahr mit Nachdruck darauf bestanden, daß ihre Tochter das Hämangiom mit hautfarbenen Cremes überdecken sollte. Während der ganzen Kindheit schickte sie, wenn überraschend Besuch kam, die Tochter ins Badezimmer, wo diese dann bleiben mußte, bis der Besuch wieder gegangen war. Auch zu Familienausflügen wurde sie nur sporadisch und mit dem Hinweis mitgenommen, sich »unauffällig« zu benehmen. Als Erwachsene beschäftigte sich die Patientin nicht nur ständig mit Make-up, sondern auch mit Kleidern, Stoffen und Licht. Alle diese Gegenstände, auch das Make-up, wurden besonders hinsichtlich ihrer Reflexionseigenschaften geprüft. Über ihre zwanghafte Beschäftigung mit Licht und Reflexion sagte die Patientin einmal: »Ich habe mehr Glühlampen in meinem Haus als ein Elektrogeschäft. Die Lichtreflexe bedeuten mir alles« (Niederland 1975, S. 267). Es scheint, als sei diese Frau ständig auf der Suche nach einer »idealen Reflexion«, die sie in ihrer Kindheit wegen der entstellenden Narbe so bitterlich entbehren mußte. Der Leser sei für weitere Informationen auf die Lektüre der Originalarbeit ver-

9 Mißhandelte Kinder zeigen im übrigen mehr negative oder neutrale Affekte beim Selbsterkennen vor dem Spiegel als eine Vergleichsgruppe nichtmißhandelter Kinder (Schneider-Rosen/Cicchetti 1991).

wiesen,[10] die zeigt, wie komplex Symptome letztlich determiniert und wie sehr sie mit der Beziehungsgeschichte verwoben sind. Dies ist auch der gemeinsame Nenner der geschilderten Fallbeispiele, daß nämlich Unzulänglichkeiten in der zwischenmenschlichen Spiegelung zu Problemen vor dem Spiegel führen *können.* Daß dies immer so ist oder sein *muß*, soll damit natürlich nicht behauptet werden. Solche möglichen Zusammenhänge lassen sich jedoch, ebenso wie die Komplexität von Symptombildungen, in entwicklungspsychologischen Untersuchungen, die mit einer großen Anzahl von Kindern durchgeführt werden, nur sehr begrenzt erfassen. Deshalb sollte man kasuistische Studien, welche methodischen Schwächen sie auch immer haben mögen, niemals geringschätzen. Sie sind eine unerschöpfliche Quelle der Inspiration, und sie lehren Bescheidenheit und Staunen über die Vielfalt möglicher Existenzentwürfe und -verfehlungen. Nach diesen Ausführungen kehre ich nun wieder zu entwicklungspsychologischen Untersuchungen zurück.

Spiegelbild und Empathie

Die Fähigkeit, sich im Spiegel zu erkennen, führt zu einer Reihe affektiver Folgeerscheinungen. Eine der wichtigsten ist, daß Kinder *nach* deren Erwerb zur Empathie fähig werden. Bischof-Köhler (1988, 1989, 1994) hat gezeigt, daß nur solche Kinder, die sich selbst im Spiegel erkennen, zu Einfühlung und entsprechenden prosozialen Handlungen in der Lage sind. In einer Reihe einfallsreicher Experimente konfrontierte sie 18 Monate alte Kinder mit folgender Situation. Eine Kinderbetreuerin »spielt« mit einem Teddy, dem dabei der (vorher entsprechend präparierte) Arm abfällt. Sie beginnt zu jammern. Bei den Kindern wurden drei unterschiedliche Reaktionsweisen beobachtet. Es gab *unbeteiligte* Kinder, die sich schnell von der Situation der Spielpartnerin ablösten und mit neutralem oder fröhlichem Gesichtsausdruck weiterspielten; *ratlose* Kinder, die sich nicht aus der Situation lösen konnten, aber den-

10 Den Hinweis darauf verdanke ich Haubl (1991, S. 295 f.).

noch einen eher abwartenden als anteilnehmenden Eindruck machten und nichts taten, um die Lage der Spielpartnerin zu verändern; *empathische* Kinder, die Anteilnahme zeigten, selbst halfen und/oder ihre Mutter herbeiholten. »Ausschließlich Kinder, die sich (im Spiegel; M.D.) erkannten, reagierten empathisch« (Bischof-Köhler 1994, S. 360). Allerdings reagierten nicht alle Kinder, die sich erkannten, auch empathisch. Unter den sich selbst erkennenden gab es auch einige nichtempathische (ebd., S. 369), was auf situative und/oder sozialisatorische Einflüsse zurückzuführen sein dürfte.

Diese Studien belegen einen engen Zusammenhang zwischen der kognitiven Fähigkeit, sich im Spiegel zu erkennen, und der affektiven Fähigkeit zur Empathie. Andere Autoren bringen die Fähigkeit zur Empathie stärker mit Beziehungserfahrungen im ersten Lebensjahr in Verbindung. Fremmer-Bombik/Grossmann (1991) haben z. B. festgestellt, daß schon einjährige Kinder dann empathisch reagieren, wenn sie *sicher* an ihre Eltern gebunden sind, wohingegen *unsicher* gebundene Kinder seltener empathisch reagieren. Sicher gebundene Kinder haben während des ersten Lebensjahres häufiger die Erfahrung gemacht, daß sie bei Kummer und Schmerz von ihren Eltern getröstet wurden, wohingegen unsicher gebundene diesbezüglich eher mit (milder) elterlicher Zurückweisung oder inkonsistenten Reaktionen konfrontiert waren. Es ist unmittelbar einleuchtend, daß solche Erfahrungen auch einen Einfluß auf die spätere Empathiefähigkeit der Kinder haben werden.[11]

Dennoch hat sich an diesen Befunden ein Streit entzündet, bei dem es darum geht, ob die Reaktionen einjähriger Kinder auf wahrgenommenen Kummer wirklich schon Empathie sind oder nicht vielmehr das Resultat einer bloßen Affektansteckung. Der Unterschied zwischen beidem soll u. a. darin bestehen, daß das Kind im Falle der Empathie den Zustand, in den es sich einfühlt (z. B. den Kummer der Spielpartnerin) zwar wahrnimmt, aber nicht selbst

11 Die Qualität der Bindung (sicher vs. unsicher) wird mit Hilfe eines bestimmten Verfahrens, der sogenannten Fremden-Situation, festgestellt. Eine begründete Aussage der Bindungstheorie ist, daß die Qualität der Eltern-Kind-Bindung mit einem Jahr u. a. von der Beziehungsqualität *während* des ersten Lebensjahres abhängt (s. Kapitel 2).

einfach in diesen Zustand gerät, sondern einen gewissen inneren Abstand zum Geschehen wahren kann, weil es den beobachteten Kummer als den *des anderen* wahrnimmt und erlebt. Bei der Affektansteckung hingegen gerät das Kind selbst mehr oder weniger stark in den beobachteten Zustand (Bischof-Köhler 1994). Wahrscheinlich haben beide Seiten recht: Einerseits ist das Selbsterkennen im Spiegel wohl die notwendige Voraussetzung für echte Empathie, andererseits ist sie dafür wahrscheinlich nicht hinreichend. Insbesondere für individuelle Differenzen zwischen einzelnen Kindern werden unterschiedliche Beziehungserfahrungen mit verantwortlich sein. Asendorpf/Baudonnière (1993, S. 93 f.) weisen mit Recht darauf hin, daß die Art der sozialen Erfahrung zwar nicht den Zeitpunkt des Beginns von Selbsterkennen und Empathie beeinflußt, wohl aber die Inhalte des sich entwickelnden Selbstkonzeptes und die weitere Entwicklung der Fähigkeit zur Empathie.[12]

Ich lasse diese Kontroverse auf sich beruhen und wende mich nun dem zweiten Themenschwerpunkt zu. Hierbei geht es nicht mehr um das Verhalten und Fühlen kleiner Kinder vor dem Spiegel, sondern um Spiegelungsprozesse in der zwischenmenschlichen Interaktion.

Affektspiegelung im menschlichen Gesicht

Es ist ein grundlegender Unterschied, ob man in einen Spiegel blickt oder in ein menschliches Gesicht. Erwachsene haben im letzteren Fall mindestens zwei Optionen. Sie können die Gesichtsausdrücke des anderen entweder als Auskunft über *seinen* Zustand betrachten oder als Auskunft über *ihren eigenen* bzw. darüber, wie sie

12 Selbst wenn man die Reaktion von Einjährigen nicht als *echte* Empathie, sondern als Ergebnis von Affektansteckung interpretiert, bleibt der Sachverhalt bestehen, daß es offensichtlich Kinder gibt, die sich *in Abhängigkeit von ihren Beziehungserfahrungen* unterschiedlich stark von Affekten anstecken lassen. Sogar der Zeitpunkt, ab dem sich Kinder im Spiegel erkennen, scheint manchen Untersuchungen zufolge von Beziehungserfahrungen mit beeinflußt zu werden. Unsicher gebundene Kinder erkennen sich, aus welchen Gründen auch immer, früher als sicher gebundene (Lewis et al. 1985).

auf andere wirken. Macht unser Gegenüber ein ärgerliches Gesicht, so ist klar, daß er sich ärgert (es sei denn, er schwindelt oder täuscht uns). Unklar ist jedoch, ob er sich über mich ärgert oder über sich selbst. Je nachdem, was der Fall ist, hat man mit unterschiedlichen Konsequenzen zu rechnen.

Die Prozesse und Fähigkeiten, die es dem Säugling ermöglichen, den Gesichtsausdruck seiner Eltern entweder als deren Ärger über *sich* oder über *ihn* oder als noch etwas anderes, nämlich als *Widerspiegelung seines eigenen Ärgers* zu verstehen, sind andere als die, welche es ihm mit etwa eineinhalb Jahren ermöglichen, ein Bild in einem Spiegel als sein eigenes zu erkennen. Ich werde mich im folgenden mit dem Vorgang des Affektspiegelns näher befassen.

Ausgangspunkt meiner Überlegungen ist die Frage von Winnicott (1967, S. 129): »Was erblickt das Kind, das der Mutter ins Gesicht schaut?« Winnicotts Antwort lautet: Es sieht sich selbst, denn die Art, wie die Mutter schaut, hängt davon ab, was sie selbst erblickt (ebd.). Diese Aussage scheint zunächst ein wenig unklar. Die einfachste Antwort auf die Frage, was der Säugling sieht, wenn er ins Gesicht seiner Mutter blickt, lautet natürlich: ihr Gesicht. Das ist sicher auch richtig, aber doch ungenügend. Es ist bekannt, daß, wenn Mutter und Säugling interagieren, die Mutter oft den Gesichtsausdruck ihres Säuglings imitiert. Blickt er freudig, so tut sie es auch. Ihr Gesichtsausdruck ist also eine Art Antwort oder Spiegelung seines Ausdrucks, und deshalb sieht der Säugling nicht nur das mütterliche Gesicht, sondern in ihm auch eine »Reflexion« seines eigenen Zustandes.

Affektspiegelung hat jedoch auch noch andere Funktionen. Elterliche Antworten sollen vom Säugling gezeigte Gefühle auch regulieren und modulieren. Die zentrale Frage lautet nun: Wie wird durch Spiegelung Affektregulierung möglich? Der Urheber der im folgenden dargestellten Überlegungen ist der ungarische Entwicklungspsychologe und Psychoanalytiker György Gergely. Da seine diesbezüglichen Arbeiten hierzulande weitgehend unbekannt sind – sie liegen nur in einer stark kondensierten deutschen (Gergely 1998, S. 100–105) und einer recht komplizierten englischen Version vor (Gergely/Watson 1996) –, erscheint eine sowohl ausführliche als auch vereinfachte Darstellung seiner brillanten Überlegungen angezeigt.

Gergelys Theorie der Affektspiegelung

Gergely geht davon aus, daß der Säugling zwar Emotionsausdrücke wie Freude, Ärger oder Traurigkeit zeigt, aber zunächst kein (klares) Bewußtsein der damit einhergehenden emotionalen Zustände hat.[13] Möglicherweise hat er Empfindungen, die den verschiedenen Gesichtsausdrücken annähernd entsprechen – er fühlt sich also, wenn er freudig blickt, anders, als wenn er ärgerlich blickt –, aber diese Gefühle sind ihm bestenfalls vage bewußt. Ähnlich kann ein Erwachsener einen schnellen oder langsamen Puls haben und dadurch bedingt auch unterschiedliche Körperempfindungen, aber dies muß ihm nicht bewußt sein. Vielleicht bemerkt er nicht einmal, wie seine Gesamtverfassung von seinem Pulsschlag beeinflußt wird, sondern spürt nur einen Zustand von Ruhe oder Unruhe.

Bekanntlich kann man Prozesse des autonomen Nervensystems, die keiner willentlichen Kontrolle unterliegen, durch Biofeedbacktraining erstens bewußt und zweitens (dadurch) der willentlichen Beeinflussung zugänglich machen. Herzschlag, Blutdruck oder muskuläre Verspannungen können auf einem Videomonitor oder akustisch sicht- bzw. hörbar gemacht werden. Damit ist ein im Organismus zunächst unbemerkt ablaufender Prozeß »externalisiert« und beobachtbar geworden. Auf diese Weise wird das Subjekt für innere Vorgänge, die es bisher nicht beachtet hat, sensibilisiert und kann lernen, sie zu kontrollieren.

Wie diese Kontrolle im einzelnen gelernt wird, soll hier nicht beschrieben werden. Ich verweise auf die einschlägige Literatur zum Biofeedback (z.B. Kröner-Herwig/Sachse 1988; Vaitl 1993; Zeier 1997). Auch ohne Kenntnis der Details kann man sagen, daß auf dem Monitor eine sicht- oder hörbare (äußere) *Repräsentanz* eines inneren, bisher automatisch ablaufenden und *nicht* repräsentierten Vorgangs erscheint und daß diese bildliche oder akustische Darstellung es im Laufe der Zeit erlaubt, den entsprechenden Körpervorgang zu beeinflussen. Zunächst braucht man dazu noch den Monitor. Im Verlauf geeigneter Übungen wird man unabhängig davon und kann die entsprechenden Vorgänge auch ohne Apparatur

13 Dies ist eine diskussionswürdige Annahme, die aber hier nicht weiter untersucht werden soll (s. dazu ausführlich Dornes 1993, Kap. 5 und Zepf et al. 1998).

beeinflussen, weil nun die – zunächst äußere – Repräsentanz *verinnerlicht* worden ist. Biofeedbacktraining ist also ein repräsentanzenbildender Prozeß![14]

Gergely ist der Auffassung, daß sich in der frühen Eltern-Kind-Interaktion etwas Vergleichbares abspielt, und spricht deshalb von einem »social biofeedback model of affect mirroring«. Der Unterschied zum herkömmlichen Biofeedback ist damit klar bezeichnet. Erstens werden Affekte im Gesicht des anderen gespiegelt und keine physiologischen Funktionen – deshalb *affect*-mirroring; zweitens werden diese nicht auf einem Monitor, sondern im menschlichen Gesicht dargestellt, deshalb *social* biofeedback model.

Der Säugling befindet sich dieser Theorie zufolge also zunächst in einem Gefühlszustand, der ihm nicht bewußt ist, den er jedoch ausdrückt. Deshalb bemerken ihn seine Eltern. Sie gehen darauf ein, und zwar intuitiv. Wenn er lächelt, beginnen sie ebenfalls zu lächeln. Sie sprechen dabei auch mit ihm. All das tun sie auf eine besondere, etwas künstlich und übertrieben wirkende Weise. Ihr Lächeln ist breiter als das des Säuglings, sie wiederholen es mehrfach in verschiedenen Variationen und Modulationen und tun damit etwas, was sie einem Erwachsenen gegenüber nicht tun würden. Auch ihre stimmlichen Äußerungen sind anders. Der typische *Babytalk* ist dadurch charakterisiert, daß die Erwachsenen langsam, in hoher Stimmlage und mit immer variierten Wiederholungen sprechen, damit der Säugling merkt, was abläuft. Diese Verhaltensweisen sind biologisch vorprogrammiert (Papousek/Papousek 1987). Alle Erwachsenen aller bekannten Kulturen sprechen in dieser Ammensprache mit ihren Säuglingen, und auch Kinder tun dies ab einem Alter von drei bis vier Jahren.

14 Es gibt verschiedene Theorien, die erklären sollen, wie die Beeinflussung durch Sicht- oder Hörbarmachung möglich wird. Eine besagt, daß dadurch die Wahrnehmungsschwelle für Körperprozesse gesenkt wird und so etwas bemerkt (und damit potentiell beeinflußbar) wird, was vorher nicht bemerkt wurde. Diese Theorie erklärt indes nur, wie etwas durch äußere Darstellung *wahrnehmbar* werden kann, nicht aber, wie das nun Wahrgenommene auch *beeinflußt* werden kann. Wahrnehmbarkeit allein impliziert noch keine Beeinflussung. Wie die gewünschte Beeinflussung erlernt wird, ist ein kontrovers diskutiertes Problem, zu dem unterschiedliche Theorien existieren. Es ist nach wie vor unklar, wie der Lern- bzw. Verinnerlichungsprozeß, der zur Kontrolle führt, *im Detail* aussieht (Kröner-Herwig/Sachse 1988, S. 40, S. 161; Vaitl 1993, S. 305; Zeier 1997, S. 32).

Markierung, referentielle Entkoppelung und referentielle Verankerung

Auf diese Weise akzentuieren Eltern die Äußerungen des Säuglings. Er hat vielleicht nur kurz gelächelt, aber die Eltern elaborieren dies nun. Gergely spricht davon, daß ihre Affektantwort das Kennzeichen der *Markiertheit* (markedness) trägt. Er postuliert, daß der Säugling durch diese Markierung bemerkt, daß der von den Eltern gezeigte Affekt gewissermaßen nicht »echt« ist. Er ist nicht (nur) ihr Affekt, sondern (auch) eine Übertreibung der vom Säugling gezeigten Zustände. Wenn die Eltern beispielsweise auf sein Lächeln so reagieren würden wie auf das anderer Erwachsener, würde der Säugling entweder gar nichts bemerken oder wäre mit der echten Freude eines Erwachsenen konfrontiert. So aber gehen seine Eltern gerade *nicht* mit ihm um. Sie konfrontieren ihn mit einer »als-ob«-Freude. Zwar freuen sie sich natürlich auch wirklich über sein Lächeln, aber sie tun es auf eine besondere Weise. Sie »spielen« in ihrer Antwort mit seinem Lächeln. Durch die damit einhergehende Übertreibung kommt es zu einer Markierung, die es dem Säugling erlaubt zu bemerken, daß die Eltern etwas *darstellen* und nicht nur etwas Eigenes ausdrücken. Ihre Gesichtsausdrücke und vokalen Reaktionen sind für den Säugling der »Bildschirm«, der, wie im Biofeedback, eine bisher nicht bemerkte (Gefühls-) Regung wahrnehmbar macht.

Kein Erwachsener, der eine Biofeedbackübung macht, sitzt jedoch vor dem Signalanzeiger und glaubt, dieser würde innere Zustände zeigen. Er weiß, daß solche Geräte keine inneren Zustände haben. Er nimmt also automatisch etwas vor, was Gergely *referentielle Entkoppelung* (referential decoupeling) nennt. Er entkoppelt das Monitorbild von seinem Träger (dem Bildschirm) und bezieht es auf sich, d. h., er begreift es als Darstellung seiner eigenen Zustände. Genau das tut Gergely zufolge auch der Säugling. Nachdem er erstens wegen der Markiertheit die Besonderheit des Affektausdrucks im menschlichen Gesicht, seine »als-ob-Qualität«, bemerkt hat und zweitens deshalb den Ausdruck von seinem Träger (dem Gesicht) entkoppelt hat, bezieht er ihn nun drittens auf sich selbst – und zwar in einem ganz speziellen Sinn. Er bezieht ihn nicht nur so auf sich selbst, daß er sich davon angesprochen fühlt, sondern auch in dem Sinn, daß er ihn als Ausdruck und Widerspiegelung *seines eigenen* Affektzustandes versteht. Diesen Prozeß nennt Gergely *referenti-*

elle Verankerung (referential anchoring). Auch beim Biofeedbacktraining genügt es ja nicht, zu bemerken, daß auf dem Bildschirm bestimmte prägnante und nicht zu übersehende Zeichen erscheinen (Markierung), und zu wissen, daß diese Zeichen keine Ausdrücke innerer Zustände des Monitors sind (referentielle Entkoppelung), sondern wir müssen darüber hinaus lernen, daß diese Zeichen die externe Darstellung von *eigenen* Biosignalen sind (referentielle Verankerung), die wir bisher noch nicht bemerkt haben.

Der Unterschied zwischen Biofeedbacktraining und Affektspiegelung besteht darin, daß im Biofeedback die Bilder des Monitors sich nicht in dem Sinn auf uns beziehen, daß sie uns etwas sagen oder *mitteilen* wollen, sondern nur in dem Sinn, daß sie etwas von uns *darstellen*. In der elterlichen Kommunikation sind diese beiden Elemente vermischt, weil die Eltern nie etwas nur darstellen, sondern in der Darstellung zugleich etwas mitteilen. Diese beiden Ebenen kann der Säugling aber durchaus trennen. So wenig der Erwachsene glaubt, der Monitor beim Biofeedback zeige seine eigenen Zustände, so wenig glaubt der Säugling nach einiger Zeit noch, seine Eltern würden *nur* ihre eigenen Gefühle zeigen, wenn sie seine Zustände spiegeln.[15] An ihren Markierungen bemerkt er nämlich, daß dies nicht so ist, und dies ermöglicht ihm die referentielle Entkoppelung. Der zweite Schritt, die referentielle Verankerung, also der Prozeß, in dem der Säugling die vom elterlichen Gesicht entkoppelten Affektausdrücke auf sich selbst bezieht und sie als Ausdrücke seiner eigenen Zustände versteht, ist in seinen Details außerordentlich kompliziert und soll hier nicht ausführlicher dargestellt werden (s. dazu Gergely/Watson 1996). Die Herausarbeitung der Grundstruktur des Arguments, wie sie bisher erfolgte, soll zunächst einmal genügen.

Der Säugling befindet sich an diesem Punkt der Argumentation genausoweit wie der Erwachsene, der Biofeedbacktraining vor dem Monitor macht und gesagt bekommt, daß die sich verändernde Kurve auf dem Bildschirm *seine* Muskelspannungen oder Tempe-

15 Dies wäre vielmehr schon eine pathologische Entgleisung des normalen Vorgangs des Affektspiegelns, in dem der Affektzustand *der Eltern* das Übergewicht gewinnt und sie deshalb die Zustände *ihrer Kinder* nicht mehr regulieren können (Genaueres dazu weiter unten im Abschnitt über pathologische Affektspiegelung).

raturschwankungen darstellt. Damit ist ihm ein Zustand bewußt geworden, den er vorher nicht oder nicht deutlich bemerkt hatte. Winnicotts oben zitierte Aussage, daß der Säugling, wenn er ins Gesicht seiner Mutter sieht, sich selbst erblickt, ist damit plausibel gemacht. An ihr ist überhaupt nichts Mythologisches oder Metaphorisches, sondern sie ist die geradezu verblüffend exakte Formulierung dessen, was tatsächlich geschieht.

Aber dies ist noch nicht alles. Im Biofeedbacktraining soll die externe Darstellung innerer Vorgänge ja nicht nur dem Subjekt etwas bewußt machen, sondern diese Bewußtheit soll auch zu einer willentlichen Beeinflussung und Kontrolle der entsprechenden Funktionen beitragen. Wie aber trägt nun der bisher geschilderte Prozeß der Affektspiegelung zur Kontrolle des Säuglings über seine Affekte beziehungsweise zur emotionalen Selbstregulierung bei?

Primäre Affektregulation

Wahrscheinlich gibt es mindestens zwei verschiedene Weisen der Regulation emotionaler Zustände, die über *den Umweg* des Objekts verlaufen: eine unmittelbare, implizite, nichtbewußte und eine mittelbare, eher bewußte. Zunächst zur unmittelbaren Form.

Säuglinge imitieren vom ersten Lebenstag an die Gesichtsausdrücke ihrer Eltern, allerdings ist ihr Imitationsrepertoire auf drei Ausdrücke begrenzt, nämlich Zungeherausstrecken, Mundöffnen und Lippenschürzen (Meltzoff/Moore 1983, 1989; ausführlich: Nadel/Butterworth 1999). Affekthaltigere Gesichtsausdrücke imitieren sie zwar selten (Field 1985 berichtet von der Nachahmung des Ausdrucks für Überraschung), aber sie reagieren darauf. Lächelt eine Mutter ihren Säugling an, so lächelt er zurück. Dadurch gerät er automatisch in denselben Affektzustand wie sie, weil dieser Gesichtsausdruck das ihm entsprechende Gefühl produziert.[16]

16 Diese auf den ersten Blick kontraintuitive Behauptung, daß nämlich das Gefühl *eine Folge* des Gesichtsausdrucks ist, habe ich, mit den nötigen Einschränkungen, an anderer Stelle ausführlich begründet (s. Dornes 1993, Kap. 5). Über die neueren Kontroversen zu diesem Thema informieren Zepf et al. (1998).

Dies ist so, weil die Gesichtsausdrücke der sogenannten Basisemotionen Ärger, Furcht, Traurigkeit, Ekel und Freude mit den entsprechenden Gefühlen verknüpft sind und weiter, weil bestimmte Parameter des *autonomen* Nervensystems (ANS) – wie Blutdruck, Pulsfrequenz, elektrischer Hautwiderstand – ebenfalls emotionsspezifisch sind. Die Parameter sind bei Freude anders als bei Ärger und wiederum anders bei Traurigkeit. Es gibt also ANS-Spezifität von Emotionen (Ekman 1992, 1993). Dasselbe gilt für das *zentrale* Nervensystem (ZNS). Verschiedene emotionsspezifische Gesichtsausdrücke sind mit spezifischen EEG-Zuständen verknüpft (Machleidt et al. 1989; Machleidt 1998; Ekman 1992, 1993), so daß der Säugling, der die emotionalen Gesichtsausdrücke seiner Mutter nachahmt oder beantwortet, automatisch in dieselbe emotionale Verfassung gerät wie sie, und zwar sowohl auf der physiologischen wie auf der neurophysiologischen Ebene (s. Dawson 1994; Schore 1994, 1998; Beebe et al. 1997 ref in: Pally 1998, S. 359). Dadurch reguliert sich der kindliche Organismus entlang des erwachsenen Vorbildes. Psychoanalytisch würde man diesen Vorgang als primäre Identifizierung bezeichnen (Loch 1968).

Aber auch ohne daß der Säugling den Erwachsenen imitiert oder ihm antwortet wird dessen Zustand auf dem Wege der Affektansteckung übertragen. Der Psychobiologe Myron Hofer hat in einer Reihe von faszinierenden Arbeiten gezeigt (Hofer 1990, 1995), daß praktisch alle Aktivitäten des Neugeborenen – von der Nahrungsaufnahme über Temperaturregulierung, Ausscheidung, Herzschlag bis hin zur Produktion von Hormonen und Neuropeptiden – direkt von der pflegenden Präsenz des elterlichen Organismus abhängen. Dieser fungiert als eine Art externer Zeit- und Taktgeber, der Rhythmus, Struktur und Funktion sämtlicher körperlichen Funktionen mit bestimmt. Entsprechend zeigen Säuglinge depressiver Mütter schon im Alter zwischen drei und sechs Monaten dieselbe – für erwachsene Depressive typische – Reduzierung linkshemisphärischer frontaler EEG-Aktivität wie ihre Mütter während der Interaktion mit ihnen (Field et al. 1995; Dawson et al. 1997, 1999). Die Regulation der kindlichen Homöostase und Gehirnprozesse ist also extrem umwelt- bzw. objektabhängig, und zwar schon auf einem vorrepräsentationalen, »rein« biologischen Niveau.[17]

17 Natürlich gibt es auch rudimentäre Selbstregulationsfähigkeiten beim Säug-

Beim Affektspiegeln findet indes (noch) eine andere Form der unmittelbaren Affektregulierung statt als die biologische. Der Erwachsene in der Biofeedbacktherapie hat ein Gefühl der Effizienz und Kontrolle, wenn er nach einiger Zeit gelernt hat, seine Muskelspannung über die Darstellung auf dem Monitor zu beeinflussen. Ähnlich erlebt der Säugling ein Gefühl von Kontrolle oder Wirkmächtigkeit, wenn die Eltern auf seine Affektausdrücke (mit Spiegeln) reagieren. Er hat es gewissermaßen »geschafft«, wie der Erwachsene vor dem Monitor, eine externe Erscheinung seines eigenen Zustandes zu kreieren, die auf seine Bemühungen reagiert. Gleichzeitig ist er dabei ruhiger geworden oder von einem Zustand der Langeweile in einen angenehmeren der Freude geraten, denn die Reaktionen der Eltern haben seine Empfindungen moduliert. Diese beiden gleichzeitigen Eindrücke – etwas bewirken und dabei in einen veränderten Affektzustand geraten – werden nun miteinander assoziiert. Der Säugling macht somit nicht nur die Erfahrung, daß sein affektiv-expressives Verhalten ein entsprechendes Ereignis in der Außenwelt auslöst, sondern auch die, daß er gleichzeitig damit – *also dadurch* – ruhiger oder heiterer wird. Er stellt fest, daß seine Affekte *durch seine eigenen Bemühungen* reguliert werden. Psychoanalytiker würden hier von einer »Introjektion« der elterlichen Beruhigungsfunktion sprechen, und die Klein-Bion-Schule in der Psychoanalyse bezeichnet diesen Vorgang als *affect-containment* (s. Kapitel 2). Wir sehen erneut, daß solchen Begriffen nichts Mythologisches oder Unklares anhaftet. Der Säugling macht – so könnte man resümieren – die Erfahrung, daß er durch Expression und »Externalisierung« seiner jeweiligen Zustände diese erfolgreich regulieren kann.

ling, z. B. wenn er bei Überstimulierung wegblickt und auf diese Weise den Reizinput zu beeinflussen versucht. Auch gibt es schon bei der Geburt – entweder intrauterin erworbene oder genetisch angelegte – Unterschiede im Ausmaß der Erregbarkeit und Beruhigbarkeit von Säuglingen. Manche können sich beispielsweise durch Saugen an den eigenen Fingern von Anfang an besser (selbst) beruhigen als andere. Dennoch wird das weitere Schicksal dieser Fähigkeiten von den Beziehungserfahrungen beeinflußt, obwohl es natürlich diese ebenfalls beeinflußt.

Sekundäre (symbolische) Affektregulierung und die Entstehung von Repräsentanzen in der Interaktion

Gergely vertritt nun weiter die Auffassung, daß dieser Regulationsprozeß auch über Repräsentanzen vermittelt wird und ab einem bestimmten Zeitpunkt kein rein physiologischer mehr ist. Diese Idee ist deshalb interessant, weil sie erklärlich macht, auf welche Weise Repräsentanzen bei der Affektregulierung behilflich sein können.[18] Zugleich behauptet Gergely, daß diese Repräsentanzen im und durch den Prozeß der Affektspiegelung entstehen! Damit ist nicht weniger angepeilt als eine interaktionistische Theorie der Symbolentstehung (Fonagy 1995). Diese ist insofern innovativ, als die meisten entwicklungspsychologischen Theorien die Fähigkeit zum symbolischen Denken als Reifungs- oder Entwicklungserrungenschaft ansehen, die sich vergleichsweise unabhängig von Interaktionserfahrungen herausbildet. Diese Auffassung ist sowohl in

18 Die psychoanalytische Psychosomatik hat dieses Thema unter dem Begriff der Alexithymie diskutiert. Der Grundgedanke der Alexithymiehypothese besagt, daß eine mangelhafte psychosomatische Basisregulation (auch) auf Defizite in der Symbolbildung zurückzuführen ist (de M'Uzan 1977). Diese heuristisch außerordentlich fruchtbare Idee hat die Forschung inspiriert, ist aber aus verschiedenen Gründen in Mißkredit geraten. Oft blieb z. B. unklar, ob die Symbolisierungsdefizite wirklich die Ursache oder nicht nur Begleiterscheinung oder Folge der Erkrankung sind. Manchmal waren die Symbolisierungsprobleme auch Artefakte bestimmter Interviewmethoden, die für die Befragten ungewohnt und befremdlich waren und sie deshalb zum Verstummen brachten – was dann als Beleg für Symbolisierungsprobleme mißverstanden wurde (Cremerius 1977; Overbeck 1977; Ahrens 1988). Sicher haben psychosomatische Erkrankungen vielfältige Ursachen (zusammenfassend Overbeck et al. 1999). Eine davon könnte aber durchaus in einer mangelhaften Symbolisierungsfähigkeit liegen. Insofern scheint mir eine Einschränkung des Alexithymiekonzepts bzw. eine Spezifizierung desselben eher angebracht als eine pauschale Verwerfung (Hoppe 1989; Scheidt/Waller 1999, S. 323 f.). Mittlerweile ist bekannt (s. Pally 1998, S. 359 mit weiterer Literatur), daß alexithyme Patienten nicht nur im verbalen, sondern auch im nonverbalen Ausdruck von Gefühlen beeinträchtigt sind. Dies führt zu einer mangelhaften Kommunikation von Gefühlszuständen *anderen gegenüber*, die deshalb als Regulatoren ausfallen. Die autonome Übererregtheit dieser Patienten ist deswegen u. a. auch eine Folge der mangelhaften Inanspruchnahme anderer Menschen zur Affektregulation, d. h. eine Folge von *Signalisierungs*defiziten, nicht nur von Symbolisierungsdefiziten (s. dazu ausführlich Krause 1997, 1998).

der kognitiven Psychologie verbreitet (z. B. Karmiloff-Smith 1992; Mandler 1988, 1992, 1998) als auch bei manchen psychoanalytisch orientierten Autoren (z. B. Lichtenberg 1983; Dornes 1993, 1997). Die zuletzt genannten Autoren würden sicherlich einräumen, daß *die Inhalte* symbolvermittelten Denkens und Fühlens von Interaktionserfahrungen beeinflußt werden, haben aber in ihren Hypothesen zur Entstehung der Symbolfunktion nicht ausreichend berücksichtigt, inwiefern *der Prozeß der Symbolbildung selbst* – und nicht nur der symbolisch repräsentierte Inhalt – auf Interaktionserfahrungen zurückzuführen ist.

Gergelys Grundidee dazu ist folgende. Der Säugling befindet sich in einem Gefühlszustand, den er zunächst nicht deutlich wahrnimmt. Die Eltern greifen diesen Gefühlszustand auf, indem sie ihn markierend »spiegeln«, und machen ihn dadurch bemerkbar (wie im Biofeedback). Über die Prozesse der referentiellen Entkoppelung und Verankerung gewinnt der Säugling zugleich die Überzeugung, daß es sich bei dem, was er wahrnimmt, um *seine* Gefühlszustände handelt. Der Gesichtsausdruck der Eltern wird so zu einem Bild oder einer (sekundären) Repräsentanz eigener Gefühlszustände, ähnlich wie die optisch-akustische Darstellung der Muskelverspannung im Biofeedbacktraining eine externe Repräsentanz eines zuvor nur primär-prozedural repräsentierten biologischen Prozesses wird.[19] Im weiteren Verlauf der Entwicklung wird nun jedesmal, wenn das primäre Gefühl entsteht, auf das die Eltern mit Spiegelung reagierten, die (sekundäre) Repräsentanz des Gefühls mit aktiviert – ähnlich wie im Biofeedback die physiologische Reaktion im Laufe des Lernprozesses unabhängig vom Monitor wahrnehmbar und dadurch beherrschbar wird, weil das Subjekt gelernt hat, das Monitorbild zu »verinnerlichen« und dieses »Bild« zugleich mit dem biologischen Prozeß zu aktivieren. Diese Repräsentanz übt jetzt Signalfunktion aus, informiert das Subjekt über ablaufende Prozesse und trägt zu deren Regulation bei. Durch Verinnerlichung der zunächst externen Repräsentanz ist es schließlich möglich, daß der Säugling (wie der Biofeedbackübende) nicht mehr die Mutter (oder das Monitorbild) braucht, um sich seiner Affekte

19 Der Unterschied zwischen primär-prozeduralen und sekundär-symbolischen Repräsentanzen wird ausführlich bei Dornes (1997, Kap. 10) behandelt.

(Biosignale) bewußt zu werden, sondern daß die Aktivierung der Repräsentanz denselben Zweck erfüllt wie vorher die externe Darstellung.[20]

Exkurs: Markierung und die Entstehung der Symbolfunktion

Die Erfahrung, daß durch Expression und Externalisierung Gefühlszustände erfolgreich reguliert werden können, macht das Kind später auch beim symbolischen Spiel. Gergely zufolge erschafft es dabei nämlich eine externalisierte oder externe Version seines inneren Zustandes und lernt ihn so – jetzt ohne elterliche Spiegelung, aber vermittels »Spiegelung« in den Spielfiguren und Figurationen – zu regulieren. Die »heilende Kraft des kindlichen Spiels« (Zulliger) beruht nicht zuletzt auf dieser regulatorischen Eigen-

20 Vielleicht ist noch nicht ganz klar, auf welche Weise die aktivierte Repräsentanz regulierende Funktionen ausübt. Die in Fn. 14 erwähnten Autoren schreiben mit Bezug auf das Biofeedback sinngemäß, es sei letztlich unklar, *wie* (nicht *daß*) die Selbstregulation durch Biofeedback gefördert werde. »Da die gezielte Beeinflussung vegetativer Körperfunktionen beim Biofeedbacktraining durch unbewußt bleibende Prozesse zustande kommt, läßt sich dieser Vorgang theoretisch gar nicht so einfach erklären« (Zeier 1997, S. 32). Dasselbe gilt für die skizzierte Theorie der sekundären Affektregulierung. Wahrscheinlich rührt die Schwierigkeit daher, daß zwar nicht das Resultat, wohl aber *der Prozeß* der Verinnerlichung unbewußt ist. Ich vermute, daß sich solche Verinnerlichungsprozesse auch in Begriffen der Lerntheorie, nämlich als operante Konditionierung, beschreiben lassen (Beispiel bei Zeier 1997, S. 50), will dem aber hier nicht weiter nachgehen. Auch der Psychobiologe Myron Hofer (1990, 1995) geht davon aus, daß die durch den mütterlichen Organismus vorgenommene primäre homöostatische Regulation später durch eine Regulierung mittels Repräsentanzen abgelöst beziehungsweise ergänzt wird. Die Details dieses Prozesses werden von Gergely/Watson (1996, S. 1191 ff.) unter dem Titel »Kontingenzentdeckungs- und Kontingenzmaximierungsmechanismus« beschrieben. Diese Mechanismen, beziehungsweise die mit diesen Begriffen beschriebenen Vorgänge sollen erklären, wie die Entstehung von Bewußtheit der eigenen Affekte zur bewußten Kontrolle dieser Affekte führt. Die diesbezüglichen Ausführungen der Autoren sind in ihrer Präzision und Differenziertheit ebenso bewundernswert wie streckenweise zermürbend. Ihre Darstellung sei dem Leser deshalb erspart.

schaft. Das Spiel ist die Externalisierung eines Gefühlszustandes und dessen *Verankerung* in einer Spielfigur, mit der das Kind sich identifiziert. Dieser Vorgang wirkt schon als solcher ein Stück weit beruhigend.[21] Wichtiger scheint mir noch, daß Kinder echte Spielgefährten haben, deren ›Stellungnahme‹ zum Spiel sie verinnerlichen können. Die Regulierungsfunktion des Spiels würde dann nicht in erster Linie durch die Externalisierung innerer Zustände und Phantasien, sondern durch die Verinnerlichung *der Kommentare* zu den Externalisierungen zustande kommen (Fonagy/Target 1996, S. 221). Eltern, die auf die Affekte ihrer Säuglinge eher selten in der »Als-ob-Modalität« reagieren, beeinträchtigen vermutlich die Entwicklung dieser Fähigkeit bei ihren Kindern, die ein zentrales Kennzeichen des symbolischen Spiels ist. Gerade indem sie auf die Affekte des Säuglings machmal real und manchmal in einer Als-ob-Weise reagieren, vermitteln sie ihm, daß ein Affekt oder Kommentar mehrere Bedeutungen haben kann. Ärger kann real sein oder gespielt. Schon dadurch lernt der Säugling, daß es verschiedene Formen davon gibt, und später transferiert das Kind dieses Wissen auf die Dingwelt. Ein Gewehr oder ein Stock können real sein, aber auch ein Spielzeug, mit dem man nur so tut, als ob man schießt. Diese doppelte Perspektive, in der eine Sache sie selbst sein kann, aber auch etwas anderes, ist ein wesentlicher Aspekt der Symbolfunktion. Im symbolischen Spielen und Denken haben wir es gerade mit den Stellvertretern der Dinge (den Symbolen) zu tun und mit ihren möglichen Bedeutungen, nicht mit den Dingen selbst. Die dafür notwendige Distanz zum Realen wird bereits im Säuglingsalter eingeübt, indem Eltern ihren Säugling mit spielerischen »Als-ob-Affekten« konfrontieren und mit der Botschaft: »Das ist ein Spiel« (Anderegg 1989).[22]

21 Die Auffassung, daß das Kind im Phantasiespiel eine Spiegelung seines Selbst vornimmt, ist ein wesentlicher Aspekt der Spieltheorie von Greta Fein (1986). Eine instruktive Kurzdarstellung dieser Theorie geben Hoppe-Graff/Mäckelburg (1991).

22 Wegen fehlender visueller Information beim Affektspiegeln haben blinde Kinder später erhebliche Defizite in der Fähigkeit zum symbolischen Spiel (Rogers/Pennington 1991, S. 150, mit weiterer Literatur), was als Bestätigung der Bedeutung der »Markierung« für die Entstehung der Symbolfunktion betrachtet werden kann.

Aber auch wenn die Fähigkeit zum Symbolspiel bereits erworben ist, ist es von Bedeutung, daß der Spielpartner *markiert* auf das Spiel des Kindes eingeht, um dessen *Als-ob-Charakter* deutlich zu machen (Fonagy/Target 1996, S. 228; s. a. Target/Fonagy 1996). Nehmen wir an, ein Vater wird von seinem Sohn angewiesen, aufzustehen und sich totschießen zu lassen. Der spielt mit und »stirbt« in einer dramatischen, übertriebenen Weise, die zugleich deutlich macht, daß er nicht wirklich stirbt. Dadurch hilft er dem Kind, seine – möglicherweise mörderischen – Impulse durchzuarbeiten, d. h., sie als Gedanken, als Spiel zu begreifen und nicht als Realität. Würde er sitzen bleiben und auf die Aufforderung, sich erschießen zu lassen, mit echtem Ärger oder tatsächlicher Furcht reagieren, so gewönne der Impuls des Kindes *dadurch* eine reale Qualität (s. dazu auch Dornes 1997, S. 303 ff.), und für das Kind würde der Unterschied zwischen Spiel und Wirklichkeit verschwimmen.

Ein weiteres illustratives Fallbeispiel dafür gibt Diepold (1994, ref. nach Milch 1998, S. 14). Sie beschreibt eine Spielsequenz, in der die Analytikerin auf Wunsch eines vierjährigen Jungen so tun soll, als ob sie schliefe. Der Junge weckt sie dann mit sichtlichem Vergnügen auf, indem er so tut, als würde er sie anrufen, und in der Erwartung, daß sie sich jetzt ärgern wird. Mit viel Freude wiederholt er dieses Spiel dreimal, bis der Vater einschreitet und seinen Sohn schroff ermahnt, er solle aufhören, die Analytikerin zu ärgern. Das spielerische Ausprobieren von »ärgern« ist also vom Vater als wirkliches Ärgern mißverstanden worden und hat so seine »Als-ob-Qualität« verloren. Damit wird es desymbolisiert und verwandelt sich in bitteren Ernst. Der spielerische Impuls wird in einen realen umcodiert und dadurch bedrohlich, oder aber real bedrohliche Impulse werden nicht in spielerische umgewandelt, damit nicht »entgiftet« und nicht symbolisiert.[23]

Diese Überlegungen laufen darauf hinaus, die Anfänge der Fähigkeit zur Symbolisierung in der Erfahrung des Säuglings zu

23 Eine gutgemeinte Pädagogik, welche Kinder zu friedliebenden Mitbürgern erziehen will und deshalb jedes Spielen mit Panzern, Gewehren oder Messern unter Verdacht stellt, täuscht sich gründlich über das Wesen des Symbolischen. Sie unterliegt einem Konkretismus, der das, was er verhindern will, eher befördert, weil er die Spielzeugpistole behandelt, wie wenn sie eine echte wäre. Aber gerade der Unterschied ist wichtig, und wo, wenn nicht im Spiel, sollten Kinder diesen erkennen lernen?

verorten, daß es spielerische und echte Affekte gibt. Er lernt schon früh, sie auseinanderzuhalten, weil die spielerischen *markiert* sind – aber nicht nur deswegen. Noch etwas anderes kommt hinzu. Wenn Eltern sich wirklich über ihren Säugling ärgern, hat das meistens Handlungskonsequenzen, die ein Als-ob-Ärger nicht hat. Die Eltern schimpfen mit dem Säugling, schreien ihn vielleicht sogar an oder sind im Umgang mit ihm zumindest gröber als gewöhnlich. Der Säugling ist dann mit den realen Folgen von Ärger konfrontiert, die es beim Als-ob-Ärger nicht gibt. Auch deshalb bemerkt er den Unterschied. Außerdem kann er den echten Ärger weniger beeinflussen als den gespielten, weil die Eltern über ihn weniger Kontrolle haben und sich weniger beeinflussen *lassen.* Nicht nur an Hand der Markiertheit, sondern auch wegen des Mangels an Handlungsfolgen und der stärkeren Beeinflußbarkeit lernen Säuglinge also sehr schnell den Unterschied zwischen spielerischen und echten Affektkommentaren, und dies fördert die Entstehung symbolischen Denkens (Gergely/Watson 1996, S. 1199).[24]

Rochats Theorie der Entstehung von Selbstbewußtheit aus der Interaktion

Rochats Theorie (1995) ist weniger elaboriert als die von Gergely, läuft aber ebenfalls darauf hinaus, zu zeigen, daß sich das Kind an seinen »Objektivationen«, Externalisierungen, das heißt letztlich den Reaktionen der Außenwelt auf sich, erkennt. Da die Übereinstimmung unabhängig voneinander entwickelter Theorien ein Indiz für ihren Wahrheitsgehalt ist, möchte ich sie kurz darstellen.

Auch Rochat, ein Psychologe an der Emory-Universität in Atlanta, geht davon aus, daß das, was ein Säugling fühlt, ihm nicht un-

24 Hobson (1993, S. 268 ff.; 1995, S. 171 ff.) und Wright (1991) haben ebenfalls Theorien über den Beitrag von Interaktionsprozessen zur Symbolbildungsfähigkeit vorgelegt. Dem Leser sei die Lektüre dieser Arbeiten nachdrücklich empfohlen. Auch empirisch kann der Zusammenhang zwischen Interaktionsqualität (mit drei Monaten) und Kompetenz im symbolischen Spiel (mit zwei Jahren) als gesichert gelten: Je besser die Interaktion, desto kompetenter das Spiel (s. Feldman/Greenbaum 1997).

mittelbar zugänglich ist, sondern ihm erst über die Antworten anderer auf seine Ausdrücke bewußt wird. Erst dadurch werden die eigenen Empfindungen über die *Wahrnehmungsschwelle* gehoben. Eine solche Verdeutlichungsfunktion können auch unbelebte Objekte haben. Wenn ein Säugling etwa »mit Schwung« auf ein Mobile einschlägt, so wird dieses sich »mit Schwung« bewegen. Die Reaktion des Objektes ist also eine Objektivierung, d. h. eine externe, an einem äußeren Objekt stattfindende *Darstellung* des kindlichen Selbstzustandes der »Schwunghaftigkeit«, den es jetzt am Objekt beobachten kann und der ihm u. a. dadurch erst – deutlicher – zu Bewußtsein kommt. Zunächst mag der Säugling von den Bewegungen des Objekts nur fasziniert sein und diese gar nicht auf sich beziehen. Aber schon bald bemerkt er einen Zusammenhang zwischen seinen Handlungen und den Reaktionen des Objekts und versteht diese *auch* als Spiegelungen seines Zustandes.

Besser geeignet für solche externen Darstellungen sind menschliche Objekte. Rochat (ebd., S. 66 f.) bringt folgendes Beispiel. Eine Mutter interagiert mit ihrem zwei Monate alten Säugling, der gerade kurz gelächelt hat. Mit hoher Stimme und im *Babytalk* sagt sie zu ihm: »... Hi baby ... hi my baby ... are you happy to see me? ... Are you going to give me a smile? ... Are you? ... Are you going to give a smile to mommy? ...« Das Baby beginnt wegzuschauen. Die Mutter sagt jetzt: »... look here baby ... what's happening my baby? ... Are you sad? ... Are you unhappy? ... Aren't you going to give a smile to mom? ... Come on, give a smile to mom ...« etc. Die Mutter spiegelt hier natürlich nicht nur, sondern sie beeinflußt auch den Affektzustand in die gewünschte Richtung. Deshalb spricht Rochat von einer »deep reflection« im Unterschied zur »surface reflection« des unbelebten Spiegels.[25] Der Unterschied zwischen dem Spiegel und dem Spiegeln besteht darin, daß im Spiegel immer nur das gleiche, beim Spiegeln aber auch etwas anderes »reflektiert« wird. Der Spiegel zeigt Identisches, das Spiegeln *auch* Differenz. Die Mutter *elaboriert* ein Thema, welches das Kind vorgeschlagen hat. Das kann weder ein Spiegel noch ein anderes unbelebtes Objekt. Sie kommentiert und fungiert als »affektive Nachrichtensprecherin« der kindlichen Regungen. Ihre Stellungnahmen

25 Wir sehen hier, daß auch die akademische Entwicklungspsychologie mit Metaphern arbeitet und nicht mit schlechten!

versorgen den Säugling, wie Rochat sagt, »mit einer Tiefenspiegelung der Dynamik seiner eigenen Gefühle und letztlich seiner selbst als fühlendes und mit Absichten begabtes Wesen. Wiederum wird deutlich, daß (...) Selbstbewußtheit in erster Linie soziale Ursprünge hat und im Prozeß der Tiefenspiegelung entsteht, der durch den reziproken und schöpferischen sozialen Spiegel bereitgestellt wird« (1995, S. 67). In der Tiefenspiegelung wird der Säugling also nicht nur über etwas informiert, das er hat, sondern er wird auch angeregt, Neues zu entwickeln oder schon Vorhandenes weiterzuentwickeln. Er lernt, das Angebot der Mutter aufzunehmen, zu modifizieren, zu beantworten oder zu verwerfen – ist also durchaus auch kreativ (Cramer 1995 b; Lebovici 1995).[26]

Zwischenbilanz

Zusammenfassend kann man festhalten, daß der Prozeß des Affektspiegelns auf zwei verschiedene, aber miteinander verknüpfte Weisen zur Gefühlsregulierung beiträgt: Erstens kommt es zu einer unmittelbaren »on-line«-Regulierung der Affekte wie oben im Abschnitt über primäre Affektregulierung beschrieben. Zweitens wird das elterliche Spiegeln mittelbar wirksam, indem es die Ausbildung von zunächst externen Repräsentationen primärer Selbstzustände fördert, die verinnerlicht werden und dann eine repräsentationsvermittelte Regulierung erlauben. Letztlich wird auf diesem Weg die elterliche Regulierungsfähigkeit verinnerlicht.

Der Zusammenhang der bisher dargestellten Überlegungen mit den im ersten Teil geschilderten Befunden über die Chronologie des Selbsterkennens vor dem Spiegel besteht darin, daß beide das Thema der Entstehung von (Selbst-) Bewußtheit behandeln, jedoch auf unterschiedliche Weise. In den Spiegelexperimenten wurde geklärt, ab

26 Eine Frage, die sich angesichts des unaufhaltsamen Vordringens von Fernsehen und Computern geradezu aufdrängt, ist: Wie kann sich Identität bilden, wenn menschliche Spiegelung, welche die Identitätserfahrung erschafft und aufrechterhält – zwar noch nicht im Säuglingsalter, aber später zunehmend von medialer Spiegelung abgelöst wird? Interessante Gedanken dazu finden sich bei Küchenhoff (1998 b).

wann Kinder Anzeichen dafür zeigen, daß sie sich vor einem Spiegel erkennen. Ein Spiegel hat keine Eigenschaften, die diese Fähigkeit befördern würden. Er dient in den geschilderten Untersuchungen ausschließlich dazu, etwas festzustellen, ohne daß damit gesagt würde, er würde zu dem, was mit seiner Hilfe festgestellt wird, auch etwas beitragen können. Niemand behauptet, daß ein Spiegel die Entstehung des Selbsterkennens fördert. Er ist ein *Indikator*, nicht aber ein *Organisator* von Selbstbewußtheit (Spitz 1957). Insofern waren die Analysen des ersten Teils eher formaler Natur.

Gergelys Theorie liefert eine inhaltliche Ergänzung, denn ihr Grundanliegen ist es, genau das zu klären, was die Spiegelexperimente nicht klären können, nämlich die Frage: *Was* fördert die Entstehung von (Selbst-) Bewußtheit? Seine Antwort war: die *elterlichen* Spiegelungsprozesse, denn diese machen einen primär nicht bewußten Gefühlszustand bewußt. Sie fördern also Bewußtheit der eigenen Gefühle. Ob sie damit auch die Bewußtheit des eigenen Selbst als einer eigenständigen Person fördern, wurde nicht explizit erörtert, ist aber zumindest intuitiv plausibel, weil es schwerlich Bewußtheit der eigenen Gefühle ohne Bewußtheit der eigenen Person geben kann. Vermutlich ist die zwischenmenschliche Interaktion nicht die einzige Quelle, die Bewußtwerdung der eigenen Gefühle oder des eigenen Selbst fördert, und sicherlich hat die Fähigkeit, sich im Spiegel zu erkennen, auch Reifungsgrundlagen. Dennoch kann Gergelys Theorie verdeutlichen, daß eine solche Fähigkeit nicht *nur* auf Reifungsgrundlagen beruht.

Darüber hinaus erlaubt sie die Klärung der Frage, wie die *Inhalte* des Selbstkonzepts durch die Interaktionserfahrungen beeinflußt werden.[27] Über solche Inhalte machen die Spiegelexperimente ja ebenfalls keinerlei Aussagen. Sie stellen nur fest, *ob* ein Kind sich

27 Wie enorm der Einfluß der sozialen Umwelt auf die Inhalte des Selbstkonzepts ist, zeigt sich u. a. daran, daß Schimpansen, die unter Menschen aufgewachsen sind, sich selbst der menschlichen Art zuzurechnen scheinen. Legt man z. B. einem solchen Schimpansen eine Reihe von Tier- und Menschenphotos vor und stellt ihm die Aufgabe, die Bilder in zwei Häufchen zu sortieren, von denen das eine die Tiere, das andere die Menschen enthalten soll, so legt er sein eigenes Bild zu den Menschenphotos, das der anderen Schimpansen aber zu den Tierphotos. Ein anderer unter Menschen aufgewachsener Schimpanse, der die amerikanische Zeichensprache beherrschte, verwendete, als er das erstemal andere Schimpansen sah, das in dieser Sprache

im Spiegel erkennt, nicht aber, was *die Inhalte* seines Selbstkonzeptes sind, d. h., ob es sich beispielsweise eher liebenswert findet oder abgelehnt, unterstützt oder allein gelassen, letztlich also, welches Selbstbild es von sich hat. Wie dieses über Affektspiegelungsprozesse vermittelt wird, hat psychoanalytische Kliniker schon lange beschäftigt, und sie haben dazu anregende Gedanken vorgebracht (Überblick bei Bohleber 1992). Gergelys Ideen dazu stellen eine entwicklungspsychologische »Unterfütterung« und Präzisierung der auf klinischem Weg zu diesem Thema gewonnenen Erkenntnisse dar und können mit diesen zwanglos verknüpft werden.

Spiegelungsprozesse und das wahre Selbst

Erinnern wir uns an das schöne Beispiel von Rochat. Der dort geschilderte Säugling kann der Mutter das gewünschte Lächeln schenken oder nicht, er kann kurz lächeln oder traurig blicken, sich ihr nach einer Weile wieder zuwenden oder weiter wegblicken. Die Mutter kann das akzeptieren oder nicht, sie kann das Lächeln zum Thema machen oder das Wegblicken, oder die – vermeintliche – Traurigkeit. Indem sie selektiv auf seine Äußerungen (oder Nichtäußerungen) eingeht, schafft sich jede Mutter *ihr* Kind, und das Kind lernt sich nicht nur kennen, wie es ist, sondern vor allem, wie es von seiner Mutter gesehen wird. Mit der Zeit sieht es sich dann mit den Augen seiner Mutter, *ohne zu wissen,* daß es ihre Augen sind, mit denen es sich schließlich betrachtet.

Wenn die Mutter z. B. auf sein Genitalspiel mit Mißbilligung reagiert, so wird das Kind diese Mißbilligung als externe Darstellung *seines* Affekts wahrnehmen.[28] In Gergelys Terminologie wird es eine (sekundäre) Repräsentanz seiner primären sexuellen Erregung

übliche Zeichen für »schwarze Käfer« (s. Gallup 1979, S. 119). Schon das so grundlegende Gefühl, einer bestimmten Spezies zuzugehören, wird also durch die Umwelt vermittelt.

28 Der Fall der Nichtbeachtung von Gefühlen ist nicht so einfach wie der der Mißbilligung in das bisher dargestellte Modell zu integrieren, weil bei Nichtbeachtung keine Markierung stattfindet und die betreffende Regung deshalb unbemerkt oder unbewußt bleiben kann. Dies ist auch eine Form der Beeinflussung. Dabei wird aber nichts verdrängt, weil nichts die Wahr-

ausbilden, die von Mißbilligung getönt ist. Diese wird in der Folgezeit immer zugleich mit der Erregung aktiviert. So lernt das Kind, seine sexuelle Empfindung auf eine bestimmte Weise zu erleben – und zu kontrollieren. Da die Mißbilligung hinfort immer zusammen mit der sexuellen Erregung auftaucht, hält das Kind sie schließlich für *seine eigene* Mißbilligung, aber ursprünglich war es die der Mutter. Die Psychoanalyse spricht hier von unbewußten Identifizierungen, was bedeutet, daß sich das Kind unbewußt mit der mütterlichen Mißbilligung identifiziert hat. Unbewußt deshalb, weil es nicht (mehr) merkt, daß *seine* Mißbilligung, die jetzt Teil seines Repräsentanzensystems geworden ist (seiner Selbstrepräsentanz), ursprünglich die der Mutter war. Wir sehen hier, wie auch der Vorgang der unbewußten Identifizierung auf seine Ursprünge in den Prozessen der Affektspiegelung zurückverfolgt werden kann.

Dabei erfolgt zugleich eine Bewußtwerdung und eine Unbewußtwerdung. Durch die markierende Reaktion der Mutter wird eine Äußerung des Säuglings diesem bewußt, aber zugleich wird sie konnotiert und getränkt von der mütterlichen Einstellung dazu. Sie wird dem Säugling überhaupt nur bewußt in dieser konnotierten Form, die er dann – und darin besteht der Prozeß der Unbewußtwerdung – für *seine* ursprüngliche Form hält in Verkennung der Beeinflussungsprozesse, die durch die Reaktion der Mutter darauf *unausweichlich* stattgefunden haben.

nehmungsschwelle überschritten hat. Ob Gefühle, die in der Beziehung nicht markiert werden, trotzdem gleichsam »privat« weiterbestehen können, ist schwierig zu beantworten. Lerntheoretisch gesprochen kann eine Löschung (Extinktion) durch Nichtbeachtung stattfinden. Indes lassen sich nicht alle Gefühle so löschen. Vor allem vitale Regungen sind löschungsresistent. Stolorow/Atwood (1989) vertreten deshalb die Auffassung, daß sie verblassen oder verkümmern, nicht aber verschwinden. Sie sind dann zwar nicht Bestandteil des dynamischen Unbewußten, weil sie nicht verdrängt werden, aber sie werden Teil dessen, was die Autoren »unvalidated unconcious« nennen: Es handelt sich dabei um Erfahrungen, die nicht bewußt werden, weil sie wegen fehlender intersubjektiver Anerkennung/Markierung nicht *ausgearbeitet* wurden. Dieses unvalidierte Unbewußte unterscheidet sich von Freuds dynamischem Unbewußten durch die fehlende Verdrängung, von Freuds Vorbewußtem dadurch, daß es, ähnlich wie das dynamische Unbewußte, nur durch einen langwierigen Prozeß verändert werden kann. Es beinhaltet eher einen Defekt, der geheilt, als einen Konflikt, der aufgedeckt werden muß.

Die Suche nach dem wahren Selbst, also dem unkontaminierten, originären Selbstausdruck, scheint, wenn diese Ausführungen zutreffen, vergeblich. Winnicott (1960) hatte die Ursprünge des wahren Selbst in der »spontanen Geste« gesehen. Aber diese Geste wird den obigen Überlegungen zufolge nur bewußt, sofern sie kommentiert wird, und wenn dies der Fall ist, wird sie zugleich verändert. Dann ist sie aber nicht mehr die spontane Geste des Säuglings allein, sondern schon im Moment, in dem er sie bemerkt, eine Ko-Konstruktion von Säugling und Mutter, gefärbt von den mütterlichen Einstellungen dazu. Es ist schwer zu sagen, ob man diesen Beeinflussungsprozeß als Entfremdungsprozeß betrachten soll, in dem ein ursprünglich spontaner Selbstausdruck verbogen wird, oder ob man ihn nicht eher als An- oder Bereicherungsprozeß betrachten sollte, der nur im mißlingenden Fall – das heißt bei übermäßig starker »Kommentierung« – zu Entfremdungsgefühlen und/oder Symptombildungen führt. In der Idee eines wahren Selbst artikuliert sich die Utopie eines nicht entfremdeten, unbeeinflußten Urzustandes, den es nie, oder nur für Momente, gibt. Er kann, wie alle guten Utopien, nicht positiv beschrieben werden. Das wahre Selbst ist deshalb weniger eine psychologische oder anthropologische Realität, als vielmehr eine regulative Idee. Auf die Frage, was das wahre Selbst ausmacht, gibt es deshalb keine theoretisch befriedigende Antwort, sondern nur eine praktische: Leidet das Individuum unter dem Gefühl innerer Entfremdung oder unter Symptomen, so dürfen wir annehmen, daß seine »ursprünglichen« Lebensäußerungen zu stark modifiziert wurden und der Prozeß der Affektspiegelung deshalb mißlungen ist. Wie aber kann mißlungene Affektspiegelung im Detail aussehen?

Aspekte pathologischer Affektspiegelung

Ich komme noch einmal auf die Theorie Gergelys zurück, in der zwei mögliche Formen mißlingender Affektspiegelung betrachtet werden (s. Gergely 1995; Gergely/Watson 1996, bes. S. 1202 ff.). Die eine besteht in einem Mangel an Markierung (lack of markedness), die andere in einem Mangel an Kongruenz (lack of congruence).

Zunächst zum Mangel an Markierung. Darunter versteht Gergely nicht den oben (in Fußnote 28) beschriebenen Fall einer Ignorierung von Affekten, sondern den Mangel an *spielerischem Umgang* damit. Nehmen wir der Einfachheit halber an, Mutter oder Vater seien Borderlinepatienten und somit vielfältigen Ängsten und Konflikten ausgesetzt. Dann werden sie wahrscheinlich zu wenig inneren Freiraum haben, um auf Äußerungen ihres Kindes spielerisch zu reagieren. Dessen Ärger werden sie z. B. nicht »als ob« nehmen, sondern für bare Münze, und sie werden in barer Münze darauf herausgeben, also mit realem Ärger. Auch auf andere Affekte reagieren sie ähnlich, nicht wie die Mutter in Rochats Beispiel auf das Wegblicken des Säuglings mit neuen Werbungen, sondern vielleicht wirklich gekränkt oder verärgert. Ihren affektiven Antworten fehlt die Markierung des gezeigten Affekts als eines »als-ob«-Affekts. Nur diese würde es dem Säugling aber erlauben, den elterlichen Affekt von dessen Träger zu entkoppeln und als Ausdruck seines eigenen Befindens zu adoptieren. Mangels Markierung findet dieser Prozeß nicht statt. Der Säugling nimmt realen Ärger wahr, keinen Als-ob-Ärger.

Dies hat zwei Konsequenzen. Zum einen wird sein eigener Ärger – oder welcher Affekt auch immer – dadurch nicht moduliert, sondern eskaliert. Es findet also keine gute (primäre) On-line-Regulierung statt. Zum zweiten bilden sich keine (sekundären) Repräsentanzen der primären Affektzustände aus, wodurch der Prozeß der symbolischen Affektregulierung beeinträchtigt ist.[29] Auf diese Weise wird die Unfähigkeit zur Affektregulation von den Eltern an ihr Kind weitergegeben. Dies ist keine bloße Spekulation, denn es gibt, wie u. a. Fonagy (1996 b) gezeigt hat, durchaus empirische Anhaltspunkte dafür, daß Eltern, die im Erwachsenenbindungsinterview als *verstrickt* klassifiziert werden – eine Klassifika-

29 Zur Erinnerung: Die sekundären Repräsentanzen primärer Affektzustände werden dann gebildet, wenn der Säugling auf Grund der »Als-ob«-Markierung den Ausdruck der Eltern von deren Gesicht *entkoppeln* und als Widerspiegelung seines eigenen Befindens *verankern* kann. Das Gesicht der Eltern bietet ihm so ein Bild (eine Repräsentanz) seines eigenen Zustandes, die verinnerlicht wird, fortan zusammen mit dem primären Zustand aktiviert wird und diesen regulieren hilft. Wo wegen mangelnder Markierung dieser Prozeß unterbrochen wird, kommt es nicht oder nur eingeschränkt zur Ausbildung von Repräsentanzen der eigenen Affekte.

tion, die häufig mit Borderlinestörungen assoziiert ist (Patrick et al. 1994) – auf die Kummer- und Trostbedürfnisse ihrer Kinder eher inkonsistent reagieren und generell auf negative Affekte übertrieben stark, das heißt im Modus fehlender Markierung. Die Kinder solcher Eltern sind oft unsicher-ambivalent gebunden, und diese Bindungskategorie geht mit beeinträchtigter Affektregulierung einher (s. Kapitel 2).

Eine zweite mißlungene Form der Affektregulierung entsteht nach Gergely/Watson, wenn die Mutter ihren Affekt zwar markiert, aber der von ihr gezeigte Affektausdruck mit dem des Kindes nicht kongruent ist. Nehmen wir an, das Kind spielt vergnügt mit seinen Genitalien, und die Mutter empfindet dabei nicht nur mildes Unbehagen, sondern eine starke Aversion. Sie kann dann das Genitalspiel direkt unterbinden und/oder ihren Ärger auf das Kind projizieren und dort bekämpfen. Dann wird sie seine spielerischen oder erotischen Aktivitäten als Aggressionen mißverstehen *und als solche spiegeln.* Sie sagt dann vielleicht: »Na, mein kleiner Fratz... na... du... schon ganz der Papi... immer nur Schweinkram im Kopf... und damit die Frauen quälen... nein... tu das nicht... das gehört sich nicht... nein...!« Hier wird zwar markiert, das heißt die Affektantwort hat eine spielerische Qualität, sie ist aber inkongruent zur Bekundung des Kindes, weil etwas aufgenommen bzw. elaboriert wird, was das Kind *nicht* zeigte – nämlich Aversion, Aggression und Sadismus. Im Grunde ereignet sich hier eine doppelte Verfehlung, insofern eine spielerische Aktivität sowohl sexualisiert als auch aggressiviert wird. Zwar findet wegen des spielerischen Tons eine On-line-Regulierung der Affekte statt und wegen der Markierung auch eine Ausbildung sekundärer Repräsentanzen, aber diese sind verzerrt (Gergely/Watson 1996, S. 1203). Das »Bild«, das der Säugling von seinem Affekt im Spiegel der mütterlichen Antwort gewinnt und verinnerlicht, besagt, daß seine ursprünglich spielerische Regung sexuell und aggressiv getönt ist. Immer wenn er nun den primären Zustand, der mit dem für ihn angenehmen Genitalspiel verbunden war, aktiviert, wird er diese sexuell und aggressiv getönte Repräsentanz mit aktivieren.

Vielleicht ist es zu hoch gegriffen, darin die möglichen Vorläufer einer Perversion zu sehen (wie Gergely/Watson andeuten), obwohl bei Perversionen bekanntlich Sexualität und Aggression eine besondere Verbindung eingehen (s. Stoller 1975; Kernberg

1992).[30] Aber immerhin ist deutlich geworden, wie sich eine Verzerrung und Verfremdung des Selbsterlebens ergeben kann – dadurch nämlich, daß der elterliche Spiegelungsprozeß nicht Äußerungen des Säuglings aufnimmt und *modifiziert,* sondern sie aufnimmt und *verbiegt.* Winnicott (1954) nannte dies »Umweltübergriffe« und sah darin die Wurzeln des falschen Selbst. Wo Modifizieren endet und Verbiegen beginnt, ist schwer zu sagen. Wahrscheinlich kann man das immer erst im nachhinein feststellen, wenn das Kind schon in den sprichwörtlichen Brunnen gefallen ist, u. a. deshalb, weil verschiedene Säuglinge auch unterschiedlich viel vertragen. Die Unterscheidung zwischen einem *Ein*griff und einem *Über*griff ist fließend. Jede elterliche Stellungnahme ist ein Eingriff, insofern sie die kindliche Äußerung modifiziert. Deshalb gibt es, wie oben erwähnt, das wahre Selbst, die spontane, unmodifizierte Geste nur als regulative Idee. Als solche ist sie ein nützliches Konzept, selbst wenn sie kein empirisches Korrelat hat. Sie hält die anthropologische Tatsache fest, daß es so etwas wie ein Bedürfnis nach Selbstausdruck und eines nach einer adäquaten Antwort gibt, auch wenn nicht im voraus gesagt werden kann, welche Antwort noch adäquat ist und welche nicht mehr. Es gibt immer eine Reihe von möglichen Stellungnahmen, aber nicht alle sind gleichermaßen wachstumsfördernd, und einige sind sogar ausgesprochen schädlich.

Empirisch findet man diesen zweiten Typus der inkongruenten Affektregulation eher bei Eltern von Kindern, die später unsicher-vermeidend gebunden sind (Fonagy ref. in Kapitel 2). Ihre bevorzugte Art der Affektantwort ist, die Kinder von Kummer und Trost abzulenken und sie – und sich selbst – auf ein anderes Terrain zu lotsen, beispielsweise das des Spiels oder der Leistung. Damit reagieren sie inkongruent, denn ein bekümmertes Kind sucht Trost und will gerade nicht spielen. An dieser Inkongruenz ist per se noch nichts *besonders* Pathogenes, auch wenn sie nicht optimal ist. Erst wenn sie mit großem Nachdruck und/oder ständig stattfindet, kann dies zu Problemen führen.

30 Eine interessante Longitudinalstudie zur Entstehung einer Perversion und ihrer Kindheitsvorläufer findet sich bei Massie/Szajnberg (1997).

Resümee

Affektspiegeln hat also drei wesentliche Funktionen. Erstens führt es zu einer On-line-Regulierung von Affekten; zweitens trägt es zur psychischen Strukturbildung und Symbolisierung von Affekten bei; drittens fördert es die Bewußtwerdung der eigenen Gefühle. Diese »emotionale Selbstbewußtheit« ist in den Spiegeluntersuchungen des ersten Teils nicht thematisiert worden.

Auch eine weitere Begriffsbedeutung von Selbstbewußtsein – daß nämlich selbstbewußt ist, wer über ein gesundes Selbstwertgefühl verfügt –, läßt sich mit Hilfe der Theorie der Affektspiegelung erhellen. Die Erfahrung des Kindes, die elterlichen Affektausdrücke beeinflussen zu können, beziehungsweise die Fähigkeit der Eltern, sich zu einem spielerischen Umgang mit Affekten beeinflussen zu lassen, trägt dazu bei, daß das Kind ein Gefühl von Wirkmächtigkeit und Beeinflußbarkeit seiner Umwelt und seiner eigenen Zustände entwickelt. Die Psychoanalyse – aber nicht nur sie – betrachtet dies als die Basis eines gesunden Narzißmus. Gelungene Affektspiegelung trägt also im doppelten Sinne zur Entstehung von Selbstbewußtheit bei: zum Bewußtsein des Selbst und seiner Gefühle und zum Bewußtsein eines »guten« Selbst.

Eine der möglichen *klinischen Implikationen* der bisher dargestellten Überlegungen wäre folgende: Das Bild, das ein Patient in einer Therapie von sich selbst gewinnt, ist – wenn die obigen Erörterungen zutreffen – eine komplexe Mischung seiner eigenen Ideen über sich selbst und der Gedanken bzw. Stellungnahmen seines Analytikers dazu. Therapeuten sind weder in der Lage, durch Empathie ein »reines« Selbst zu erfassen, das sich dann entfalten kann, noch schaffen sie durch ihre Deutungen einen neuen Menschen oder Patienten nach ihrem Bilde. Alle therapeutischen Interventionen transportieren – ähnlich wie die Stellungnahmen der Eltern zu den Äußerungen ihrer Kinder – Vorstellungen, die der Therapeut von seinem Patienten hat. Diese wird der Patient übernehmen, ablehnen, assimilieren, verändern, absorbieren, verdauen und wieder ausscheiden. Was »hinten« herauskommt, ist ein Selbst oder eine Identität, die weder ausschließlich von innen, noch ausschließlich von außen stammen, sondern aus beiden Quellen – also sowohl persönlich als auch interaktionell determiniert sind (s. Mitchell 1993, S. 78).

Zugleich nimmt das Thema des Spiels und des Spiegelns – das man auch als eine dialogische Form des Spiels betrachten kann – eine zeitgenössische Metapher über die Ziele des analytischen Prozesses auf. Waren zu Freuds Zeiten noch »Lieben und Arbeiten« die zentralen Topoi für diese Ziele, so hört man heutzutage öfter, es sei ein wesentliches Ziel von Therapie, daß der Patient »spielen« lerne (z. B. Mitchell 1993, S. 25, 78, 83). Damit ist keine Spielerei gemeint, sondern eine durchaus ernste Auseinandersetzung mit den eigenen Problemen. Morgenthaler (1977) hat einmal gesagt: »Der Ernst, mit welchem die Psychoanalyse die wissenschaftliche Erfassung ihres Gegenstandes verfolgt, müßte von der spielerischen Lust durchsetzt sein, um die potentiellen Möglichkeiten des Menschen in ganzem Umfang wahrzunehmen, alles, was bisher festgefügt schien, zu relativieren, zu erweitern, neu zu formulieren, anders zu verstehen. Die Ergebnisse eines solchen Prozesses entsprächen dem Ernst, der jedem echten Spiel zugrunde liegt.« Mit diesem, leicht postmodern gefärbten, Bekenntnis zum ernsthaften Spiel will ich es an dieser Stelle bewenden lassen.

Nachgedanken: Lacans Theorie des Spiegelstadiums

Eine Abhandlung über das Thema des Spiegel(n)s wäre jedoch unvollständig, wenn nicht auch die einflußreiche Theorie des französischen Psychoanalytikers Jacques Lacan behandelt würde, der ich mich abschließend zuwende. Lacans Stil ist für mich notorisch undurchdringlich, und ich stütze mich deshalb im folgenden weitgehend auf Sekundärliteratur.[31] Ihr entnehme ich, daß seine Konzeption des Spiegelstadiums keine primär entwicklungspsychologische ist, sondern eher eine philosophische. Entsprechend wird Lacan von Philosophen geschätzt und von Entwicklungspsychologen ignoriert. Vielleicht ist das auch gut so. Dennoch folge ich meinem

31 Lang (1973, 1980), Weber (1978), Ruhs (1980), Frank (1983, S. 367 ff.), Teichmann (1983), Muller (1982, 1985), Weiß (1988), Pagel (1989), Widmer (1990), Bowie (1991), Dosse (1991, S. 145 ff., S. 350 ff.), Haubl (1991, S. 278 ff.), Suchsland (1992, Kap. 2), Taureck (1992), Roudinesco (1993), Eagleton (1996 a, S. 71 ff., S. 152 ff.), Evans (1996) und Gekle (1996).

Bedürfnis, Brücken zwischen – scheinbar – disparaten Theorien zu bauen. Dies geht manchmal nicht ohne Reibungen ab, und es besteht die Gefahr, die Substanz der jeweiligen Theorie zu verfehlen. Lacan-Spezialisten werden deshalb vermutlich – wie dieser selbst (Lacan 1956, S. 113 f.) – das ganze Unternehmen für verfehlt halten. Wer nichts wagt, gewinnt allerdings auch nichts, denn er bewegt sich immer nur auf vertrautem Terrain. Da nach einem Bonmot von Picabia (s. Schmitter 1998) der Kopf aber rund ist, damit das Denken die Richtung wechseln kann, sei der Versuch gewagt.

Lacan (1949) geht u. a. von den ihm damals bekannten Beobachtungen James Baldwins aus, daß Kinder im Alter zwischen sechs und 18 Monaten ihr Spiegelbild freudig begrüßen, und betrachtet diese »jubilatorische Geschäftigkeit« (fälschlich) als Anzeichen für Selbsterkennen. Fälschlich deshalb, weil die Ausführungen im ersten Teil dieses Kapitels deutlich gemacht haben, daß die freudige Reaktion des Kindes vor dem Spiegel wahrscheinlich »playmate-Verhalten« ist. Das Kind begrüßt *einen vermeintlichen Spielgefährten,* erkennt sich – wenn es jubelt – also gerade nicht selbst. Wenn es sich aber erkennt (ab 15 bis 18 Monaten), jubelt es nicht, sondern reagiert mit Zeichen von Verlegenheit und Rückzug. Aber das ist nur ein untergeordneter Einwand (wenn überhaupt einer; s. Haubl 1991, S. 305 für eine andere Lesart). Warum aber freut sich das Kleinkind Lacan zufolge, wenn es sich im Spiegel erkennt? Deshalb, weil es dort etwas Ganzes, Einheitliches sieht – etwas, was es in Wirklichkeit gar nicht ist. Als »extrauterine Frühgeburt« (Portmann) ist der Säugling ein hilfloses Wesen, das sich im Chaos seiner Empfindungen nicht zurechtfindet. Er sieht sich aber Lacan zufolge im Spiegel nicht einfach, wie er ist, als unfertige Kreatur, sondern er *liest* in sein Spiegelbild etwas hinein: Er sieht sich als das, was er noch nicht ist, aber werden möchte – als nichtfragmentiertes, kohärentes Wesen. Er erblickt im Spiegel somit nicht sich selbst, sondern sein Ideal-Ich und freut sich, weil er viel kohärenter aussieht als er sich fühlt. Er begrüßt in seinem Spiegelbild eine Illusion. »Das Erkennen des eigenen Körperbildes im Spiegel markiert einen Fortschritt in der kindlichen Wahrnehmung. Das ursprüngliche Chaos, wo Arme und Beine, Augen und Nase das darstellen, was später als Bilder des zerstückelten Körpers die Ganzheit der Gestalt bedrohen, ist zugunsten dieser Vereinheitlichung verschwunden (...) Mit der Perzeption des Körperbildes gewinnt das Kind einen

Halt, der es vor drohendem Auseinanderbrechen schützt« (Widmer 1990, S. 30 f.). Untergründig aber spürt es, daß es sich dabei um eine Illusion handelt. Es bleibt ein Gefühl von Unvollständigkeit und Fragmentierung, das sein primärer Selbstzustand sein soll. Dieser wird jedesmal wiederbelebt, wenn der Säugling sich in Not befindet, beispielsweise wenn die Mutter nicht da ist. Dann merkt er, wie hilflos er in Wirklichkeit ist. Dieses Gefühl bleibt erhalten und wird vom Jubel vor dem Spiegel nur übertönt, nicht aber beseitigt. Auch nachdem sich der Säugling mit dem Spiegelbild als der Imago seiner Vollkommenheit identifiziert hat, spürt er noch, was er hinter sich gelassen hat, nämlich die Angst vor körperlicher und psychischer Desintegration. Dagegen kämpft er durch ständige Identifizierung mit dem Spiegelbild an.

Nun verbringen kleine Kinder vergleichsweise wenig Zeit vor einem Spiegel und mehr mit ihrer Mutter. Deshalb kann man die Hypothese, daß das Kind sich im Spiegel in einer idealisierten, perfekten Form erkennt, die seine Hilflosigkeitsgefühle beschwichtigt, durch die Lesart ersetzen, daß es sich nicht im Spiegel so erkennt, sondern im mütterlichen Gesicht oder, allgemeiner, in den mütterlichen Reaktionen. Er sieht sich und sein Verhalten also in den nachahmenden Gebärden eines Erwachsenen »gespiegelt« (Bowie 1991, S. 27). Dessen Antworten geben dem Säugling auch, sofern sie angemessen sind, zumindest für eine Weile ein Gefühl von Zufriedenheit beziehungsweise Vollkommenheit. In dieser Sichtweise wäre es also die spiegelnde Interaktion mit der Mutter, die für Momente illusionärer Vollkommenheit sorgt und so den ursprünglichen Mangel überdeckt.

Das Ich, das diese Illusion freudig begrüßt, ist also weniger ein Organ des *Er*kennens als vielmehr ein Organ des *Ver*kennens (Pagel 1989, S. 27). Das Kind sieht sich nicht so, wie es ist, sondern so, wie es gerne wäre. Diese Verkennung oder Idealisierung ist keine unmotivierte Marotte, sondern ein notwendiger Abwehr- oder Bewältigungsmechanismus, um den wirklichen Zustand der ursprünglichen Hilflosigkeit besser ertragen zu können. Durch diese Ausführungen hat sich die bisher so unkomplizierte Frage, ob und ab wann sich das Kind im Spiegel erkennt, kompliziert. Es erkennt sich dort nämlich gar nicht (wie es ist), sondern es erkennt eine Idealisierung seiner selbst oder, wie es im psychoanalytischen Sprachgebrauch heißt, eine Imago. Der Frage, woher diese stammt, das heißt ob sie endogen entsteht oder dem Kind durch den Spiegel bzw. die spiegelnde Reaktion der Erwachsenen vermittelt wird, will ich hier nicht nachgehen (s. dazu z. B. Raguse 1995), sondern mich statt dessen einer anderen zuwenden.[32]

Es wurde gesagt, daß das Kind im Spiegel *die Illusion* seiner Ganzheit wahrnimmt. Der andere – der Spiegel – spiegelt also nicht die Wirklichkeit des Kindes, sondern deren Verkennung. Indem das Kind die Illusion freudig begrüßt – sich mit ihr identifiziert –, ent-

32 Ich halte die Idee, daß Kinder im Alter zwischen sechs und 18 Monaten ein Ideal ihrer selbst im Spiegel erblicken, für entwicklungspsychologisch eher unplausibel. Zur Entstehung von Idealen bedarf es der Ausbildung normativer Standards, mit deren Hilfe Abweichungen registriert werden können. Kinder reagieren *ab* einem Alter von eineinhalb Jahren mit Mißfallen auf Abweichungen von der Norm, etwa wenn einer Puppe ein Arm fehlt, weil sie ab diesem Zeitpunkt über ein Idealbild darüber verfügen, wie eine Puppe auszusehen hat. An diesem Bild messen sie die aktuell wahrgenommene Puppe. Ich wüßte keinen Befund, der die Annahme plausibel machen würde, daß schon Kinder *vor* dem Alter von 18 Monaten über solche Standards in bezug auf die eigene Person verfügen. Eher im Gegenteil. Konfrontiert man Kinder mit Zerrspiegeln, so reagieren sie frühestens ab 18 bis 20 Monaten mit Angst (Modarressi/Kenny 1977). Dieser Einwand läßt allerdings unberücksichtigt, daß der Mensch, wenn auch noch nicht der Säugling, in der Tat das einzige Lebewesen zu sein scheint, das den Spiegel benützt, um ein ideales Bild von sich herzustellen. Zwar gebrauchen auch Schimpansen den Spiegel, um sich Fremdkörper aus dem Fell zu entfernen, aber in diesen Fällen wird eher ein natürlicher Zustand wiederhergestellt, wohingegen z. B. beim Schminken, Kämmen oder Schmücken der natürliche Zustand gerade in Richtung auf einen idealen hin korrigiert werden soll. Und selbst wenn Schimpansen, was auch vorkommt, mit Hilfe des Spiegels ihrer natürlichen Erscheinung etwas hinzufügen – z. B. sich einen Salatbüschel auf den Kopf setzen, Selleriestangen in die Nase stecken oder mit Kreide ihr Gesicht anmalen und das Resultat dann im Spiegel betrachten –, tun sie das zwar spielerisch experimentell, aber wahrscheinlich nicht, um einen imaginierten Idealzustand herbeizuführen (s. Mitchell 1993 a, S. 317 f.). Mit letzter Sicherheit kann man natürlich nicht ausschließen, daß sich der Schimpanse mit dem Salatkopf auf dem Haupt nicht doch wie mit einem Hut »schmücken« will (Paul 1998, S. 213). Savage-Rumbaugh/Lewin (1994, S. 240) berichten z. B. von einer Zwergschimpansin, die sich mit Hilfe eines Spiegels Härchen aus dem Kinn zupfte, als wolle sie damit jeglichen Bartansatz tilgen, und schließen daraus: »Vielleicht kennen die Bonobos (...) auch so etwas wie Eitelkeit.« Wenn wir diese Möglichkeit außer Betracht lassen, so hat Lacans Idee, daß der Mensch als einzige Spezies im Spiegel ihr Ideal sieht, trotz ihrer entwicklungspsychologischen Schwächen durchaus etwas für sich.

fremdet es sich von seiner Realität. So kommt es zu einer Kluft zwischen dem (idealen) Bild des eigenen Körpers und der wirklichen Hilflosigkeit, beziehungsweise deren psychischer Innenseite, dem Erleben des Körpers als fragmentiert und zerstückelt. Diese Kluft begründet eine ursprüngliche Spaltung und Entfremdung. Entfremdung heißt hier, daß das, was von außen kommt – entweder von einem Spiegel oder von einem anderen Menschen – das Selbsterleben bestimmt. Das Ich formt sich nach diesem äußeren Bild, und diese Formung führt zu einer Nichtübereinstimmung mit sich selbst, die durch keine noch so gute mütterliche Pflege aus der Welt zu schaffen ist. Die Nichtübereinstimmung besteht in der Diskrepanz zwischen ursprünglicher realer Hilflosigkeit und illusionärer Vollständigkeit. Diese Diskrepanz ist für Lacan unaufhebbar, und das Kind kann ihr nicht entkommen. »Die Identifikation mit dem Ideal bringt das Kind in Nichtübereinstimmung mit der eigenen Realität, denn seine Hilflosigkeit, seine Abhängigkeit und seine motorische Unbeholfenheit bestehen ja weiterhin. Die Kluft zwischen der *Imago des eigenen Körpers* und der organischen Unzulänglichkeit seiner *natürlichen* Realität wird für immer unüberbrückbar bleiben« (Suchsland 1992, S. 42).[33]

Im Spiegelstadium betreibt das Kind zunächst also gewissermaßen »Spiegelfechterei«. Es erkennt sich nicht, wie es ist, sondern identifiziert sich mit einem »von außen« kommenden Bild eigener Vollkommenheit. Da es aber nach wie vor den »von innen« kommenden Mangel spürt, sitzt es fest, beziehungsweise pendelt hin und her zwischen Schmerz und Wut über diesen Mangel und der illusionären Verkennung desselben. Wo ist der Ausweg? Lacan zufolge liegt er in der Anerkennung der Getrenntheit von der Mutter. Wir wissen, daß gute mütterliche Pflege die Empfindungen körperlicher Desintegration und Zerstückelung beseitigen und ein Gefühl von Vollkommenheit schaffen kann. Die Mutter ist aber nicht ständig anwesend. Das Kind versucht, sich die mütterliche Abwesen-

33 Widmer (1990, S. 33) schlägt eine etwas andere Interpretation vor. Er meint, daß sich das Kind weniger mit dem Spiegelbild identifiziert als mit dem Wunsch der Mutter nach einem vollkommenen Kind. Dadurch entsteht eine unaufhebbare Spannung zwischen dem Vollkommenheitsideal der Mutter, mit dem sich das Kind identifiziert, und seiner eigenen, unvollkommenen Realität.

heit zu erklären, und verfällt Lacan zufolge auf den Gedanken, daß der Mutter etwas fehlt, was sie bei einem vollkommeneren anderen sucht. Deshalb ist sie fort. Was ihr fehlt und was sie bei einem anderen sucht, ist der berühmte *Phallus.* Damit ist jedoch nicht das reale Objekt gemeint, also nicht der Penis. In vielleicht ungebührlicher Vereinfachung könnte man sagen: der Phallus ist das Dritte, das weder die Mutter noch das Kind hat, etwas, nach dem die Mutter sucht, das sie aber weder bei sich noch beim Kind findet; und weil sie es dort nicht findet, aber sucht, ist sie fort – denkt das Kind. Deshalb beginnt es, sich für das zu interessieren, was die Mutter sucht, wenn sie fort ist, und entdeckt – den Vater! Dort also ist sie – real oder in Gedanken –, wenn sie nicht bei ihm ist, und deswegen ist der reale oder phantasierte Vater im Denken des Kindes verantwortlich für die Trennung von der Mutter. Er repräsentiert das Dritte außerhalb der symbiotischen Mutter-Kind-Beziehung. »Lacan spricht von der Metapher des Vaters als Prinzip der Trennung« (Suchsland 1992, S. 49; auf diesen Text habe ich mich auch bei den obigen Ausführungen hauptsächlich gestützt).

Ich breche die Rekonstruktion hier ab und hoffe, es ist klargeworden, wie das Kind aus dem Spiegelstadium herausfindet, nämlich indem es sich schließlich in einem komplizierten Prozeß mit dem Vater identifiziert (für Details s. z. B. Ruhs 1980, S. 892 f.). Auch klargeworden sein sollte, daß in Lacans Sicht der kindlichen Erfahrung vor dem Spiegel eine Art anthropologischer Urerfahrung aufscheint – die des Mangels und der daraus resultierenden Illusionsbildung –, welche die Verfaßtheit des Unbewußten grundlegend affiziert. Das Unbewußte ist für ihn kein Ort brodelnder Triebregungen, die tabuisiert werden, weil sie unanständig beziehungsweise bedrohlich sind oder so betrachtet werden. Das Unbewußte ist vielmehr der Ort, an dem diese Mangelerfahrung unauslöschlich aufbewahrt wird, von der das Ich nichts wissen will; sie ist nicht zu beseitigen. Zwar treibt der Versuch, sie zu überwinden, das Kind in Objektbeziehungen, aber dort kann der Mangel nicht wirklich beseitigt werden, weil es in ihnen immer entfremdet ist, denn es strebt dem Ideal nach, das *ein anderer* von ihm hat und das es durch Identifizierung in sich selbst (sein Ich) einpflanzt.

Die grundlegende Idee von Lacans Theorie des Spiegelstadiums scheint mir also, daß das Kind im anderen nicht sich selbst sieht, sondern eine Illusion von sich selbst, die es braucht, um sich aushalten zu können. Deshalb identifiziert es sich mit dieser Illusion – dem Ideal – und entwickelt so ein Identitätsgefühl, das »von außen« kommt. Das Ich *entsteht* durch diese Illusion beziehungsweise durch diese Identifizierung mit dem Ideal. Es gibt kein Ich oder Selbst, das im Spiegel »abgebildet« wird, sich dort erkennt und dann vom Kind gewissermaßen adoptiert und sich selbst zugerechnet wird. Vielmehr gibt es zunächst gar kein Ich, lediglich Chaos und Fragmentierung. Der Spiegel beziehungsweise der andere *erschafft* erst ein als kohärent empfundenes und wahrgenommenes Ich. Durch ihn wird es konstituiert (Weber 1978, S. 18 f.). Deshalb heißt es bei Lacan: »Ich ist ein anderer.« Für Lacan gibt es keine positive Identifizierung, sondern nur Identifizierung aus Abwehr (gegen die Fragmentierung).[34] In seiner Theorie begrüßt das Kind den anderen nicht deswegen freudig, weil es ihn liebt oder seine Mitteilungen als Bereicherung erfährt, sondern nur, weil es ihn zur Bewältigung seiner eigenen Hilflosigkeit braucht. Außerdem entfremdet es sich in dieser Begegnung mit dem anderen, weil es dabei dessen Sicht auf die eigene Person mehr oder weniger vollständig übernimmt. Damit gehört Entfremdung zum Wesen des Menschen, und die Suche nach etwas ursprünglich Unentfremdetem ist sinnlos.[35] Diese Schlußfolgerung weist einige Berührungspunkte mit den im vorigen Abschnitt über »Spiegelungsprozesse und das wahre Selbst« formulierten Überlegungen auf. Es gibt jedoch auch Unterschiede.

Der wesentlichste scheint mir zu sein, daß das Kind – nach den in den Abschnitten über die Affektspiegelung dargestellten Überlegungen – sehr wohl etwas von sich selbst erkennt. Zwar sieht es nicht *nur* sich selbst – kein Selbst in Reinform –, wenn es in das Gesicht eines anderen blickt, sondern immer *auch* sein Selbst, wie es in den Augen des anderen existiert. Dieser Blick des anderen ist unauslöschlich eingewoben in die Konstitution des Selbst, und dennoch wird sich das Selbst durchaus auch *seiner* Regungen bewußt,

34 Entsprechend war ihm die Idee, daß therapeutischer Fortschritt auch durch Identifizierung des Patienten mit dem Analytiker oder dessen Funktionen zustande kommt, ein (amerikanischer) Irrglaube (s. Muller 1985, S. 243 ff.).

35 Mit dem Eintritt in die sogenannte symbolische Ordnung findet eine weitere Entfremdung statt. Darauf soll hier nicht eingegangen werden. Eine vorzügliche Darstellung gibt Frank (1983, S. 383 ff.).

wenn es ins Gesicht des anderen schaut, und identifiziert sich nicht *vollständig* mit dem, was der andere in ihm sieht. Identität bildet sich vielmehr in einem Wechselspiel von Selbst- und Fremdbestimmung heraus. Kein Kind geht völlig in den (unbewußten) Bildern und Vorstellungen auf, die sich seine Eltern von ihm machen. Es entwickelt vielmehr einen Kompromiß zwischen dem, was es ist oder will, seinen »spontanen Gesten« (Winnicott), und den Bedeutungen, die ein anderer ihnen zuschreibt (s. Dornes 1997, S. 66 f.). Es fühlt sich durch diese Zuschreibungen nicht nur entfremdet, sondern auch bereichert, oder, wie Gekle (1996, S. 61) sehr schön schreibt: »Konstituiert sich das Ich auf einer vorgängigen Erfahrung mit einem hilfreichen Anderen, dann existiert das Ich nicht nur als schwankende Brücke über einem ursprünglichen Riß von biologischem Mangel und imaginärer Vollkommenheit. Es existiert auf der ebenso einfachen wie tragenden Basis einer zugrundeliegenden Realgeschichte (...).«

Dies ist auch einer der Hauptunterschiede zwischen Winnicott und Lacan. Beide gehen vom selben Ausgangspunkt aus, daß nämlich das Kind das Alleinsein nicht erträgt und Fragmentierungs- oder Zerstückelungsängste entwickelt, wenn es solchen Zuständen (zu lange) ausgesetzt ist. Beide sehen die Illusionsbildung als wichtig für die Bewältigung solcher Zustände an. Winnicotts Illusionsbegriff ist aber »freundlicher« als der von Lacan und beinhaltet keine Entfremdung, sofern die im Kind entstehende Illusion von der Umwelt bestätigt wird. Der Säugling »halluziniert« sich als omnipotent, und wenn die Mutter ihm real hilft und seine Spannungen lindert, kann er eine Weile glauben, das Verschwinden der Spannungen sei eine Folge eigener Bemühungen. Er fühlt sich also in seinem Gefühl von Allmacht bestätigt, und so entsteht ein Unterfutter von gesundem Narzißmus und Vertrauen in die Welt, das es ihm schließlich zunehmend erlaubt, Momente von Mißbehagen auszuhalten, ohne zu desintegrieren oder zu erneuten primitiven Illusionsbildungen Zuflucht zu nehmen. Bei Winnicott *findet* sich das Kind im Spiegel(n) des anderen, bei Lacan *entfremdet* es sich dort (Pines 1985, S. 220).

Meine Ausführungen sollen deutlich machen, daß beide Grundgedanken etwas für sich haben, auch wenn mir Lacans Theorie etwas einseitig erscheint. Winnicott und Lacan artikulieren konträre anthropologische Grundvorstellungen. Lacans Theorie betont den untilgbaren Mangel, Winnicotts Theorie die erreichbare Fülle. Man könnte auch – obwohl das sicher nicht in Lacans Sinne wäre – das eine mit Pathologie assoziieren und das andere mit Normalität. Winnicott beschriebe dann eher den Fall gelungener Spiegelung, in dem die Zustände des Subjekts vom Objekt erkannt/gespiegelt werden und das Subjekt dadurch ein Bewußtsein seiner selbst und seiner Bedürfnisse gewinnt. Lacan hingegen würde eher auf den Fall mißlingender Spiegelung fokussieren, in dem die Zustände des Subjekts vom Objekt nicht – oder nur unzureichend – erkannt und deshalb nicht – oder verzerrt – gespiegelt werden und das Kind sich deshalb entfremdet fühlt.

Dies ist auch der Haupteinwand von Sloterdijk (1998) gegen Lacans Theorie des Spiegelstadiums. Sloterdijk unternimmt einen großangelegten Versuch zur Rehabilitation der Symbiose, die er im pränatalen Erleben verankert, und baut auf der Idee eines vorgeburtlichen Harmonieerlebens eine ganze Weltanschauung auf (für andere Rehabilitationen des Symbiosekonzepts s. Pine 1992, Bischof 1996, Metzger 1999 und Dornes 2000). Das ist rhetorisch und von der Breite des Horizonts her manchmal fast schon genial, auch wenn die Fabulierlust des Autors gelegentlich die Grenze zum Delirium streift. Allerdings ist es, wie eine Rezensentin treffend bemerkte, »eine feine Sache, mit Sloterdijk schwindlig zu werden« (Schmitter 1998). Sein Haupteinwand gegen Lacan lautet so: »In einer hinreichend wohlgeratenen psychischen Zwei-Einigkeitsstruktur taucht die bildliche Selbstwahrnehmung bei dem Kind (...) als erheiternde, neugierig machende zusätzliche Wahrnehmungsschicht über einem bereits dichten, vertrauenspendenden Gewebe von Resonanzerfahrungen auf; keineswegs erscheint das Bild im Spiegel als die erste und allesüberflügelnde Information über das eigene Ganz-Sein-Können (...). Ein Kind, das in einem hinreichend guten Kontinuum heranwächst, ist über die Gründe seines Enthaltenseins in einer Erfüllungs-Form längst aus anderen Quellen unterrichtet. Sein Interesse an Kohärenz ist weit vor der spiegeleidetischen Information mehr oder weniger befriedigt (...). Ist freilich das Resonanzspiel zwischen dem Kind und seinem ergänzenden Gegenüber durch Ambivalenzen, Vernachlässigungen, Sadismen belastet, so wird sich im Kind die Neigung anbahnen, sich an die dünnen Momente positiver Ergänzungserfahrungen (durch den Spiegel; M. D.) zu klammern (...). Der von Lacan überhöhte Sonderfall, daß das werdende Subjekt sich aus sich heraus ins Bild stürzt, um dem gespürten Mißverhältnis in der eigenen zerstückelten Haut zu entgehen und in der Bild-Welt etwas trügerisches Ganzes zu werden, stellt jedenfalls, sollte er je eine kasuistische Realität besitzen, nur einen pathologischen Grenzwert dar. Seinen Sitz im Leben könnte er nur in verelendeten Familienstrukturen und in Milieus mit einer Neigung zur chronischen Säuglingsvernachlässigung haben. Für jede Ich-Gründung, die sich so über die Flucht in die Bild-Illusion der Intaktheit vollzogen hätte, ließe sich in der Tat jene paranoide Labilität voraussagen, die Lacan (...) zu Unrecht als allgemeines Merkmal der Psyche in den Kulturen aller Zeiten herausstellen wollte« (Sloterdijk 1998, S. 545 ff.).

Zusammengefaßt heißt dies, daß das Kind im Falle einer gelungenen Entwicklung schon vorgeburtlich die Erfahrung einer tragenden Beziehung macht, so daß Lacans Annahme, der Säugling erlebe seinen Körper ursprünglich als zerstückelt, keine anthropologische Universalie darstellt, die auf eine psychotische Grundverfassung des Menschen verweist, sondern das Desintegrationsprodukt einer nichttragenden Beziehungsstruktur ist – Pathologie also, nicht Ontologie. Diese Auffassung stimmt vorzüglich mit den Befunden der modernen Säuglingsforschung überein, welche den Schluß nahelegen, daß das Körper- und Selbsterleben ursprünglich eher einheitlich ist. Zerstückelt kann es *werden*, wenn die Affektregulation in der Beziehung mißglückt, aber von Hause aus ist es nicht so, höchstens für »Momente« (s. dazu ausführlich Murray 1989, S. 334 ff.; Gekle 1996, S. 62; Dornes 1993, Kap. 4; 1997, Kap. 1 und 5; hier Kapitel 1). Diese Ansicht vertritt interessanterweise auch Françoise Dolto, die wohl bedeutendste Repräsentantin der Lacanschen Theorie auf dem Gebiet der Kinderanalyse. Im Gegensatz zu Lacan und in Übereinstimmung mit den obigen Ausführungen geht sie ebenfalls davon aus, daß der ursprüngliche Zustand der der Kohäsion ist. »Die Empfindung der Zerstückelung ist schon die Folge einer pathologischen Entwicklung. Der Zusammenhalt, nicht der Riß ist konstitutiv für das Infansstadium. Die Kohäsion verdankt sich einer Beziehung, die durch die Sicherheit, die sie gibt ... das Gefühl, dauerhaft zu existieren, vermittelt. Die pathologischen Entwicklungen, die das Gefühl der Kohäsion beeinträchtigen, resultieren aus Beziehungserfahrungen, in denen dem Kind nicht genügend Sicherheit vermittelt wurde« (Buhmann 1997, S. 183).

Kapitel 6 Formen der Eltern-Kleinkind-Beratung und -Therapie: Ein Überblick

Einleitung

In den letzten 30 Jahren ist das Wissen um die frühkindliche Entwicklung enorm gewachsen. Herrschte bis zum Ende der 60er Jahre das Bild vom Säugling als einem undifferenzierten Wesen vor, das außer Schlafen, Schreien und Trinken nicht viel kann, so wissen wir heute, daß Neugeborene und Säuglinge über gutentwickelte Wahrnehmungs- und Interaktionsfähigkeiten verfügen, die es ihnen erlauben, von Geburt an die Beziehung zu ihren Eltern mitzugestalten. Aus der Säuglings- und Kleinkindforschung (Überblicke bei Stern 1985; Keller 1997a; Dornes 1993, 1997) haben sich mittlerweile verschiedene Formen der Eltern-Säuglings-Beratung/-Therapie entwickelt (Meisels/Shonkoff 1990; Zeanah 1993; Stern 1995; von Klitzing 1998a; Miller 1999; Osofsky/Fitzgerald 1999/2000; Cierpka et al. 2000). In ihnen wird versucht, Grundlagenwissen über die frühkindliche Entwicklung für die Beratungspraxis nutzbar zu machen. Symptome im Säuglingsalter werden, sofern sie keine eindeutigen organischen Ursachen haben, als Ergebnis einer Interaktions- oder Beziehungsstörung betrachtet, die, wenn sie unerkannt und unbehandelt bleibt, die weitere Entwicklung beeinträchtigt (natürlich auch das *aktuelle* Wohlbefinden von Eltern und Säugling).

Formen der Eltern-Kleinkind-Beratung[1]

Historisch entstand diese Beratungsmethode als Form der Sozialarbeit. Ihre Anfänge liegen im Deutschland der 20er Jahre. Schon damals wurde u.a. von Otto Rühle und Alice Rühle-Gerstel im Rahmen von Erziehungsberatungsstellen Eltern-Kleinkind-Beratung praktiziert. Die bekannteste Nachkriegspionierin auf diesem Gebiet ist Selma Fraiberg, eine Psychoanalytikerin aus San Francisco, die lange mit blinden Kindern gearbeitet hat, bevor sie sich der Eltern-Kleinkind-Therapie zuwandte (Fraiberg 1980). Fraiberg scheute sich nicht, ihre Klienten zu Hause aufzusuchen und das zu entwickeln, was sie einmal »psychotherapy in the kitchen« genannt hat. Psychotherapie in der Küche deshalb, weil sie die Erfahrung machte, daß viele ihrer Klienten – vor allem adoleszente Mütter, alleinstehende Mütter aus dem Armutsmilieu und aus Multiproblemfamilien – von sich aus selten eine Beratungsstelle oder Klinik aufsuchen. Häufig geraten sie wegen Schwierigkeiten mit ihren kleinen Kindern eher unfreiwillig in Kontakt mit Einrichtungen der sozialen Versorgung, die dann nicht weiterwissen. Es ist bekannt, daß im ersten Lebensjahr vor allem drei Arten von Störungen auftauchen: Eß-/Fütter-/Gedeihstörungen, Schlafstörungen und exzessives Schreien.[2] Im zweiten Lebensjahr kommen Bindungs- und Verhaltensprobleme wie Widersetzlichkeit, Wutanfälle und objektgerichtete Aggression hinzu. Werden sie nicht frühzeitig erkannt und behandelt, so eskalieren sie leicht. Manche davon betroffenen Kinder haben ein erhöhtes Risiko, entweder mißhandelt oder vernachlässigt zu werden. Die gravierenden Folgen davon sind bekannt (Überblick bei Dornes 1997, Kap. 8).

Fraiberg entwickelte deshalb Ende der 60er Jahre in Zusammenarbeit mit Sozialarbeitern ein Frühinterventionsprogramm, um

1 Wenn im folgenden von Eltern-Kleinkind-Beratung die Rede ist, so bezieht sich das auf Kinder in den ersten drei Lebensjahren.

2 Siehe dazu ausführlich die informative, verhaltenstherapeutisch orientierte Überblicksarbeit von Wolke (1999). Aus psychoanalytischer Sicht befassen sich mit diesen Symptomen und ihrer Behandlung z. B. Chatoor (1989), Cramer (1989), Brazelton/Cramer (1990), Acquarone (1992), Daws (1989, 1991, 1993, 1997), Eliacheff (1993), Hopkins (1994), Stein/Woolley (1998), Briggs (1998), Stork (1999) sowie die in der übernächsten Fußnote genannten Autoren.

überhaupt eine Zugangsmöglichkeit bei solchen Problemfällen zu haben und die herkömmliche Alternative – meistens Fremdunterbringung des Säuglings – zu vermeiden. Ihre klinische Erfahrung hatte sie zu der Schlußfolgerung geführt, daß Eltern ihre Kinder mißhandeln, vernachlässigen oder sonstwie »suboptimal« behandeln, weil sie mit ihrer eigenen Vergangenheit nicht fertig geworden sind. Das ist ein klassischer psychoanalytischer Topos.[3] Fraiberg et al. (1975) prägten dafür den schönen Begriff der »ghosts in the nursery«. In jedem Kinderzimmer sind die Gespenster der Vergangenheit als »ungeladene Gäste« gegenwärtig. Sie können nicht einfach ausgeladen werden, sondern nehmen häufig Platz, ohne gebeten worden zu sein. Sie mischen sich in das »Gespräch« zwischen Eltern und Säugling ein und stören es unter Umständen auf nachhaltige Weise. Dies geschieht häufig in der Form, daß Eltern die Befindlichkeiten und kommunikativen Äußerungen ihrer Säuglinge nicht verstehen bzw. nicht richtig wahrnehmen, weil sie diese mit projektiven Bedeutungszuschreibungen überlasten. So kommt es zu einer Fehlinterpretation kindlicher Signale, wodurch maligne Interaktionsspiralen in Gang gesetzt werden, die sich schnell verfestigen und dann zu Symptomen beim Säugling führen können.

Hier ein Beispiel für eine solche Fehlzuschreibung (nach Cramer 1987; s. a. Kapitel 1). Eine Mutter erscheint beim Arzt, weil ihr Säugling nicht recht gedeiht. Er ißt nicht mehr und verliert an Gewicht. Die Mutter hat die Vorstellung, der Säugling könnte verhungern. Für diese Befürchtung gab es zunächst keinerlei realen Anlaß, aber die Mutter fühlte sich dadurch veranlaßt, den Säugling bei jeder Gelegenheit mit Fütterungsversuchen zu traktieren. Auf diese ständigen Zwangsfütterungen reagierte er – verständlicherweise – aversiv. Er verschluckte sich, erbrach die Nahrung, verlor an Gewicht und war dabei, die mütterliche Befürchtung auf dem Wege einer sich selbst erfüllenden Prophezeiung wahr zu machen. Im begleitenden Gespräch ergab sich, daß die Mutter auf Grund bestimmter Erlebnisse in der Vergangenheit selbst Angst hatte zu verhungern und diese

3 Diese Sichtweise wird neuerdings heftig kritisiert, vor allem von Autoren, die den Einfluß gegenwärtiger Lebensumstände auf die Lebensbewältigung betonen und die Bedeutung der Vergangenheit in Frage stellen (z. B. Lewis 1997, Kagan 1998). Ich bin nach wie vor von ihrer Bedeutung überzeugt (s. Kapitel 3 und 4).

Angst auf ihr Kind projizierte. Lebovici (1983) und Cramer (s. Brazelton/Cramer 1990; Cramer/Palacio-Espasa 1993; Cramer 1995 c) stellen die Analyse solcher aus der Vergangenheit der Eltern stammenden Projektionen in den Mittelpunkt ihrer Eltern-Säuglings-Therapie. An Hand vieler Fallbeispiele zeigen sie, daß die Bewußtmachung und Durcharbeitung dieser Projektionen zur Verbesserung der Qualität der Eltern-Kind-Interaktion führt und die Symptome des Säuglings dann verschwinden. Diese sind nämlich (zumindest teilweise) das Resultat von Interaktionsstörungen, die auf elterliche Fehlinterpretationen der kindlichen Signale zurückzuführen sind. Entsprechend steht die Analyse dieser Fehldeutungen und die Erhellung der (unbewußten) Gründe dafür im Vordergrund. Dieses Verfahren ist erkennbar mutter- bzw. elternzentriert. Die Eltern und ihre Phantasien über sich selbst und das Kind stehen im Mittelpunkt der Aufmerksamkeit.[4]

Andere Autoren (z. B. Muir 1992; Muir et al. 1999) sind der Auffassung, daß weder die Vergangenheit der Eltern immer zur Sprache kommen muß, noch die verzerrenden Bedeutungszuschreibungen explizit thematisiert werden müssen. Hierzu ebenfalls ein im ersten Kapitel schon kurz erwähntes Beispiel (nach Lebovici 1983). Eine Mutter erscheint wegen diverser Symptome ihres Säuglings in der Beratungsstelle. Während des Gesprächs, das sich um den nicht anwesenden Vater des Kindes dreht, wedelt der sechs Monate alte

4 In Deutschland wird diese Richtung von Jochen Stork vertreten, der auch eine Reihe eindrucksvoller Kasuistiken vorgelegt hat (Stork 1991, 1999). Über die an der Tavistock-Clinic in London praktizierte, kleinianisch inspirierte Methode der Eltern-Kleinkind-Beratung informieren u. a. Salzberger-Wittenberg (1991), Daws (1991), Miller (1992), Watillon (1993, 1999), Reid (1997), Pozzi (1999) und Diem-Wille (1999, 2000). In Frankreich ist, neben Lebovici, insbesondere die Schule von Françoise Dolto sehr populär. Sie geht davon aus, daß man dem Säugling »Deutungen« oder Beschreibungen seiner Probleme in der Sprache der Erwachsenen geben kann. Das erstaunliche ist, daß sie schon in einem Alter zu wirken scheinen, in dem Kinder nach landläufiger Meinung Sprache noch gar nicht verstehen. Die dahinterstehende Theorie der Wirkung ist, daß Funktionsstörungen im frühesten Kindesalter verschwinden, wenn man ihnen einen symbolischen Sinn gibt, weil durch das Wort körperliche Störungen in psychische Erfahrungen umgewandelt werden. Es gibt keine Beweise im herkömmlichen empirischen Sinn dafür, *wie* der Säugling solche Mitteilungen versteht, aber es gibt eine Fülle klinischer Belege, die zumindest nahelegen, *daß* er es anscheinend tut. Gute Darstellungen dieses Ansatzes geben Eliacheff (1993), Buhmann (1997) und Szejer (1997).

Säugling an einer Stelle recht unspezifisch mit dem Arm herum. Die Mutter sagt: »Oh, er zeigt seinem Vater die Faust.« Im weiteren Gesprächsverlauf ergibt sich, daß die Mutter befürchtet, ihr Mann, mit dem sie in Unfrieden lebt, könnte sie verlassen und ihr das Kind wegnehmen. Diese Angst verarbeitet sie so, daß sie ihren Säugling zum Bündnispartner macht, der ihre Aggressionen gegen den Mann ausdrückt, die sie nicht artikulieren kann. Kein Säugling kann bei solchen Fehldeutungen seiner Äußerungen auf die Dauer gedeihen. Hier ist also der abwesende Vater der ungebetene Gast, der es der Mutter unmöglich machte, die Signale ihres Säuglings richtig zu verstehen.

Häufig ist es nun gar nicht nötig, wenn auch manchmal nützlich und interessant, die Vergangenheit zu explorieren oder die Mitteilungen der Mutter zu deuten. Auf der Basis eines funktionierenden Arbeitsbündnisses und in einer haltgebenden Beratungsbeziehung genügt es oft, die Mutter nach einer anderen Interpretationsmöglichkeit zu fragen und/oder einen anderen Vorschlag zu machen, zum Beispiel den: »Vielleicht wollte Ihr Säugling gar nicht dem Vater die Faust zeigen, sondern er fuchtelt mit dem Arm herum, weil er den Teddy dort drüben gesehen hat und ihn haben will.« Häufiger als man denkt führt dieses Vorgehen zu einer Rücknahme der Projektion, ohne daß diese explizit thematisiert wurde. Es bedarf dazu nicht viel mehr als eines guten Arbeitsbündnisses, unterstützt von einer gewissen Anleitung im Erkennen von präverbalen Kommunikationssignalen (Muir 1992, Muir et al. 1999; Barth 1995, 1998, 1999; Papousek 1997, 1998, 1999).

Bei dieser Vorgehensweise wird die Mutter also implizit angeregt, ihre Projektionen zu korrigieren, indem ihre Fähigkeit verbessert wird, auf die kindlichen Signale zu achten. Anders ausgedrückt: Eine als hilfreich erlebte Beziehung zum Berater/Therapeuten ermöglicht es ihr, ein Stück weit Abstand von ihren neurotischen Bedeutungszuschreibungen zu gewinnen und dadurch den Säugling in seiner Realität genauer wahrzunehmen. Dies kann im Rahmen einer *entwicklungspsychologischen Beratung* erreicht werden.[5]

1. Als Beispiel für den Effekt einer solchen *Beratung* beschreibt

5 Ich danke Renate Barth (Beratungsstelle »Menschenskind«, Hamburg) für ausführliche mündliche Informationen zu dem im folgenden dargestellten Konzept und Mechthild Papousek und ihren MitarbeiterInnen für die Gele-

Barth (1998) den Fall zweier Eltern, die ihren Säugling hyperaktiv fanden. Durch genaue Beobachtung während einer Sitzung[6] konnte festgestellt werden, daß das Kind meistens dann hyperaktiv und quengelig erschien, wenn es müde war. Die Eltern verstanden die Müdigkeitssignale des Kindes aber nicht als solche, sondern deuteten sie als Zeichen von Unzufriedenheit, der sie mit vermehrter Aktivität zu begegnen versuchten. Für solche Fehldeutungen mag es manchmal – wie oben beschrieben – besondere Gründe geben, auf die man achten sollte. Aber in diesem Fall genügte eine einmalige Beratung, um die Wahrnehmung der Eltern zu korrigieren und die Schlafstörung des Säuglings zu bessern. Eltern und Erwachsene interpretieren die Signale ihres Säuglings nicht immer deshalb falsch, weil sie durch neurotische Konflikte dazu veranlaßt werden, sondern oft auch, weil sie Wissens- und Informationslücken haben.

Hierzu ein weiteres Beispiel: Trennt man einjährige Kinder in einer bestimmten Situation (der sog. Fremden Situation) für kurze Zeit von Mutter oder Vater, so findet man mindestens drei unterschiedliche Reaktionen. Manche Kinder fangen an zu quengeln, sind aber schnell wieder beruhigt, wenn die Mutter zurückkehrt. Manche sind auch durch die Rückkehr nicht mehr recht zu beruhigen. Eine dritte Gruppe ist überhaupt nicht beunruhigt, sondern erträgt die Trennung mit scheinbar stoischer Gelassenheit und nimmt auch bei der Rückkehr der Mutter kaum von ihr Notiz. Laien und die meisten Eltern finden die letzte Gruppe die gesündeste (Hubbs-Tait et al. 1994), was aber nicht der Fall ist. Wir wissen mittlerweile, daß die Unterdrückung des normalerweise auftretenden Trennungsprotestes bei Einjährigen eher ein Anzeichen für eine belastete Eltern-Kind-Beziehung ist und nicht ein Indiz für Gesundheit.[7] Man-

genheit zu einer mehrtägigen Hospitation in der »Münchner Schreiambulanz«. Es gibt gewisse Unterschiede in den Vorgehensweisen beider Einrichtungen, die ich aber hier vernachlässige. Der Leser sei mit Nachdruck auf die Lektüre der vorzüglichen Originalarbeiten verwiesen, insbesondere Papousek (1997, 1998, 1999) und Barth (1998, 1999).

6 Es werden immer beide Eltern – sofern vorhanden – und der Säugling gesehen.

7 Die einschlägigen Untersuchungen dazu stammen aus der Bindungstheorie (s. Kapitel 2).

che Eltern, die befürchten, ihr gegen die Trennung protestierendes Kind sei übermäßig abhängig oder zu wenig selbständig, können allein durch die Information, daß Trennungsprotest bei Einjährigen eine normale und entwicklungsadäquate Reaktion ist, beruhigt werden.

2. Manchmal genügen Aufklärung und Information jedoch nicht. Dann sind *angeleitete Übungssitzungen* angezeigt (s. Barth 1998). In ihnen geht es ebenfalls darum, die kindlichen Signale besser zu verstehen, aber dies wird auch gleich ausprobiert. Eltern kommen z. B. mit der Klage, das Kind könne nicht einschlafen. Schlafstörungen sind eines der häufigsten Symptome in der Säuglingszeit. Die Eltern greifen dann zu Aktivitäten, von denen sie aus Erfahrung wissen, daß sie *manchmal* helfen. Sie nehmen den Säugling hoch und tragen ihn stundenlang und bis zur gegenseitigen Erschöpfung herum; oder sie setzen ihn vor die Waschmaschine oder den Fernseher; manche probieren es mit einem eingeschalteten Staubsauger oder Haarfön; wieder andere fahren endlos mit dem Auto oder dem Kinderwagen spazieren und dergleichen mehr. Das hilft meistens, aber nur solange die Aktivität andauert, und es bringt keine dauerhafte Entlastung – eher im Gegenteil.

Im Kern geht es nun darum, diese unspezifischen Beruhigungsaktivitäten durch gezielte Maßnahmen zu ersetzen. Das setzt voraus, daß der wirkliche Zustand des Säuglings verstanden wird. Genau dies wird in den Sitzungen geübt (ausführlicher dazu Barth 1998). Fängt das Kind an zu quengeln, fragt man die Eltern beispielsweise: »Was, glauben Sie, ist los?« Die Eltern sagen dann: »Vielleicht hat er Hunger.« Dann fragt man, wann die letzte Mahlzeit war und wieviel dabei gegessen wurde. Lautet die Antwort: »Vor zwei Stunden und etwa 70 Gramm«, so könnte der Säugling hungrig sein oder auch nicht. Hier muß man probieren. Nehmen wir an, der Säugling will nichts essen. Dann scheidet Hunger als Option zunächst aus. Was könnte es sonst sein? Ist er vielleicht müde? Die Eltern legen ihn hin. Er gibt keine Ruhe. Also gehen wir davon aus, daß er nicht müde ist. Vielleicht will er spielen. Probieren wir es. Nach 15 Minuten Spiel ist *jeder* Säugling müde. Nun schlägt man den Eltern vor, ihn hinzulegen. Bleibt er nicht liegen oder quengelt erneut – jetzt ziemlich wahrscheinlich weil er *über*müdet ist –, gilt es, klaren

Kurs zu halten. Erneutes Hochnehmen, Herumtragen und dergleichen wird nichts mehr nützen, sondern nur eine neue Runde in Gang setzen. Das muß den Eltern vermittelt werden, am besten zusammen mit der Anregung, den Säugling in einer bestimmten Position hinzulegen (der sog. Fötalposition) und nicht wieder hochzunehmen. Sie können ihm zum Beispiel sagen, daß sie da sind, aber jetzt das Zimmer verlassen werden. Das tun sie dann auch – in der Beratungsstelle oder zu Hause. Quengelt der Säugling weiter, so gehen sie nach drei bis fünf Minuten erneut hinein, sagen ihm wieder, daß sie da sind, ihn aber nicht herausnehmen werden, und gehen dann wieder. Nach mehreren Durchgängen dieser Art ist das Problem oft innerhalb von drei bis vier Tagen erheblich gebessert.[8]

Auch Eßstörungen können so behandelt werden. In diesem Fall wird festgestellt, ob das Quengeln des Säuglings auf Hunger zurückzuführen sein kann. Eventuell wird ein bestimmter Fütterungsplan erstellt, damit nicht alle fünf Minuten fünf Gramm gefüttert werden. Man kann z. B. ein Drei- bis Vierstundenintervall vereinbaren und dann ziemlich sicher sein, daß der Säugling Hunger hat. Dann wird *nicht* mehr herumprobiert, sondern unter Anleitung gegessen. Die Anleitung kann z. B. darin bestehen, der Mutter oder dem Vater zu raten, den Säugling beim Abwenden des Kopfes nicht mit dem Löffel zu verfolgen oder ihn mit Spielchen abzulenken,[9] sondern einfach zu warten, bis der Säugling den Kopf wieder herdreht und den Mund öffnet. Dann wird er mit einem Lächeln belohnt oder mit expressiver Mimik und verstärkten Vokalisierungen, weil bekannt ist, daß Säuglinge das mögen. Abwendungsverhalten und Essensverweigerung werden also ignoriert, Zuwendungsverhal-

8 Diese Empfehlung gilt unter (mindestens) zwei einschränkenden Bedingungen. Zum einen, daß sie nicht ohne Fingerspitzengefühl angewendet werden sollte, was ihre Befolgbarkeit als Regel fast schon wieder aufhebt. Zum zweiten, daß sie für die ersten 3 bis 5 Monate keine Gültigkeit hat, weil sich erst nach diesem Zeitraum der Schlaf-/Wachrhythmus ausreichend entwickelt hat und die meisten Kinder vorher, auch wegen der notwendigen Nahrungszufuhr, noch gar nicht durchschlafen *können* (s. Largo 1993, S. 160, S. 167).

9 Häufig endet das nämlich damit, daß man dann zwei Personen zur Fütterung benötigt: eine, die das Essen verabreicht, und eine zweite, die den Säugling »bespielt«.

ten wird verstärkt. Erfahrungsgemäß hilft es auch, den Säugling etwas aktiver am Essensvorgang zu beteiligen, indem man ihm beispielsweise einen eigenen Löffel gibt. Psychoanalytiker reagieren oft ungläubig und erstaunt, wenn sie hören, daß solche relativ einfach zu erlernenden Vorgehensweisen in wenigen Sitzungen zu erheblichen Besserungen führen.

3. Leider ist es nicht immer so einfach. Dann ist *Eltern-Säuglings-Therapie im engeren Sinne* angezeigt. Hier ein gravierenderes Beispiel (in Anlehnung an Fraiberg et al. 1975 und persönliche Mitteilungen von Kollegen). Sozialarbeitern und Sozialpädagogen wird es bekannt vorkommen. Gregor ist 3 ½ Monate alt, seine Mutter Annie 16 Jahre, der Vater Erich 19. Annies Familie ist den Einrichtungen der Sozialarbeit seit drei Generationen bekannt. Sie sind dort ständige Gäste. Aus der Vorgeschichte ergibt sich, daß jedes Familienmitglied schon erfaßt ist – wegen Delinquenz, Promiskuität, Kindesmißhandlung, Vernachlässigung, Schulversagen oder Psychose. Annie mag ihr Kind nicht. Manchmal vergißt sie sogar, Milch zu kaufen. Dann ist nichts zu essen im Haus. Sie nimmt Gregor nicht hoch, spricht nicht mit ihm und hat die Pflege Erich überlassen, der damit ebenfalls überfordert ist. Bei einem Besuch des Sozialarbeiters sitzt sie feindselig in ihrem Sessel. Sie braucht keine Hilfe. Alles ist in Ordnung. Der Sozialarbeiter soll sie in Ruhe lassen. Wahrscheinlich sei er von ihrer Mutter geschickt worden. Die habe sie schon immer gehaßt. Annies Mutter hatte Annie der Großmutter überlassen – so wie Annie jetzt ihr Kind dem Vater. Das sei in Ordnung. Probleme gebe es keine. So geht es fünf Besuche lang. Beim sechsten weint der Säugling herzzerreißend. Das erste Mal nimmt ihn die Mutter hoch und liebkost ihn kurz. Der Sozialarbeiter sagt etwa: »Sie nehmen Ihr Kind nicht oft hoch, aber wenn Sie es machen, machen Sie es gut. Gregor scheint das zu gefallen.« Annie ist überrascht und taut ein wenig auf. Währenddessen sitzt Gregor neben ihr und muß gewickelt werden. Er scheint nach einem Spielzeug zu suchen. Annie findet eines und haut ihm damit mehrmals neckisch-sadistisch auf den Kopf. Dazu sagt sie: »Ich werde dich verdreschen; ich werde dich verdreschen« und – nach einer kleinen Pause: »Wenn du größer bist, bringe ich dich vielleicht um.« Dem Sozialarbeiter verschlägt es für einen Moment die Sprache. Nach einer kurzen Besinnungspause sagt er: »Verständlich, daß

Sie Ihr Kind dem Vater geben. Sie sorgen sich um seine Sicherheit und sein Wohlergehen.«

Annie ist verdutzt. Damit hatte sie nicht gerechnet. Sie hatte überhaupt nicht damit gerechnet, daß man die Sache auch so sehen kann. Langsam taut sie auf. In den folgenden Sitzungen entfaltet sich das Panorama ihrer Kindheit, voll von Mißhandlung, Gewalt und Verachtung. Nichts davon ist unbewußt, nichts verdrängt, aber der Affekt ist abgespalten und wird in der Beziehung zum Kind agiert. Ich erspare mir die weitere Darstellung des Falles. Nach ca. einem Jahr mehr oder weniger regelmäßiger Hausbesuche mit vielen Rückfällen und Krisen war der Zustand von Mutter und Kind erheblich gebessert. Das will etwas heißen bei der Schwere des Falles. Natürlich waren nicht alle Probleme gelöst. Aber es war gelungen, die akute Problematik so weit zu lindern, daß sie die Schwelle zum Ausagieren nicht mehr bzw. nicht mehr so häufig überschritt. Es gibt immer noch Probleme, aber sie schlagen – im wörtlichen und im übertragenen Sinn – nicht mehr so häufig auf das Kind durch.

McDonough (1993, 1995) hat eine sog. »interaction guidance therapy« entwickelt, die vorwiegend im Hier und Jetzt arbeitet und im Unterschied zu mehr psychoanalytischen Verfahren am *Verhalten* der Mütter ansetzt, nicht an ihren Phantasien über das Kind. McDonough besucht die Eltern zu Hause – meistens schwer beeinträchtigte Multiproblemfamilien – und sucht das Gespräch mit ihnen. Hier ein Beispiel (angelehnt an McDonough und verschiedene mündliche Berichte über ihre Arbeit). Wieder haben wir einen Säugling, der die Nahrung ständig erbricht. Durch allerlei Unordnung bahnt sich die Sozialarbeiterin einen Weg ins elterliche Heim. Der Fernseher dröhnt, die Wohnung ist unaufgeräumt, der Vater feindselig, die Mutter gleichgültig. »Schon wieder ein Sozialarbeiter«, klagt die Mutter. Die und die Ärzte würden immer nur sagen, was sie mit den Kindern falsch machen. Sie könne keine Hilfsprogramme mehr sehen. »Ja, ja«, sagt die Sozialarbeiterin, »Programme sind manchmal Probleme.« Der Vater hat den Säugling auf dem Arm, der gerade wieder die Nahrung erbricht. Er sagt: »Ich wünschte, jetzt wäre mal ein Arzt oder Sozialarbeiter da und könnte sehen, was passiert. Der Kleine erbricht ständig ohne Grund.« Die Sozialarbeiterin meint: »Das können wir machen. Wir können eine Videoaufnahme von einer Fütterung machen und sie uns zusammen ansehen. Vielleicht finden wir heraus, warum Arthur immer erbricht.«

Gesagt, getan. Bei der Videoaufnahme fällt auf, daß die Mutter ziemlich intrusiv füttert. An einer Stelle ist sie jedoch sensibel. Das Kind dreht den Kopf weg und – entgegen ihren sonstigen Gepflogenheiten verfolgt sie es nicht mit dem Löffel, sondern wartet, bis es den Kopf wieder herwendet. Diese Szene pickt sich die Sozialarbeiterin beim gemeinsamen Durchsehen des Videos heraus und sagt sinngemäß: »Sehr schön. Arthur braucht manchmal etwas Ruhe beim Essen und ein paar Pausen. Sie haben sie ihm gegeben.« Daraufhin antwortet die Mutter: »Das ist sonst überhaupt nicht meine Stärke«, und nun entsteht ein Gespräch darüber, warum die Mutter oft so ungeduldig ist. Ich breche die Darstellung hier ab. Die Gründe für die Unruhe können vielfältig sein. Sie können in der Vergangenheit der Eltern liegen oder in der Gegenwart oder in beidem.[10] McDonough läßt den Eltern die Wahl, ob sie darüber sprechen wollen oder nicht. Ihr Fokus bleibt allerdings die beobachtbare Interaktion. Ihr Prinzip ist, positive Interaktionssequenzen – und seien sie auch noch so selten – herauszusuchen und zu »verstärken«. Auf diesem Wege versucht sie, die Sensitivität der Eltern für die Signale ihres Kindes zu erhöhen. Das gelingt in vielen Fällen in erstaunlich kurzer Zeit – zumindest ein Stück weit.[11]

Zusammenfassend kann man festhalten, daß Eltern-Säuglings-Beratung in den meisten Fällen die beschriebenen drei Elemente in unterschiedlichen »Mischungsverhältnissen« enthält: Erstens entwicklungspsychologische Beratung; zweitens Sensibilisierung für die kindlichen Signale (eventuell in Übungssitzungen); drittens auf die elterlichen Phantasien fokussierende Analyse der Gründe für die elterliche Insensitivität, vor allem dann, wenn sich herausstellt, daß die elterlichen Fehlzuschreibungen hartnäckig sind (weil charakterologisch verwurzelt) und durch Beratung und Übung alleine nicht korrigiert werden können.[12]

10 Meistens verbinden sich Probleme der Eltern mit Schwierigkeiten der Verhaltensregulation auf seiten des Säuglings (s. Papousek et al. 1994, von Hofacker et al. 1996, Murray 1999).

11 Spielinteraktionen können ebenfalls nach diesem Muster analysiert und verbessert werden.

12 Auch für die Intervention bei psychiatrisch erkrankten Eltern mit Säuglin-

Unterschiede zur psychoanalytischen Therapie

Suche das Positive

Die oben dargestellte Intervention der Sozialarbeiterin in Fraibergs Beispiel mag Psychoanalytikern ungewöhnlich erscheinen und den Verdacht erwecken, hier würde gnadenlos Aggression verleugnet. Das kann man so sehen. Wichtiger scheint mir, daß die Intervention Erfolg hatte – was eine Aggressionsdeutung wahrscheinlich nicht gehabt hätte (s. a. Seligman 1993). Fraiberg et al. (1975, S. 405) weisen darauf hin, daß es keinen Sinn hat, der Mutter ihren Sadismus zu deuten, sondern daß man sich mit den gesunden Persönlichkeitsanteilen verbünden muß, die solche Impulse kontrollieren wollen. Diese Strategie verdeutlicht zugleich ein Grundprinzip vieler Eltern-Kleinkind-Therapien (die sich dadurch von der klassischen Psychoanalyse unterscheiden). Es lautet: Suche das Positive. Häufig ist genau dies die Einstiegspforte, die es den Eltern erlaubt, dann selbst von ihren Schwierigkeiten zu sprechen. Sie wollen nicht hören, was sie falsch machen. Das haben sie schon oft genug gehört, und das wissen sie oft selber ziemlich genau. Sie brauchen jemand, der sieht, daß sie etwas richtig machen, und der ihnen das auch sagt. Erst dadurch entsteht ein Arbeitsbündnis, in dessen Rahmen die oft schwer beeinträchtigten Eltern davon sprechen können, was sie alles nicht können (s. a. Stern 1995, S. 196 ff.).

Diese Perspektive auf Stärken, nicht Schwächen sollte allerdings nicht davon abhalten, genauer zu untersuchen, wo die Schwächen die Stärken an ihrem Auftreten hindern und wie beide miteinander verknüpft sind. Jede Erkrankung hat ein Janusgesicht, das beides zeigt. Auch sollten wir nicht in Verleugnung einer offenkundigen Realität nur noch von den Stärken reden. Dadurch werden Eltern idealisiert oder an der falschen Stelle geschont. Zeanah (1998), der diesem Thema einen instruktiven kurzen Aufsatz gewidmet hat, berichtet, daß z. B. Jerry Pawl sich nicht scheut, notfalls reinen Wein einzuschenken, und zu einer Mutter, die ihr Kind mißhandelt,

gen und Kleinkindern sind mittlerweile Behandlungsmöglichkeiten und -konzepte entwickelt worden (Überblick bei Hartmann 1997 a, b, c, Houzel 1999 und Deneke 1999). Der Vater wird oft noch stiefmütterlich behandelt (s. aber von Klitzing 1998 c, Barrows 1999 und Daws 1999).

sagt: »Wenn Sie Ihr Kind schlagen, ist das weder gut für Sie noch für Ihr Kind. Sie müssen damit aufhören.«

Toleranz für »Agieren und Mitagieren«

Ich möchte mich nun noch einem zweiten Aspekt der Eltern-Säuglings-Beratung zuwenden, der sie von der klassischen Psychoanalyse unterscheidet, nämlich der Frage der Abstinenz bzw. des Agierens. Dieses Problem spielt z.B. in der Literatur zum Verhältnis von psychoanalytischer und sozialer Therapie (s. Haag 1979; Ohlmeier 1988; Brückner 1990; Johach 1993; Körner 1996; Richter 1996) eine große Rolle und hat für die Eltern-Kleinkind-Therapie insofern eine erhebliche Bedeutung, weil oft auch Multiproblemfamilien behandelt oder beraten werden. Üblicherweise wird von sozialtherapeutischer Seite darauf hingewiesen, daß die Besonderheiten der Klientel und die Andersartigkeit des Settings oft gar keine Abstinenz erlauben, sondern zum Handeln zwingen.

Nun hat sich mittlerweile auch innerhalb der Psychoanalyse im Laufe zunehmender Erfahrungen mit der Behandlung schwerer Störungen die Auffassung vom Agieren verändert. Agieren wird heute nicht mehr in erster Linie als eine Abwehr gegen das Erinnern betrachtet, sondern als eine spezifische Form des Erinnerns (Überblick bei Thomä/Kächele 1985, Kap. 8 und Mertens 1991, Band 3, Kap. 20). Erlebnisse oder Szenen, die verbal nicht erinnert werden können, werden in Form von Handlungen erinnert. Die meisten Patienten agieren nicht, um etwas zu verbergen, sondern um etwas mitzuteilen, was sie anders nicht mitteilen können. Die Frage ist: Dürfen wir mitagieren? Die Antwort lautet häufig: Nein. Wir müssen verstehen, was agiert wird, und es deuten. Das ist richtig. Dennoch ist mittlerweile klargeworden, daß dies eine idealisierte Vorstellung ist, die der Realität häufig nicht standhält. Wenn der Druck groß genug ist, geraten auch Psychotherapeuten unweigerlich ins Mitagieren. In Übereinstimmung mit Bollas (1987, S. 217) und Carpy (1989) bin ich sogar der Meinung, daß dies nicht nur unvermeidlich ist, sondern sogar einen kurativen Effekt haben kann. Wenn der Patient merkt, wie der Therapeut mit den Affekten kämpft und sie schließlich *etwas* moduliert, wird ihm ein realistisches Modell für den Umgang mit Affekten bereitgestellt. Es ist gerade die Beobachtung der beständigen Nachregulierung einer am Rande der Entgleisung befindlichen Interaktion, die dem Patienten ein Vorbild für Affektregulierungsprozesse liefert und zugleich die Erfahrung vermittelt, daß Affekte regulierbar sind und daß dies nicht nur für ihn ein Problem ist. Solche Erfahrungen sind oft wichtiger als nur scheinbar klare oder schnelle Deutungen, die eine Omnipotenz des Therapeuten fingieren, die den Klienten in die Position von Bewunderung oder Neid bringt und so Lernen und Verinnerlichungsprozesse eher behindert als fördert.

Nun gibt es aber auch in der Literatur zur Sozialen Therapie Autoren, die mit Multiproblemfamilien gearbeitet haben, in denen der Druck maximal ist, und die gerade dort Abstinenz empfehlen. Spangenberg etwa (1992, S. 77) beschreibt eindrücklich, wie bei hochverschuldeten Familien eine ganze Wohlfahrtsbürokratie einschließlich der Berater ständig ins Agieren gerät. Sein Fazit lautet: »Direktes Helfen stimuliert (...) fast zwangsläufig die Neigung zur Regression, speziell zum Versuch, eine versorgende Abhängigkeitsbeziehung einzurichten (...). Diese (...) Eskalation kann dann nur durch eine ›Eskalation‹ der Wohltätigkeit in Schach gehalten werden (...). So schlicht es klingt: Es ist ein zentrales Problem der Sozialtherapie, solchem Handlungsdruck standhalten zu können (...). Die eiserne Devise ist mithin: erst verstehen und klären, dann handeln.« Das mag oft so sein, aber ich möchte an Hand eines anderen Beispiels illustrieren, daß das Gegenteil genauso richtig sein kann und daß Handeln häufig ein Arbeitsbündnis erst *herstellt*, in dessen Rahmen etwas verstanden werden kann.

Barth (1995, S. 39) berichtet: »Frau U. war eine alleinerziehende Mutter von achtmonatigen Zwillingen. Sie wohnte in einer Sozialwohnung in der zweiten Etage. Die Therapeutin erschien zum Hausbesuch. Das Wetter war schlecht, es hatte schon über zwei Wochen ununterbrochen in Strömen geregnet. Frau U. öffnete die Tür, und auch die Zwillinge kamen angekrabbelt. Der Boden der Wohnung war mit Urin durchtränkt, denn die Kinder hatten keine Windeln um. Die Windeln waren alle gewaschen (das Fallbeispiel stammt aus Australien; dort tragen die Kinder in der Regel Stoffwindeln; M. D.) und lagen zusammen mit einem großen Haufen anderer Wäsche naß auf dem Balkon. Vor dem Eintreten der Therapeutin war Frau U. gerade dabei, einzelne Windeln mit dem Haarfön zu trocknen. Mit zwei kleinen Kindern und ohne Auto war es ihr nicht möglich gewesen, die Wäsche bei dem langandauernden Unwetter zum Trocknen in einen Waschsalon zu bringen. Die Therapeutin nahm den Berg nasser Wäsche, fuhr zu einem Waschsalon und ließ sie dort trocknen. Bei ihrer Rückkehr stand Frau U. mit Tränen in den Augen an der Tür und sagte, daß ihr seit der Geburt der Zwillinge nie jemand geholfen habe und sie der Hilfe so sehr bedurft hätte. Sie berichtete unter großer emotionaler Beteiligung von all den Schwierigkeiten, die sie seit der Schwangerschaft erlitten hatte. Erst sei sie vom Vater der Kinder verlassen worden, dann habe eines der Kinder nach der Geburt wochenlang auf der Intensivstation gelegen. Sie habe solche Angst um sein Leben gehabt. Diese konkrete lebenspraktische Hilfeleistung war der Beginn einer intensiven therapeutischen Beziehung, die über die nächsten Jahre hinweg bestehenblieb.«

Die Literatur zum Thema Eltern-Kleinkind-Beratung und auch die zur Sozialtherapie ist voll von solchen Beispielen. Praktisch alle mir bekannten Autoren, die mit Multiproblemfamilien arbeiten, berichten über ähnliche Erfahrungen. Martin/Beezley (1976), die (psychodynamisch) mit Eltern gearbeitet haben, die ihre Kinder mißhandeln, sind zu der Schlußfolgerung gelangt, daß Psychotherapie alleine nicht genügt. Zwar bessert sich meist der Allgemeinzustand der Patienten, aber die Mißhandlung hört häufig nicht auf. Nach ihrer Erfahrung ist ein Behandlungsansatz am vielversprechendsten, der neben der Durcharbeitung der Konflikte eine Art korrektiver Bemutterung oder Beelterung mit einschließt, d.h. auch konkrete Bedürfnisbefriedigung wie Telefonanrufe, Hausbesuche und manchmal auch gemeinsame Mahlzeiten.[13] Ob die verschiedenen Aktivitäten – die mehr beratenden und die mehr »helfenden« – immer von ein und derselben Person durchgeführt werden sollen oder ob nicht eine Trennung besser ist, kann man diskutieren (s. Friedrich et al. 1979). Nicht mehr diskutieren kann man in Ansehung dieser und unzähliger gleichgelagerter Erfahrungen m.E. darüber, ob im Feld der Sozialen Therapie Abstinenz eine »eiserne Devise« sein sollte. Sie sollte es *nicht* sein. Sie kann allen-

13 Egeland/Erickson (1990) und viele andere – im deutschen Sprachraum z.B. Richter (1972), Friedrich et al. (1979), Linge/Porsch (1988), Gärtner (1988), Clemenz/Combe (1990) und Lutzi (1990) sind zu ähnlichen Einschätzungen gelangt.

falls eine Einstellung sein, deren Vorzüge und Nachteile in jedem konkreten Einzelfall neu bedacht werden müssen.

Lieberman und Pawl, die Nachfolger von Selma Fraiberg in San Francisco, fassen ihre Erfahrungen mit dem Thema »Befriedigung von Bedürfnissen« in der Eltern-Kleinkind-Therapie bei Multiproblemfamilien so zusammen: »Bedürfnisbefriedigung ist nicht immer unangemessen oder gefährlich. Sie führt nicht automatisch zu bedrohlichen oder unüberwindbaren Formen regressiver Abhängigkeit. Bewußt modulierte Bedürfnisbefriedigung kann vielmehr die Grundlage effektiver therapeutischer Arbeit sein« (1993, S. 431). Und: »Eltern mit konkretistischen Denkstilen und strukturellen Ich-Störungen benötigen eher den Ausdruck von Empathie und Unterstützung über konkrete Handlungen als über Worte. Das Erkennen bestimmter Bedürfnisse und das Angebot von Unterstützung – z. B. gemeinsames Wahrnehmen von Terminen, Hilfe beim Ausfüllen von Formularen oder Interventionen zugunsten der Klienten bei Bürokratien und Institutionen – machen für sie die ansonsten eher abstrakten Hilfsangebote des Therapeuten erst real« (ebd., S. 433; ähnlich und ausführlich dazu auch Seligman 1994).

Ist Eltern-Kleinkind-Beratung wirksam?

Bisher bin ich nur kursorisch auf die Frage der Wirksamkeit eingegangen und habe behauptet, daß die skizzierten Verfahren und Vorgehensweisen wirksam sind. Zu diesem Problemkreis gibt es eine Reihe von Ergebnisuntersuchungen. Ich greife zwei davon heraus.

Die Ergebnisse von Papousek et al.

Zunächst die der Münchner Schreiambulanz von Frau Papousek, die in Deutschland über die größte einschlägige Erfahrung verfügt und auch über den umfassendsten Datenpool. Das Münchner Team hat seit 1991 über tausend Fälle behandelt (Papousek 1998, S. 102). 25 % der Mütter hatten gravierende psychische Probleme (Postpartum-Depressionen, Borderlinestörungen, Eßstörungen etc.), die den Rahmen einer auf die Eltern-Kleinkind-Beziehung zentrierten Behandlung überschritten. In solchen Fällen sollte die Beratung die Motivation für (begleitende) Einzeltherapie wecken. In 35 % der Fälle war die Eltern-Kind-Beziehung von traumatisierenden Kindheitserfahrungen der Eltern überschattet und/oder die Eltern waren in gravierende neurotische Konflikte verstrickt (Papousek 1998, S. 105 f.).

Bisher wurden 182 Fälle detailliert ausgewertet (von Hofacker/Papousek 1998). Behandelt wurden Schrei-, Eß-, Schlaf-, Bindungs- und Autonomieprobleme im Altersbereich zwischen 0 und 24 Monaten. Die Mehrzahl der Kinder wiesen Schwierigkeiten in mehr als einem Bereich auf, entweder gleichzeitig oder zu verschiedenen Zeitpunkten nacheinander im Laufe der ersten zwei Jahre.[14] In der gebotenen Vereinfachung sind die Ergebnisse wie folgt: Bei 68,5 % waren nach kurzer Zeit die Symptome verschwunden, bei 17 % gebessert; 8,2 % waren an einer weiteren Behandlung nicht interessiert, 4,8 % brachen sie nach der ersten Sitzung ab. Die durchschnittliche Anzahl der Sitzungen betrug zwischen eins und acht. Knapp 60 % der Familien hatten sich nach drei Sitzungen erholt, 22 % brauchten sechs oder mehr. In 5 % der Fälle wurde die Behandlung ergänzend zu einer Einzelpsychotherapie der Mutter durchgeführt (von Hofacker/Papousek 1998, S. 197).

Dies bedeutet, daß in ca. 85 % der Fälle die Symptome nach ein bis acht Sitzungen beseitigt oder zumindest gebessert waren. Die »Rückfallquote« war vergleichsweise hoch. 28,5 % mußten nach zunächst abgeschlossener Behandlung im Folgezeitraum erneut behandelt werden, entweder wegen derselben Problematik oder wegen einer anderen. Solche Rückfälle sind jedoch, wie Stern (1995) überzeugend gezeigt hat, in der Regel nicht auf Fehler der Behandlung zurückzuführen, sondern auf die natürliche Dynamik von Entwicklung und Reifung, die in diesem Altersabschnitt besonders rasant ist. Erneute Behandlung sollte deshalb als erwartbar und nicht als Rückfall betrachtet werden. Die Zahl der neuerlichen Be-

14 Zur differentialdiagnostischen Abgrenzung der verschiedenen Störungsbilder s. von Hofacker (1998). Einen Überblick über verschiedene Methoden der Beziehungs- und Individualdiagnostik im Kleinkindalter geben Zero to Three (1994), Guedeney/Lebovici (1997), Zeanah et al. (1997 b) sowie weitere Artikel in Heft 2/1997 der Zeitschrift *Infant Mental Health Journal* (Harmon/Osofsky 1997).

handlungsstunden ist ebenfalls relativ gering. Genauere Daten liegen meines Wissens dazu nicht vor. Ehekonflikte spielen, je nach Altersstufe und Schweregrad, in 30 bis 55 % der Fälle eine Rolle, so daß eine Einbeziehung des Vaters in die Behandlung empfehlenswert ist (Papousek 1998, S. 105; von Hofacker/Papousek 1998, S. 192).

Die Ergebnisse von Robert-Tissot et al.

Die Daten der Ergebnis- und Vergleichsstudie von Robert-Tissot et al. (1996) umfaßten zunächst 88 Fälle, die zum Teil psychoanalytisch, zum Teil verhaltenstherapeutisch behandelt wurden. Davon waren 52 % Schlafstörungen, 12 % Eßstörungen, 21 % Aggressionsprobleme und 15 % Bindungsprobleme (z. B. außergewöhnlich starke Trennungsangst). 4 % der Eltern waren an einer Behandlung desinteressiert, 6 % brachen sie vorzeitig ab. Insgesamt konnten 72 abgeschlossene Fälle katamnestisch über einen Folgezeitraum von bisher sechs Monaten untersucht werden. Die durchschnittliche Zahl der Sitzungen betrug 6,1 (gestreut zwischen einer und zwölf) und verteilt über einen Zeitraum von durchschnittlich 9,3 Wochen. Beim verhaltenstherapeutischen Verfahren (interaction guidance) war die Zahl der Sitzungen etwas *höher* als beim psychodynamischen. Verschiedene Meßinstrumente kamen zum Einsatz, u. a. ein Symptomfragebogen für den Säugling, ein Verfahren zur Messung der Interaktionsqualität und eines zur Veränderungsmessung der mütterlichen Repräsentanzen.

In allen Bereichen wurden signifikante Besserungen erzielt, die über den Katamnesezeitraum anhielten. Schlafstörungen sprachen am besten auf die Behandlung an, aggressive Verhaltensprobleme am schlechtesten. Auch die Mütter profitierten von der Behandlung. Ihr Selbstwertgefühl nahm zu, die Interaktion mit den Kindern wurde sensitiver und auch auf der Ebene der Repräsentanzen, d. h. der Vorstellungen der Mutter von sich und von ihrem Kind, ergaben sich Verbesserungen.

Man könnte sich auf den Standpunkt stellen, daß manche dieser Veränderungen auch ohne Therapie eingetreten wären, denn Symptome im Säuglingsalter zeigen eine gewisse Spontanremission. Fütterstörungen können z. B. Ausdruck einer vorübergehenden

Entwicklungskrise sein und werden dann leichter remittieren als wenn sie Ausdruck eines gravierenden Beziehungskonfliktes sind. Um nachzuweisen, daß es die Therapie ist, die wirkt, sind Studien notwendig, die behandelte Eltern-Kind-Paare mit einer parallelisierten Kontrollgruppe von unbehandelten vergleichen. Dies wirft ethische Probleme auf, weil man hilfesuchenden Eltern die Behandlung nicht vorenthalten kann. »Ein Weg, eine randomisierte Zuteilung in Behandlungs- oder Kontrollgruppe ethisch akzeptabel zu gestalten, könnte darin bestehen, ein Interventionsprogramm von Anbeginn an als ein wissenschaftliches Experiment zu definieren und es unter solchen Vorzeichen einer Population anzubieten, die ohne dieses Programm wahrscheinlich überhaupt nicht in den Genuß einer therapeutischen Intervention gekommen wäre« (von Klitzing 1998 b, S. 167). Die Ergebnisse der Behandlung sind dann mit denen der Personen zu vergleichen, die *freiwillig* nicht an der Intervention teilnahmen. Die bisherigen Daten zur Spontanremission ernsthafter Störungen in der frühen Kindheit weisen allerdings darauf hin, daß sie erheblich geringer sind als die der Therapieerfolge, nämlich nur maximal 50 % (s. Fonagy 1998, S. 127).[15]

Aber selbst wenn die Spontanremission genauso groß ist wie der Behandlungseffekt, kann Behandlung dennoch indiziert sein. Cooper/Murray (1997) haben Mütter untersucht, die an einer Postpartum-Depression erkrankt waren, und eine unbehandelte Kontrollgruppe mit drei Gruppen von Müttern verglichen, die entweder kognitive Verhaltenstherapie, nichtdirektive Beratung oder psychodynamisch orientierte Beratung erhielten. Die Behandlung fand zwischen der achten und 18. Woche nach der Geburt statt. Nach diesen zehn Wochen war die Depression bei der Mehrzahl der behandelten Mütter gebessert, bei den unbehandelten nicht. Die Besserung hielt bis zum (bisher letzten) Nachuntersuchungszeitpunkt von 18 Monaten an. Ab neun Monaten ließ allerdings auch die Depression der unbehandelten Mütter nach und unterschied sich kaum noch von der der behandelten Mütter. Die Intervention hatte also in diesem Fall die Spontanremission *beschleunigt,* und die behandelten Mütter standen bereits mit viereinhalb Monaten dort, wo

15 Für weitere Argumente gegen die Spontanremissionshypothese s. Cohen et al. (1999, S. 447).

die unbehandelten erst mit neun Monaten ankamen. Dies rechtfertigt Behandlung, zumal dieselbe Studie ergab, daß frühe Remission von Postpartum-Depressionen die Bindungsqualität günstig beeinflußt.

Gibt es differentielle Therapieeffekte?

Der grundsätzliche Unterschied zwischen psychoanalytisch inspirierten und verhaltenstherapeutischen Verfahren besteht darin, daß erstere auf die Projektionen der Eltern und deren Herkunft aus der Kindheitsgeschichte fokussieren, ohne sie jedoch im Einzelfall immer zu analysieren. Verhaltenstherapeuten finden sowohl die Hinwendung zur Kindheit als auch die Analyse und Durcharbeitung der Projektionen entbehrlich. Sie können oft nicht verstehen, daß das »Graben« in der Kindheit der Eltern viel bringen soll. Psychoanalytiker können sich nicht vorstellen, daß deren Vernachlässigung zu mehr als vorübergehenden Symptombesserungen führt. Das ist ein alter Streit in neuem Gewand. Wie ist die Datenlage?

Arbeiten, die keine differentiellen Effekte gefunden haben

Die Studie von Robert-Tissot et al. (1996), an der prominente Psychoanalytiker und Verhaltenstherapeuten, die auf diesem Feld tätig sind, mitgearbeitet haben, ergab, daß beide Verfahren gleich wirksam sind. Sie führen in etwa derselben Zahl von Sitzungen zu etwa denselben Ergebnissen, die etwa gleich dauerhaft sind. Davon waren alle überrascht – und niemand war damit zufrieden (Stern 1995). Ein emsiges Forschen begann und dauert noch an. Jeder möchte die Überlegenheit des eigenen und die Unterlegenheit des anderen Beratungskonzepts beweisen. Und in der Tat gibt es mittlerweile eine Reihe von Studien, die differentielle Therapieeffekte der verschiedenen Ansätze belegen. Diese Debatte lasse ich für den Augenblick auf sich beruhen, auch deshalb, weil die Unterschiede oft nur marginal sind und die Gründe für ihr Auftreten unklar. (Ich komme weiter unten noch einmal darauf zurück.) Statt dessen möchte ich eine Erklärung vorschlagen, wie es möglich ist, daß mit (anscheinend) so verschiedenen Verfahren so ähnliche Ergebnisse erzielt werden können.[16]

Ich teile mit der Psychoanalyse die Auffassung, daß sogenannte Strukturveränderungen, die ich als Änderungen von Beziehungsrepräsentanzen verstehe, wichtig für dauerhafte Veränderungen sind. Wie wir uns andere Personen vorstellen, bestimmt unser Erleben *von* sowie die Erwartungen und das Verhalten *in* Beziehungen zu ihnen. Wenn ein Säugling schreit und meine Vorstellung von ihm ist, daß er mich damit ärgern will, dann denke ich vielleicht: »Na warte, Bürschlein, ich werde dich Mores lehren.« In mehr oder weniger sublimierter Form wird diese Vorstellung in meine Handlungen gegenüber dem Säugling einfließen. Wenn ich statt dessen denke: »O Gott, er ist so schwach, er wird sich ein Trauma fürs Leben holen«, werde ich mich anders benehmen. Vielleicht verfalle ich in hektische Betriebsamkeit, was auch nicht gut ist. Diese Beispiele sollen deutlich machen, wie Repräsentationen das Beziehungsverhalten und -erleben beeinflussen. Der Punkt, auf den es theoretisch ankommt, ist der: Obwohl man die Änderungen von Beziehungsrepräsentanzen *in der Theorie* als zentral betrachten kann, bedeutet das nicht, daß man *in der Therapie* auch explizit an ihnen *ansetzen* muß.

Ein wichtiges Ergebnis der oben erwähnten Vergleichsstudie von Robert-Tissot et al. (1996) besteht gerade in dem Nachweis, daß Therapieformen, die am Verhalten ansetzen, genauso effektiv in der Veränderung von Repräsentationen sind wie die, welche die Beziehungsrepräsentationen explizit im Gespräch thematisieren. Dies ist so, weil jede Verhaltensänderung eine Adjustierung der Repräsentationen nach sich zieht, so daß, wenn sich das Beziehungs*verhalten* ändert, sich auch die Beziehungs*repräsentationen* ändern. Interessanterweise haben verhaltenstherapeutische Formen der Eltern-Kleinkind-Therapie (hier: interaction guidance) genau denselben Effekt bezüglich der Veränderungen von Repräsentationen wie psychoanalytische Ansätze, die direkt auf diese Repräsentationen fokussieren. Und umgekehrt: Psychoanalytische Interven-

16 Zum folgenden siehe ausführlich das brillante Buch von Stern (1995, Kap. 10). Ich werde weiter unten ebenfalls noch zeigen, daß die verschiedenen Therapiemethoden tatsächlich gar nicht so verschieden sind, wie ihre jeweiligen Vertreter glauben.

tionsformen haben in etwa denselben Effekt auf die Veränderung des *Verhaltens* wie verhaltenstherapeutische, obwohl sie das Verhalten gar nicht explizit thematisieren. Wenn das richtig ist – und Stern (1995) belegt die Triftigkeit dieser Position mit einigem Material –, dann scheint die Seele wie ein Haus mit mehreren Türen, und es ist weniger wichtig, durch welche Tür man das Haus betritt, weil die Räume (Repräsentationen und Verhalten) miteinander in einer unauflöslichen wechselseitigen Beziehung stehen und man eines nicht verändern kann, ohne daß sich das andere mit verändert. Es gibt also viele Wege nach Rom.

Auch in der oben erwähnten Studie von Cooper/Murray (1997) wurden keine differentiellen Effekte gefunden. Die Autoren verglichen zehn Wochen dauernde kognitive Verhaltenstherapie, die mit Interaction-guidance-Elementen angereichert war, mit nichtdirektiver und psychodynamisch orientierter Beratung. Alle Verfahren besserten die mütterliche Depression, keines war dem anderen darin überlegen. Bei den *Säuglingssymptomen* (Schrei-, Eß- und Schlafprobleme) war der Behandlungserfolg ebenso groß wie die Spontanremissionsrate. Gänzlich anders verhielt es sich jedoch bei den *Beziehungsproblemen.* Als solche wurden Trennungsprobleme des Kindes, Spielprobleme, übermäßige Forderungen nach Aufmerksamkeit und die elterliche Einschätzung der Beziehung als schwierig klassifiziert. In diesen Bereichen gab es keinerlei Spontanremission, wohl aber einen signifikanten Behandlungseffekt, der für alle drei Verfahren wiederum fast vollständig gleich war.

Arbeiten, die differentielle Effekte gefunden haben

Es gibt allerdings auch Untersuchungen, die bei differentiellen Therapiemethoden differentielle Effekte gefunden haben. Die Unterschiede sind in der Regel jedoch eher gering. So z. B. bei Cohen et al. (1997, 1999), die traditionelle »mutterzentrierte« Psychotherapie mit einer verglichen haben, die sie als »infant-led-psychotherapy« bezeichnen. Der Fokus dieser Therapie ist es, die Mutter für die kindlichen Signale zu sensibilisieren. *Deren* Analyse steht im Vordergrund. Beide Verfahren führten sowohl zu Symptombesserungen beim Säugling als auch zu einer Verbesserung der Qualität der

Mutter-Kind-Interaktion. Das säuglingszentrierte Verfahren führte darüber hinaus zu einer Verbesserung der Bindungsqualität, zu einer Zunahme des Entwicklungsquotienten und zu einer Besserung der mütterlichen Depression. Warum das so ist und wie dauerhaft diese besseren Ergebnisse der »infant-led-psychotherapy« sind, muß weitere Forschung klären. Bei Cooper/Murray (1997) hatten ja im Unterschied dazu *alle* Behandlungsformen, auch die nichtsäuglingszentrierten, denselben lindernden Effekt auf die mütterliche Depression gehabt.[17]

Van Ijzendoorn et al. (1995) haben in einer Metaanalyse sämtliche Studien ausgewertet, die sich mit der Verbesserung unsicherer Bindungsbeziehungen befassen. Unsichere Bindung ist keine Erkrankung und auch kein behandlungsbedürftiges Symptom, aber ein Risikofaktor, der die Wahrscheinlichkeit späterer Erkrankungen erhöht, wenn weitere Risikofaktoren hinzukommen (Literatur s. Kapitel 2 und 3). Deshalb kann man diese Interventionsstudien kaum als »Krankenbehandlungen« betrachten. Dennoch sind die Ergebnisse interessant. Untersucht wurde, ob die angebotene Beratung a) die mütterliche Interaktionssensitivität erhöht; b) ob damit einhergehend auch ein Wechsel des Kindes in der Bindungsqualität von der unsicheren zur sicheren Kategorie einhergeht; c) ob sich die elterlichen Bindungsrepräsentationen ebenfalls von unsicher zu sicher verändern.

Es stellte sich heraus, daß die Interventionen in bezug auf die Verbesserung der Interaktionssensitivität effektiver waren als bezüglich der Verbesserung der Bindungsqualität. Da Interaktionssensitivität als Hauptdeterminante der Bindungsqualität betrachtet

17 Interessanterweise hatte bei Cooper/Murray (1997) keine der Behandlungen einen Effekt auf die Interaktionsqualität, die sich trotz gebesserter Depression nicht veränderte. Dafür kann es verschiedene Ursachen geben. Die Autoren vermuten, daß erstens die Postpartum-Depression relativ mild war und die Interaktionsbeeinträchtigung nicht so gravierend, so daß sich ein »Deckeneffekt« ergeben haben könnte. Dies meint, daß eine schon vergleichsweise »gute« Interaktion schwer weiter zu verbessern ist, jedenfalls schwerer als eine schlechte. Zweitens begann die Behandlung erst acht Wochen nach der Geburt und dauerte nur zehn Wochen, was zu kurz sein könnte, um das Interaktionsverhalten merklich zu verändern. Drittens könnte auch das Interaktionsmessungsinstrument nicht hinreichend sensitiv gewesen sein, um eventuell doch vorhandene Veränderungen zu erfassen.

wird (oder lange Zeit betrachtet wurde), ist dieses Ergebnis etwas überraschend. Es bedeutet im Klartext, daß sich die Interaktionssensitivität *ohne* Folgen für die Bindungsqualität verbessern kann. Die möglichen Gründe dafür können hier nicht diskutiert werden. Weiter ergab sich, daß auch die elterlichen Bindungsrepräsentanzen nur begrenzt beeinflußt wurden. Zwar gab es auf der Verhaltensebene eine Verbesserung, nicht aber auf der Repräsentanzenebene. Auch diese Diskrepanz ist erklärungsbedürftig und muß weiter untersucht werden.[18]

Kurzzeitbehandlungen waren bezüglich der Verbesserung der Feinfühligkeit effektiver als Langzeitbehandlungen, und der verhaltensorientierte Ansatz war in dieser Hinsicht auch effektiver als der gesprächs- bzw. repräsentationsorientierte (ähnlich Ziegenhain et al. 1999). Bevor hieraus der Schluß gezogen wird, daß damit die mittlerweile fast schon üblichen Vorurteile gegen gesprächsorientierte Langzeitbehandlungen als begründet anzusehen sind,[19] will ich darauf hinweisen, daß van Ijzendoorn et al. sorgfältig die möglichen Ursachen für diese Befunde diskutieren und davor warnen, sie als definitiv zu betrachten. Dafür ist die Qualität der verschiedenen Studien zu unterschiedlich, sind die Populationen zu heterogen und in vielen Fällen fehlen Folgeuntersuchungen, die über die Dauerhaftigkeit des Erfolgs Auskunft geben könnten.[20]

In einer weiteren Studie haben Bakermans-Kranenburg et al.

18 Cramer (1997, S. 240) berichtet ebenfalls, daß sich in seinen Untersuchungen die Symptome des Säuglings am besten beeinflussen ließen, das Interaktionsverhalten der Eltern am zweitbesten und ihre Repräsentanzen am schwersten. Sie zeigten die geringste Veränderung.

19 Vorurteile deshalb, weil sich zwei zentrale Behauptungen von Grawe et al. (1994) mittlerweile als revisionsbedürftig herausgestellt haben. Zum einen die, daß psychoanalytische Therapie bei *psychosomatischen Symptomen* nichts bewirke. Das ist nachweislich unrichtig (s. dazu ausführlich von Rad et al. 1998). Auch die zweite Behauptung, daß die Wirksamkeit psychoanalytischer *Langzeitbehandlung* nicht nachgewiesen sei, wackelt bedenklich. Sandell et al. (1999 a, b) haben genau dies und sogar die Überlegenheit der hochfrequenten psychoanalytischen Langzeitbehandlung gegenüber Kurzzeit- und Niederfrequenzbehandlung demonstriert (s. dazu auch Leuzinger-Bohleber et al. 1997).

20 Einen guten Überblick über den derzeitigen Stand der (psychoanalytischen) Psychotherapieforschung geben Leuzinger-Bohleber/Stuhr (1997) und Fäh/Fischer (1998).

(1998) unsichere Bindungsbeziehungen mit zwei verschiedenen Verfahren behandelt. Eine Gruppe von Müttern wurde mit schriftlichen Informationen über sensitive Elternschaft und Videofeedbacktraining ihrer Interaktion versorgt. In der zweiten konnten die Eltern zusätzlich über ihre eigenen Bindungserfahrungen in der Kindheit sprechen. Beide Verfahren verbesserten die Interaktionssensitivität verglichen mit einer unbehandelten Kontrollgruppe, obwohl die Behandlungsdauer nur vier Sitzungen umfaßte. Mütter, die als unsicher-*vermeidend* klassifiziert wurden, profitierten mehr vom Videofeedback, wohingegen unsicher-*ambivalente* Mütter mehr aus dem kombinierten Videofeedback-plus-Gesprächsverfahren Nutzen zogen.

Wir sehen also, daß die Befundlage im Hinblick auf Vergleichsuntersuchungen recht heterogen ist. Manche Studien finden keine Unterschiede zwischen verschiedenen Therapieverfahren, manche finden welche, wobei offen ist, wie dauerhaft sie sind und warum sie auftreten.[21]

Gibt es differentielle Therapieindikationen?

Intuitiv könnte man vermuten, daß ein eher psychodynamisch orientierter Ansatz, der in erster Linie auf die Phantasien der Eltern fokussiert, dann angezeigt ist, wenn die Eltern von sich aus Hilfe suchen, d.h., eine bewußte Therapie-/Beratungsmotivation mitbringen und außerdem noch eine gewisse introspektive Begabung und Bereitschaft haben. Das ist bei Klienten der Mittelschicht eher der Fall als bei Unterschichtpatienten, die neben den psychischen oft auch noch ganz handfeste soziale Probleme haben. Cramer in Genf, der das psychodynamische Verfahren bevorzugt, hat in der Tat überwiegend mit Mittelschichtklienten zu tun; McDonough und ihr Interactional-guidance-Verfahren überwiegend mit Unterschichtklienten. Die »Gründungsmutter« Fraiberg allerdings arbeitete psychodynamisch mit Unterschichtpatienten, und auch die Nachfolger Fraibergs – Alicia Lieberman und Jerry Pawl – prakti-

21 Einen Überblick über weitere Ergebnisstudien gibt Fonagy (1998, S. 128 ff.).

zieren ihre Mischung aus psychoanalytischer und bindungstheoretischer Therapieform mit Unterschichtklienten. Schichtzugehörigkeit allein ist also noch kein Kriterium dafür, ein bestimmtes Verfahren zu wählen.

Auch aus der Symptomatik des Säuglings läßt sich (bisher) keine Bevorzugung eines der beiden Verfahren ableiten. Es gibt meines Wissens derzeit keine Studien, die überzeugend zeigen würden, daß bestimmte Verfahren bei bestimmten Symptomen besser geeignet sind als andere, obwohl dies für die Zukunft in gewissem Umfang zu erwarten ist.

Allerdings scheinen bestimmte Störungsbilder (manchmal) auf Behandlung allgemein besser anzusprechen als andere. Robert-Tissot et al. (1996) fanden, daß von den fünf Grundproblemen der ersten zwei Lebensjahre – nämlich Eß-, Schlaf-, Schrei-, Bindungs- und Aggressionsproblemen – die letzteren am schwersten zu bessern waren, obwohl auch für sie noch signifikante Ergebnisse erzielt wurden. Von ausgezeichneten Behandlungsergebnissen bei aggressiven Verhaltensproblemen berichten allerdings Minde/Tidmarsch (1997), die bei 15 bis 48 Monate alten Kindern in 80 % aller Fälle Besserung erzielt haben. Dieser Befund ist insofern von erheblicher Bedeutung, als sich solche Probleme schon im Vorschulalter leicht verhärten und dazu tendieren, langzeitstabil zu sein (Rose et al. 1989, Shaw et al. 1994, Campbell 1994,1995; weitere Literatur bei Dornes 1997, S. 269 f. und Fonagy et al. 1997). Frühintervention ist also hier von eminenter Bedeutung. Auch bezüglich der Frage, ob es besser oder schlechter zu behandelnde Störungen gibt, ist also die Befundlage heterogen.

Robert-Tissot/Cramer (1998) haben in der Indikationsfrage eine originelle Vorgehensweise entwickelt. Sie haben die psychodynamische und die Interaction-guidance-Therapie in wenigen kurzen Sätzen formuliert und diese den Eltern vorgelegt. Die Eltern durften an Hand der schriftlichen Formulierungen und einiger mündlicher Zusatzinformationen wählen, welche Therapieart sie bevorzugen. Das Ergebnis war, daß es bezüglich der Frage, welches das geeignetere Therapieverfahren sei, eine hohe Übereinstimmung zwischen der Einschätzung des Therapeuten und der Selbsteinschätzung der Eltern gab. Dies könnte bedeuten, daß Eltern über ein intuitives Wissen verfügen, welche Form der Therapie die beste für sie ist. Eine Wahlmöglichkeit setzt allerdings voraus, daß die konsultierte Behandlungseinrichtung über alternative Angebote verfügt, was derzeit wohl noch eher selten der Fall sein dürfte. Auch aus diesen Gründen kann ein pragmatisches, multizentrisches Vorgehen, das verschiedene Elemente der skizzierten Verfahren kombiniert, durchaus am Platze sein. Der Nachteil dieser Vorgehensweise aus der Sicht des Forschers ist, daß dann die Frage, welche Therapieform bei welchen Erkrankungen am besten wirkt (und *was* wirkt), schwer zu beantworten sein wird, weil der angebotene »Therapiemix« die Untersuchung der *differentiellen* Wirksamkeit erschwert.

Resümee

Die Effektivität der Eltern-Kleinkind-Beratung/Therapie steht außer Zweifel. Was wirkt, warum es wirkt, unter welchen Bedingungen es (optimal) wirkt und unter welchen nicht, bedarf der weiteren Erforschung. Vermutlich wird ein zentrales Ergebnis der vergleichenden Therapieforschung an Erwachsenen bestätigt werden, daß nämlich die sogenannten unspezifischen Wirkfaktoren ein erhebliches Gewicht haben. Theoretiker und Praktiker der verschiedenen Lager *überschätzen* die Macht ihrer spezifischen Interventionsinstrumente (Deutung, Einsicht, Durcharbeitung unbewußter Konflikte versus Verhaltensmodifikation, positive Verstärkung, kognitive Neustrukturierung). Sie *unterschätzen* das, was sie die meiste Zeit machen: »fill talk, back channel talk, uttering monosyllabic words, etc.«, d. h. konventionelles, gewöhnliches Sprechen, das einen Dialog aufrechterhält (Cramer 1998, S. 165).

Cramer (ebd.) hat überzeugend dargestellt, daß die Unterschiede zwischen den verschiedenen Therapieformen *faktisch* oft erheblich geringer sind, als in den idealisierten theoretischen Darstellungen der jeweiligen Konzeptionen (und dem Selbstverständnis der Praktiker) zum Ausdruck kommt (ähnlich Holmes 1998). So benutzten in seiner Vergleichsuntersuchung psychodynamische Therapeuten durchaus auch positive Verstärkung, und Verhaltenstherapeuten sprachen mit ihren Klienten über deren Konflikte und die Vergangenheit. Psychoanalytiker reden mehr als sie glauben und selten in der Sprache, in der ihre Deutungen in publizierten Fallberichten erscheinen. Sie sprechen auch relativ wenig über die Vergangenheit.

Verhaltenstherapeuten hingegen sprechen mehr von der Vergangenheit, als ihren Theorien entspricht, und auch mehr von Konflikten (Cramer, ebd.). Für alle Therapeuten gilt anscheinend die Devise: »Denn sie wissen nicht, was sie tun.« Daß die Menschen zur Illusionsbildung neigen, ist eine alte psychoanalytische Erkenntnis, die *schmerzlicherweise* auch auf die Vertreter dieser Theorie zutrifft und somit *erfreulicherweise* als ubiquitär bestätigt gelten darf. Dies gilt auch für die Einschätzung der Erfolge der eigenen Behandlungen. Therapeuten liegen chronisch *unter* der Einschätzung der Eltern, sind also überkritisch in bezug auf ihre eigene Wirksamkeit (Cramer 1998, S. 161).

Fragt man Eltern, was ihnen in der Beratung am meisten genutzt hat, so antworten sie meistens, daß sie sich unterstützt und einfühlsam behandelt fühlten.[22] Das klingt banal, ist es aber nicht. Cramer, von dem diese Befunde stammen, hat hervorgehoben, daß der Gegensatz zwischen unspezifischen und spezifischen Faktoren vielleicht selbst eine problematische Konzeptualisierung dessen ist, was Therapeuten tun, und daß spezifische und unspezifische Faktoren eher auf einem Kontinuum liegen, als kategorial streng unterscheidbar zu sein. Beide sind miteinander verflochten, und spezifische Faktoren sind in unspezifische gewissermaßen »eingewoben« (ähnlich Thomä/Kächele 1985, S. 271 ff.). Wie dem auch sei: Ein gewisses Maß an Eklektizismus ist erlaubt und wird auch praktiziert, wenn auch oft noch mit schlechtem Gewissen. Aber Eklektizismus heißt nicht Dilettantismus, und die Aufgabe der Zukunft wird es sein, zwischen der Skylla der Überschätzung der eigenen Methode und der Charybdis überpragmatischen, konzeptionslosen »Durchwurstelns« einen gesunden Mittelweg zu finden.

22 Lieberman/Pawl (1993) haben gezeigt, daß die entscheidende Variable für gute Erfolge in ihrem Interventionsprogramm nicht das Ausmaß der Psychopathologie der Eltern war, sondern ihre Fähigkeit, sich selbst und das Kind anders sehen zu lernen. Der Erwerb dieser Fähigkeit hing in erster Linie davon ab, ob der Klient die Beziehung zum Berater als hilfreich erlebte oder nicht. Auch aus der Psychotherapieforschung bei Erwachsenen ist bekannt, daß nicht Ausmaß oder Art der Psychopathologie die entscheidenden Prädikatoren für Therapieerfolg oder -mißerfolg sind, sondern die vom Patienten eingeschätzte Qualität der Beziehung (Überblick bei Strupp 1986 und Kächele 1988, 1992).

Danksagung

Ich danke Michael Buchholz, der das ganze Manuskript gelesen hat und mit vielen Verbesserungsvorschlägen behilflich war. Außerdem danke ich meinen Kollegen und Kolleginnen am Institut für Medizinische Psychologie des Universitätsklinikums in Frankfurt am Main: Angela Dunker, Günter Franzen, Éva Hédervári-Heller, Michael Lukas Moeller und Freya Wenzel haben dieses Buch mit gefördert – jeder auf eigene Art und manchmal vielleicht, ohne es zu wissen. Im Wissenschaftsbetrieb ist eine Atmosphäre ohne Konkurrenz, Neid, Rivalität und Besserwisserei eher selten geworden. Bei uns gibt es sie jedoch noch.

Literaturverzeichnis

Acquarone, S. (1992): What shall I do to stop him crying? Psychoanalytic thinking about the treatment of excessively crying infants and their mothers/parents. Journal of Child Psychotherapy 18: 33–56

Ahrens, S. (1988): Die instrumentelle Forschung am instrumentellen Objekt. Psyche 42: 225–241

Ahumada, J. (1994): Interpretation and creationism. International Journal of Psycho-Analysis 75: 695–707

Ainsworth, M. (1967): Infancy in Uganda. Infant Care and the Growth of Love. Baltimore (Johns Hopkins Univ. Press)

Ainsworth, M. und **B. Wittig** (1969): Attachment and exploratory behavior of one-year-olds in a strange situation. In: B. Foss (Hrsg.): Determinants of Infant Behavior, Vol. 4. London (Methuen), 111–136

Ainsworth, M. und **C. Eichberg** (1991): Effects on infant-mother attachment of mother's unresolved loss of an attachment figure, or other traumatic experience. In: C. M. Parkes, J. Stevenson-Hinde und P. Marris (Hrsg.): Attachment across the Life Cycle. London und New York (Tavistock/Routledge), 160–183

Ainsworth, M. und **R. Marvin** (1995): On the shaping of attachment theory and research. An interview with Mary Ainsworth. In: E. Waters, B. Vaughn, G. Posada und K. Kondo-Ikemura (Hrsg.): Caregiving, Cultural, and Cognitive Perspectives on Secure-Base Behavior. New Growing Points of Attachment Theory and Research. Chicago (Univ. of Chicago Press), 3–21

Ainsworth, M., M. Blehar, E. Waters und **S. Wall** (1978): Patterns of Attachment. A Psychological Study of the Strange Situation. Hillsdale, NJ (Erlbaum)

Altmeyer, M. (2000): Narzißmus, Intersubjektivität und Anerkennung. Psyche 54: 143–171

Amsterdam, B. (1972): Mirror self-image reactions before age two. Developmental Psychobiology 5: 297–305

Amsterdam, B. und **M. Levitt** (1980): Consciousness of self and painful self-consciousness. Psychoanalytic Study of the Child 35: 67–83

Anderegg, D. (1989): Playing in developmental psychology and in psychoanalytic theory. Psychoanalysis and Contemporary Thought 12: 535–563

Anderson, J. (1984): The development of self-recognition: A review. Developmental Psychobiology 17: 35–49

Anderson, J. (1993): To see ourselves as others see us: A response to Mitchell. New Ideas in Psychology 11: 339–346

Arzt, V. und **I. Birmelin** (1993): Haben Tiere ein Bewußtsein? München (Bertelsmann)

Asendorpf, J. und **P.-M. Baudonnière** (1993): Self-awareness and other-awareness: Mirror self-recognition and synchronic imitation among unfamiliar peers. Developmental Psychology 29: 88–95

Baars, B. (1997): Das Schauspiel des Denkens. Neurowissenschaftliche Erkundungen. Stuttgart (Klett-Cotta) 1998

Bacciagaluppi, M. (1994): The relevance of attachment research to psychoanalysis and analytical social psychology. Journal of the American Academy of Psychoanalysis 22: 465–479

Baddeley, A. (1990): Human Memory: Theory and Practice. Hove und London (Erlbaum)

Bader, M. (1998): Postmodern epistemology: The problem of validation and the retreat from the therapeutics in psychoanalysis. Psychoanalytic Dialogues 8: 1–78 (mit Diskussion)

Bahrick, L. (1995): Intermodal origins of self-perception. In: P. Rochat (Hrsg.): The Self in Infancy.Theory and Research. Amsterdam u. a. (Elsevier), 349–373

Bahrick, L. und **J. Watson** (1985): Detection of intermodal proprioceptive-visual contingency as a potential basis of self-perception in infancy. Developmental Psychology 21: 963–973

Bahrick, L., L. Moss und **C. Fadil** (1998): Development of visual self-recognition in infancy. Ecological Psychology 8: 189–208

Bakermans-Kranenburg, M. und **M. van Ijzendoorn** (1993): A psychometric study of the adult attachment interview: Reliability and discriminant validity. Developmental Psychology 29: 870–880

Bakermans-Kranenburg, M., F. Juffer und **M. van Ijzendoorn** (1998): Interventions with video feedback and attachment discussions: Does type of maternal insecurity make a difference? Infant Mental Health Journal 19: 202–219

Balint, M. (1968): Therapeutische Aspekte der Regression. Reinbek bei Hamburg (Rowohlt) 1973

Barclay, C. (1986): Schematization of autobiographical memory. In: D. Rubin (Hrsg.): Autobiographical Memory. Cambridge u. a. (Cambridge Univ. Press), 82–99

Barglow, P., B. Vaughn und **N. Molitor** (1987): Effects of maternal absence due to employment on the quality of infant mother attachment in a low-risk-sample. Child Development 58: 945–955

Barrows, P. (1999): Fathers in parent-infant psychotherapy. Infant Mental Health Journal 20: 333–345. Reprint in: Infant Observation. The International Journal of Infant Observation and Its Applications 3, Heft 1: 74–88

Barth, R. (1995): Projekt »Schreibabies«. Abschlußbericht für die Behörde für Arbeit, Gesundheit und Soziales, Amt für Gesundheit, Fachabteilung Gesundheitsförderung, Hamburg

Barth, R. (1998): Psychotherapie und Beratung im Säuglings- und Kleinkindalter. In: K. von Klitzing (Hrsg.): Psychotherapie in der frühen Kindheit. Göttingen (Vandenhoeck & Ruprecht), 72–87

Barth, R. (1999): Ein Beratungsangebot für Eltern mit Säuglingen und Kleinkindern – Konzeption und erste Erfahrungen der Beratungsstelle »MenschensKind«. Praxis der Kinderpsychologie und Kinderpsychiatrie 48: 178–191

Barton, M. und **M. Williams** (1993): Infant day care. In: C. Zeanah (Hrsg.): Handbook of Infant Mental Health. New York und London (Guilford Press), 445–461

Bates, J., C. Maslin und **K. Frankel** (1985): Attachment security, mother-child-interaction, and temperament as predictors of behavioral problem ratings at age three years. In: I. Bretherton und E. Waters (Hrsg.): Growing Points of Attachment. Theory and Research. Chicago (University of Chicago Press), 167–193

Baumann, Z. (1996): Interview mit Ingeborg Breuer. Frankfurter Rundschau vom 19.10. 1996

Beebe, B. und **F. Lachmann** (1994): Representation and internalization in infancy: Three principles of salience. Psychoanalytic Psychology 11: 127–165

Beebe, B., F. Lachmann und **J. Jaffe** (1997): Mother-infant interaction structures and presymbolic self and object representations. Psychoanalytic Dialogues 7: 133–182

Bell, S. und **M. Ainsworth** (1972): Infant crying and maternal responsivness. Child Development 43: 1171–1190

Belsky, J. und **J. Cassidy** (1994): Attachment: Theory and Evidence. In: M. Rutter und D. Hay (Hrsg.): Development through Life: A Handbook for Clinicians. Oxford (Oxford Univ. Press), 373–402

Belsky, J. und **M. Rovine** (1988): Nonmaternal care in the first year of life and the security of infant-parent attachment. Child Development 59: 157–167

Belsky, J., S. Campbell, J. Cohn und **G. Moore** (1996): Instability of infant-parent attachment security. Developmental Psychology 32: 921–924

Benoit, D. und **K. Parker** (1994): Stability and transmission of attachment across three generations. Child Development 65: 1444–1456

Bergman, A. und **M. Fahey** (1996): Two women and their mothers: On the internalization and development of mother-daughter relationship. Journal of the American Psychoanalytic Association 44 (Suppl.): 449–482

Bernstein, I. (1981): Review of Attachment and Loss, Vol. 3: Loss, Sadness, and Depression by John Bowlby. Psychoanalytic Quarterly 50: 418–422

Beutel, M. (1991): Zur Psychobiologie von Trauer und Verlustverarbeitung. Neuere immunologische und endokrinologische Zugangswege und Befunde. Psychotherapie, Psychosomatik, medizinische Psychologie 41: 267–277

Bischof, N. (1985): Das Rätsel Ödipus. Die biologischen Wurzeln des Urkonfliktes von Intimität und Autonomie. München und Zürich (Piper)

Bischof, N. (1996): Das Kraftfeld der Mythen. Signale aus der Zeit, in der wir die Welt erschaffen haben. München und Zürich (Piper)

Bischof-Köhler, D. (1988): Über den Zusammenhang von Empathie und der Fähigkeit, sich im Spiegel zu erkennen. Schweizerische Zeitschrift für Psychologie 47: 147–159

Bischof-Köhler, D. (1989): Spiegelbild und Empathie. Die Anfänge der sozialen Kognition. Bern u. a. (Huber)

Bischof-Köhler, D. (1994): Selbstobjektivierung und fremdbezogene Emotionen. Identifikation des eigenen Spiegelbildes, Empathie und prosoziales Verhalten im 2. Lebensjahr. Zeitschrift für Psychologie 202: 349–377
Bischof-Köhler, D. (1998): Zusammenhänge zwischen kognitiver, motivationaler und emotionaler Entwicklung in der frühen Kindheit und im Vorschulalter. In: H. Keller (Hrsg.): Lehrbuch Entwicklungspsychologie. Bern u. a. (Huber), 319–376
Blanck, G. und **R. Blanck** (1979): Ich-Psychologie II: Psychoanalytische Entwicklungspsychologie. Stuttgart (Klett-Cotta) 1980
BMFG (1980): Das Modellprojekt »Tagesmütter«. Abschlußbericht der wissenschaftlichen Begleitung. Schriftenreihe des Bundesministeriums für Jugend, Familie und Gesundheit, Band 85. Stuttgart (Kohlhammer)
Bohleber, W. (1992): Identität und Selbst. Die Bedeutung der neueren Entwicklungsforschung für die psychoanalytische Theorie des Selbst. Psyche 46: 336–365
Bohleber, W. (1997): Trauma, Identifizierung und historischer Kontext. Psyche 51: 958–995
Bohleber, W. (1999): Psychoanalyse, Adoleszenz und das Problem der Identität. Psyche 53: 507–529
Bollas, C. (1987): Der Schatten des Objekts. Das ungedacht Bekannte. Zur Psychoanalyse der frühen Entwicklung. Stuttgart (Klett-Cotta) 1997
Booth, C., K. Rubin und **L. Rose-Krasnor** (1998): Perceptions of emotional support from mother and friend in middle childhood: Links with socio-emotional adaption and preschool attachment security. Child Development 69: 427–442
Boris, N. und **C. Zeanah** (Hrsg.) (1999): Special Issue: Disturbances and Disorders of Attachment. Infant Mental Health Journal 20: Heft 1
Bowie, M. (1991): Lacan. Göttingen (Steidl Verlag) 1994
Bowlby, J. (1940): The influence of early environment in the development of neurosis and neurotic character. International Journal of Psycho-Analysis 21: 154–178
Bowlby, J. (1944): Forty-four juvenile thieves: Their characters and home life. International Journal of Psycho-Analysis 25: 19–53 und 107–128
Bowlby, J. (1951): Mütterliche Zuwendung und geistige Gesundheit. München (Kindler) 1973
Bowlby, J. (1958): Über das Wesen der Mutter-Kind-Bindung. Psyche 13, 1959: 415–456
Bowlby, J. (1960 a): Die Trennungsangst. Psyche 15, 1961: 411–464
Bowlby, J. (1960 b): Grief and mourning in infancy and early childhood. Psychoanalytic Study of the Child 15: 9–52
Bowlby, J. (1969): Bindung. Eine Analyse der Mutter-Kind-Beziehung. München (Kindler) 1975
Bowlby, J. (1973): Trennung. Psychische Schäden als Folgen der Trennung von Mutter und Kind. München (Kindler) 1976
Bowlby, J. (1979): Das Glück und die Trauer. Herstellung und Lösung affektiver Bindungen. Stuttgart (Klett-Cotta) 1982
Bowlby, J. (1980): Verlust, Trauer und Depression. Frankfurt/M (Fischer) 1983

Bowlby, J. (1988): Elternbindung und Persönlichkeitsentwicklung. Therapeutische Aspekte der Bindungstheorie. Heidelberg (Dexter) 1995
Bowlby, J., K. Figlio und **R. Young** (1986): An interview with John Bowlby on the origins and reception of his work. Free Associations 6: 36–64
Bradley, B. (1989): The asymmetric involvement of infants in social life: Consequences for theory. Revue Internationale de Psychologie Sociale 2: 61–81
Bradley, B. (1991): Infancy as paradise. Human Development 34: 35–56
Bradley, B. (1993): A serpent's guide to children's ›theories of mind‹.Theory and Psychology 3: 497–521
Bräutigam, W. (1991): Bindung und Sexualität in psychoanalytischen Theorien und in der Praxis. Psychotherapie und medizinische Psychologie 41: 292–305
Braten, S. (Hrsg.) (1998): Intersubjective Communication and Emotion in Early Infancy. Cambridge (Cambridge Univ. Press)
Brazelton, B. und **B. Cramer** (1990): Die frühe Bindung. Die erste Beziehung zwischen dem Baby und seinen Eltern. Stuttgart (Klett-Cotta) 1991
Brenneis, C. (1996): Gedächtnissysteme und der psychoanalytische Abruf von Trauma-Erinnerungen. Psyche 52, 1998: 801–823
Brenneis, B. (1997): Recovered Memories of Trauma: Transfering the Present to the Past. Madison (Int. Univ. Press)
Bretherton I. (1985): Attachment theory: Retrospect and prospect. In: I. Bretherton und E. Waters (Hrsg.): Growing Points of Attachment. Theory and Research. Chicago (Univ. of Chicago Press), 3–35
Bretherton, I. (1987): New perspectives on attachment relations: Security, communication, and internal working models. In: J. Osofsky (Hrsg.): Handbook of Infant Development. New York u.a. (Wiley) (2nd. ed.), 1061–1100
Bretherton, I. (1992): The origins of attachment theory: John Bowlby and Mary Ainsworth. Developmental Psychology 28: 759–775
Bretherton, I. (1995 a): Die Geschichte der Bindungstheorie. In: G. Spangler und P. Zimmermann (Hrsg.): Die Bindungstheorie. Grundlagen, Forschung und Anwendung. Stuttgart (Klett-Cotta), 27–49
Bretherton, I. (1995 b): A communication perspective on attachment relationships and internal working models. In: E. Waters, B. Vaughn, G. Posada und K. Kondo-Ikemura (Hrsg.): Caregiving, Cultural, and Cognitive Perspectives on Secure-Base Behavior. New Growing Points of Attachment Theory and Research. Chicago (Univ. of Chicago Press), 310–329
Bretherton, I., D. Ridgeway und **J. Cassidy** (1990): Assessing internal working models of the attachment relationship: An attachment story completion task. In: M. Greenberg, D. Cicchetti und E. Cummings (Hrsg.): Attachment in the Preschool Years. Theory, Research, and Intervention. Chicago (Univ. of Chicago Press), 273–308
Brewin, C., B. Andrews und **I. Gotlib** (1993): Psychopathology and early experience: A reappraisal of retrospective reports. Psychological Bulletin 113, 82–98
Briggs, S. (1998): The contribution of infant observation to an understanding of feeding difficulties in infancy. Infant Observation.The International Journal of Infant Observation and its Applications 1, Heft 3: 44–59

Brisch, K.-H. (1999): Bindungsstörungen. Von der Bindungstheorie zur Therapie. Stuttgart (Klett-Cotta)

Brody, S. und **M. Siegel** (1992): The Evolution of Character. Birth to 18 Years. A Longitudinal Study. Madison (Int. Univ. Press)

Brooks-Gunn, J. und **M. Lewis** (1984): The development of early visual self-recognition. Developmental Review 4: 215–239

Bruder, K.-J. (1993): Subjektivität und Postmoderne. Der Diskurs der Psychologie. Frankfurt am Main (Suhrkamp)

Brückner, M. (1990): Grenzgänge zwischen gesellschaftlichen Ursachen und restitutiven Interventionen. In: C. Büttner, U. Finger-Trescher und M. Scherpner (Hrsg.): Psychoanalyse und soziale Arbeit. Mainz (Matthias Grünewald Verlag), 73–96

Brüntrup, G. (1996): Das Leib-Seele-Problem. Eine Einführung. Stuttgart u. a. (Kohlhammer)

Bruner, J. (1982): The organization of action and the nature of the adult-infant transaction. In: E. Tronick (Hrsg.): Social Interchange in Infancy. Affect, Cognition, and Communication. Baltimore (Univ. of Park Press), 23–35

Buchheim, A., K.-H. Brisch und **H. Kächele** (1998): Einführung in die Bindungstheorie und ihre Bedeutung für die Psychotherapie. Psychotherapie, Psychosomatik, medizinische Psychologie 48: 128–138

Buchholz, M. (1999): Psychotherapie als Profession. Gießen (Psychosozial Verlag)

Bürger, D. (1998): Das Verschwinden des Subjekts. Eine Geschichte der Subjektivität von Montaigne bis Barthes. Frankfurt am Main (Suhrkamp)

Buhmann, C. (1997): Kind – Körper – Subjekt. Therapie, Erziehung und Prävention im Werk von Françoise Dolto. Gießen (Psychosozial Verlag)

Butterworth, G. (1995): The self as an object of consciousness in infancy. In: P. Rochat (Hrsg.): The Self in Infancy. Theory and Research. Amsterdam u. a. (Elsevier), 35–51

Byrne, R. (1993): The meaning of »awareness«: A response to Mitchell. New Ideas in Psychology 11: 347–350

Campbell, S. (1995): Behavior problems in preschool children: A review of recent research. Journal of Child Psychology and Psychiatry 36: 113–149

Campbell, S., E. Pierce, C. March, L. Ewing und **E. Szumowski** (1994): Hard to manage preschool boys: Symptomatic behavior across contexts and time. Child Development 65: 836–851

Carlson, E. (1998): A prospective longitudinal study of attachment disorganization/disorientation. Child Development 69: 1107–1128

Carpy D. (1989): Tolerating the countertransference: A mutative process. International Journal of Psycho-Analysis 70: 287–294

Caspi, A. (1991): Prologomena to a model of continuity and change in behavioral development. In: G. Bock und J. Whelan (Hrsg.): The Childhood Environment and Adult Disease. Ciba Foundation Symposium 156. Chicester u. a. (Wiley), 208–223

Cassidy, J. (1988): Child-mother attachment and the self in six year olds. Child Development 59: 121–134

Cassidy, J. und **L. Berlin** (1994): The insecure/ambivalent pattern of attachment: Theory and research. Child Development 65: 971–991

Cassidy, J. und **P. Shaver** (Hrsg.) (1999): Handbook of Attachment: Theory, Research, and Clinical Applications. New York und London (Guilford Press)

Champoux, M., C. Coe, S. Schanberg, C. Kuhn und **S. Suomi** (1989): Hormonal effects of early rearing conditions in the infant rhesus monkey. American Journal of Primatology 19: 111–117

Champoux, M., E. Byrne, R. Delizio und **S. Suomi** (1992): Motherless mothers revisited: Rhesus maternal behavior and rearing history. Primates 33: 251–255

Chase-Landsdale, P. und **M. Owen** (1987): Maternal employment in a familiy context: Effects on infant-mother and infant-father attachments. Child Development 58: 1505–1512

Chatoor, I. (1989): Infantile anorexia nervosa: A developmental disorder of separation and individuation. Journal of the American Academy of Psychoanalysis 17: 43–64

Chisholm, K. (1998): A three year follow-up of attachment and indiscriminate friendliness in children adopted from romanian orphanages. Child Development 69: 1092–1106

Chodorow, N. (1996): Die Vergangenheit als Maßstab für das psychoanalytische Denken. In: J. Hardt und A. Vaihinger (Hrsg.) (1999): Wissen und Autorität in der psychoanalytischen Beziehung. Gießen (Psychosozial Verlag), 41–60

Cicchetti, D. und **L. Aber** (Hrsg.) (1998): Special Issue: Contextualism and Developmental Psychopathology. Development and Psychopathology 10: Heft 2

Cicchetti, D. und **S. Toth** (Hrsg.) (1998): Special Issue: Risk, Trauma, and Memory. Development and Psychopathology 10: Heft 4

Cicchetti, D. (1999): Entwicklungspsychopathologie: Historische Grundlagen, konzeptuelle und methodische Fragen, Implikationen für Prävention und Intervention. In: R. Oerter, C. von Hagen, G. Röper und G. Noam (Hrsg.): Klinische Entwicklungspsychologie. Ein Lehrbuch. Weinheim (Psychologie Verlags Union), 11–44

Cierpka, M., G. Klosinski, U. Lehmkuhl, I. Seiffge-Krenke, F. Specht und **A. Streeck-Fischer** (Hrsg.) (2000): Themenheft zur Eltern-Kleinkind-Therapie. Praxis der Kinderpsychologie und Kinderpsychiatrie 49: Heft 7

Clemenz, M. und **A. Combe** (1990): Familien in schwierigen psychischen und sozialen Lagen (»Multiproblemfamilien«). Ein theoretisches und therapeutisches Modell. In: M. Clemenz, A. Combe, C. Beier, J. Lutzi und N. Spangenberg (1990): Soziale Krise, Institution und Familiendynamik. Konfliktstrukturen und Chancen therapeutischer Arbeit bei Multiproblem-Familien. Opladen (Westdeutscher Verlag), 11–25

Cohen, N., M. Lojkasek und **E. Muir** (1997): Outcome of two mother-infant psychotherapies. Paper presented at the biennial meeting of the Society for Research in Child Development, Washington DC, April 1997

Cohen, N., E. Muir, L. Parker, M. Brown, M. Lojkasek, R. Muir und **M. Darwick** (1999): Watch, wait, and wonder: Testing the effectiveness of a new approach to mother-infant psychotherapy. Infant Mental Health Journal 20: 429–454

Colin, V. (1996): Human Attachment. Philadelphia (Temple Univ. Press)

Cooper, P. und **L. Murray** (1997): The impact of psychological treatments of postpartum depression on maternal mood and infant development. In: L. Murray und P. Cooper (Hrsg.): Postpartum Depression and Child Development. New York und London (Guilford Press), 201–220

Cortina, M. (1999): Causality, adaption, and meaning: A perspective from attachment theory and research. Psychoanalytic Dialogues 9: 557–631 (mit Diskussion)

Cowan, N. (Hrsg.) (1997): The Development of Memory in Childhood. Hove (Psychology Press)

Cramer, B. (1987): Objective and subjective aspects of parent-infant relations: An attempt at correlation between infant studies and clinical work. In: J. Osofsky (Hrsg.): Handbook of Infant Development. New York u. a. (Wiley), (2nd. ed.), 1037–1057

Cramer, B. (1989): Frühe Erwartungen. Unsichtbare Bindungen zwischen Mutter und Kind. München (Kösel) 1991

Cramer, B. (1995 a): The transmission of mothering. Vortrag auf der Tagung: »Clinical Implications of Attachment: The Work of Mary Main« am 1.–2. Juli 1995 in London. Unveröff. Ms.

Cramer, B. (1995 b): Infant creativity. Infant Mental Health Journal 16: 21–27

Cramer, B. (1995 c): Short-term dynamic psychotherapy for infants and their parents. Child and Adolescent Psychiatric Clinics of North America 4: 649–659

Cramer, B. (1997): Psychodynamic perspectives on the treatment of postpartum depression. In: L. Murray und P. Cooper (Hrsg.): Postpartum Depression and Child Development. New York und London (Guilford Press), 237–261

Cramer, B. (1998): Mother-infant psychotherapies: A widening scope in technique. Infant Mental Health Journal 19: 151–167

Cramer, B. und **F. Palacio-Espasa** (1993): La pratique des psychothérapies mères-bébés: Études clinique et technique. Paris (Presses Universitaires de France) (dt. Übers. erscheint voraussichtlich im Herbst 2000 im Reinhardt Verlag, München)

Cremerius, J. (1977): Ist die »psychosomatische Struktur« der französischen Schule krankheitsspezifisch? Psyche 31: 293–317

Cremerius, J. (1978): Einige Überlegungen über die kritische Funktion des Durcharbeitens in der Geschichte der psychoanalytischen Technik. In: J. Cremerius (1984): Vom Handwerk des Psychoanalytikers: Das Werkzeug der psychoanalytischen Technik. Band 1. Stuttgart-Bad Cannstatt (frommann-holzboog), 154–171

Cremerius, J. (1981): Freud bei der Arbeit über die Schulter geschaut. Seine Technik im Spiegel von Schülern und Patienten. In: J. Cremerius (1984): Vom Handwerk des Psychoanalytikers: Das Werkzeug der psychoanalytischen Technik, Band 2. Stuttgart-Bad Cannstatt (frommann-holzboog), 326–363

Crittenden, P. (1988): Relationships at risk. In: J. Belsky und T. Nezworski

(Hrsg.): Clinical Implications of Attachment. Hillsdale, NJ (Erlbaum), 136–174

Crittenden, P. (1994): Peering into the black box: An exploratory treatise on the development of self in young children. In: D. Cicchetti und S. Toth (Hrsg.): Rochester Symposium on Developmental Psychopathology, Vol. 5: Disorders and Dysfunctions of the Self. New York (Rochester Univ. Press), 79–148

Crittenden, P. (1995): Attachment and psychopathology. In: S. Goldberg, R. Muir und J. Kerr (Hrsg.): Attachment Theory. Social, Developmental, and Clinical Significance. Hillsdale, NJ (The Analytic Press), 367–406

Cummings, E., R. Iannotti und **C. Zahn-Waxler** (1989): Aggression between peers in early childhood: Individual continuity and developmental change. Child Development 60: 887–895

Cushman, P. (1990): Why the self is empty: Towards a historically situated psychology. American Psychologist 45: 599–611

Danto, A. (1965): Analytische Philosophie der Geschichte. Frankfurt am Main (Suhrkamp) 1974

Daws, D. (1989): Through the Night. Helping Parents and Sleepless Infants. London (Free Association Books) 1993

Daws, D. (1991): Beratung bei Schlafproblemen von Kindern. In: W. Datler, H. Figdor und J. Gstach (Hrsg.) (1999): Die Wiederentdeckung der Freude am Kind. Psychoanalytisch-pädagogische Erziehungsberatung heute. Gießen (Psychosozial Verlag), 143–153

Daws, D. (1993): Feeding problems and relationship difficulties: Therapeutic work with parents and infants. Journal of Child Psychotherapy 19: 69–83

Daws, D. (1997): The perils of intimacy: Closeness and distance in feeding and weaning. Journal of Child Psychotherapy 23: 179–199

Daws, D. (1999): Parent-infant psychotherapy: Remembering the oedipus complex. Psychoanalytic Inquiry 19: 267–278

Dawson, G. (1994): Development of emotion expression and emotion regulation in infancy: Contributions of the frontal lobe. In: G. Dawson und K. Fischer (Hrsg.): Human Behavior and the Developing Brain. New York und London (Guilford Press), 346–379

Dawson, G., K. Frey, H. Panagiotides, J. Osterling und **D. Hessl** (1997): Infants of depressed mothers exhibit atypical frontal brain activity: A replication and extension of previous findings. Journal of Child Psychology and Psychiatry 38: 179–186

Dawson, G., K. Frey, H. Panagiotides, E. Yamada, D. Hessl und **J. Osterling** (1999): Infants of depressed mothers exhibit atypical frontal electrical brain activity during interaction with mother and with a familiar, nondepressed adult. Child Development 70: 1058–1066

de M'Uzan, M. (1977): Zur Psychologie der psychosomatisch Kranken. Psyche 31: 318–332

De Wolff, M. und **M. van Ijzendoorn** (1997): Sensitivity and attachment: A meta-analysis on parental antecedents of infant attachment. Child Development 68: 571–591 (mit Diskussion, ebd.: 592–609)

Demos, V. (1983): Discussion of papers by Sander and Stern. In: J. Lichtenberg und S. Kaplan (Hrsg.): Reflections on Self Psychology. Hillsdale, NJ (The Analytic Press), 105 -112

Deneke, C. (1999): Präventive Arbeit mit psychisch kranken Müttern und ihren Säuglingen. In: G. Romeike und H. Imelmann (Hrsg.): Hilfen für Kinder. Konzepte und Praxiserfahrungen für Prävention, Beratung und Therapie. Weinheim und München (Juventa), 149–161

Diem-Wille, G. (1999): Über den Zusammenhang zwischen Trennungsproblemen einer Mutter und Schlafproblemen eines Kleinkindes. In: W. Datler, H. Figdor und J. Gstach (Hrsg.): Die Wiederentdeckung der Freude am Kind. Psychoanalytisch-pädagogische Erziehungsberatung heute. Gießen (Psychosozial Verlag), 90–104

Diem-Wille, G. (2000): »Niemand hat mir jemals etwas gesagt...«. Die Falldarstellung einer Eltern-Kleinkind-Therapie aus der Tavistock-Clinic. In: W. Datler, U. Finger-Trescher und C. Büttner (Hrsg.): Jahrbuch für Psychoanalytische Pädagogik 10

Diepold, B. (1994): Borderline-Störungen im Kindesalter. Zwischenergebnisse einer empirischen Untersuchung. Analytische Kinder- und Jugendlichenpsychotherapie, 25. Jg., Heft 81: 5–41

Dilling, H., S. Weyerer und **R. Castel** (1984): Psychische Erkrankungen in der Bevölkerung. Stuttgart (Enke)

Dornes, M. (1981): Die Psychologie von René A. Spitz. Eine Einführung und kritische Würdigung. Frankfurt am Main (Verlag Psychologische Fachbuchhandlung)

Dornes, M. (1993): Der kompetente Säugling. Die präverbale Entwicklung des Menschen. Frankfurt am Main (Fischer) (10. Aufl. 1999)

Dornes, M. (1997): Die frühe Kindheit. Entwicklungspsychologie der ersten Lebensjahre. Frankfurt am Main (Fischer) (4. Aufl. 2000; französische Übersetzung in Vorbereitung)

Dornes, M. (2000): Artikel ›Symbiose‹. In: W. Mertens und B. Waldvogel (Hrsg.): Handbuch psychoanalytischer Grundbegriffe. Stuttgart u. a. (Kohlhammer)

Dosse, F. (1991): Geschichte des Strukturalismus, Band 1: Das Feld des Zeichens. Hamburg (Junius) 1997

Dozier, M., C. Stovall und **K. Albus** (1999): Attachment and psychopathology in adulthood. In: J. Cassidy und P. Shaver (Hrsg.): Handbook of Attachment. Theory, Research, and Clinical Implications. New York und London (Guilford), 497–519

Dreher, A. (1998): Empirie ohne Konzept? Einführung in die psychoanalytische Konzeptforschung. Stuttgart (Verlag Internationale Psychoanalyse)

Drummond, J., N. Letourneau, S. Neufeld, H. Harvey, R. Elliott und **S. Reilly** (1999): Infant crying and parent-infant interaction: Theory and measurement. Infant Mental Health Journal 20: 452–465

Eagle, M. (1980): A critical examination of motivational explanation in psychoanalysis. Psychoanalysis and Contemporary Thought 3: 329–380

Eagle, M. (1984 a): Neuere Entwicklungen in der Psychoanalyse. Eine kritische Würdigung. München und Wien (Verlag Internationale Psychoanalyse) 1988

Eagle, M. (1984 b): Psychoanalysis and narrative truth. A reply to Spence. Psychoanalysis and Contemporary Thought 7: 629–640
Eagle, M. (1995): The developmental perspectives of attachment and psychoanalytic theory. In: S. Goldberg, R. Muir und J. Kerr (Hrsg.): Attachment Theory: Social, Developmental, and Clinical Significance. Hillsdale, NJ (The Analytic Press), 123–150
Eagle, M. (1996): Attachment research and psychoanalytic theory. In: J. Masling und R. Bornstein (Hrsg.): Psychoanalytic Perspectives on Developmental Psychology. Washington DC (American Psychological Association), 105–149
Eagle, M. (1997): Attachment and psychoanalysis. British Journal of Medical Psychology 70: 217–229
Eagleton, T. (1996 a): Einführung in die Literaturtheorie. Stuttgart und Weimar (Metzler) (4. erw. u. aktualis. Aufl. 1997)
Eagleton, T. (1996 b): Die Illusionen der Postmoderne. Ein Essay. Stuttgart und Weimar (Metzler) 1997
Edelman, G. (1992): Göttliche Luft, vernichtendes Feuer. Wie der Geist im Gehirn entsteht. München (Piper) 1995
Egeland, B. und **M. Erickson** (1990): Rising above the past: Strategies for helping new mothers break the cycle of abuse and neglect. Zero to Three 11: 29–35
Egle, U., S. O. Hoffmann und **M. Steffens** (1997): Pathogene und protektive Entwicklungsfaktoren in Kindheit und Jugend als Prädisposition für psychische Störungen im Erwachsenenalter. Gegenwärtiger Stand der Forschung. In: U. Egle, S. O. Hoffmann und P. Joraschky (Hrsg.): Sexueller Mißbrauch, Mißhandlung, Vernachlässigung. Erkennung und Behandlung psychischer und psychosomatischer Folgen früher Traumatisierungen. Stuttgart und New York (Schattauer), 3–20 (2. überarb. Aufl. 2000), 3–22
Eissler, K. (1975): Der Sündenfall des Menschen. In: K. Eissler (1980): Todestrieb, Ambivalenz, Narzißmus. München (Kindler), 64–131
Ekman, P. (1992): Facial expression of emotion: New findings, new questions. Psychological Science 3: 34–38
Ekman, P. (1993): Facial expression and emotion. American Psychologist 48: 384–392
Eliacheff, C. (1993): Das Kind, das eine Katze sein wollte. Psychoanalytische Arbeit mit Säuglingen und Kleinkindern. München (Verlag Antje Kunstmann) 1994
Elliott, A. (1995): Psychoanalysis and the seduction of postmodernity: Reflections on reflexive thinking and scanning in self-identity. Psychoanalysis and Contemporary Thought 18: 319–361
Elliott, A. (1996): Subject to Ourselves: Social Theory, Psychoanalysis, and Postmodernity. Cambridge (Polity Press)
Elliott, A. und **C. Spezzano** (1996): Grenzen der Psychoanalyse oder die postmoderne Wende meistern. In: J. Hardt und A. Vaihinger (Hrsg.) (1999): Wissen und Autorität in der psychoanalytischen Beziehung. Gießen (Psychosozial Verlag), 61–91
Elliott, A. und **C. Spezzano** (Hrsg.) (2000): Psychoanalysis at its Limits: Navigating the Postmodern Turn. London (Free Association Books)

Emde, R. (1988 a): Die endliche und die unendliche Entwicklung, Teil I: Angeborene und motivationale Faktoren aus der frühen Kindheit. Psyche 45, 1991: 745–779
Emde, R. (1988 b): Die endliche und die unendliche Entwicklung, Teil II: Neuere psychoanalytische Theorie und therapeutische Überlegungen. Psyche 45, 1991: 890–913
Engel, G. (1971): Attachment behavior, object relations, and the dynamic-economic point of view. Critical review of Bowlby's Attachment and Loss, Vol. 1. International Journal of Psycho-Analysis 52: 183–196
Erickson, M., A. Sroufe und **B. Egeland** (1985): The relation between quality of attachment and behavior problems in preschool in a high-risk sample. In: I. Bretherton und E. Waters (Hrsg.): Growing Points of Attachment. Theory and Research. Chicago (University of Chicago Press), 147–166
Erikson, E. (1950): Kindheit und Gesellschaft. Stuttgart (Klett) 1974
Ernst, C. (1993): Sind Säuglinge psychisch besonders verletzlich? Argumente für eine hohe Umweltresistenz in der frühesten Kindheit. In: H. Petzold (Hrsg.): Frühe Schädigungen – späte Folgen? Psychotherapie und Babyforschung, Band 1. Paderborn (Junfermann), 67–81
Ernst, C. und **N. von Luckner** (1985): Stellt die Frühkindheit die Weichen? Eine Kritik an der Lehre von der schicksalhaften Bedeutung erster Erlebnisse. Stuttgart (Enke)
Esken, F. und **D. Heckmann** (Hrsg.) (1998): Bewußtsein und Repräsentation. Paderborn u. a. (Schöningh)
Esser, G. und **M. Gerhold** (1998): Entwicklungspsychopathologie. In: H. Keller (Hrsg.): Lehrbuch Entwicklungspsychologie. Bern u. a. (Huber), 615–646
Esser, G., M. Schmidt und **B. Blanz** (1993 a): Der Einfluß von Zeitpunkt und Chronizität von Stressoren auf die seelische Entwicklung von Kindern und Jugendlichen. Zeitschrift für Kinder- und Jugendpsychiatrie 21: 82–89
Esser, G., R. Dinter, M. Jörg, F. Rose, P. Villalba, M. Laucht und **M. Schmidt** (1993 b): Bedeutung und Determinanten der frühen Mutter-Kind-Beziehung. Zeitschrift für psychosomatische Medizin und Psychoanalyse 39: 246–264
Evans, D. (1996): An Introductory Dictionary of Lacanian Psychoanalysis. London und New York (Routledge)
Evans, R. (1997): Fakten und Fiktionen. Über die Grundlagen historischer Erkenntnis. Frankfurt am Main und New York (Campus) 1998

Fäh, M. und **G. Fischer** (Hrsg.) (1998): Sinn und Unsinn in der Psychotherapieforschung. Eine kritische Auseinandersetzung mit Aussagen und Forschungsmethoden. Gießen (Psychosozial Verlag)
Fagot, B. und **K. Kavanagh** (1990): The prediction of antisocial behavior from avoidant attachment classification. Child Development 61: 864–873
Fagot, B. und **K. Pears** (1996): Changes in attachment during the third year: Consequences and prediction. Development and Psychopathology 8: 325–344
Fajardo, B. (1998): A new view of developmental research for psychoanalysis. Journal of the American Psychoanalytic Association 46: 185–207

Fein, G. (1986): The affective psychology of play. In: A. Gottfried und C. Brown (Hrsg.): Play Interactions. Lexington (Lexington Books), 31–49

Feldman, R. und **C. Greenbaum** (1997): Affect regulation and synchrony in mother-infant play as precursors to the development of symbolic competence. Infant Mental Health Journal 18: 4–23

Fergusson, D., J. Horwood und **M. Lynskey** (1994): The childhood of multiple problem adolescents: A 15-year longitudinal study. Journal of Child Psychology and Psychiatry 35: 1123–1140

Ferro, A. (1992): Zwei Autoren auf der Suche nach Personen. Die Beziehung, das Feld, die Geschichte. Psyche 47, 1993: 951–972

Field, T. (1985): Neonatal perception of people: Maturational and individual differences. In: T. Field und N. Fox (Hrsg.): Social Perception in Infants. Norwood, NJ (Ablex), 31–52

Field, T., N. Fox, J. Pickens und **T. Nawrocki** (1995): Relative right frontal EEG activation in 3–6-month-old infants of »depressed« mothers. Developmental Psychology 31: 358–363

Field, T., C. Morrow, B. Healy, T. Foster, D. Adlestein und **S. Goldstein** (1991): Mothers with zero Beck depression scores act more ›depressed‹ with their infants. Development and Psychopathology 3: 253–262

Fischer, G. (1986): Empirische Forschung zur Wirkung von Traumata bei Kindern und Jugendlichen. Psyche 40: 145–161

Fischer, G. und **M. Berger** (1987): Frühe Bindung im Kindesalter überflüssig? Der Kinderarzt 11: 1563–1564

Fischer, G. und **M. Berger** (1988): Risikofaktor Deprivation. Der Kinderarzt 12: 513–516

Fitzpatrick-Hanly, M. (1996): ›Narrative‹, now and then: A critical realist approach. International Journal of Psycho-Analysis 77: 445–457

Fonagy, P. (1995): Discussion of ›The role of parental mirroring of affects in early psychic structuration‹ by György Gergely. Vortrag auf der 5. IPV-Konferenz zur psychoanalytischen Forschung, London, März 1995, Unveröff. Ms.

Fonagy, P. (1996 a): Das Junktim in der Kinderanalyse. Forum der Psychoanalyse 12: 93–109

Fonagy, P. (1996 b): Die Bedeutung der Entwicklung metakognitiver Kontrolle der mentalen Repräsentanzen für die Betreuung und das Wachstum des Kindes. Psyche 52, 1998: 349–368

Fonagy, P. (1998): Prevention, the appropriate target of infant psychotherapy. Infant Mental Health Journal 19:124–150

Fonagy, P. (1999): Psychoanalytic theory from the viewpoint of attachment theory and research. In: J. Cassidy und P. Shaver (Hrsg.): Handbook of Attachment: Theory, Research, and Clinical Applications. New York und London (Guilford Press), 595–624

Fonagy, P. und **M. Target** (1996): Playing with reality: I. Theory of mind and the normal development of psychic reality. International Journal of Psycho-Analysis 77: 217–233

Fonagy, P. und **M. Target** (1997): Attachment and self reflective function: Their role in self-regulation. Development and Psychopathology 9: 679–700

Fonagy, P., H. Steele und **M. Steele** (1991 a): Maternal representations of attachment during pregnancy predict the organization of infant-mother attachment at one year of age. Child Development 62: 891–905

Fonagy, P., M. Steele, H. Steele, G. Moran und **A. Higgitt** (1991 b): The capacity for understanding mental states: The reflective self in parent and child and its significance for security of attachment. Infant Mental Health Journal 12: 201–218

Fonagy, P., M. Steele, G. Moran, H. Steele und **A. Higgitt** (1993): Measuring the ghost in the nursery: An empirical study of the relation between parents' mental representations of childhood experiences and their infants' security of attachment. Journal of the American Psychoanalytic Association 41: 957–989

Fonagy, P., M. Steele, H. Steele, A. Higgit und **M. Target** (1994): The theory and practice of resilience. Journal of Child Psychology and Psychiatry 35: 231–257

Fonagy, P., M. Steele, H. Steele, T. Leigh, R. Kennedy, G. Mattoon und **M. Target** (1995): Attachment, the reflective self, and borderline states: The predictive validity of the adult attachment interview and pathological emotional development. In: S. Goldberg, R. Muir und J. Kerr (Hrsg.): Attachment Theory: Social, Developmental, and Clinical Significance. Hillsdale, NJ (The Analytic Press), 233–278

Fonagy, P., T. Leigh, M. Steele, H. Steele, R. Kennedy, G. Mattoon und **M. Target** (1996): The relation of attachment status, psychiatric classification, and response to psychopathology. Journal of Consulting and Clinical Psychology 64: 22–31

Fonagy, P., M. Target, M. Steele, H. Steele, T. Leigh, A. Levinson und **R. Kennedy** (1997): Morality, disruptive behavior, borderline personality disorder, crime and their relationship to security of attachment. In: L. Atkinson und K. Zucker (Hrsg.): Attachment and Psychopathology. New York und London (Guilford Press), 223–274

Fornari, F. (1963): Psychoanalyse des ersten Lebensjahres. Frankfurt am Main (Fischer) 1970

Forte, D. (1999): Barbarei des Biedersinns. In: DIE ZEIT Nr. 8, vom 18. 2. 1999

Fox, N. (1995): Off the way we were: Adult memories about attachment experiences and their role in determining infant-parent relationships: A commentary on van Ijzendoorn (1995). Psychological Bulletin 117: 404–410

Fraiberg, S. (1980): Clinical Studies in Infant Mental Health. New York (Basic Books)

Fraiberg, S., E. Adelson und **V. Shapiro** (1975): Ghosts in the nursery. Journal of the American Academy of Child and Adolescent Psychiatry 14: 387–422

Franco, F. (1997): The development of meaning in infancy: Early communication and social understanding. In: S. Hala (Hrsg.): The Development of Social Cognition. Hove (Psychology Press), 95–160

Frank, M. (1983): Was ist Neostrukturalismus? Frankfurt am Main (Suhrkamp)

Franz, M., D. Schellberg und **H. Schepank** (1993): Epidemiologische Befunde zur Ätiologie psychogener Erkrankungen. Zeitschrift für psychosomatische Medizin und Psychoanalyse 39: 375–386

Franz, M., W. Tress und **H. Schepank** (1998): Predicting extreme patterns of long-term course of psychogenic impairment: A ten-year follow-up. Social Psychiatry and Psychiatric Epidemiology 33: 243–251

Franz, M., K. Lieberz, N. Schmitz und **H. Schepank** (1999): Wenn der Vater fehlt. Epidemiologische Befunde zur Bedeutung früher Abwesenheit des Vaters für die psychische Gesundheit im späteren Leben. Zeitschrift für psychosomatische Medizin und Psychotherapie 45: 260–278

Fremmer-Bombik, E. und **K. Grossmann** (1991): Frühe Formen empathischen Verhaltens. Zeitschrift für Entwicklungspsychologie und pädagogische Psychologie 23: 299–317

Fremmer-Bombik, E. und **K. Grossmann** (1993): Über die lebenslange Bedeutung früher Bindungserfahrungen. In: H. Petzold (Hrsg.): Frühe Schädigungen – späte Folgen? Psychotherapie und Babyforschung, Band 1. Paderborn (Junfermann), 83–110

Freud, S. (1899): Über Deckerinnerungen. GW 1: 529–558

Freud, S. (1905/14): Drei Abhandlungen zur Sexualtheorie. GW 5: 27–145

Freud, S. (1912): Ratschläge für den Arzt bei der psychoanalytischen Behandlung. GW 8: 376–387

Freud, S. (1914 a): Zur Geschichte der psychoanalytischen Bewegung. GW 10: 43–113

Freud, S. (1914 b): Zur Einführung des Narzißmus. GW 10: 137–170

Freud, S. (1918): Aus der Geschichte einer infantilen Neurose. GW 12: 27–157

Freud, S. (1919): Das Unheimliche. GW 12: 229–268

Freud, S. (1920): Jenseits des Lustprinzips. GW 13: 1–69

Friedrich, H. et al. (1979): Soziale Deprivation und Familiendynamik. Göttingen (Vandenhoeck und Ruprecht)

Frommer, J. und **W. Tress** (1998): Primäre traumatisierende Welterfahrung oder primäre Liebe? Zwei latente Anthropologien in der Psychoanalyse. Forum der Psychoanalyse 14: 139–150

Fthenakis, W. (1998): Erziehungsqualität: Operationalisierung, empirische Überprüfung und Messung eines Konstrukts. In: W. Fthenakis und M. Textor (Hrsg.): Qualität von Kinderbetreuung. Konzepte, Forschungsergebnisse, internationaler Vergleich. Weinheim und Basel (Beltz), 52–74

Gaensbauer, T. (1982): The differentiation of discrete affects: A case report. Psychoanalytic Study of the Child 37: 29–66

Gärtner, A. (1988): Gruppenarbeit mit Psychotikern. Erfahrungen aus der Sozialtherapie. Kasseler Schriften zur Sozialen Therapie, Band 1: 107–133

Gallup, G. (1979): Self-recognition in chimpanzees and man: A developmental and comparative perspective. In: M. Lewis und L. Rosenblum (Hrsg.): The Child and Its Family. New York und London (Plenum Press), 107–126

Gallup, G. (1994): Self-recognition: Research strategies and experimental design. In: S. Parker, R. Mitchell und M. Boccia (Hrsg.): Self-Awareness in Animals and Humans. Cambridge (Cambridge Univ. Press), 35–50

Gallup, G. und **D. Povinelli** (1993): Mirror, mirror on the wall which is the most heuristic theory of them all? A response to Mitchell. New Ideas in Psychology 11: 327–335

Gathercole, S. (1998): The development of memory. Journal of Child Psychology and Psychiatry 39: 3–27

Gedo, J. (1986): Conceptual Issues in Psychoanalysis. Essays in History and Method. Hillsdale NJ (The Analytic Press)

Gedo, J. (1996): Die Psychobiologie der Motivation. Psyche 50: 385–406

Gedo, J. (1998): Überlegungen zur Metapsychologie, theoretischen Kohärenz, zur Hermeneutik und Biologie. Psyche 52: 1014–1042

Gehde, E. und **H. Emrich** (1998): Kontext und Bedeutung: Psychobiologie der Subjektivität im Hinblick auf psychoanalytische Theoriebildungen. Psyche 52: 963–1003

Geisler, L. (1999): Schamlose Schöpfer. Genmanipulation oder: Die endlose Spirale zum Metamenschen. Frankfurter Rundschau vom 2. 1. 1999

Gekle, H. (1996): Tod im Spiegel. Zu Lacans Theorie des Imaginären. Frankfurt am Main (Suhrkamp)

Gergely, G. (1995): The role of parental mirroring of affects in early psychic structuration. Vortrag auf der 5. IPV-Konferenz zur psychoanalytischen Forschung, London, März 1995, Unveröff. Ms.

Gergely, G. (1998): Margaret Mahlers Entwicklungstheorie im Licht der jüngsten empirischen Erforschung der kindlichen Entwicklung. In: W. Burian (Hrsg.): Der beobachtete und der rekonstruierte Säugling. Psychoanalytische Blätter Band 10. Göttingen (Vandenhoeck & Ruprecht), 91–118

Gergely, G. und **J. Watson** (1996): The social biofeedback theory of parental affect-mirroring: The development of emotional self-awareness and self-control in infancy. International Journal of Psycho-Analysis 77: 1181–1212

Gergen, K. (1990): Die Konstruktion des Selbst im Zeitalter der Postmoderne. Psychologische Rundschau 41: 191–210 (mit Diskussion)

Gianino, A. und **E. Tronick** (1988): The mutual regulation model. In: T. Field, P. McCabe und N. Schneiderman (Hrsg.): Stress and Coping across Development. Hillsdale, NJ (Erlbaum), 47–68

Gill, M. (1982): Die Übertragungsanalyse. Theorie und Technik. Frankfurt am Main (Fischer) 1996

Gill, M. (1994): Psychoanalyse im Übergang. Stuttgart (Verlag Internationale Psychoanalyse) 1997

Gloger-Tippelt, G. (1999 a): Transmission von Bindung über die Generationen. Praxis der Kinderpsychologie und Kinderpsychiatrie 48: 73–85

Gloger-Tippelt, G. (1999 b): Transmission von Bindung bei Müttern und ihren Kindern im Vorschulalter. Praxis der Kinderpsychologie und Kinderpsychiatrie 48: 113–128

Göppel, R. (1997): Ursprünge der seelischen Gesundheit. Würzburg (Edition Bentheim)

Goertz, H.-J. (1995): Umgang mit Geschichte. Eine Einführung in die Geschichtstheorie. Reinbek bei Hamburg (Rowohlt)

Goldberg, S. (1997): Attachment and childhood behavior problems in normal, at-risk, and clinical samples. In: L. Atkinson und K. Zucker (Hrsg.): Attachment and Psychopathology. New York und London (Guilford Press), 171–195

Goldberg, S., C. Corter, M. Lojkasek und **K. Minde** (1990): Prediction of be-

havior problems in 4-year-olds born prematurely. Development and Psychopathology 2: 15–30
Goldberg, S., S. Mackay und **M. Rochester** (1993): Affect, attachment, and maternal responsiveness. Unveröff. Ms.
Goldsmith, H. und **J. Alansky** (1987): Maternal and infant temperamental predictors of attachment: A metaanalytic review. Journal of Consulting and Clinical Psychology 55: 805–816
Gomille, C. (1988): Wahrnehmung, Emotionalität und Kommunikation in den ersten Lebensmonaten. Dissertation, Fachbereich Gesellschaftswissenschaften der Universität Frankfurt am Main
Good, M. (1994): The reconstruction of early childhood trauma: Fantasy, reality, and verification. Journal of the American Psychoanalytic Association 42: 79–101
Good, M. (1996): Suggestion and veridicality in the reconstruction of sexual trauma. Journal of the American Psychoanalytic Association 44: 1189–1224
Grawe, K., R. Donati und **F. Bernauer** (1994): Psychotherapie im Wandel. Von der Konfession zur Profession. Göttingen (Hogrefe)
Green, A. (1983): Die tote Mutter. Psyche 47, 1993: 205–240
Green, A. (1995): Hat Sexualität etwas mit Psychoanalyse zu tun? Psyche 52, 1998: 1170–1191
Greenacre, P. (1958): Early physical determinants in the development of the sense of identity. In: P. Greenacre (1971): Emotional Growth, Vol. 1. New York (Int. Univ. Press), 113–127
Greenacre, P. (1959): On focal symbiosis. In: P. Grenacre (1971): Emotional Growth. Vol 1. New York (Int. Univ. Press), 145–161
Greenberg, M. (1999): Attachment and psychopathology in childhood. In: J. Cassidy und P. Shaver (Hrsg.): Handbook of Attachment. Theory, Research, and Clinical Implications. New York und London (Guilford), 469–496
Grosskurth, P. (1986): Melanie Klein. Ihre Welt und ihr Werk. Stuttgart (Verlag Internationale Psychoanalyse) 1993
Grossmann, K. E. (1995): The evolution and history of attachment research and theory. In: S. Goldberg, R. Muir und J. Kerr (Hrsg.): Attachment Theory: Social, Developmental, and Clinical Significance. Hillsdale, NJ (The Analytic Press), 85–121
Grossmann, K. E. und **K. Grossmann** (1991): Attachment quality as an organizer of emotional and behavioral responses in a longitudinal perspective. In: C. M. Parkes, J. Stevenson-Hinde und P. Marris (Hrsg.): Attachment across the Life Cycle. London und New York (Tavistock/Routledge), 93–114
Grossmann, K. E. und **K. Grossmann** (1995): Frühkindliche Bindung und Entwicklung individueller Psychodynamik über den Lebenslauf. Familiendynamik 20: 171–192
Grossmann, K., K. E. Grossmann, G. Spangler, G. Suess und **L. Unzner** (1985): Maternal sensitivity and newborns' orientation responses as related to quality of attachment in Northern Germany. In: I. Bretherton und E. Waters (Hrsg.): Growing Points of Attachment. Theory and Research. Chicago (Univ. of Chicago Press), 233–256
Grossmann, K., E. Fremmer-Bombik, J. Rudolph und **K. E. Grossmann** (1988): Maternal attachment representations as related to patterns of infant-

mother attachment and maternal care during the first year. In: R. Hinde und J. Stevenson-Hinde (Hrsg.): Relationships within Families. Oxford (Oxford Univ. Press), 241–260

Grossmann, K. E., P. August, E. Fremmer-Bombik, A. Friedl, K. Grossmann, H. Scheuerer-Englisch, G. Spangler, C. Stephan und **G. Suess** (1989): Die Bindungstheorie: Modell und entwicklungspsychologische Forschung. In: H. Keller (Hrsg.): Handbuch der Kleinkindforschung. Berlin u.a. (Springer), 31–55

Grossmann, K. E., F. Becker-Stoll, K. Grossmann, H. Kindler, M. Schieche, G. Spangler, M. Wensauer und **P. Zimmermann** (1997): Die Bindungstheorie: Modell, entwicklungspsychologische Forschung und Ergebnisse. In: H. Keller (Hrsg.): Handbuch der Kleinkindforschung. Bern u. a. (Huber), (2. vollst. überarb. Auflage), 51–95

Grubrich-Simitis, I. (1987): Trauma oder Trieb – Trieb und Trauma. Psyche 41: 992–1023

Guedeney, A. und **S. Lebovici** (1997): Evaluation into the relationship: Reflections on new trends in evaluation, assessment, and classification. Infant Mental Health Journal 18: 171–181

Haag, F. (1979): Sozialtherapie. In: Die Psychologie des 20. Jahrhunderts, Band IX: Ergebnisse für die Medizin (1). München (Kindler), 929–946

Haft, W. und **A. Slade** (1989): Affect attunement and maternal attachment: A pilot study. Infant Mental Health Journal 10: 157–172

Haith, M. und **J. Benson** (1998): Infant cognition. In: W. Damon (Hrsg.): Handbook of Child Psychology, Band 2. New York u. a. (Wiley), (5th ed.), 199–254

Haith, M., T. Bergman und **M. Moore** (1977): Eye contact and face scanning in early infancy. Science 198: 853–855

Halverson, C. (1988): Remembering your parents: Reflections on the retrospective method. Journal of Personality 56: 435–443

Hamilton, V. (1985): John Bowlby: An ethological basis for psychoanalysis In: J. Reppen (Hrsg.): Beyond Freud. A Study of Modern Psychoanalytic Theorists. Hillsdale, NJ (The Analytic Press), 1–28

Hamilton, V. (1987): Some problems in the clinical application of attachment theory. Psychoanalytic Psychotherapy 3: 67–83

Hardt, J. und **A. Vaihinger** (Hrsg.) (1999): Wissen und Autorität in der psychoanalytischen Beziehung. Gießen (Psychosozial Verlag)

Harlow, H. (1958): Das Wesen der Liebe. In: O. Ewert (Hrsg.) (1971): Entwicklungspsychologie Band 1. Köln (Kiepenheuer und Witsch), 128–138

Harlow H., R. Dodsworth und **M. Harlow** (1965): Total social isolation in monkeys. Proceedings of the National Academy of Sciences 54: 90–96

Harmon, R. und **J. Osofsky** (Hrsg.) (1997): Special Issue: Evaluating infants and toddlers for treatment. Infant Mental Health Journal 18, Heft 2

Hartmann, H. (1939): Ich-Psychologie und Anpassungsproblem. Stuttgart (Klett) 1975

Hartmann, H.-P. (1997 a): Mutter-Kind-Behandlung in der Psychiatrie. Teil 1: Übersicht über bisherige Erfahrungen. Psychiatrische Praxis 24: 56–60

Hartmann, H.-P. (1997 b): Mutter-Kind-Behandlung in der Psychiatrie. Teil 2:

Eigene Erfahrungen – Behandlungskonzepte und besondere Probleme. Psychiatrische Praxis 24: 172–177

Hartmann, H.-P. (1997 c): Mutter-Kind-Behandlung in der Psychiatrie. Teil 3: Eigene Erfahrungen – Praktische Durchführung und Diskussion. Psychiatrische Praxis 24: 281–285

Harvey, E. (1999): Short-term and long-term effects of early parental employment on children of the national longitudinal survey of youth. Developmental Psychology 35: 445–459

Haubl, R. (1991): Unter lauter Spiegelbildern. Zur Kulturgeschichte des Spiegels. 2 Bände. Frankfurt am Main (Nexus)

Haubl, R. und **W. Mertens** (1996): Der Psychoanalytiker als Detektiv. Eine Einführung in die psychoanalytische Erkenntnistheorie. Stuttgart (Kohlhammer)

Hazan, C. und **J. Shaver** (1987): Romantic love conceptualized as an attachment process. Journal of Personality and Social Psychology 52: 511–524

Hédervári, É. (1995): Bindung und Trennung. Frühkindliche Bewältigungsstrategien bei kurzen Trennungen von der Mutter. Wiesbaden (Deutscher Universitäts-Verlag)

Hédervári, É. (1996): Therapeutische Implikationen des Bindungskonzeptes für die psychoanalytische Behandlung von Kindern und Jugendlichen. Analytische Kinder- und Jugendlichenpsychotherapie 27, Heft 91: 227–239

Hemminger, H. (1982): Kindheit als Schicksal? Die Frage nach den Langzeitfolgen frühkindlicher seelischer Verletzungen. Reinbek bei Hamburg (Rowohlt)

Henningsen, P. (1998): Im Spiegel des Anderen sich selbst erkennen? Zur Bedeutung der kognitiven Neurowissenschaft für die Psychoanalyse. Psychotherapie, Psychosomatik, medizinische Psychologie 48: 78–87

Henningsen, P. (1999): Neurologische Fallgeschichten: Literatur oder Forschungsgegenstand? In: Schriftenreihe der Viktor-von-Weizsäcker-Gesellschaft. Beiträge zur medizinischen Anthropologie Band 2. Würzburg (Königshausen und Neumann)

Herzog, J. (1986): Rezension von J. Kagan (1984), The Nature of the Child. International Journal of Psycho-Analysis 67: 380–381

Hesse, E. (1996): Discourse, memory, and the adult attachment interview: A note with emphasis on the emerging cannot classify category. Infant Mental Health Journal 17: 4–11

Hesse, E. (1999): The adult attachment interview: Historical and current perspectives. In: J. Cassidy und P. Shaver (Hrsg.): Handbook of Attachment: Theory, Research, and Clinical Applications. New York und London (Guilford Press), 395–433

Heyes, C. (1994): Reflections on self-recognition in primates. Animal Behaviour 47: 909–919

Hobson, P. (1993): Through feeling and sight to self and symbol. In: U. Neisser (Hrsg.): The Perceived Self: Ecological and Interpersonal Sources of Self-Knowledge. Cambridge (Cambridge Univ. Press), 254–279

Hobson, P. (1995): The intersubjective domain: Approaches from developmental psychopathology. In: T. Shapiro und R. Emde (Hrsg.): Research in Psy-

choanalysis. Process, Development, Outcome. Madison (Int. Univ. Press), 167–192
Hodges, J. und **B. Tizard** (1989 a): IQ and behavioral adjustment of ex-institutional adolescents. Journal of Child Psychology and Psychiatry 30: 53–75
Hodges J. und **B. Tizard** (1989 b): Social and family relationships of ex-institutional adolescents. Journal of Child Psychology and Psychiatry 30: 77–97
Hölscher, L. (1999): Der Eigensinn historischer Wirklichkeiten. Frankfurter Rundschau vom 9. 11. 1999
Hofacker, N. von (1998): Frühkindliche Störungen der Verhaltensregulation und der Eltern-Kind-Beziehung. Zur differentiellen Diagnostik und Therapie psychosomatischer Probleme im Säuglingsalter. In: K. von Klitzing (Hrsg.): Psychotherapie in der frühen Kindheit. Göttingen (Vandenhoeck & Ruprecht), 50–71
Hofacker, N. von und **M. Papousek** (1998): Disorders of excessive crying, feeding, and sleeping: The Munich interdisciplinary research and intervention programme. Infant Mental Health Journal 19: 180–201
Hofacker, N. von, T. Jacubeit, M. Malinowski und **M. Papousek** (1996): Diagnostik von Beeinträchtigung der Mutter-Kind-Beziehung bei frühkindlichen Störungen der Verhaltensregulation. Kindheit und Entwicklung 5: 160–167
Hofer, M. (1990): Early symbiotic processes: Hard evidence from a soft place. In: R. Glick und S. Bone (Hrsg.): Pleasure Beyond the Pleasure Principle. New Haven und London (Yale Univ. Press), 55–78
Hofer, M. (1995): Hidden regulators: Implications for a new understanding of attachment, separation, and loss. In: S. Goldberg, R. Muir und J. Kerr (Hrsg.): Attachment Theory. Social, Developmental, and Clinical Perspectives. Hillsdale, NJ (The Analytic Press), 203–230
Hoffman, I. (1991): Discussion: Toward a social-constructivist view of the psychoanalytic situation. Psychoanalytic Dialogues 1: 74–105
Hoffman, I. (1992): Some practical implications of a social constructivist view of the psychoanalytic situation. Psychoanalytic Dialogues 2: 287–304
Hoffmann, S. O. (1986): Die Ethologie, das Realtrauma und die Neurose. Versuch einer Würdigung des Beitrags John Bowlbys zum Verständnis der Entwicklung seelischer Störungen. Zeitschrift für psychosomatische Medizin und Psychoanalyse 32: 8–26
Hoffmann, S. O. und **U. Egle** (1996): Risikofaktoren und protektive Faktoren für die Neurosenentstehung. Psychotherapeut 41: 13–16
Holmes, J. (1993): John Bowlby and Attachment Theory. London und New York (Routledge)
Holmes, J. (1995): »Something there is that doesn't love a wall«: John Bowlby, attachment theory, and psychoanalysis. In: S. Goldberg, R. Muir und J. Kerr (Hrsg.): Attachment Theory: Social, Developmental, and Clinical Significance. Hillsdale, NJ (The Analytic Press), 19–43
Holmes, J. (1996): Attachment, Intimacy, Autonomy. Using Attachment Theory in Adult Psychotherapy. New Jersey und London (Aronson)
Holmes, J. (1997): Attachment, autonomy, intimacy: Some clinical implications of attachment theory. British Journal of Medical Psychology 70: 231–248

Holmes, J. (1998): The changing aims of psychoanalytic psychotherapy. An integrative perspective. International Journal of Psycho-Analysis 79: 227–240
Honneth, A. (1999): Objektbeziehungstheorie und postmoderne Identität. Über das vermeintliche Veralten der Psychoanalyse. In: U. Ostendorf und H. Peters (Hrsg.): Vom Werden des Subjekts. Arbeitstagung der Deutschen Psychoanalytischen Vereinigung in Wiesbaden vom 17.–21. November 1998. Frankfurt am Main (Eigenverlag), 71–92. Erscheint auch in: Psyche 54, 2000: Heft in Vorbereitung
Hopkins, J. (1990): The observed infant of attachment theory. British Journal of Psychotherapy 6: 460–470
Hopkins, J. (1991): Failure of the holding relationship: Some effects of physical rejection on the child's attachment and inner experience. In: C. M. Parkes, J. Stevenson-Hinde und P. Marris (Hrsg.): Attachment across the Life Cycle. London und New York (Tavistock/Routledge), 187–198
Hopkins, J. (1994): Therapeutic interventions in infancy: Two contrasting cases of persistent crying. Psychoanalytic Psychotherapy 8: 141–152
Hoppe, K. (1989): Zur gegenwärtigen Alexithymie-Forschung. Psyche 43: 1029–1043
Hoppe-Graff, S. und **B. Mäckelburg** (1991): Phantasie und Illusion beim Spielen. Zu William Sterns Psychologie des Kinderspiels. Zeitschrift für Entwicklungspsychologie und Pädagogische Psychologie 23: 115–131
Houzel, D. (1999): A therapeutic application of infant observation in child psychiatry. Infant Observation. The International Journal of Infant Observation and its Applications 2, Heft 3: 42–53
Howes, C. (1990): Can the age of entry and the quality of infant child care predict adjustment in kindergarten? Developmental Psychology 26: 292–303
Howes, C. (1999): Attachment relationships in the context of multiple caregivers. In: J. Cassidy and P. Shaver (Hrsg.): Handbook of Attachment: Theory, Research, and Clinical Applications. New York und London (Guilford Press), 671–687
Hubbard, F. und **M. van Ijzendoorn** (1987): Maternal unresponsivness and infant crying: A critical replication of the Bell & Ainsworth study. In: L. Tavecchio und M. van Ijzendoorn (Hrsg.): Attachment in Social Networks. North-Holland (Elsevier), 339–375
Hubbard, F. und **M. van Ijzendoorn** (1991): Maternal unresponsiveness and infant crying across the first 9 months: A naturalistic longitudinal study. Infant Behavior and Development 14: 299–312
Hubbs-Tait, L., M. Wierzbicki, D. Gray und **R. Englehart** (1994): Perceptions of infant boys' behavior and mental health: Relation to infant attachment. Infant Mental Health Journal 15: 307–315
Huether, G., L. Adler und **E. Rüther** (1999): Die neurobiologische Verankerung psychosozialer Erfahrung. Zeitschrift für psychosomatische Medizin und Psychotherapie 45: 2–17
Hunter, V. (1991): John Bowlby – ein Gespräch mit Virginia Hunter. In: John Bowlby (1988): Elternbindung und Persönlichkeitsentwicklung. Therapeutische Aspekte der Bindungstheorie. Heidelberg (Dexter) 1995, 1–16

Iggers, G. (1996): Geschichtswissenschaft im 20. Jahrhundert. Ein kritischer Überblick im internationalen Zusammenhang. Göttingen (Vandenhoeck & Ruprecht)

Isabella, R. (1993): Origins of attachment: Maternal interactive behavior across the first year. Child Development 64: 605–621

Izard, C., C. Fantauzzo, J. Castle, M. Haynes, M. Rayias und **P. Putnam** (1995): The ontogeny and significance of infants' facial expressions in the first 9 months of life. Developmental Psychology 31: 997–1013

Jacobs, W. und **L. Nadel** (1985): Stress-induced recovery of fears and phobias. Psychological Review 92: 512–531

Jacobvitz, D., E. Morgan, M. Kretchmar und **Y. Morgan** (1991): The transmission of mother-child boundary disturbances across three generations. Development and Psychopathology 3: 513–527

Johach, H. (1993): Soziale Therapie und Alltagspraxis. Ethische und methodische Aspekte einer Theorie der sozialen Berufe. Weinheim und München (Juventa)

Kächele, H. (1988): Spezifische und unspezifische Faktoren in der Psychotherapie. Praxis der Psychotherapie und Psychosomatik 33: 1–11

Kächele, H. (1992): Psychoanalytische Therapieforschung 1930–1990. Psyche 46: 259–285

Kagan, J. (1984): Die Natur des Kindes. München und Zürich (Piper) 1987

Kagan, J. (1998): Die drei Grundirrtümer der Psychologie. Weinheim und Basel (Beltz) 2000

Kagan, J., R. Kearsley und **P. Zelazo** (1978): Infancy. Its Place in Human Development. Cambridge (Harvard University Press)

Kahr, B. (1996): D. W. Winnicott. A Biographical Portrait. London (Karnac)

Karen, R. (1994): Becoming Attached. First Relationships and How They Shape our Capacity to Love. New York und Oxford (Oxford Univ. Press) 1998

Karmiloff-Smith, A. (1992): Beyond Modularity. A Developmental Perspective on Cognitive Science. Cambridge (Bradford/MIT Press)

Kaye, K. (1982): The Mental and Social Life of Babies. How Parents Create Persons. Chicago (Univ. of Chicago Press)

Kaye, K. L. und **T. Bower** (1994): Learning and intermodal transfer of information in newborns. Psychological Science 5: 286–288

Keller, H. (Hrsg.) (1997 a): Handbuch der Kleinkindforschung. Bern u. a. (Huber) (2. vollst. überarb. Aufl.)

Keller, H. (1997 b): Kontinuität und Entwicklung. In: H. Keller (Hrsg.): Handbuch der Kleinkindforschung. Bern u. a. (Huber), (2. vollst. überarb. Aufl.), 235–258

Kernberg, O. (1991): Some comments on early development. In: S. Akhtar und H. Parens (Hrsg.): Beyond the Symbiotic Orbit. Advances in Separation-Individuation Theory. Hillsdale, NJ (The Analytic Press), 103–120

Kernberg, O. (1992): Wut und Haß. Über die Bedeutung von Aggression bei Persönlichkeitsstörungen und sexuellen Perversionen. Stuttgart (Klett/Cotta) 1997

Kernberg, P. (1984): Reflections in the mirror: Mother-child interactions, self-awareness, and self-recognition. In: J. Call, E. Galenson und R. Tyson (Hrsg.): Frontiers of Infant Psychiatry, Vol. 2. New York (Basic Books), 101–110

Kerz-Rühling, I. (1989): Die psychoanalytische Erzählung. Psyche 43: 307–330

Keupp, H. (1999): Sich selbst erzählen in einer posttraditionalen Gesellschaft. Gruppenanalyse 9: 7–32

Keupp, H. und **R. Höfer** (Hrsg.) (1997): Identitätsarbeit heute. Klassische und aktuelle Perspektiven der Identitätsforschung. Frankfurt am Main (Suhrkamp)

Khan, M. (1963): Das kumulative Trauma. In: M. Khan (1977): Selbsterfahrung in der Therapie. München (Kindler), 50–70

Kirsch, A. (1999): Trauma und Wirklichkeits(re)konstruktion: Theoretische Überlegungen zu dem Phänomen wiederauftauchender Erinnerungen. Persönlichkeitsstörungen: Theorie und Therapie 3: 45–54

Klann-Delius, G. (1996): Sprache, Sprechen und Subjektivität in der Ontogenese. Zeitschrift für Literaturwissenschaft und Linguistik, Heft 101: 114–140

Klitzing, K. von (Hrsg.) (1998 a): Psychotherapie in der frühen Kindheit. Göttingen (Vandenhoeck & Ruprecht)

Klitzing, K. von (1998 b): Die Wirksamkeit psychotherapeutischer und pädagogischer Interventionen im frühen Kindesalter. Ein Forschungsausblick. In: K. von Klitzing (Hrsg.): Psychotherapie in der frühen Kindheit. Göttingen (Vandenhoeck & Ruprecht), 164–172

Klitzing, K. von (1998 c): Die Bedeutung des Vaters für die frühe Entwicklung. In: K. von Klitzing (Hrsg.): Psychotherapie in der frühen Kindheit. Göttingen (Vandenhoeck & Ruprecht), 119–131

Klosterhalfen, W. und **S. Klosterhalfen** (1996): Psychoimmunologie. In: R. Adler et al. (Hrsg.): Uexkülls psychosomatische Medizin. München (Urban und Schwarzenberg) (5. Aufl.), 145–160

Knopf, M. (1998): Gedächtnisentwicklung im Verlauf der Lebensspanne. In: H. Keller (Hrsg.): Lehrbuch Entwicklungspsychologie. Bern u. a. (Huber), 517–545

Kochinka, A. und **H. Werbik** (1997): Logische Propädeutik und Wissenschaftstheorie. In: J. Straub, W. Kempf und H. Werbik (Hrsg.): Psychologie. Eine Einführung. Grundlagen, Methoden, Perspektiven. München (dtv), 42–67

Köhler, L. (1985): Beiträge der Kleinkindforschung in den USA zum Thema Narzißmus und Aggression. In: H. Luft und E. Maas (Hrsg.): Narzißmus und Aggression. DPV-Arbeitstagung November 1984. Hofheim/Wiesbaden (ohne Verlagsangabe), 119–139

Köhler, L. (1992): Formen und Folgen früher Bindungserfahrungen. Forum der Psychoanalyse 8: 263–280

Köhler, L. (1995): Bindungsforschung und Bindungstheorie aus der Sicht der Psychoanalyse. In: G. Spangler und P. Zimmermann (Hrsg.): Die Bindungstheorie. Grundlagen, Forschung und Anwendung. Stuttgart (Klett-Cotta), 67–85

Köhler, L. (1998 a): Anwendung der Bindungstheorie in der psychoanalytischen Praxis. Einschränkende Vorbehalte, Nutzen, Fallbeispiele. Psyche 52: 369–397

Köhler, L. (1998 b): Einführung in die Entstehung des Gedächtnisses. In: M. Koukkou, M. Leuzinger-Bohleber und W. Mertens (Hrsg.): Erinnerung von Wirklichkeiten. Psychoanalyse und Neurowissenschaften im Dialog. Band 1: Bestandsaufnahme. Stuttgart (Verlag Internationale Psychoanalyse), 131–222

Körner, J. (1996): Zum Verhältnis pädagogischen und therapeutischen Handelns. In: A. Combe und W. Helsper (Hrsg.): Pädagogische Professionalität. Untersuchungen zum Typus pädagogischen Handelns. Frankfurt am Main (Suhrkamp), 780–809

Kohlberg, L., D. Ricks und **J. Snarey** (1984): Childhood Development as a Predictor of Adaption in Adulthood. Genetic Psychology Monographs 110, 91–172

Kohlhammer, S. (1998): Die Welt im Viererpack. Zu Hayden White. In: K.-H. Bohrer und K. Scheel (Hrsg.): Postmoderne. Eine Bilanz. Merkur Sonderheft No. 594/595. Stuttgart (Klett-Cotta), 898–907

Kohut, H. (1971): Narzißmus. Eine Theorie der psychoanalytischen Behandlung narzißtischer Persönlichkeitsstörungen. Frankfurt am Main (Suhrkamp) 1973

Kohut, H. (1977): Die Heilung des Selbst. Frankfurt am Main (Suhrkamp) 1979

Kraemer, G. (1985): Effects of differences in early social experiences on primate neurobiological-behavioral development. In: M. Reite und T. Field (Hrsg.): The Psychobiology of Attachment and Separation. Orlando (Academic Press), 135–161

Kraemer, G. und **A. S. Clark** (1996): Social attachment, brain function, and aggression. In: C. Ferris und T. Grisso (Hrsg.): Understanding Aggressive Behavior in Children. Annals of the New York Academy of Sciences Vol. 794, New York, 121–135

Krappmann, L. (1969): Soziologische Dimensionen der Identität. Strukturelle Bedingungen für die Teilnahme an Interaktionsprozessen. Stuttgart (Klett) 1975

Kraus, W. (1996): Das erzählte Selbst. Die narrative Konstruktion von Identität in der Postmoderne. Pfaffenweiler (Centaurus-Verlagsgesellschaft)

Krause, R. (1983): Zur Onto- und Phylogenese des Affektsystems und ihrer Beziehungen zu psychischen Störungen. Psyche 37: 1016–1043

Krause, R. (1997): Allgemeine psychoanalytische Krankheitslehre. Band 1: Grundlagen. Stuttgart u. a. (Kohlhammer)

Krause, R. (1998): Allgemeine psychoanalytische Krankheitslehre. Band 2: Modelle. Stuttgart u. a. (Kohlhammer)

Krause, R. (1999): Trauma und Erinnerung. Persönlichkeitsstörungen: Theorie und Therapie 3: 36–44

Krist, H., N. Natour, S. Jäger und **M. Knopf** (1998 a): Kognitive Entwicklung im Säuglingsalter: Vom Neo-Nativismus zu einer entwicklungsorientierten Konzeption. Zeitschrift für Entwicklungspsychologie und pädagogische Psychologie 30: 153–173

Krist, H., N. Natour und **M. Knopf** (1998 b): Vom Neo-Nativismus zu einer entwicklungsorientierten Konzeption kognitiver Entwicklung im Säuglingsalter: Anreicherung oder begrifflicher Wandel? Replik zum Kommentar

von Beate Sodian. Zeitschrift für Entwicklungspsychologie und pädagogische Psychologie 30: 179–182
Kröner-Herwig, B. und **R. Sachse** (1988): Biofeedbacktherapie. Klinische Studien – Anwendungen in der Praxis. Stuttgart u. a. (Kohlhammer) (2. erw. Aufl.)
Kruse, O. (1991): Emotionsentwicklung und Neurosenentstehung. Perspektiven einer klinischen Entwicklungspsychologie. Stuttgart (Enke)
Küchenhoff, J. (1998 a): Philosophie, Psychoanalyse und Alltagspraxis – Konzepte lebensgeschichtlicher (Re)Konstruktion und ihre praktischen Auswirkungen. In: P. Kutter, R. Páramo-Ortega und T. Müller (Hrsg.): Weltanschauung und Menschenbild. Einflüsse auf die psychoanalytische Praxis. Göttingen (Vandenhoeck und Ruprecht), 61–90
Küchenhoff, J. (1998 b): Öffentlichkeit und Körpererfahrung. In: G. Schmidt und B. Strauß (Hrsg.): Sexualität in der Spätmoderne. Über den kulturellen Wandel der Sexualität. Stuttgart (Enke), 39–54
Kurten, M. (1998): Intentionalität und Sprachlichkeit in Psychoanalyse und Kognitionswissenschaft. Psyche 52: 850–883

Lacan, J. (1949): Das Spiegelstadium als Bildner der Ichfunktion, wie sie uns in der psychoanalytischen Erfahrung erscheint. In: J. Lacan (1986): Schriften I. Weinheim und Berlin (Quadriga), 61–70
Lacan, J. (1956): Funktion und Feld des Sprechens und der Sprache in der Psychoanalyse. In: J. Lacan (1986): Schriften I. Weinheim und Berlin (Quadriga), 71–169
Laederach-Hofmann, K. et al. (1999): Körperliches und psychisches Befinden bei 60–70 jährigen Bernerinnen und Bernern mit neurotischen Symptomen im Kindesalter – Eine Untersuchung über mehr als 50 Jahre. Praxis der Kinderpsychologie und Kinderpsychiatrie 48: 751–777
Laewen, H.-J. (1994): Zum Verhalten und Wohlbefinden von Krippenkindern. Psychologie in Erziehung und Unterricht 41: 1–13
Lamb, M. (1998): Nonparental child care: Context, quality, correlates, and consequences. In: W. Damon (Hrsg.): Handbook of Child Development, Vol. 4. New York u. a. (Wiley) (5th. ed.), 73–133
Lamb, M. und **H. Weßels** (1997): Tagesbetreuung. In: H. Keller (Hrsg.): Handbuch der Kleinkindforschung. Bern u.a. (Huber), (2. vollst. überarb. Aufl.), 695–717
Lamb, M., K. Sternberg und **M. Prodromidis** (1992): Non-maternal care and the security of infant-mother attachment: A reanalysis of the data. Infant Behavior and Development 15: 71–83
Lamm, L. (1993): The Idea of the Past. History, Science, and Practice in American Psychoanalysis. New York und London (New York Univ. Press)
Lang, H. (1973): Die Sprache und das Unbewußte. Jacques Lacans Grundlegung der Psychoanalyse. Frankfurt am Main (Suhrkamp)
Lang, H. (1980): Freud – ein Strukturalist? Psyche 34: 865–884
Laplanche, J. (1988): Die allgemeine Verführungstheorie und andere Aufsätze. Tübingen (edition diskord)
Laplanche, J. (1992): Die unvollendete kopernikanische Revolution in der Psychoanalyse. Frankfurt am Main (Fischer) 1996

Largo, R. (1993): Babyjahre. Die frühkindliche Entwicklung aus biologischer Sicht. München (Piper) 1995

Laucht, M., G. Esser, M. Schmidt, W. Ihle, A. Marcus, R.-M. Stöhr und **D. Weindrich** (1996): Viereinhalb Jahre danach: Mannheimer Risikokinder im Vorschulalter. Zeitschrift für Kinder- und Jugendpsychiatrie 24: 67–81

Lear, J. (1995): Prozac oder Psychoanalyse? Psyche 50, 1996: 599–616

Leary, K. (1994): Psychoanalytische »Probleme« und postmoderne »Lösungen«. In: J. Hardt und A. Vaihinger (Hrsg.) (1999): Wissen und Autorität in der psychoanalytischen Beziehung. Gießen (Psychosozial Verlag), 259–288

Lebovici, S. (1983): Der Säugling, die Mutter und der Psychoanalytiker. Die frühen Formen der Kommunikation. Stuttgart (Klett-Cotta) 1990

Lebovici, S. (1995): Creativity and the infant's competence. Infant Mental Health Journal 16: 10–15

Ledoux, J. (1996): Das Netz der Gefühle. Wie Emotionen entstehen. München (Hanser) 1998

Lehr, U. (1978): Die Rolle der Mutter in der Sozialisation des Kindes. Darmstadt (Steinkopff) (2. Aufl.)

Leuzinger-Bohleber, M. (1995): Die Einzelfallstudie als psychoanalytisches Forschungsinstrument. Psyche 49: 434–480

Leuzinger-Bohleber, M. und **U. Stuhr** (Hrsg.) (1997): Psychoanalysen im Rückblick. Methoden, Ergebnisse und Perspektiven der neueren Katamneseforschung. Gießen (Psychosozial Verlag)

Leuzinger-Bohleber, M., U. Stuhr und **B. Rüger et al.** (1997): Langzeitwirkungen von Psychoanalysen und psychoanalytischen Psychotherapien: Eine repräsentative Katamnesestudie. In: M. Leuzinger-Bohleber und U. Stuhr (Hrsg.): Psychoanalysen im Rückblick. Gießen (Psychosozial Verlag), 470–495

Levin, F. (1997): Mandelkern, Hippocampus und Psychoanalyse. Psyche 52, 1998: 1004–1013

Lewis, M. (1993): The development of anger and rage. In: R. Glick und S. Roose (Hrsg.): Rage, Power, and Aggression. New Haven und London (Yale Univ. Press), 148–168

Lewis, M. (1995): Aspects of self: From systems to ideas. In: P. Rochat (Hrsg.): The Self in Infancy.Theory and Research. Amsterdam u. a. (Elsevier), 95–115

Lewis, M. (1997): Altering Fate. Why the Past does not predict the Future. New York und London (Guilford Press)

Lewis, M. und **J. Brooks** (1978): Auf der Suche nach den Ursprüngen des Selbst. In: L. Montada (Hrsg.) (1979): Brennpunkte der Entwicklungspsychologie. Stuttgart u. a. (Kohlhammer), 157–172

Lewis, M. und **J. Brooks-Gunn** (1979): Social Cognition and the Acquisitation of Self. New York und London (Plenum Press)

Lewis, M., J. Brooks-Gunn und **J. Jaskir** (1985): Individual differences in visual self-recognition as a function of mother-infant attachment relationship. Developmental Psychology 21: 1181–1187

Lewis, M., M. Sullivan, C. Stanger und **M. Weiss** (1989): Self development and self-conscious emotions. Child Development 60: 146–156

Lichtenberg, J. (1983): Psychoanalyse und Säuglingsforschung. Berlin u.a. (Springer) 1991

Lichtenberg, J. (1988): Motivational-funktionale Systeme als psychische Strukturen. Forum der Psychoanalyse 7, 1991: 85–98

Lichtenberg, J. (1989): Psychoanalysis and Motivation. Hillsdale NJ (The Analytic Press)

Lichtenberg, J. (Hrsg.) (1999 a): Attachment Research and Psychoanalysis. Part I: Theoretical Considerations = Psychoanalytic Inquiry 19: Heft 4

Lichtenberg, J. (Hrsg.) (1999 b): Attachment Research and Psychoanalysis. Part II: Clinical Implications = Psychoanalytic Inquiry 19: Heft 5

Lieberman, A. (1996): Aggression and sexuality in relation to toddler attachment: Implications for the caregiver system. Infant Mental Health Journal 17: 276–292

Lieberman, A. (1997): Toddler's internalization of maternal attributions as a factor in quality of attachment. In: L. Atkinson und K. Zucker (Hrsg.): Attachment and Psychopathology. New York und London (Guilford Press), 277–291

Lieberman, A. und **J. Pawl** (1993): Infant-Parent-Psychotherapy. In: C. Zeanah (Hrsg.): Handbook of Infant Mental Health. New York und London (Guilford Press), 427–442

Lieberz, K. (1988): Was schützt vor der Neurose? Ergebnisse einer Vergleichsuntersuchung an hochrisikobelasteten Neurotikern und Gesunden. Zeitschrift für psychosomatische Medizin und Psychoanalyse 34: 338–350

Lieberz, K. (1990): Familienumwelt und Neurose. Göttingen (Vandenhoeck & Ruprecht)

Lieberz, K. und **E. Schwarz** (1987): Kindheitsbelastung und Neurose. Ergebnisse einer Kontrollgruppenuntersuchung. Zeitschrift für psychosomatische Medizin und Psychoanalyse 33: 111–118

Linge, H. und **R. Porsch** (1988): Sozialtherapeutische Gruppenarbeit mit Müttern behinderter Kinder. Konzeptionelle Überlegungen und erste Erfahrungen. Kasseler Schriften zur Sozialen Therapie, Band 1: 164–178

Loch, W. (1968): Identifikation – Introjektion. Psyche 22: 271–286

Loch, W. (1976): Psychoanalyse und Wahrheit. Psyche 30: 865–898

Lösel, F., P. Kolip und **D. Bender** (1992): Streß-Resistenz im Multiproblem-Milieu: Sind seelisch widerstandsfähige Jugendliche »Superkids«? Zeitschrift für klinische Psychologie 21: 48–63

Loftus, E. und **K. Ketcham** (1994): Die therapierte Erinnerung. Vom Mythos der Verdrängung bei Anklagen wegen sexuellen Mißbrauchs. Hamburg (Klein Verlag) 1995

Lutzi, J. (1990): Psychoanalytisch orientierte Familientherapie mit Multiproblem-Familien. Evaluation des therapeutischen Verlaufs. In: M. Clemenz, A. Combe, C. Beier, J. Lutzi und N. Spangenberg (1990): Soziale Krise, Institution und Familiendynamik. Konfliktstrukturen und Chancen therapeutischer Arbeit bei Multiproblem-Familien. Opladen (Westdeutscher Verlag), 189–261

Lyons-Ruth, K. und **D. Jacobvitz** (1999): Attachment disorganization: Unresolved loss, relational violence, and lapses in behavioral and attentional strategies. In: J. Cassidy und P. Shaver (Hrsg.): Handbook of Attachment.

Theory, Research, and Clinical Applications. New York und London (Guilford), 520–554

Machleidt, W. (1998): Spurensuche: Vom Gefühl zur Erinnerung. Die psychobiologischen Ursprünge des Gedächtnisses. In: M. Koukkou, M. Leuzinger-Bohleber und W. Mertens (Hrsg.): Erinnerung von Wirklichkeiten. Psychoanalyse und Neurowissenschaften im Dialog. Band 1: Bestandsaufnahme. Stuttgart (Verlag Internationale Psychoanalyse), 462–516

Machleidt, W., L. Gutjahr und **A. Mügge** (1989): Grundgefühle. Phänomenologie, Psychodynamik, EEG-Spektralanalytik. Berlin u. a. (Springer)

Mackie, A. (1981): Attachment theory: Its relevance to the therapeutic alliance. British Journal of Psychology 54: 203–212

Mahler, M. und **J. McDevitt** (1982): Thoughts on the emergence of the sense of self, with particular emphasis on the body self. Journal of the American Psychoanalytic Association 30: 827–848

Mahler, M., F. Pine und **A. Bergman** (1975): Die psychische Geburt des Menschen. Symbiose und Individuation. Frankfurt am Main (Fischer) 1978

Main, M. (1994): A move to the level of representation in the study of attachment organization: Implications for psychoanalysis. Annual Research Lecture to the British Psychoanalytical Society. London, 6. Juli 1994. Unveröffentlichtes Manuskript.

Main, M. (1995 a): Disourse, prediction, and recent studies in attachment: Implications for psychoanalysis. In: T. Shapiro und R. Emde (Hrsg.): Research in Psychoanalysis. Process, Development, Outcome. Madison (Int. Univ. Press), 209–244

Main, M. (1995 b): Desorganisation im Bindungsverhalten. In: G. Spangler und P. Zimmermann (Hrsg.): Die Bindungstheorie. Grundlagen, Forschung und Anwendung. Stuttgart (Klett-Cotta), 120–139

Main, M. (1995 c): Recent studies in attachment: Overview with selected implications for clinical work. In: S. Goldberg, R. Muir und J. Kerr (Hrsg.): Attachment Theory: Social, Developmental, and Clinical Significance. Hillsdale, NJ (The Analytic Press), 407–474

Main, M. (1996): Introduction to the special section on attachment and psychopathology: 2. Overview of the field of attachment. Journal of Consulting and Clinical Psychology 64: 237–243

Main, M. (1999): Mary D. Salter Ainsworth: Tribute and Portrait. Psychoanalytic Inquiry 19, Heft 5: 682–736

Main, M. und **D. Weston** (1981): The quality of the toddler's relationship to mother and to father: Related to conflict behavior and to readiness to establish new relationships. Child Development 52: 932–940

Main, M. und **J. Cassidy** (1988): Categories of response to reunion with the parent at age 6: Predictable from infant attachment classifications and stable over a 1-month period. Developmental Psychology 24: 415–426

Main, M. und **J. Solomon** (1986): Discovery of an insecure-disorganized/disoriented attachment pattern. In: B. Brazelton und M. Yogman (Hrsg.): Affective Development in Infancy. Norwood (Ablex), 95–124

Main, M. und **E. Hesse** (1990): Parents' unresolved traumatic experiences are related to infant disorganized attachment status: Is frightened and/or frightening parental behavior the linking mechanism? In: M. Greenberg, D. Cicchetti und E. Cummings (Hrsg.): Attachment in the Preschool Years. Theory, Research, and Intervention. Chicago (Univ. of Chicago Press), 161–182

Main, M. und **J. Solomon** (1990):Procedures for identifying infants as disorganized/disoriented during the Ainsworth strange situation. In: M. Greenberg, D. Cicchetti und E. Cummings (Hrsg.): Attachment in the Preschool Years. Theory, Research, and Intervention. Chicago (Univ. of Chicago Press), 121–160

Main, M., N. Kaplan und **J. Cassidy** (1985): Security in infancy, childhood, and adulthood: A move to the level of representation. In: I. Bretherton und E. Waters (Hrsg.): Growing Points of Attachment. Theory and Research. Chicago (Univ. of Chicago Press), 66–104

Malatesta, C. (1990): The role of emotions in the development and organization of personality. In: R. A. Thompson (Hrsg.): Nebraska Symposium on Motivation, Vol. 36. Lincoln und London (Univ. of Nebraska Press), 1–56

Mandler, J. (1988): How to build a baby: On the development of an accessible representational system. Cognitive Development 3: 113–136

Mandler, J. (1992): How to build a baby II: Conceptual primitives. Psychological Review 99: 587–604

Mandler, J. (1998): Representation. In: W. Damon (Hrsg.): Handbook of Child Psychology, Vol. 2. New York u. a. (Wiley) (5 th. ed.), 255–308

Marrone, M. (1998): Attachment and Interaction. London und Philadelphia (Jessica Kingsley)

Martin, H. und **P. Beezley** (1976): Therapy for abusive parents: Its effect on the child. In: H. Martin (Hrsg.): The Abused Child: A Multidisciplinary Approach to Developmental Issues and Treatment. Cambridge (Ballinger), 251–263

Massie, H. und **N. Szajnberg** (1997): The ontogeny of a sexual fetish from birth to age 30 and memory processes. A research case report from a prospective longitudinal study. International Journal of Psycho-Analysis 78: 755–771

Massie, H., A. Bronstein und **J. Afterman** (1996): Role of depressive affects in close maternal involvement with children: Inner themes and outer behaviors in child development II. Psychoanalytic Psychology 13: 53–80

Massie, H., A. Bronstein, J. Afterman und **B. Campbell** (1988): Innere Themen und äußeres Verhalten in der frühkindlichen Entwicklung – eine Longitudinalstudie. In: H. Petzold (Hrsg.) (1993): Frühe Schädigungen – späte Folgen? Psychotherapie und Babyforschung, Band 1. Paderborn (Junfermann), 235–275

Masten, A. und **D. Coatsworth** (1995): Competence, resilience, and psychopathology. In: D. Cicchetti und D. Cohen (Hrsg.): Developmental Psychopathology, Vol. 2: Risk, Disorder, and Adaption. New York u. a. (Wiley), 715–752

Matte-Blanco, I. (1971): Review of Attachment and Loss, Vol. 1 by John Bowlby. International Journal of Psycho-Analysis 52: 197–199

Mayseless, O. (1998): Maternal caregiving strategy – a distinction between the ambivalent and the disorganized profile. Infant Mental Health Journal 19: 20–33

McDonough, S. (1993): Interaction guidance: Understanding and treating early infant-caregiver relationship disturbances. In: C. Zeanah (Hrsg.): Handbook of Infant Mental Health. New York und London (Guilford Press), 414–426

McDonough, S. (1995): Promoting positive early parent-infant relationships through interaction guidance. Child and Adolescent Psychiatric Clinics of North America 4: 661–672

Meisels, S. und **J. Shonkoff** (Hrsg.) (1990): Handbook of Early Childhood Intervention. Cambridge (Cambridge Univ. Press)

Meltzoff, A. und **R. Borton** (1979): Intermodal matching by human neonates. Nature 282: 403–404

Meltzoff, A. und **K. Moore** (1983): Newborn infants imitate adult facial gestures. Child Development 54: 702–709

Meltzoff, A. und **K. Moore** (1989): Imitation in newborn infants: Exploring the range of gestures imitated and the underlying mechanisms. Developmental Psychology 25: 954–962

Merleau-Ponty, M. (1945): Phänomenologie der Wahrnehmung. Berlin (de Gruyter) 1966

Mertens, W. (1991): Einführung in die psychoanalytische Therapie, Band 1–3. Stuttgart (Kohlhammer)

Mertens, W. (1992): Kompendium psychoanalytischer Grundbegriffe. München (Quintessenz)

Mertens, W. (1998): Aspekte der psychoanalytischen Gedächtnistheorie. Von den Anfängen bis zur Gegenwart – mit einem Ausblick auf einige Konzepte der Kognitionspsychologen. In: M. Koukkou, M. Leuzinger-Bohleber und W. Mertens (Hrsg.): Erinnerung von Wirklichkeiten. Psychoanalyse und Neurowissenschaften im Dialog. Band 1: Bestandsaufnahme. Stuttgart (Verlag Internationale Psychoanalyse), 48–130

Mertens, W. und **R. Haubl** (1996): Der Psychoanalytiker als Archäologe. Eine Einführung in die Methode der Rekonstruktion. Stuttgart (Kohlhammer)

Mertens, W. und **B. Waldvogel** (Hrsg.) (2000): Handbuch psychoanalytischer Grundbegriffe. Stuttgart (Kohlhammer)

Metzger, H.-G. (1999): Der abhängige und der kompetente Säugling – Eine kritische Relativierung der Säuglingsforschung. Zeitschrift für psychoanalytische Theorie und Praxis 14: 381–400

Metzinger, T. (1994): Schimpansen, Spiegelbilder, Selbstmodelle und Subjekte. In: S. Krämer (Hrsg.): Geist – Gehirn – Künstliche Intelligenz. Berlin und New York (de Gruyter), 41–70

Metzinger, T. (Hrsg.) (1996): Bewußtsein. Beiträge aus der Gegenwartsphilosophie. Paderborn u.a. (Schöningh) (3. ergänzte Aufl.)

Miketta, G. (1991): Netzwerk Mensch. Den Verbindungen von Körper und Seele auf der Spur. Reinbek bei Hamburg (Rowohlt) 1994

Milch, W. (1998): Überlegungen zur Entstehung von Borderline-Störungen auf dem Hintergrund der Säuglingsforschung. Persönlichkeitsstörungen: Theorie und Therapie 1: 10–21

Miller, L. (1992): The relation of infant observation to clinical practice in an under five counselling service. Journal of Child Psychotherapy 18: 19–32

Miller, L. (Hrsg.) (1999): Special Edition: Early Interventions. Infant Observation. The International Journal of Infant Observation and Its Applications 3: Heft 1

Minde, K. und **L. Tidmarsch** (1997): The changing practices of an infant psychiatry programm: The McGill experience. Infant Mental Health Journal 18: 135–144

Mitchell, R. (1993 a): Mental models of mirror-self-recognition: Two theories. New Ideas in Psychology 11: 295–325

Mitchell, R. (1993 b): Recognizing one's self in a mirror? A reply to Gallup and Povinelli, De Lannoy, Anderson, and Byrne. New Ideas in Psychology 11: 351–377

Mitchell, S. (1993): Hope and Dread in Psychoanalysis. New York (Basic Books)

Mitchell, S. und **M. Black** (1995): Freud and Beyond. A History of Modern Psychoanalytic Thought. New York (Basic Books)

Mitchell, S. et al. (Hrsg.) (1999): Symposium on projective identification revisited: Integrating clinical infant research, attachment theory, and Kleinian concepts of phantasy. Psychoanalytic Dialogues 9, Heft 2: 129–243

Modarressi, T. und **T. Kenny** (1977): Children's response to their true and distorted mirror images. Child Psychiatry and Human Development 8: 94–101

Mommsen, W. (1987): Geschichte als Historische Sozialwissenschaft. In: P. Rossi (Hrsg.): Theorie der modernen Geschichtsschreibung. Frankfurt am Main (Suhrkamp), 107–146

Morgenthaler, F. (1977): Verkehrsformen der Perversion und Perversion der Verkehrsformen; ein Blick über den Zaun der Psychoanalyse. Kursbuch 49. Berlin (Kursbuch/Rotbuch Verlag)

Motzkau, H. und **G. Rudolf** (1998): Biographie und Krankheit. Belastende Ereignisse und Faktoren pathogener Sozialisation bei psychisch und psychosomatisch Kranken. Kölner Zeitschrift für Soziologie und Sozialpsychologie 49: 674–701

Müller, U. und **W. Overton** (1998): How to grow a baby: A reevaluation of image-schema and Piagetian action approaches to representation. Human Development 41: 71–111

Münkler, H. (1998): Rezension von R. Sennet, ›Der flexible Mensch. Die Kultur des neuen Kapitalismus‹. In: DIE ZEIT Nr. 14, vom 20. 3. 1998

Muir, E. (1992): Watching, waiting, and wondering: Applying psychoanalytic principles to mother-infant intervention. Infant Mental Health Journal 13: 319–328

Muir, E., M. Lojkasek und **N. Cohen** (1999): Observant parents: Intervening through observation. Infant Observation. The International Journal of Infant Observation and Its Applications 3, Heft 1, 11–23

Muller, J. (1982): Cognitive psychology and the ego: Lacanian theory and empirical research. Psychoanalysis and Contemporary Thought 5: 257–291

Muller, J. (1985): Lacan's mirror stage. Psychoanalytic Inquiry 5: 233–252

Murray, L. (1989): Winnicott and the developmental psychology of infancy. British Journal of Psychotherapy 5: 333–348

Murray, L. (1999): The role of infant factors in maternal depression. Infant Ob-

servation. The International Journal of Infant Observation and Its Applications 3, Heft 1: 63–73
Murray, L. und **C. Trevarthen** (1985): Emotional regulation of interactions between two-month-olds and their mothers. In: T. Field und N. Fox (Hrsg.): Social Perception in Infants. Norwood, NJ (Ablex), 177–197

Nadel, L. und **G. Butterworth** (Hrsg.) (1999): Imitation in Infancy. Cambridge (Cambridge Univ. Press)
Naumann-Lenzen, M. (1999): Traumatisierung im Kindesalter und posttraumatische Somatisierung: Überlegungen an der Schnittstelle zwischen Psychoanalyse und Neurobiologie. Unveröff. Ms.
Nelson, C. und **L. Carver** (1998): The effects of stress and trauma on brain and memory: A view from developmental cognitive neuroscience. Development and Psychopathology 10: 793–809
Newson, J. (1977): An intersubjective approach to the systematic description of mother-infant interaction. In: H. Schaffer (Hrsg.): Studies in Mother-Infant Interaction. London u. a. (Academic Press), 47–61
NICHD (1997): The effects of infant child care on infant-mother attachment security: Results of the NICHD study of early child care. Child Development 68: 860–879
NICHD (1998): Early child care and self-control, compliance, and behavior problems at twenty-four and thirty-six months. Child Development 69: 1145–1170
Niederland, W. (1975): Die Narbe – ein Fall von angeborener Gesichtsentstellung. Psyche 31, 1977: 263–271
Novack, M. (1979): Social recovery of monkeys isolated for the first year of life II: Long-term assessment. Developmental Psychology 15: 50–61
Novack, M. und **H. Harlow** (1975): Social recovery of monkeys isolated for the first year of life I: Rehabilitation and therapy. Developmental Psychology 11: 453–465
Nuber, U. (1995): Der Mythos vom frühen Trauma. Über Macht und Einfluß der Kindheit. Frankfurt am Main (Fischer)

Ohlmeier, D. (1988): Psychoanalyse und Sozialarbeit. Kasseler Schriften zur Sozialen Therapie, Band 1: 71–90
Oppenheim, D. (1998): Perspectives on infant mental health from Israel: The case of changes in collective sleeping on the kibbutz. Infant Mental Health Journal 19: 76–86
Oppenheim, D. und **H. Waters** (1995): Narrative processes and attachment representations: Issues of development and assessment. In: E. Waters, B. Vaughn, G. Posada und K. Kondo-Ikemura (Hrsg.): Caregiving, Cultural, and Cognitive Perspectives on Secure-Base Behavior. New Growing Points of Attachment Theory and Research. Chicago (Univ. of Chicago Press), 197–215
Orange, D., G. Atwood und **R. Stolorow** (1997): Working Intersubjectively. Contextualism in Psychoanalytic Practice. Hillsdale, NJ (The Analytic Press)
Osofsky, J. (1988): Attachment theory and research and the psychoanalytic process. Psychoanalytic Psychology 5: 159–177

Osofsky, J. (1995): Perspectives on attachment and psychoanalysis. Psychoanalytic Psychology 12: 347–362

Osofsky, J. und **H. Fitzgerald** (Hrsg.) (1999/2000): WAIMH Handbook of Infant Mental Health, 4 Bände. New York u. a. (Wiley)

Overbeck, G. (1977): Das psychosomatische Symptom. Psychische Defizienzerscheinung oder generative Ichleistung? Psyche 31: 333–354

Overbeck, G., R. Grabhorn, A. Stirn und **J. Jordan** (1999): Neuere Entwicklungen in der psychosomatischen Medizin. Versuch einer aktuellen Standortbestimmung. Psychotherapeut 44: 1–12

Pagel, G. (1989): Lacan zur Einführung. Hamburg (Junius)

Pally, R. (1998):Emotional processing:The mind-body connection. International Journal of Psycho-Analysis 79: 349–362

Papousek, H. und **M. Papousek** (1987): Intuitive parenting: A dialectic counterpart of the infant's integrative ability. In: J. Osofsky (Hrsg.): Handbook of Infant Development. New York u.a. (Wiley), (2nd ed.), 669–720

Papousek, H., M. Papousek und **R. Giese** (1986): Neue wissenschaftliche Ansätze zum Verständnis der Mutter-Kind-Beziehung. In: J. Stork (Hrsg.): Zur Psychologie und Psychopathologie des Säuglings. Neue Ergebnisse in der psychoanalytischen Reflexion. Stuttgart-Bad Cannstatt (frommann-holzboog), 53–71

Papousek, M. (1997): Entwicklungsdynamik und Prävention früher Störungen der Eltern-Kind-Beziehung. Analytische Kinder- und Jugendlichenpsychotherapie Heft 93, 27: 5–30

Papousek, M. (1998): Das Münchner Modell einer interaktionszentrierten Säuglings-Eltern-Beratung und Psychotherapie. In: K. von Klitzing (Hrsg.): Psychotherapie in der frühen Kindheit. Göttingen (Vandenhoeck & Ruprecht), 88–118

Papousek, M. (1999): Regulationsstörungen der frühen Kindheit: Entstehungsbedingungen im Kontext der Eltern-Kind-Beziehungen. In: R. Oerter, C. von Hagen, G. Röper und G. Noam (Hrsg.): Klinische Entwicklungspsychologie. Ein Lehrbuch. Weinheim (Psychologie Verlags Union), 148–169

Papousek, M. und **H. Papousek** (1990 a): Intuitive elterliche Früherziehung in der vorsprachlichen Kommunikation. Teil I: Grundlagen und Verhaltensrepertoire. Sozialpädiatrie in Praxis und Klinik 12: 521–527

Papousek, M. und **H. Papousek** (1990 b): Intuitive elterliche Früherziehung in der vorsprachlichen Kommunikation. Teil II: Früherkennung von Störungen und therapeutische Ansätze. Sozialpädiatrie in Praxis und Klinik 12: 579–583

Papousek, M. und **H. Papousek** (1996): Infantile persistent crying, state regulation, and interaction with parents: A systems view. In: M. Bornstein und J. Genevro (Hrsg.): Child Development and Behavioral Pediatrics. Hillsdale, NJ (Erlbaum), 11–33

Papousek, M., N. von Hofacker, M. Malinowski, T. Jacubeit und **B. Cosmovici** (1994): Münchner Sprechstunde für Schreibabies. Erste Ergebnisse zur Früherkennung und Prävention von Störungen der Verhaltensregulation und der Eltern-Kind-Beziehung. Sozialpädiatrie in Praxis und Klinik 16: 680–686

Parker, S. und **R. Mitchell** (1994): Evolving self-awareness. In: S. Parker, R. Mitchell und M. Boccia (Hrsg.): Self-Awareness in Animals and Humans. Cambridge (Cambridge Univ. Press), 413–428

Patrick, M., P. Hobson, D. Castle, R. Howard und **B. Maughan** (1994): Personality disorder and the mental representation of early experience. Development and Psychopathology 6: 375–388

Pauen, M. (1999 a): Das Rätsel des Bewußtseins. Eine Erklärungsstrategie. Paderborn (Mentis)

Pauen, M. (1999 b): Materialismus und Metaphysik. Neue Rundschau 110: 29–47

Paul, A. (1998): Von Affen und Menschen. Verhaltensbiologie der Primaten. Darmstadt (Wissenschaftliche Buchgesellschaft)

Pedder, J. (1976): Attachment and new beginning. Some links between the work of Michael Balint and John Bowlby. International Review of Psycho-Analysis 3: 491–497

Pederson, D. und **G. Moran** (1995): A categorical description of infant-mother relationships in the home and its relation to Q-sort measures of infant-mother interaction. In: E. Waters, B. Vaughn, G. Posada und K. Kondo-Ikemura (Hrsg.): Caregiving, Cultural, and Cognitive Perspectives on Secure-Base Behavior and Working Models. New Growing Points of Attachment Theory and Research. Chicago (Univ. of Chicago Press), 111–132

Pederson, D. und **G. Moran** (1996): Expressions of the attachment relationship outside of the strange situation. Child Development 67: 915–927

Pederson, D., G. Moran, C. Sitko, D. Campbell, D. Ghesquire und **H. Acton** (1990): Maternal sensitivity and the security of infant-mother attachment: A Q-sort study. Child Development 61: 1974–1983

Perry, B., R. Pollard, T. Blakeley, W. Baker und **D. Vigilante** (1995): Kindheitstrauma, Neurobiologie der Anpassung und gebrauchsabhängige Entwicklung des Gehirns. Analytische Kinder- und Jugendlichenpsychotherapie, Heft 99, 1998: 277–307

Petermann, F., M. Kusch und **K. Niebank** (1998): Entwicklungpsychopathologie. Ein Lehrbuch. Weinheim (Psychologie Verlags Union)

Petzold, H., J. Goffin und **J. Oudhoff** (1993): Protektive Faktoren und Prozesse – die »positive« Perspektive in der longitudinalen »klinischen Entwicklungspsychologie« und ihre Umsetzung in die Praxis der integrativen Therapie. In: H. Petzold (Hrsg.): Frühe Schädigungen – späte Folgen? Psychotherapie und Babyforschung, Band 1. Paderborn (Junfermann), 345–497

Pine, F. (1992): Some refinements of the separation-individuation concept in light of research on infancy. Psychoanalytic Study of the Child 47: 104–116

Pines, M. (1985): Mirroring and child development. Psychoanalytic Inquiry 5: 211–231

Povinelli, D. (1995): The unduplicated self. In: P. Rochat (Hrsg.): The Self in Infancy. Theory and Research. Amsterdam u. a. (Elsevier), 161–192

Povinelli, E. und **C. Prince** (1998): When self met other. In: M. Ferrari und R. Sternberg (Hrsg.): Self-Awareness. Its Nature and Development. New York und London (Guilford Press), 37–107

Povinelli, D., A. Rulf, K. Landau und **D. Bierschwale** (1993): Self-recognition in chimpanzees: Distribution, ontogeny, and patterns of emergence. Journal of Comparative Psychology 107: 347–372

Povinelli, D., G. Gallup, T. Eddy, D. Bierschwale, M. Engstrom, H. Perilloux und **I. Toxopeus** (1997): Chimpanzees recognize themselves in mirrors. Animal Behavior 53: 1083–1088

Pozzi, M. (1999): Psychodynamic counselling with under-5s and their families: Clinical and technical issues. Journal of Child Psychotherapy 25: 51–79

Priel, B. (1985): On mirror-image anxiety: An observational study. Psychoanalytic Study of the Child 40: 183–193

Priel, B. und **S. De Schonen** (1986): Self-recognition: A study of a population without mirrors. Journal of Experimental Child Psychology 41: 237–250

Protter, B. (1996): Classical, modern, and postmodern psychoanalysis: Epistemic transformations. Psychoanalytic Dialogues 6: 533–562

Qin, J., J. Quas, A. Redlich und **G. Goodman** (1997): Children's eyewitness testimony: Memory development in the legal context. In: N. Cowan (Hrsg.): The Development of Memory in Childhood. Hove (Psychology Press), 301–341

Rad, M. von, M. Senf und **W. Bräutigam** (1998): Psychotherapie und Psychoanalyse in der Krankenversorgung: Ergebnisse des Heidelberger Katamnese-Projekts. Psychotherapie, Psychosomatik, medizinische Psychologie 48: 88–100

Radojevic, M. (1994): Mental representations of attachment among prospective Australian fathers. New Zealand Journal of Psychiatry 28: 505–511

Räihä, H., M. Lehtonen und **H. Korvenranta** (1995): Familiy context of infantile colic. Infant Mental Health Journal 16: 206–217

Raguse, H. (1995): Internalisierung und Symbolisierung. Überlegungen zum kleinianischen Verständnis der Verinnerlichung. In: G. Schneider und G. Seidler (Hrsg.): Internalisierung und Strukturbildung. Opladen (Westdeutscher Verlag), 71–94

Rapaport, D. und **M. Gill** (1959): The points of view and assumptions of metapsychology. International Journal of Psycho-Analysis 40: 153 -162

Raphling, D. (1994): A patient who was *not* sexually abused. Journal of the American Psychoanalytic Association 42: 65–78

Rayner, E. (1991): The Independent Mind in British Psychoanalysis. London (Free Association Books)

Rayner, E. (1995): Some beginnings: Winnicott and Bowlby. Vortrag auf der 3. RIM Pacific Conference der World Association for Infant Mental Health am 21./22. 4. 1995 in Sidney. Audiotape

Rehberger, R. (1999): Verlassenheitspanik und Trennungsangst. Bindungstheorie und psychoanalytische Praxis bei Angstneurosen. Stuttgart (Pfeiffer bei Klett-Cotta)

Reid, S. (Hrsg.) (1997): Developments in Infant Observation. The Tavistock Model. London und New York (Routledge)

Reister, G. (1995): Schutz vor psychogener Erkrankung. Göttingen (Vandenhoeck & Ruprecht)

Reister, G. und **W. Tress** (1993). Frühkindliche Erfahrung und seelische Gesundheit. Ein Beitrag zur Bedeutung protektiver Faktoren. In: F. Poustka und U. Lehmkuhl (Hrsg.): Gefährdung der kindlichen Entwicklung. München (Quintessenz), 220–229
Reister, G., M. Franz und **A. Wacker** (1993): Zur Prognostizierbarkeit psychogener Erkrankungen im Erwachsenenalter auf der Basis von Kindheitsvariablen. Zeitschrift für psychosomatische Medizin und Psychoanalyse 39: 134–146
Reppen, J. (Hrsg.) (1985): Beyond Freud. A Study of Modern Psychoanalytic Theorists. Hillsdale, NJ (The Analytic Press)
Resch, F. (1996): Entwicklungspsychopathologie des Kindes- und Jugendalters. Ein Lehrbuch. Weinheim (Beltz/Psychologie Verlags Union) (2. Aufl. 1999)
Richter, H.-E. (1972): Die Gruppe. Hoffnung auf einen Weg, sich selbst und andere zu befreien. Reinbek bei Hamburg (Rowohlt)
Richter, H.-E. (1996): Stichwort ›Sozialtherapie‹. In: D. Kreft und I. Mielenz (Hrsg.): Wörterbuch Soziale Arbeit. Aufgaben, Praxisfelder, Begriffe und Methoden der Sozialarbeit und Sozialpädagogik. Weinheim und Basel (Beltz Verlag) (4. vollst. überarb. Aufl.), 567–571
Robert-Tissot C. und **B. Cramer** (1998): When patients contribute to the choice of treatment. Infant Mental Health Journal 19: 245–259
Robert-Tissot, C., B. Cramer, D. Stern, S. R. Serpa, J.-P. Bachmann, F. Palacio-Espasa, D. Knauer, M. De Muralt, C. Berney und **G. Mediguren** (1996): Outcome evaluation in brief mother-infant psychotherapies: Report on 75 cases. Infant Mental Health Journal 17: 97–114
Robins, L. (1991): Conduct disorder. Journal of Child Psychology and Psychiatry 32: 193–212
Rochat, P. (1995): Early objectivation of the self. In: P. Rochat (Hrsg.): The Self in Infancy. Theory and Research. Amsterdam u. a. (Elsevier), 53–71
Rochat, P. und **R. Morgan** (1995): The function and determinants of early self-exploration. In: P. Rochat (Hrsg.): The Self in Infancy.Theory and Research. Amsterdam u. a. (Elsevier), 395–415
Rochlin, G. (1971): Review of Attachment and Loss, Vol. 1 by John Bowlby. Psychoanalytic Quarterly 40: 504–506
Rogers, S. und **B. Pennington** (1991): A theoretical approach to the deficits in infantile autism. Development and Psychopathology 3: 137–162
Roggman, L., J. Langlois, L. Hubbs-Tait und **L. Rieser-Danner** (1994): Infant day care, attachment, and the ›file drawer problem‹. Child Development 65: 1429–1443
Roiphe, H. (1976): Review of Attachment and Loss, Vol. 2 by John Bowlby. Psychoanalytic Quarterly 45: 307–309
Roiphe, H. und **E. Galenson** (1981): Infantile Origins of Sexual Identity. New York (Int. Univ. Press)
Rorty, R. (1994): Vorwort in: Eine Kultur ohne Zentrum. Vier philosophische Essays. Stuttgart (Reclam), 5–12
Rose, S., S. Rose und **J. Feldman** (1989): Stability of behavior problems in very young children. Development and Psychopathology 1: 5–19
Ross, M. und **M. Conway** (1986): Remembering one's own past: The construc-

tion of personal histories. In: R.M. Sorrentino und E.T. Higgins (Hrsg.): Handbook of Motivation and Cognition. Foundations of Social Behavior. New York (Wiley), 122–144

Rossi, P. (1987): Einleitung. In: P. Rossi (Hrsg.): Theorie der modernen Geschichtsschreibung. Frankfurt am Main (Suhrkamp), 7–24

Roth, G. (1994): Das Gehirn und seine Wirklichkeit. Frankfurt am Main (Suhrkamp)

Rothbart, M. und **J. Bates** (1998): Temperament. In: W. Damon (Hrsg.): Handbook of Child Psychology, Vol. 3. New York u. a. (Wiley), (5th ed.), 105–176

Rothbaum, F., K. Schneider-Rosen, M. Pott und **M. Beatty** (1995): Early parent-child relationships and later problem behavior. A longitudinal study. Merrill-Palmer Quarterly 41: 133–151

Roudinesco, E. (1993): Jacques Lacan. Bericht über ein Leben. Geschichte eines Denksystems. Köln (Kiepenheuer und Witsch) 1996

Rubin, K., P. Hastings, X. Chen, S. Stewart und **K. McNichol** (1998): Intrapersonal and maternal correlates of aggression, conflict, and externalizing problems in toddlers. Child Development 69: 1614–1629

Rudolf, G. und **H. Motzkau** (1997): Die Auswirkung von biographischen Belastungen auf die Gesundheit von erwachsenen Frauen und Männern. Zeitschrift für psychosomatische Medizin und Psychoanalyse 43: 349–368

Rüsen, J. (1987): Narrativität und Modernität in der Geschichtswissenschaft. In: P. Rossi (Hrsg.): Theorie der modernen Geschichtsschreibung. Frankfurt am Main (Suhrkamp), 230–237

Ruhs, A. (1980): Die Schrift der Seele. Einführung in die Psychoanalyse nach Jacques Lacan. Psyche 34: 885–909

Rutter, M. (1972): Bindung und Trennung in der frühen Kindheit. München (Juventa) 1978

Rutter, M. (1979): Maternal deprivation. New findings 1972–1978. Child Development 50: 283–305

Rutter, M. (1989): Wege von der Kindheit ins Erwachsenenalter. In: H. Petzold (Hrsg.) (1993): Frühe Schädigungen – späte Folgen? Psychotherapie und Babyforschung, Band 1. Paderborn (Junfermann), 23–65

Rutter M. (1990): Psychosocial resilience and protective mechanisms. In: J. Rolf, A. Masten und D. Cicchetti (Hrsg.): Risk and Protective Factors in the Development of Psychopathology. Cambridge (Cambridge Univ. Press), 181–214

Rutter, M. (1991 a): A fresh look at ›maternal deprivation‹. In: P. Bateson (Hrsg.): The Development and Integration of Behavior. Cambridge (Cambridge Univ. Press), 331–374

Rutter, M. (1991 b): Childhood experiences and adult psychosocial functioning. In: G. Bock und J. Whelan (Hrsg.): The Childhood Environment and Adult Disease. Ciba Foundation Symposium 156. Chichester u. a. (Wiley), 189–208

Rutter, M. (1994): Continuities, transitions, and turning points in development. In: M. Rutter und D. Hay (Hrsg.): Development through Life. A Handbook for Clinicians. Oxford (Blackwell), 1–25

Rutter, M. (1995): Clinical implications of attachment concepts: Retrospect and prospect. Journal of Child Psychology and Psychiatry 36: 549–571

Rutter, M., H. Macdonald, A. Le Couteur, R. Harrington, P. Bolton und **A.**

Bailey (1990): Genetic factors in child psychiatry II: Empirical findings. Journal of Child Psychology and Psychiatry 31: 39–83

Saarni, C., D. Mumme und **J. Campos** (1998): Emotional development: Action, communication, and understanding. In: W. Damon (Hrsg.): Handbook of Child Psychology, Vol. 3. New York u. a. (Wiley) (5th ed.), 237–309

Sagi, A., M. van Ijzendoorn, O. Aviezer, F. Donnell und **O. Mayseless** (1994): Sleeping away from home in a kibbutz communal arrangement: It makes a difference for infant-mother attachment. Child Development 65: 988–1000

Sagi, A., M. van Ijzendoorn, O. Aviezer, F. Donnell, N. Koren-Karie, T. Joels und **Y. Harel** (1995): Attachments in a multiple-caregiver and multiple-infant environment: The case of the Israeli kibbutzim. In: E. Waters, B. Vaughn, G. Posada und K. Kondo-Ikemura (Hrsg.): Caregiving, Cultural, and Cognitive Perspectives on Secure-Base Behavior. New Growing Points of Attachment Theory and Research. Chicago (Univ. of Chicago Press), 71–91

Salzberger-Wittenberg, I. (1991): Kurztherapeutische Arbeit mit Eltern von Kleinkindern. In: W. Datler, U. Finger-Trescher und C. Büttner (Hrsg.) (2000): Jahrbuch für Psychoanalytische Pädagogik 10

Sandell, R., J. Blomberg und **A. Lazar** (1999 a): Wiederholte Langzeitkatamnesen von Langzeit-Psychotherapien und Psychoanalysen. Zeitschrift für psychosomatische Medizin und Psychotherapie 45: 43–56

Sandell, R., J. Blomberg, A. Lazar, J. Schubert, J. Carlsson und **J. Broberg** (1999 b): Wie die Zeit vergeht. Langzeitergebnisse von Psychoanalysen und analytischen Psychotherapien. Forum der Psychoanalyse 15: 327–347

Savage-Rumbaugh, S. und **R. Lewin** (1994): Kanzi – der sprechende Schimpanse. Was den tierischen vom menschlichen Verstand unterscheidet. (München) Knaur 1998

Scarr, S. (1984): Wenn Mütter arbeiten. Wie Kinder und Beruf sich verbinden lassen. München (Beck) 1987

Schacter, D. (1996): Wir sind Erinnerung. Gedächtnis und Persönlichkeit. Reinbek bei Hamburg (Rowohlt) 1999

Schafer, R. (1983): The Analytic Attitude. New York (Basic Books)

Schafer, R. (1992): Erzähltes Leben. Narration und Dialog in der Psychoanalyse. München (Pfeiffer) 1995

Schatzman, M. (1973): Die Angst vor dem Vater. Langzeitwirkungen einer Erziehungsmethode. Eine Analyse am Fall Schreber. Reinbek bei Hamburg (Rowohlt) 1974

Scheidt, C. und **E. Waller** (1999): Bindungsrepräsentation, Affektregulation und psychophysiologische Reaktionsbereitschaft – Anmerkungen zur Bedeutung neuerer Ergebnisse der Bindungsforschung für die Psychosomatik. Zeitschrift für psychosomatische Medizin und Psychotherapie 45: 313–332

Schepank, H. (1987): Psychogene Erkrankungen der Stadtbevölkerung. Eine epidemiologisch-tiefenpsychologische Feldstudie in Mannheim. Berlin u. a. (Springer)

Scheuerer-Englisch, H. (1989): Das Bild der Vertrauensbeziehung bei zehnjährigen Kindern und ihren Eltern: Bindungsbeziehungen in längsschnittlicher und aktueller Sicht. Dissertation Universität Regensburg

Schlink, B. (1995): Der Vorleser. Zürich (Diogenes)
Schmitter, E. (1998): Rezension von P. Sloterdijk, ›Sphären I. Blasen‹. In: DIE ZEIT Nr. 52, vom 16. 12. 1998
Schneider, W. und **D. Bjorklund** (1998): Memory. In: W. Damon (Hrsg.): Handbook of Child Psychology, Vol. 2. New York (Wiley), (5th ed.), 467–521
Schneider-Rosen, K. und **D. Cicchetti** (1991): Early self-knowledge and emotional development: Visual selfrecognition and affective reactions to mirror self-images in maltreated and non-maltreated toddlers. Developmental Psychology 27: 471–478
Schneider-Rosen, K. und **F. Rothbaum** (1993): Quality of parental caregiving and security of attachment. Developmental Psychology 29: 358–367
Schoon, I. und **S. Montgomery** (1997): Zum Zusammenhang frühkindlicher Lebenserfahrung und Depression im Erwachsenenalter. Zeitschrift für psychosomatische Medizin und Psychoanalyse 43: 319–333
Schore, A. (1994): Affect Regulation and the Origin of the Self. The Neurobiology of Emotional Development. Hillsdale, NJ (Erlbaum)
Schore, A. (1998): The experience-dependent maturation of an evaluative system in the cortex. In: K. Pribram (Hrsg.): Brain and Values: Is a Biological Science of Values Possible? Hillsdale, NJ (Erlbaum), 337–358
Schubert, C. (1998): Psychoneuroimmunologische Forschung im Kontext biochemischer Erkenntnisfortschritte und ihre paradigmatischen Grenzen. Zeitschrift für psychosomatische Medizin und Psychoanalyse 44: 1–20
Schülein, J. (1998): Psychoanalyse und Soziologie oder: Das Unbehagen am Diskurs. In: E. Bayer et al. (Hrsg.): Psychoanalyse und andere Wissenschaften. Frühjahrstagung der Deutschen Psychoanalytischen Vereinigung in Gießen vom 11.–14. März 1998. Frankfurt am Main (Eigenverlag), 94–111
Schuengel, C., M. Bakermans-Kranenburg und **M. van Ijzendoorn** (1999): Frightening maternal behavior linking unresolved loss and disorganized infant attachment. Journal of Child Psychology and Psychiatry 67: 54–63
Seifer, R., M. Schiller, A. Sameroff, S. Rosnick und **K. Riordan** (1996): Attachment, maternal sensitivity, and infant temperament during the first year of life. Developmental Psychology 32: 12–25
Seiffge-Krenke, I. (1997): Die psychoanalytische Perspektive: Entwicklung in der frühesten Kindheit. In: H. Keller (Hrsg.): Handbuch der Kleinkindforschung. Bern u. a. (Huber), (2. vollst. überarb. Aufl.), 183–214
Seligman, S. (1993): Why how you feel matters: Countertransference reactions in intervention relationships. WAIMH-News 1, 1993: 1–6
Seligman, S. (1994): Applying psychoanalysis in an unconventional context: Adapting infant-parent psychotherapy to a changing population. Psychoanalytic Study of the Child 49: 481–500
Sennett, R. (1998): Der flexible Mensch. Die Kultur des neuen Kapitalismus. Berlin (Berlin Verlag)
Shaw, D., K. Keenan und **J. Vondra** (1994): Developmental precursors of externalizing behavior: Ages 1 to 3. Developmental Psychology 30: 355–364
Shengold, L. (1991): A variety of narcissistic pathology stemming from parental weakness. Psychoanalytic Quarterly 60: 86–92

Sherkow, S. (1990): Evaluation and diagnosis of sexual abuse in little girls. Journal of the American Psychoanalytic Association 38: 347–369
Siegel, D. (1998): The developing mind: Toward a neurobiology of interpersonal experience. In: The Signal. Newsletter of the World Association for Infant Mental Health, Vol. 6, Nos. 3–4: 1–11
Siegel, D. (1999): The Developing Mind: Toward a Neurobiology of Interpersonal Experience. New York und London (Guilford Press)
Sigusch, V. (1996): Die Zerstreuung des Eros. In: Der Spiegel Nr. 23, vom 3. 6. 1996: 126–130
Silverman, D. (1991): Attachment patterns and Freudian theory: An integrative proposal. Psychoanalytic Psychology 8: 169–193
Silverman, D. (1992): Attachment research: An approach to a developmental relational perspective. In: N. Skolnick und S. Warshaw (Hrsg.): Relational Perspectives in Psychoanalysis. Hillsdale, NJ (The Analytic Press), 195–216
Silverman, D. (1998): The tie that binds. Affect regulation, attachment, and psychoanalysis. Psychoanalytic Psychology 15: 187–212
Silverman, D. und **R. Gruenthal** (1993): Fantasy: A consolidation. Psychoanalytic Psychology 10: 39–60
Slade, A. (1996): A view from attachment theory and research. Journal of Clinical Psychoanalysis 5: 112–122
Slade, A. und **L. Aber** (1992): Attachment, drives, and development: Conflicts and convergences in theory. In: J. Baron, M. Eagle und D. Wolitzky (Hrsg.): Interface of Psychoanalysis and Psychology. Washington DC (American Psychological Association), 154–185
Slade, A. und **L. Cohen** (1996): The process of parenting and the remembrance of things past. Infant Mental Health Journal 17: 217–238
Sloterdijk, P. (1998): Sphären I. Blasen. Frankfurt am Main (Suhrkamp)
Smith, M. (1994): Selfhood at risk: Postmodern perils and the perils of postmodernism. American Psychologist 49: 405–411
Smyke, A. (1997): Theories of spoiling and fear of spoiling: Historical and contemporary perspectives. The Signal. Newsletter of the World Association for Infant Mental Health, Vol. 5, No. 4: 1–9
Sodian, B. (1998 a): Theorien der kognitiven Entwicklung. In: H. Keller (Hrsg.): Lehrbuch Entwicklungspsychologie. Bern u. a. (Huber), 147–169
Sodian, B. (1998 b): Der Beitrag nativistischer Ansätze zur entwicklungspsychologischen Theoriebildung. Ein Kommentar zu Krist, Natour, Jäger und Knopf (1998 a). Zeitschrift für Entwicklungspsychologie und pädagogische Psychologie 30: 174–178
Solomon, J. und **C. George** (Hrsg.) (1999): Attachment and Disorganization. New York und London (Guilford Press)
Spangenberg, N. (1992): Tantalus und Sysiphos: Therapie am sozialen Ort der Unterschicht. Psychosozial, 15. Jg., Heft 49/50: 60–79
Spangler, G. (1995): Die Rolle kindlicher Verhaltensdispositionen für die Bindungsentwicklung. In: G. Spangler und P. Zimmermann (Hrsg.): Die Bindungstheorie. Grundlagen, Forschung und Anwendung. Stuttgart (Klett-Cotta), 178–190

Spangler, G. und **K.E. Grossmann** (1993): Biobehavioral organization in securely and insecurely attached infants. Child Development 64: 1439–1450

Spangler, G. und **M. Schieche** (1995): Psychobiologie der Bindung. In: G. Spangler und P. Zimmermann (Hrsg.): Die Bindungstheorie. Grundlagen, Forschung und Anwendung. Stuttgart (Klett-Cotta), 297–310

Spangler, G. und **P. Zimmermann** (Hrsg.) (1995): Die Bindungstheorie. Grundlagen, Forschung und Anwendung. Stuttgart (Klett-Cotta)

Spangler, G. und **P. Zimmermann** (1999): Bindung und Anpassung im Lebenslauf: Erklärungsansätze und empirische Grundlagen für Entwicklungsprognosen. In: R. Oerter, C. von Hagen, G. Röper und G. Noam (Hrsg.): Klinische Entwicklungspsychologie. Ein Lehrbuch. Weinheim (Psychologie Verlags Union), 170–194

Spangler, G., E. Fremmer-Bombik und **K. Grossmann** (1996): Social and individual determinants of attachment security and disorganization. Infant Mental Health Journal 17: 127–139

Spence, D. (1982): Narrative Truth and Historical Truth. Meaning and Interpretation in Psychoanalysis. New York und London (Norton)

Spiegel, S. (1987): Beitrag zum Symposion über D. Stern: ›The Interpersonal World of the Infant‹. Contemporary Psychoanalysis 23: 6–17

Spiker, D. und **M. Ricks** (1984): Visual self-recognition in autistic children: Developmental relationships. Child Development 55: 214–225

Spitz, R. (1945): Hospitalismus: Eine Untersuchung der Genese psychischer Krankheitsbilder in der frühen Kindheit. In: G. Bittner und E. Schmid-Cords (Hrsg.): Erziehung in früher Kindheit. München (Piper) 1969, 77–98

Spitz, R. (1946 a): Hospitalismus II: Katamnese zur 1945 veröffentlichten Untersuchung. In: G. Bittner und E. Schmid-Cords (Hrsg.): Erziehung in früher Kindheit. München (Piper) 1969, 99–103

Spitz, R. (1946 b): Die anaklitische Depression. In: G. Bittner und E. Schmid-Cords (Hrsg.): Erziehung in früher Kindheit. München (Piper) 1969, 104–135

Spitz, R. (1959): Eine genetische Feldtheorie der Ichbildung. Frankfurt am Main (Fischer) 1972

Spitz, R. (1962): Ein Nachtrag zum Problem des Autoerotismus. In: R. Spitz (1976): Vom Dialog. Stuttgart (Klett), 27–65

Spitz, R. (1965 a): Vom Säugling zum Kleinkind. Naturgeschichte der Mutter-Kind-Beziehungen im ersten Lebensjahr. Stuttgart (Klett-Cotta) 1974

Spitz, R. (1965 b): Die Evolution des Dialogs. In: R. Spitz (1976): Vom Dialog. Stuttgart (Klett), 66–89

Sroufe, A. (1983): Infant-caregiver attachment and patterns of adaption in preschool: The roots of maladaption and competence. In: M. Perlmutter (Hrsg.): The Minnesota Symposia on Child Psychology, Vol. 16: 41–84

Sroufe, A. (1986): Appraisal: Bowlby's contribution to psychoanalytic theory and developmental psychology. Attachment, Separation, Loss. Journal of Child Psychology and Psychiatry 27: 841–849

Sroufe, A. (1988): The role of infant-caregiver attachment in development. In: J. Belsky und T. Nezworski (Hrsg.): Clinical Implications of Attachment. Hillsdale, NJ (Erlbaum), 18–38

Sroufe, A. (1997): Psychopathology as an outcome of development. Development and Psychopathology 9: 251–268
Sroufe, A. und **M. Ward** (1980): Seductive behavior of mothers of toddlers: Occurence, correlates, and family origins. Child Development 51: 1222–1229
Sroufe, A., B. Egeland und **T. Kreuzer** (1990): The fate of early experience following developmental change: Longitudinal approaches to individual adaption in childhood. Child Development 61: 1363–1373
Sroufe, A., E. Carlson und **S. Shulman** (1993): Individuals in relationships: Development from infancy through adolescence. In: D. Funder, R. Parke, C. Tomlinson-Keasey und K. Widaman (Hrsg.): Studying Lives through Time: Approaches to Personality and Development. Washington DC, 315–342
Steele, H., M. Steele und **P. Fonagy** (1996): Associations among attachment classifications of mothers, fathers, and their infants. Child Development 67: 541–555
Stein, A. und **H. Woolley** (1998): The intergenerational transmission of disturbance: An investigation of mechanisms through the study of maternal eating disorders. Infant Observation. The International Journal of Infant Observation and its Applications 1, Heft 3, 31–43
Stein, H. (1997): Todesvorstellung und die Erfahrung organisatorischen Downsizing oder: Steht Dein Name auf Schindlers Liste? Freie Assoziation 2, 1999: 155–185
Stern, D. (1971): A microanalysis of mother-infant interaction: Behavior regulating social contact between a mother and her 3 1/2 month old twins. In: E. Rexford, L. Sander und T. Shapiro (Hrsg.): Infant Psychiatry. A New Synthesis. New Haven und London (Yale Univ. Press), 113–126
Stern, D. (1985): Die Lebenserfahrung des Säuglings. Stuttgart (Klett-Cotta) 1992
Stern, D. (1995): Die Mutterschaftskonstellation. Eine vergleichende Darstellung verschiedener Formen der Mutter-Kind-Psychotherapie. Stuttgart (Klett-Cotta) 1998
Steward, M. und **D. Steward** (1996): Interviewing Young Children about Body Touch and Handling. Monographs of the Society for Research in Child Development. Serial No. 248, Vol. 61, Nos. 4–5. Chicago (Univ. of Chicago Press)
Stoller, R. (1975): Perversion. Die erotische Form von Haß. Reinbek bei Hamburg (Rowohlt) 1979
Stolorow, R. und **G. Atwood** (1989): The unconscious and unconscious fantasy: An intersubjective-developmental perspective. Psychoanalytic Inquiry 9: 364–374
Stork, J. (1991): Wege der Individuation. Beiträge über die Dialektik in der Psychoanalyse. Weinheim (Verlag Internationale Psychoanalyse)
Stork, J. (1999): Ein Beitrag über das Schreien im frühen Kindesalter. Kinderanalyse 7: 240–266
Straub, J. (1991): Identitätstheorie im Übergang? Über Identitätsforschung, den Begriff der Identität und die zunehmende Beachtung des Nicht-Identischen in subjekttheoretischen Diskursen. Sozialwissenschaftliche Rundschau 23: 49–71

Strauß, B. und **S. Schmidt** (1997): Die Bindungstheorie und ihre Relevanz für die Psychotherapie, Teil 2: Mögliche Implikationen der Bindungstheorie für die Psychotherapie und Psychosomatik. Psychotherapeut 42: 1–16

Strenger, C. (1989): The classic and the romantic vision in psychoanalysis. International Journal of Psycho-Analysis 70: 593–610

Strenger, C. (1991): Between Hermeneutics and Science. An Essay on the Epistemology of Psychoanalysis. New York (Int. Univ. Press)

Strenger, C. (1997 a): Psychoanalysis as art and discipline of the self: A late modern perspective. Psychoanalysis and Contemporary Thought 20: 69–110

Strenger, C. (1997 b): Further remarks on the classic and the romantic vision in psychoanalysis: Klein, Winnicott, and ethics. Psychoanalysis and Contemporary Thought 20: 207–243 Deutsche Übers. erscheint in: Psyche 54, 2000: Heft in Vorbereitung

Strenger, C. (1998): Individuality, the Impossible Project: Psychoanalysis and Self-Creation. Madison (Int. Univ. Press)

Strupp, H. (1986): Das Wesen des psychotherapeutischen Einflusses. Forum der Psychoanalyse 2: 197–214

Stuhr, U. (1997): Psychoanalyse und qualitative Psychotherapieforschung. In: M. Leuzinger-Bohleber und U. Stuhr (Hrsg.): Psychoanalysen im Rückblick. Methoden, Ergebnisse und Perspektiven der neueren Katamneseforschung. Gießen (Psychosozial Verlag), 164–181

Suchsland, I. (1992): Julia Kristeva zur Einführung. Hamburg (Junius)

Suess, G. (1995): Das Selbst als Ausdruck dyadischer und individueller Organisation. In: G. Spangler und P. Zimmermann (Hrsg.): Die Bindungstheorie. Grundlagen, Forschung und Anwendung. Stuttgart (Klett-Cotta), 396–408

Suess, G., K. E. Grossmann und **A. Sroufe** (1992): Effects of infant attachment to mother and father on quality of adaption in preschool. International Journal of Behavioral Development 15: 43–65

Suomi, S. (1991): Early stress and adult emotional reactivity in rhesus monkeys. In: G. Bock und J. Whelan (Hrsg.): The Childhood Environment and Adult Disease. Ciba Foundation Symposium 156. Chichester u. a. (Wiley), 171–188

Suomi, S. (1995): Influence of attachment theory on ethological studies of biobehavioral development in nonhuman primates. In: S. Goldberg, R. Muir und J. Kerr (Hrsg.): Attachment Theory. Social, Developmental, and Clinical Significance. Hillsdale, NJ (The Analytic Press), 185–201

Szejer, M. (1997): Platz für Anne. Die Arbeit einer Psychoanalytikerin mit Neugeborenen. München (Verlag Antje Kunstmann) 1998

Tabak de Bianchedi, E., R. Antar, R. Fernandez Bravo de Podetti, E. Grassano de Piccolo, I. Miravent, L. Pistiner de Cortinas, L. Scalozub de Boschan und **M. Waserman** (1984): Beyond Freudian metapsychology: The metapsychological points of view of the Kleinian school. International Journal of Psycho-Analysis 65: 389–398

Target, M. und **Fonagy, P.** (1996): Playing with reality: II. The development of psychic reality from a theoretical perspective. International Journal of Psycho-Analysis 77: 459–479

Taureck, B. (Hrsg.) (1992): Psychoanalyse und Philosophie: Lacan in der Diskussion. Frankfurt am Main (Fischer)

Teichmann, G. (1983): Psychoanalyse und Sprache. Von Saussure zu Lacan. Würzburg (Königshausen und Neumann)

Terr, E. (1988): What happens to early memories of trauma: A study of twenty children under age five at the time of documented traumatic events. Journal of the American Academy of Child and Adolescent Psychiatry 27: 96–104

Teti, D., J. Sakin, E. Kucera, K. Corns und **R. Das Eiden** (1996): And baby makes four: Predictions of attachment security among preschool-age firstborns during transition to siblinghood. Child Development 67: 579–596

Thomä, D. (1998): Erzähle dich selbst. Lebensgeschichte als philosophisches Problem. München (Beck)

Thomä, H. (1981): Die Aktivität des Psychoanalytikers als Determinante des therapeutischen Prozesses. In: H. Thomä (1981): Schriften zur Praxis der Psychoanalyse. Vom spiegelnden zum aktiven Psychoanalytiker. Frankfurt am Main (Suhrkamp), 21–93

Thomä, H. (1999): Zur Theorie und Praxis von Übertragung und Gegenübertragung im psychoanalytischen Pluralismus. Psyche 53: 820–904 (mit Diskussion)

Thomä, H. und **H. Kächele** (1985): Lehrbuch der psychoanalytischen Therapie, Band 1: Grundlagen. Berlin u. a. (Springer)

Thomä, H. und **H. Kächele** (1988): Lehrbuch der psychoanalytischen Therapie, Band 2: Praxis. Berlin u. a. (Springer)

Thompson, R. (1998): Early sociopersonality development. In: W. Damon (Hrsg.): Handbook of Child Psychology, Vol. 3. New York, u. a. (Wiley), (5th ed.), 25–104

Thompson, R. (1999): Early attachment and later development. In: J. Cassidy und P. Shaver (Hrsg.): Handbook of Attachment: Theory, Research, and Clinical Applications. New York und London (Guilford Press), 265–286

Tietze, W., D. Cryer, J. Bairrao, J. Palacios und **G. Wetzel** (1996): Comparisons of observed process quality in early child care and education programs in five countries. Early Childhood Research Quarterly 11: 447–475

Tinbergen, N. (1951): Instinktlehre. Vergleichende Erforschung angeborenen Verhaltens. Berlin und Hamburg (Parey) 1953

Tizard, E. und **V. Varma** (1992): Vulnerability and Resilience in Human Development. London

Toulmin, S. (1961): Voraussicht und Verstehen. Ein Versuch über die Ziele der Wissenschaft. Frankfurt am Main (Suhrkamp) 1981

Tress, W. (1986 a): Das Rätsel der seelischen Gesundheit. Traumatische Kindheit und früher Schutz gegen psychogene Störungen. Göttingen (Vandenhoeck & Ruprecht)

Tress, W. (1986 b): Die positive frühkindliche Bezugsperson. Der Schutz vor psychogenen Erkrankungen. Psychotherapie und medizinische Psychologie 36: 51–57

Tress, W. (1988): Forschung zu psychogenen Erkrankungen zwischen klinisch-hermeneutischer und gesetzeswissenschaftlicher Empirie: Sozialempirische Marker als Vermittler. Psychotherapie und medizinische Psychologie 38: 269–275

Tress, W. und **G. Reister** (1990): Zur traumatischen Schimäre des unempfindlichen Kleinkindes. Praxis der Psychotherapie und Psychosomatik 35: 190–204

Tress, W., G. Reister, M. Franz, K. Lieberz und **H. Schepank** (1996): The delayed effects of trauma: From the interface of medical, psychosocial, and psychoanalytic research. Vortrag auf der 6. IPV-Tagung zu Fragen der psychoanalytischen Forschung am 8./9. März in London. Unveröff. Ms.

Tronick, E. (1989): Emotions and emotional communication in infants. American Psychologist 44: 112–119

Vaitl, D. (1993): Biofeedback. In: D. Vaitl und F. Petermann (Hrsg.): Handbuch der Entspannungsverfahren, Band 1. Weinheim (Beltz/Psychologie Verlags Union), 272–315

van den Boom, D. (1994): The influence of temperament and mothering on attachment and exploration: An experimental manipulation of sensitive responsiveness among lower-class mothers with irritable infants. Child Development 65: 1457–1477

van der Kolk, B. (1996): Trauma and memory. In: B. van der Kolk, A. McFarlane und L. Weisaeth (Hrsg.): Traumatic Stress. The Effects of Overwhelming Experience on Mind, Body, and Society. New York und London (Guilford Press), 279–302

van der Kolk, B. (1998): Zur Psychologie und Psychobiologie von Kindheitstraumata. In: A. Streeck-Fischer (Hrsg.): Adoleszenz und Trauma. Göttingen (Vandenhoeck & Ruprecht), 32–56

van der Kolk, B., J. Burbridge und **J. Suzuki** (1998): Die Psychobiologie traumatischer Erinnerungen. In: A. Streeck-Fischer (Hrsg.): Adoleszenz und Trauma. Göttingen (Vandenhoeck & Ruprecht), 57–78

van Ijzendoorn, M. (1992): Intergenerational transmission of parenting: A review of studies in nonclinical populations. Developmental Review 12: 76–99

van Ijzendoorn, M. (1995): Adult attachment representations, parental responsiveness, and infant attachment: A meta-analysis of the predictive validity of the adult attachment interview. Psychological Bulletin 117: 387–403

van Ijzendoorn, M. und **P. Kroonenberg** (1988): Cross cultural patterns of attachment: A meta-analysis of the strange situation. Child Development 59: 147–156

van Ijzendoorn, M. und **M. Bakermans-Kranenburg** (1996): Attachment representations in mothers, fathers, adolescents, and clinical groups: A meta-analytic search for normative data. Journal of Consulting and Clinical Psychology 64: 8–21

van Ijzendoorn, M. und **M. De Wolff** (1997): In search of the absent father. Meta-analysis of infant-father attachment: A rejoinder to our discussants. Child Development 68: 604–609

van Ijzendoorn, M. und **A. Sagi** (1999): Cross-cultural patterns of attachment:

Universal and contextual dimensions. In: J. Cassidy und P. Shaver (Hrsg.): Handbook of Attachment: Theory, Research, and Clinical Applications. New York und London (Guilford Press), 713–734

van Ijzendoorn, M., F. Juffer und **M. Duyvesteyn** (1995): Breaking the intergenerational cycle of insecure attachment: A review of the effects of attachment-based interventions on maternal sensitivity and infant security. Journal of Child Psychology and Psychiatry 36: 225–248

van Ijzendoorn, M., A. Sagi, K. Takahashi, K. E. Grossmann, M. Main, R. Hinde und **R. LeVine** (1990): Special topic: Cross-cultural validity of attachment theory. Human Development 33: 2–80

van Ijzendoorn, M., M. Kranenburg, H. Zwart-Woudstra, A. van Buschbach und **M. Cambermon** (1991): Parental attachment and children's socio-emotional development: Some findings on the validity of the adult attachment interview in The Netherlands. International Journal of Behavioral Development 14: 375–394

van Ijzendoorn, M., S. Goldberg, P. Kroonenberg und **O. Frankel** (1992): The relative effects of maternal and child problems on the quality of attachment in clinical samples. Child Development 63: 840–858

Vaughn, B. und **E. Waters** (1990): Attachment behavior at home and in the laboratory: Q-sort observations and strange situation classifications of one-year-olds. Child Development 61: 1965–1973

Vaughn, B. und **E. Waters** (Hrsg.) (1997): Patterns of Secure Base Behavior: Q-Sort Perspectives on Attachment. Hillsdale, NJ (Erlbaum)

Vaughn, B. und **K. Bost** (1999): Attachment and temperament: Redundant, independent, or interacting influences on interpersonal adaption and personality development. In: J. Cassidy und P. Shaver (Hrsg.): Handbook of Attachment: Theory, Research, and Clinical Applications. New York und London (Guilford Press), 198–225

Vaughn, B., J. Stevenson-Hinde, E. Waters, A. Kotsaftis, G. Lefever, A. Shouldice, M. Trudel und **J. Belsky** (1992): Attachment security and temperament in infancy and early childhood: Some conceptual clarifications. Developmental Psychology 28: 463–473

Viderman, S. (1979): The analytic space. Meaning and problems. Psychoanalytic Quarterly 48: 257–291

Walker-Andrews, A. und **L. Dickson** (1997): Infants' understanding of affect. In: S. Hala (Hrsg.): The Development of Social Cognition. Hove (Psychology Press), 161–186

Wallace, E. (1985): Historiography and Causation in Psychoanalysis. Hillsdale, NJ (The Analytic Press)

Ward, M. und **E. Carlson** (1995): Associations among adult attachment representations, maternal sensitivity, and infant-mother attachment in a sample of adolescent mothers. Child Development 66: 69–79

Wartner, U., K. Grossmann, E. Fremmer-Bombik und **G. Suess** (1994): Attachment patterns at age six in South Germany: Predictability from infancy and implications for preschool behavior. Child Development 65: 1014–1027

Watillon, A. (1993): The dynamics of psychoanalytic therapies of the early parent-child relationship. International Journal of Psycho-Analysis 74: 1037–1048

Watillon, A. (1999): The contribution of baby observation to the technique of parent-infant psychotherapy. Infant Observation. The International Journal of Infant Observation and Its Applications 3, Heft 1, 24–32

Weber, S. (1978): Rückkehr zu Freud. Jacques Lacans Ent-stellung der Psychoanalyse. Frankfurt am Main u. a. (Ullstein)

Weinfield, N., A. Sroufe, B. Egeland und **E. Carlson** (1999): The nature of individual differences in infant-caregiver attachment. In: J. Cassidy und P. Shaver (Hrsg.): Handbook of Attachment: Theory, Research, and Clinical Applications. New York und London (Guilford Press), 68–88

Weiß, H. (1988): Der Andere in der Übertragung. Untersuchungen über die analytische Situation und die Intersubjektivität in der Psychoanalyse. Stuttgart (frommann-holzboog)

Wellmer, A. (1985): Zur Dialektik von Moderne und Postmoderne. Vernunftkritik nach Adorno. Frankfurt am Main (Suhrkamp)

Welsch, W. (1987): Unsere postmoderne Moderne. Berlin (Akademie Verlag)

Welsch, W. (1995): Vernunft. Die zeitgenössische Vernunftkritik und das Konzept der transversalen Vernunft. Frankfurt am Main (Suhrkamp)

Wenzel, H. (1995): Gibt es ein postmodernes Selbst? Berliner Journal für Soziologie 5: 113–131

Werner, E. (1989): High-risk children in young adulthood: A longitudinal study from birth to 32 years. American Journal of Orthopsychiatry 59: 72–81

Werner, E. (1990): Protective factors and individual resilience. In: S. Meisels und J. Schonkoff (Hrsg.): Handbook of Early Childhood Intervention. Cambridge (Cambridge Univ. Press), 97–116

Werner, E. und **R. Smith** (1992): Overcoming the Odds. High-risk Children from Birth to Adulthood. Ithaca und London (Cornell Univ. Press)

Westen, D. (1991): Towards a revised theory of borderline object relations: Contributions of empirical research. International Journal of Psycho-Analysis 71: 661–693

Wetz, F.-J. (1999): Die Naturalisierung der Kultur. Ein unvollendbares Projekt. Neue Rundschau 110: 9–28

White, H. (1973): Metahistory: Die historische Einbildungskraft im 19. Jahrhundert in Europa. Frankfurt am Main (Fischer) 1991

Widlöcher, D. (2000): Primäre Liebe und infantile Sexualität: eine immerwährende Debatte. Zeitschrift für psychoanalytische Theorie und Praxis 15, Heft 1

Widmer, P. (1990): Subversion des Begehrens. Jacques Lacan oder Die zweite Revolution der Psychoanalyse. Frankfurt am Main (Fischer)

Winnicott, D. (1954): Die Beziehung zwischen dem Geist und dem Leibseelischen. In: D. Winnicott (1976): Von der Kinderheilkunde zur Psychoanalyse. München (Kindler), 161–178

Winnicott, D. (1958): Die Fähigkeit zum Alleinsein. In: D. Winnicott (1974): Reifungsprozesse und fördernde Umwelt. München (Kindler), 36–46

Winnicott, D. (1960): Ich-Verzerrung in Form des wahren und des falschen

Selbst. In: D. Winnicott (1974): Reifungsprozesse und fördernde Umwelt. München (Kindler), 182–199

Winnicott, D. (1967): Die Spiegelfunktion von Mutter und Familie in der kindlichen Entwicklung. In: D. Winnicott (1973): Vom Spiel zur Kreativität. Stuttgart (Klett), 128–135

Wöller, W. (1998): Die Bindung des Mißbrauchsopfers an den Mißbraucher. Beiträge aus der Sicht der Bindungsforschung und der Psychoanalyse. Psychotherapeut 43: 117–120

Wolff, P. (1987): The Development of Behavioral States and the Expression of Emotions in Early Infancy. New Proposals for Investigation. Chicago und London (Univ. of Chicago Press)

Wolke, D. (1999): Interventionen bei Regulationsstörungen. In: R. Oerter, C. von Hagen, G. Röper und G. Noam (Hrsg.): Klinische Entwicklungspsychologie. Ein Lehrbuch. Weinheim (Psychologie Verlags Union), 351–380

Wright, K. (1991): Vision and Separation. Between Mother and Baby. London (Free Association Books)

Wygotski, L. (1934): Denken und Sprechen. Frankfurt am Main (Fischer) 1986 (6. Aufl.)

Yarrow, M., J. Campbell und **R. Burton** (1970): Recollections of Childhood: A Study of the Retrospective Method. Monographs of the Society for Research in Child Development, No. 35. Chicago (Univ. of Chicago Press)

Zazzo, R. (1982): The person: Objective approaches. In: W. Hartup (Hrsg.): Review of Child Development Research, Vol. 6. Chicago (Univ. of Chicago Press), 247–290

Zeanah, C. (Hrsg.) (1993): Handbook of Infant Mental Health. New York und London (Guilford Press)

Zeanah, C. (1998): Reflections on the strengths perspective. The Signal. Newsletter of the World Association for Infant Mental Health Vol. 6, No. 2, S. 12–13

Zeanah, C., O. Mommen und **A. Lieberman** (1993 a): Disorders of attachment: In: C. Zeanah (Hrsg.): Handbook of Infant Mental Health. New York und London (Guilford Press), 332–349

Zeanah, C., D. Benoit, M. Barton, C. Regan, L. Hirshberg und **L. Lipsitt** (1993 b): Representations of attachment in mothers and their one-year-old infants. Journal of the American Academy of Child and Adolescent Psychiatry 32: 278–286

Zeanah, C., E. Finley-Belgrad und **D. Benoit** (1997 a): Intergenerational transmission of relationship psychopathology: A mother-infant case study. In: L. Atkinson und K. Zucker (Hrsg.): Attachment and Psychopathology. New York und London (Guilford Press), 292–318

Zeanah, C., N. Boris, S. Heller, S. Hinshaw-Fuselier, J. Larrieu, M. Lewis, R. Palomino, M. Rovaris und **J. Valliere** (1997 b): Relationship assessment in infant mental health. Infant Mental Health Journal 18: 182–197

Zeier, H. (1997): Biofeedback. Physiologische Grundlagen – Anwendungen in der Psychotherapie. Bern u. a. (Huber) (2. vollst. überarb. Aufl.)

Zentner, M. (1993): Die Wiederentdeckung des Temperaments. Eine Einführung in die Kinder-Temperamentsforschung. Frankfurt am Main (Fischer) 1998

Zepf, S., B. Ullrich und **S. Hartmann** (1998): Affekt und mimisches Verhalten. Psychotherapie, Psychosomatik, medizinische Psychologie 48: 156–167

Zero to Three (1994): Diagnostische Klassifikation: 0–3. Seelische Gesundheit und entwicklungsbedingte Störungen bei Säuglingen und Kleinkindern. Wien und New York (Springer) 1999

Ziegenhain, U. (1999): Die Stellung der mütterlichen Sensitivität bei der transgenerationellen Übermittlung von Bindungsqualität. Praxis der Kinderpsychologie und Kinderpsychiatrie 48: 86–100

Ziegenhain, U. und **T. Jacobsen** (1999): Assessing children's representational attachment models: Links to mother-child attachment quality in infancy and childhood. Journal of Genetic Psychology 160: 22–30

Ziegenhain, U., R. Dreisörner und **B. Derksen** (1999): Intervention bei jugendlichen Müttern und ihren Säuglingen. In: G. Suess und W.-K. Pfeifer (Hrsg.): Frühe Hilfen. Die Anwendung von Bindungs- und Kleinkindforschung in Erziehung, Beratung, Therapie und Vorbeugung. Gießen (Psychosozial Verlag), 222–245

Zimmermann, P. (1995): Bindungsentwicklung von der frühen Kindheit bis zum Jugendalter und ihre Bedeutung für den Umgang mit Freundschaftsbeziehungen. In: G. Spangler und P. Zimmermann (Hrsg.): Die Bindungstheorie. Grundlagen, Forschung und Anwendung. Stuttgart (Klett-Cotta), 203–231

Zimmermann, P., G. Spangler, M. Schieche und **F. Becker-Stoll** (1995): Bindung im Lebenslauf: Determinanten, Kontinuität, Konsequenzen und künftige Perspektiven. In: G. Spangler und P. Zimmermann (Hrsg.): Die Bindungstheorie. Grundlagen, Forschung und Anwendung. Stuttgart (Klett-Cotta), 311–332

Zimmermann, P., G. Suess, H. Scheuerer-Englisch und **K.E. Grossmann** (1999): Bindung und Anpassung von der frühen Kindheit bis zum Jugendalter: Ergebnisse der Bielefelder und Regensburger Längsschnittstudie. Kindheit und Entwicklung 8: 36–48

Namen- und Sachregister

Quellennachweise

Kapitel 1: Zuerst erschienen in: Psychotherapeut 44, 1999: Heft 2 (überarbeitet)

Kapitel 2: Zuerst erschienen in: Psyche 52, 1998: Heft 4 (überarbeitet und erweitert)

Kapitel 3: Zuerst erschienen in: Forum der Psychoanalyse 13, 1997: Heft 2 (überarbeitet und erweitert)

Kapitel 4: Zuerst erschienen in: Psyche 53, 1999: Heft 6 (redigiert)

Kapitel 5: Originalbeitrag

Kapitel 6: Zuerst erschienen in: Psychotherapie und Sozialwissenschaft. Zeitschrift für Qualitative Forschung 1, 1999: Heft 1 (überarbeitet)

Martin Dornes

Der kompetente Säugling

Die präverbale Entwicklung des Menschen

Band 11263

In den letzten Jahren hat sich in der Säuglingsforschung eine geradezu revolutionäre Umwälzung vollzogen. Mit neuartigen Methoden und Fragestellungen sind Psychoanalytiker, Psychologen und Kinderpsychiater bei ihren Untersuchungen von Säuglingen zu erstaunlichen Ergebnissen gekommen. Wurde der Säugling früher als ein Wesen angesehen, das seinen körperlichen Bedürfnissen passiv ausgeliefert ist und die Welt und sich selbst nur unscharf wahrnimmt, so scheint heute klar, daß seine Fähigkeiten weit unterschätzt wurden. In den verschiedenen Kapiteln des Buches beschreibt der Autor die neueren Erkenntnisse über die Kompetenz von Säuglingen: Sie sehen, hören, riechen, fühlen und interagieren von Geburt an sehr viel mehr und sehr viel differenzierter, als bisher angenommen wurde. Die Bedeutung dieser Befunde für die psychoanalytische Theorie und Therapie wird ausführlich diskutiert. Der Autor plädiert für eine Intensivierung des interdisziplinären Dialogs zwischen der Psychoanalyse und den Nachbarsdisziplinen.

Fischer Taschenbuch Verlag

fi 1303 / 4

Martin Dornes

Die frühe Kindheit

Entwicklungspsychologie der ersten Lebensjahre

Band 13548

Die Bedeutung der Kindheit für die weitere Persönlichkeitsentwicklung ist eines der großen Themen der Psychologie des 20. Jahrhunderts. Freuds Behauptung, das Kind sei der Vater des Mannes, ist sowohl auf Zustimmung als auch auf Widerspruch gestoßen. Heute kann kaum noch ein Zweifel daran bestehen, daß Erfahrungen in der Kindheit ganz erheblich die späteren Denk- und Gefühlsgewohnheiten beeinflussen. Allerdings haben sich inzwischen die Akzente verlagert: Nicht mehr die psychosexuelle Entwicklung steht, wie zu Freuds Zeiten, im Zentrum des Interesses, sondern die Schicksale von Aggression und Bindungsfähigkeit. Martin Dornes beschreibt die Eigenarten der Denk- und Gefühlsprozesse kleiner Kinder. Außerdem befaßt er sich mit der Entstehung und Entwicklung von Aggression, den Ursachen und Folgen der Kindesmißhandlung, der Angst im Säuglingsalter sowie der Frage, ob schon Säuglinge *unbewußt* denken und fühlen.

Fischer Taschenbuch Verlag

fi 1298 / 5